博士论文
出版项目

# 追谥杜甫与元明时代政治文化研究

Du Fu's Posthumous Title and the
Political Culture of the Yuan and Ming Dynasties

翟 墨 著

中国社会科学出版社

# 图书在版编目(CIP)数据

追谥杜甫与元明时代政治文化研究/翟墨著. —北京：中国社会科学出版社，2021.11（2022.10 重印）

ISBN 978-7-5203-9059-0

Ⅰ.①追… Ⅱ.①翟… Ⅲ.①杜甫(712-770)—人物研究②政治文化—研究—中国—元代—明代　Ⅳ.①K825.6②D691

中国版本图书馆 CIP 数据核字（2021）第 181964 号

| 出 版 人 | 赵剑英 |
|---|---|
| 责任编辑 | 安　芳 |
| 责任校对 | 张爱华 |
| 责任印制 | 李寡寡 |

| 出　　版 | 中国社会科学出版社 |
|---|---|
| 社　　址 | 北京鼓楼西大街甲 158 号 |
| 邮　　编 | 100720 |
| 网　　址 | http://www.csspw.cn |
| 发 行 部 | 010-84083685 |
| 门 市 部 | 010-84029450 |
| 经　　销 | 新华书店及其他书店 |
| 印　　刷 | 北京君升印刷有限公司 |
| 装　　订 | 廊坊市广阳区广增装订厂 |
| 版　　次 | 2021 年 11 月第 1 版 |
| 印　　次 | 2022 年 10 月第 2 次印刷 |
| 开　　本 | 710×1000　1/16 |
| 印　　张 | 23.75 |
| 字　　数 | 332 千字 |
| 定　　价 | 128.00 元 |

凡购买中国社会科学出版社图书，如有质量问题请与本社营销中心联系调换

电话：010-84083683

版权所有　侵权必究

# 出 版 说 明

为进一步加大对哲学社会科学领域青年人才扶持力度，促进优秀青年学者更快更好成长，国家社科基金 2019 年起设立博士论文出版项目，重点资助学术基础扎实、具有创新意识和发展潜力的青年学者。每年评选一次。2020 年经组织申报、专家评审、社会公示，评选出第二批博士论文项目。按照"统一标识、统一封面、统一版式、统一标准"的总体要求，现予出版，以飨读者。

全国哲学社会科学工作办公室

2021 年

# 序

## 一

翟墨在复旦大学中文系读了十年，有六年是跟着我念书。当初，在她准备写硕士论文的时候，那一学期，正好是我们在一起读吉川幸次郎的《杜甫私记》。在这本书的"自序"里面，吉川幸次郎提到元代官方曾追赠杜甫为"文贞公"，此事见于明代王世贞的记载，但因为这是"外国人"的朝廷之所为，他们给杜甫选的文贞这个谥号并不合适，所以后来的人就它给忘了。《杜甫私记》有一个中译本，不知为什么删掉了原文中"这是外国人朝廷做的外行事"这句话，这自然引起我们的格外注意。

翟墨就是在那时选定了她的论文题目，从硕士一口气写到博士，这中间有一年她去京都大学，还参加了吉川幸次郎高足兴膳宏教授主持的"读杜新会"。而我记得在当年我们定期举行的读书会上，每一次她都带来新的资料，由对新资料的解读，又刺激出新的问题来。起初，她是去查阅了一些近现代人写的杜甫传记和相关的杜甫研究，证实的确没有什么人还记得杜甫谥文贞这件事，那么是不是如吉川幸次郎所说，因为这是发生在蒙元时代的事，于是被人忽略掉了？下一次，她又发现虽然王世贞称此为"奇闻"，可是清代最有名的学者钱大昕、赵翼以及后来的俞樾，还有《杜诗详注》的作者仇兆鳌，都曾注意到这件事情，只是他们对于追谥的细节不甚了了。她一次次的发现，激起我们越来越强的好奇心：为什么在明代初年修撰的《元史》中，明明白白地记载有顺帝至元三年"谥唐杜甫为文贞"，这样一个简单的事实，到了明代中后期，却被王世贞视若奇闻？

　　读过文学史的人，大概都会有一个印象：如果只是按照以诗文为主体的传统脉络去讲中国文学，那么到了明清两代，复古便成了主潮，无论是哪一家哪一派，若非"宗唐"，即为"宗宋"，总之都是以过去时代的文学为标准，写诗作文都要效仿古人。从明初开始的诗坛风气，就是推尊盛唐、标举李杜，以李梦阳为代表的前七子主张"作诗必须学杜"，以李攀龙为代表的后七子提倡"文必秦汉，诗必盛唐"，王世贞是后七子之一，他也是热烈鼓吹杜甫的一个人，何以竟然不知有过杜甫谥文贞？

　　在很长一段时间里，翟墨都是在拼命地查资料、读文献，以回答我们不断提出的诸如此类问题，这让她从硕士到博士的论文写作，始终是在为问题所牵引，"一山放过一山拦"。也就像她经过修订后的博士论文在这里呈现出来的，无论是对蒙古人也速答儿请谥过程的考证，还是对明代人刻意忘记这一往事的分析，虽然涉及人物众多、史事纷繁，援引的资料也是从史传到文集、方志，不仅种类多样，又还有版本之异，可是由于有明确的问题意识，也就有了内在的动力和逻辑，因而论证环环相扣、叙说条理分明，没有废笔。

## 二

　　说到杜甫在中国文学史上的地位，也许用得上洪业的一句话，他在《杜甫：中国最伟大的诗人》中说过，杜甫是历代诗人中"唯一一位随着时间流逝而声名与日俱增的诗人"。洪业这本书的英文版发表，是在1950年吉川幸次郎《杜甫私记》出版后的第二年，1952年在中国又出版了冯至的《杜甫传》。当一个甲子后，我们在一起读

《杜甫私记》时，洪业和冯至的这两本杜甫传，也是重要参考。当然，我们也更清楚地知道，杜诗的价值，是在宋以后就日益被人开发，如日中天。元好问是金元时代最有名的作家，他就不但模仿杜诗写下了著名的《论诗》三十首，其中说"少陵自有连城璧，争奈微之识碔砆"，对于过去人将李、杜并称，表达他的不满，认为杜诗的成就在李白诗之上，他还编有一卷《杜诗学》，里面包括了杜甫的传记、年谱及唐以来有关杜诗的论述。而元初的一位评论家方回，更是认定"老杜诗为唐诗之冠"，并说"古今诗人当以老杜、山谷（黄庭坚）、后山（陈师道）、简斋（陈与义）为一祖三宗"。到了元代中期，号为"元儒四家"兼"元诗四大家"（之一）的虞集，仍然是要求宗唐而学杜，据他的朋友贡师泰说，当时他们都认为"学诗而不学少陵，犹为方圆而不以规矩也"。这就是说，尊崇杜甫是贯彻整个元代的文学风气，要说元末的谥杜，就是发生在这样一个时代风气当中，从文学史的角度而言，也未尝不合情理。

但是翟墨的研究告诉我们，事情远远不是这么简单。她通过大量第一手资料的爬梳，考证发现：向朝廷请谥杜甫，不过是也速答儿复兴蜀文化举措的一个部分，这个生在四川的蒙古人，同时还提出了将文翁石室、扬雄墨池、杜甫草堂都列为学官的请求，然后又四处奔波，为书院收集图书、礼器，而他的这一壮举，也深深打动了虞集、范汇、刘岳申、张雨、贡师泰、李祁等一大批汉族士人，并得到他们的实际帮助和舆论支持，在元末，一时传为佳话。

翟墨用她难得的细致和坚持，一点点还原了在《元史》上只有寥寥数字记载而到了明清两代已经无法辨识的由也速答儿提请得到元廷许可的追谥杜甫全过程，不仅如此，她还提醒我们，对元末追谥杜甫这件事，第一，是要放到元末朝廷为了阻止"反汉"趋势而向汉文化倾斜的政治史背景下去理解，第二，也是要放到蒙元时期曾遭破坏的蜀文化亟须振兴的区域史角度去理解，第三，更是要放到蒙元时代"多族群士人"互动的文化史环境中去理解。也正是有了这样的思路和方法，才使她的著作，尽管也是在讨论杜甫之于元明时代的影响，但是，与常见的杜甫及杜诗传播史、接受史等到底有了很大的差别，差别就在于，她看到了诗人杜甫在元明时代巨大历史变动中所投射的诸多面相，也发掘了已经被当成一个文化符号的杜甫之所以受到多族群广泛认同的复杂动因，而这些都是超出一般文学史的结论，是她深入历史内部之后得出来的新的认知。

## 三

事实上，也只有在翟墨提示的这一涉及"夷夏"观念的复杂历史脉络中，才能够理解为什么元朝给予杜甫的谥号是"文贞"，而元廷谥杜这件事，又为什么要被明代人刻意地遗忘。过去文学史和文学批评史的研究者已经注意到，自明代初年起就有一个"废胡俗、复汉制"的运动，所谓"复汉制"，也包括了在文学上要走复古的道路，表现在诗歌领域，便是宗唐而尊杜。宗唐而尊杜的文学潮流，在元代本来也有，元、明两个时代，在这一点上本来目标一致，可是由于时代变化，具体的历史语境不同，明代人要"去蒙古化"，将元末谥杜也连带着一笔抹杀了，所以在王世贞以前，大约二百多年的时间里，在明人的记载中，好像就没有发生过这件事。

也正是从被明人在记忆中删去的元末谥杜这一事件入手，翟墨揭开了元明文学研究以及杜甫接受研究从未触及过的问题，进入了一个新的领域。在她的研究一点一点推进时，当初，因为渐渐深入到无人之地，她也曾有所彷徨。而幸运的是，在这几年当中，复旦大学文史研究院的青年学者张佳相继出版了《新天下之化——明初礼俗改革研究》和《图像、观念与仪俗——元明时代的族群文化变迁》两本著作，张佳主要是从历史的视角，考察元明之际思想文化与社会风俗的变迁，他尤其关注元代如何"用夷法"，而到了明初，新的统治者又是如何以"复先王之旧"来"用夏变夷"，亦即"去蒙古化"，他先翟墨起步的这一研究，无疑带来很大的启发和很重要的信心，而在忙碌的教学、研究之余，他也给了翟墨许多无私的帮助。从查找、阅读相关文献，到搭建基本的论述框架，透过翟墨这部著作的许多细节，我现在仍然能看到他所给予点点滴滴的指导。如果说跨时段又跨文史，而让翟墨的这部著作能够别开生面，开启元明文学史研究新的方法和思路，可是又能脚踏实地，立足于扎实的文献根基，那么一定要感谢张佳最有力的支持。

文学史的研究，既是对过去文学的传承，也是对过去文学的记忆，有传承和记忆，才构成文学的历史。当然，传承和记忆是有选择性的，这就是为什么我们经常说文学史讲的是过去，也是现在，而这种选择性的传承和记忆，同样发生在元明清时代，仅仅是在杜甫这样一个诗人身上，我们就能看到不同的选择与选择的变化。记得在最早构思博士论文的时候，我曾鼓励翟墨，将元末追谥杜甫这件事在明代的失忆与在清代的重回记忆，一鼓作气地写下来，其实她已经收集了不少清代的资料，也有了相当成熟的观点，可是她不甘心因为论文拖延而推迟毕业，又有心将元明这一时段做得更精细而彻底，所以在这部著作中，我们只能在"结论"部分看到她的研究和思考已经涉及清代，而对清代有关元末追谥杜甫事件记忆的进一步研究，则要等到她的下一部著作出版。

戴　燕

2021年6月15日初稿，7月6日写定

# 摘　　要

　　从杜甫去世四十余年以后、元稹为其撰写墓系铭开始,这位唐代诗人的文学地位与日俱增。南宋号称"千家注杜",金代元好问首倡"杜诗学",关于杜甫其人其作的研究长盛不歇。但《元史·顺帝本纪》中"谥唐杜甫为文贞"的记载,在很长一段时间内却并不为人关注。清代以来,尽管亦曾有仇兆鳌、钱大昕、赵翼、俞樾、陈垣、吉川幸次郎等学者对此偶有提及,但对于像请谥人身份、官方追谥的过程等关键性问题也依然未能够解决。因此,在杜甫始终被后世视为诗学典范的同时,诗人得谥这一重要的"身后事"又始终稍显寂寞。

　　在这样的情况之下,本书基于对元明清时代相关正史、文集、方志等大量文献的调查,首先针对元代"谥杜"始末作出了考订,指出这次追谥实则缘于一位蒙古士人的提请。请谥人名叫也速答儿,字达可,曾为官三朝,致仕时升授秘书大监,最后归隐于四川果山。他为杜甫请得谥号,与其在成都立学宫、建书院、遍行东南收书以及铸礼器等一系列壮举是同步进行的,这在当时就是一个引人瞩目的文化事件。

　　然而,随着调查的深入又会发现,这个本应很强的"杜甫记忆",却在进入明代不久之后就迅速转入沉寂。即便杜甫在诗坛的地位与日俱增,但在明人编纂的大量杜甫传记资料中,这个诗人身上最重要的标签,却始终处于缺失的状态。直到明朝中后期,"谥杜"

一事方在王世贞、茅元仪等人的笔记中偶有复现，但呈现出来的却是与元代当时截然相反的拒斥态度，其间关节极耐深思。

延着这一脉络进一步挖掘，我们又可以发现，多民族文化背景中汉民族的自觉意识，不仅存在于明代中后期的"谥杜"批判，也同样贯穿了此前漫长的记忆空白。洪武年间，方孝孺借由对蜀王重修成都杜甫草堂的记录，刻意绕过元代谥杜一节，重新讲述了一段胜国缺席的杜甫接受史；明朝中期，李东阳在近距离了解过元代"谥杜"文献后，仍然保持绝对的沉默。不仅如此，在明代方志世界，从对蒙古请谥人名字的汉族化改写，到对其所处的朝代、族属、身份等关键信息的全面遮蔽，"谥杜"记忆在改头换面后，继续巧妙地隐藏在了明人的"集体遗忘"之下。

"谥杜"记忆在元、明两代的起伏流变，实则关涉到元明时段之政治、文化与文学等诸多层面的延续与断裂。因此，本书在厘清元代"谥杜"事件本末的基础上，更以此为切入点，旨在通过梳理元、明两朝对杜甫谥号的利用、阐释与认同等问题，系统展现这一不同民族轮番执掌中央政权的时段，多民族文化持续的冲突、互动与交融对文学史面貌的形塑作用，从而揭示作为汉文学典范而被历代王朝、各民族人士共同宗奉的杜甫，对于此一时期价值建构、文化认同、民族融合的意义。其中，既要将"谥杜"进一步放到元代后期的政治文化背景中加以分析，指出围绕杜甫的请谥与追谥，在元代当时就是不同族群之间互动与配合下的产物，也是蒙元政权与汉族、非汉族士人共同构建的"皇元盛世"的一部分；也要将"元明时段"作为整体来进行考察，认识到蒙元时代的"谥杜"记忆之所以在明代遭受顿挫，从根本上来说，体现的是明代基于"夷夏"观念而对胜国文化遗产的全面焦虑与警惕。

总而言之，本书自追问杜甫学史起，而落于文学思想史与政治文化史，尝试以此来回应，族群意识是如何在元、明这两个前后相继而统治族群不同的王朝，分别推动了其时的文学动向；特别是对于明代而言，在贯穿王朝始终的"外侮"压力之下，族群意识又是怎样形塑了包括杜甫记忆在内的"文学"的整体风貌。最后想要说明的是，"谥杜"在经历了元代的发生、明代的冷遇之后，到了清代又再度受到热捧。从这个流动的杜甫记忆之中，我们亦可以管窥元、明、清三朝文化风气之变迁。

**关键词**：追谥杜甫；政治文化；文学记忆；文化认同

# Abstract

Roughly forty years after the death of Du Fu, the Tang literatus Yuan Zhen (元稹) composed Du Fu's Epitaph. Following this, Du Fu's status in the Chinese poetic tradition grew with each passing day. The Southern Song was known as a period where "1000 scholars annotated Du Fu". The Jin Dynasty poet Yuan Haowen (元好问) proposed a style of poetics inspired by Du Fu. There continued to appear other seminal studies and works praising his poetry. The biography of Emperor Shun in the *History of Yuan* (《元史·顺帝本纪》) contains records showing that Du Fu was posthumously bestowed the title of Wen Zhen (文贞) in recognition of his literary prestige. The existence of this title, however, has often escaped the attention of literary scholars. Since the Qing dynasty, there have only been occasional mentions by Qiu Zhaoao (仇兆鳌), Qian Daxin (钱大昕), Zhao Yi (赵翼), Yu Yue (俞樾), Chen Yuan (陈垣), Yoshigawa Kōziro (吉川幸次郎), and others. Yet, research into the identity of those who bestowed Du Fu with the title, the official process of bestowing posthumous titles, and other fundamental issues have yet to be examined in depth. Though Du Fu has long been regarded as a literary model, modern and contemporary scholars have not paid attention to the process behind the bestowing of his posthumous title.

With this background in mind, the present work systematically examines the archive of Yuan, Ming, and Qing official histories, as well as scholarly collections, gazetteers and other texts to examine different records concerning the reception of Du Fu's title. I point to the role of Yesüder (也速答儿), a Mongolian official who completed his career in Sichuan, in appealing for and successfully bestowing this posthumous title on Du Fu. I look at the historical background concerning the circumstances of his appeal and the bestowing of the posthumous title. I show that this was done together with a series of other activities such as establishing literary authorities, academies, the collation of texts and the casting of ritual artifacts.

However, a deeper analysis finds silence concerning this matter shortly after the establishment of the Ming. Despite his continued fame in literary circles, Du Fu's posthumous title is missing from biographical materials compiled by Ming scholars. Until the middle and late Ming, his title is all but missing outside of a few notable exceptions found in notes in the works of Wang Shizhen (王世贞), Mao Yuanyi (茅元仪), and a few others. However, their attitudes toward this entitlement were in direct contrast to the Yuan Dynasty and was rejected by these writers. This is to say, the missing record of Du Fu's posthumous title during the Ming Dynasty was due entirely to the bestowers being deliberately forgotten. It was a direct purge of the memories of the Mongols and the Yuan Dynasty.

Following the development of Du Fu's reception during the Ming uncovers the complexity surrounding the formation of Han ethnic identity within a multiethnic background. The formation of this identity is found not only in the rejection of Du Fu's posthumous title, but also in the deliberate concealment and removal of events from collective memory. During the reign of Hongwu, Fang Xiaoru (方孝孺) worked in the employ of the King of Shu to fix the records of Du Fu's thatched cottage in Chengdu, deliberately avoided mention of the posthumous title and began a new trajectory in the history of Du Fu reception. The mid-Ming literatus Li Dongyang (李东阳) followed in Fang's footsteps, deliberately not mentioning the posthumous title despite having encountered it in historical records. In addition, Ming gazetteers records concerning Yesüder used a signified version of his name, and concealed information concerning his background, ethnicity, family connections and his role within the Yuan. The memory of Du Fu's posthumous title underwent numerous changes and was cleverly hidden, until it was all but forgotten.

This contrast of the memory of Du Fu's posthumous entitlement in the Yuan and Ming is connected with the political, cultural, and literary changes surrounding the transition between the two dynasties. The present work intends to investigate the use and subsequent rejection of Du Fu's posthumous title as a way of understanding the formation of each dynasty's sense of identity and culture, and their own source of legitimization. As ethnic conflicts continued and expanded during the dynastic change from the Yuan to the Ming, literature and culture was used as a method of constructing a shared identity and legitimizing of the ruling class and its court. The construction of a specific identity for Du Fu altered his reception to create a source of political legitimacy. Du Fu's posthumous title must be analyzed in the cultural and political background of the later part of the Yuan Dynasty. It was realized through the cooperation of the Yuan political establishment, and both Han and Mongol literati and worked as part of a larger process to establish political authority. In addition to this, research must include the entirety of the Yuan and Ming into account. Through this we can understand why the memory of a posthumous title granted by the Mongolian Yuan Dynasty would be received with such a negative reaction in the Ming. At its most fundamental level, it posed the problem of blurring the distinction between the Ming as upholders of Han culture and those whom they regarded barbarians. It was thus intertwined with an anxiety concerning the cultural heritage and authority of the Ming.

The present work begins by questioning the history of Du Fu studies, but expands into issues of intellectual history and cultural-political history. It uses this to unravel the problem of how ethnic consciousness of the Yuan and the Ming, ruled by different ethnic groups, influenced the trajectory of literary developments. This is particularly true in the Ming dynasty, as struggles against what the Ming deemed "foreign". The ethnic consciousness of the period led them to shape the entire face of literature, including the memory of Du Fu's posthumous title. After the establishment of the Qing, Du Fu regained an immense popularity. The present work wishes to show that is it through these shifts in the reception of Du Fu, we can better understand cultural changes and shifts that persisted throughout the Yuan, Ming and Qing dynasties.

**Key Words**: Du Fu's posthumous title, political culture, literary memory, cultural identity

# 目　　录

前　言 ……………………………………………………（1）

**第一章　元代追谥杜甫的过程** ……………………………（1）
　　第一节　杜甫之谥"文贞" ……………………………（1）
　　第二节　为杜甫请谥的也速答儿 ……………………（5）
　　小结　元代围绕杜甫的请谥与追谥 …………………（15）

**第二章　儒以致治：请谥、追谥的时代背景与政治意涵** ……（16）
　　第一节　"谥杜"前夜的伯颜反儒政策 ………………（18）
　　第二节　尊儒共识之下的杜甫得谥 …………………（26）
　　第三节　至正更化以来"谥杜"记述的涌现 …………（36）
　　第四节　"少陵一生却只在儒家界内" ………………（46）
　　小结　从"潜流"到"显流" ……………………………（50）

**第三章　反客为主：请谥人也速答儿与元代四川文化之重建** ……………………………………（52）
　　第一节　蒙宋战争对四川的重创及流寓蜀士的文化乡愁 ……………………………………………（53）
　　第二节　也速答儿的乡土认同及其文化身份在四川的确立 …………………………………………（75）
　　第三节　请谥杜甫、兴建书院与"乡以国显"的兴蜀策略 ……………………………………………（86）

第四节　"再造乡贤"背景下的杜甫与四川 …………（105）
　　小结　地以人名 ………………………………………（124）

**第四章　诗可以群：杜甫得谥与元代士林风貌** …………（126）
　　第一节　蒙古士人请谥对象的选择与元代诗坛宗尚 …（128）
　　第二节　元廷文臣对于"文贞"谥号的拟定 ……………（137）
　　第三节　诗人得谥与汉族文士的群体诉求 ……………（149）
　　第四节　杜甫与元代士林政治理想的投射 ……………（167）
　　小结　文学的权力 ……………………………………（178）

**第五章　由元入明：走向失落的"谥杜"记忆** ……………（180）
　　第一节　遗忘与空白 …………………………………（182）
　　第二节　重拾及反转 …………………………………（189）
　　第三节　新问题的提出 ………………………………（194）

**第六章　于凡名称不可不慎：洪武时期对元代"谥杜"
　　　　　记忆的清整** ……………………………………（199）
　　第一节　明修《元史》中"谥杜"治教背景的缺失 ……（199）
　　第二节　元廷北徙与蒙古政权对"杜甫"的再发现 …（207）
　　小结　制造"胡元"与明初"谥杜"记忆的消解 …………（215）

**第七章　遮蔽、沉默与批判：明代士人阶层对"谥杜"
　　　　　记忆的回应** ……………………………………（221）
　　第一节　方孝孺《成都杜先生草堂碑》对杜甫得谥的
　　　　　遮蔽 …………………………………………（222）
　　第二节　李东阳的沉默与"谥杜"在成、弘诗坛的
　　　　　缺席 …………………………………………（230）
　　第三节　王世贞及万历以降的"谥杜"批判 ……………（248）
　　小结　走向割裂的"谥杜"记忆 …………………………（270）

## 第八章　空白而非真空：明代方志对"谥杜"记忆的重构 …… (276)

第一节　必也正名：明蒙文化竞争与明廷的正统焦虑 …… (276)

第二节　景泰《寰宇通志》对也速答儿的汉族化改写 …… (293)

第三节　万历四十七年《四川总志》对也速答儿故事的进一步删削 …… (301)

小结　族群意识对"谥杜"记忆的改塑 …… (306)

## 结　论 …… (309)

## 参考文献 …… (324)

## 索　引 …… (337)

## 后　记 …… (341)

# Content

**Preface** ······················································· (1)

**Chapter 1  The Process of Du Fu's Posthumous Title
               Bestowment in the Yuan Dynasty** ····················· (1)

  Section 1  Du Fu's Posthumous Bestowment of the Title of
             "Wenzhen" ················································ (1)

  Section 2  The Bestower of Du Fu's Posthumous Title
             Yesüder ·················································· (5)

  Summary  The Central Issues in the Yuan of Requesting and
             Bestowing Titles on Du Fu ····························· (15)

**Chapter 2  Confucianism and Policy: The Historical
               Background and Political Significance of
               Posthumous Titles** ································· (16)

  Section 1  Bayan's anti-Confucian Policies on the Eve of Du
             Fu's Posthumous Title ·································· (18)

  Section 2  The Pro-Confucian Consensus and Du Fu's
             Posthumous Title ······································· (26)

  Section 3  The Emergence of Records on Du Fu's Title
             after the Zhi Zheng Reforms ·························· (36)

  Section 4  Du Fu: The Life of a Confucian ····················· (46)

Summary　From "Undercurrent" to "Mainstream" ……………(50)

**Chapter 3　From Guest to Host: Yesüder and the Yuan Reconstruction of Sichuanese Culture** ……………(52)

Section 1　The Mongol-Song Conflict, the Reconstruction of Sichuan, and the Homesickness of the Displace Gentry ………………………………………………(53)

Section 2　Yesüder's Recognition of Local Society and the Establishment of His Cultural Presence in Sichuan ………………………………………………(75)

Section 3　Posthumously Entitling Du Fu, the Rebuilding of Academies, and "The Local Illuminating the Nation" in Sichuan Reconstruction Policy …………(86)

Section 4　Du Fu in Sichuan as Seen under the Background of "Rediscovering and Recultivating Local Worthies" ………………………………………………(105)

Summary　The Place Finding Recognition through Its Famous Figures ……………………………………………(124)

**Chapter 4　Poetry and the Formation of a Collective Identity: Du Fu's Posthumous Title and the Face of the Yuan Literati** ……………(126)

Section 1　Mongolian Literati's Choices of Who to Posthumously Honor and the Yuan Poetic Tastes and Ideals ……(128)

Section 2　Yuan Civilian Officials' Understandings of the "Wenzhen" Title ……………………………………(137)

Section 3　Poets being Posthumously Honored and Han Literati's Group Appeals ………………………………………(149)

Section 4　Du Fu and The Yuan Literati's Political Ideals ……(167)

Summary   Literature and Authority ·············· (178)

**Chapter 5   From the Yuan To the Ming: Losing the Memory of Du Fu's Entitlement** ············ (180)
  Section 1   Forgetting and Emptiness ············ (182)
  Section 2   Revival and Reversal ················ (189)
  Section 3   The Emergence of New Questions ············ (194)

**Chapter 6   One Must Take Care with Names: Restructuring the Historical Memory of Du Fu in the Hong Wu Era** ··············· (199)
  Section 1   The *Yuan History* and the Omission of the Politico-Cultural Circumstances Surrounding Du Fu's Posthumous Title ············ (199)
  Section 2   The Northbound Migration of the Yuan Court and Its Rediscovery of Du Fu ············ (207)
  Summary   The construction of "Barbarous Yuan" and the Disappearance of Du Fu's Posthumous Title in the Early Ming ············ (215)

**Chapter 7   Concealment, Silence, and Criticism: The Ming Literati Response to Du Fu's Posthumous Title** ··············· (221)
  Section 1   Fang Xiaoru's Chengdu Du Fu Thatched Cottage Stele and the Concealment of Du Fu's Posthumous Title ············ (222)
  Section 2   Li Dongyang's Silence on Du Fu's Posthumous Title and Its Absence in Early Ming Poetic Discourse ············ (230)

| | | |
|---|---|---|
| Section 3 | Wang Shizhen and Criticisms Concerning Du Fu's Posthumous Title during the Wanli and Post-Wanli Eras | (248) |
| Summary | Severed Memories of Du Fu's Posthumous Title | (270) |

**Chapter 8  A Seeming Lacuna: Ming Gazetteers Reconstruction of the Historical Memory of Du Fu's Posthumous Title** ······ (276)

| | | |
|---|---|---|
| Section 1 | Names Must Be Rectified: Ming and Mongolian Cultural Conflicts and the Ming Court's Anxiety Concerning Orthodoxy | (276) |
| Section 2 | The Hanization of Yesüder in the *Huanyu Tongzhi* (1456) | (293) |
| Section 3 | The Further Removal of Records of Yesüder in the *Sichuan Zongzhi* (1619) | (301) |
| Summary | Ethnic Consciousness and the Reshaping of Memories of Du Fu's Posthumous Title | (306) |

**Conclusion** ······ (309)

**Reference** ······ (324)

**Index** ······ (337)

**Postscript** ······ (341)

# 前　　言

　　杜甫作为中国诗歌史、文学史上最重要的诗人、文学家，围绕其人其作的研究浩如烟海，无论是在数量还是质量上，都取得了人所共知的成就。然而，杜甫作为诗人，其在诗歌史上的地位和影响固然值得重视，但他的影响其实又并不止于诗歌，而是超越了诗歌史、文学史的范围，波及广泛的领域。更进一步地看，杜甫也是千百年来人们共同的记忆，并非只有汉族文人和政府对他持续关注。

　　元代就有过追谥杜甫为"文贞"这样一件事，见于《元史》卷39《顺帝本纪》的记载：

　　（至元三年）夏四月……丁酉，谥唐杜甫为文贞。[①]

　　杜甫是唐代最重要的诗人。关于其生平的记载，最早见于元稹《唐检校工部员外郎杜君墓系铭》。元稹之后，《旧唐书》卷190下和《新唐书》卷201均有杜甫本传。二者尽管略为详细，但其行止仍稍显粗略。宋代以来，出现多种与杜甫有关的年谱，其中最早的是吕大防的《杜工部年谱》，谓"以次第其出处之岁月，而略见其为文之时"[②]。由此可见，在简略的正史本传以外，人们对杜甫生平

---

[①]（明）宋濂等：《元史》卷39，中华书局标点本1976年版，第839页。
[②]《分门集注杜工部诗·年谱》，《四部丛刊初编》，商务印书馆1922年影印本，第143册，第15页。

的认知很大程度上是依赖其作品，即通过对作品的系年来确定诗人的生平行止。在这些传记、年谱中，很少提到杜甫的字号，仅指出杜甫与李白齐名，"时号李杜"。因此，《元史·顺帝纪二》所载至元三年（1337）"谥唐杜甫为文贞"，是这位诗人在历朝历代得到的唯一官方褒奖。

然而，在此后大约二百年的时间里，文献中都罕见有关这件事的记录，表明明代主流士人圈对此颇为冷淡。直到万历三年（1575），王世贞撰成《宛委余编》，这件往事才引起明代主流文坛的关注。此时据元代追谥杜甫已经过去了239年。

王世贞（1526—1590），字元美，号凤洲，又号弇州山人，太仓（今属江苏）人。他是明代最重要的文学家，早年曾与李攀龙共同擅声文坛，更在李攀龙去世之后独操文柄二十余年。他的著述极为丰富，《四库全书总目提要》谓"考自古文集之富者，未有过世贞者"。《宛委余编》的内容涉及古代文化生活的各个方面，既包括诗文中名物的考释，也包括对史实的辨析，还记载了很多奇闻趣事。

据《宛委余编》卷五：

> 偶阅张伯雨《赠纽怜大监》诗跋云，曾疏请以蜀文翁之石室、扬雄之墨池、杜甫之草堂皆列祀典，又为甫请得赐谥曰"文贞"。虞奎章集纪其事。按《元史》有《纽怜传》而不载此事。又杜甫之谥文贞，亦出奇闻。①

这一段文字涉及内容丰富，既讲到为杜甫请谥的纽怜大监，又讲到张伯雨、虞集对此事的记述，以及《元史》未有记载此事，最后认为杜甫之谥"文贞"，乃是"奇闻"。这是笔者目前所见对请谥

---

① （明）王世贞：《弇州山人四部稿》卷160，《原国立北平图书馆甲库善本丛书》，国家图书馆出版社2013年影印本，第787册，第2269页。

人身份最早的辨析。王世贞以杜甫谥"文贞"为"奇闻",应当结合他自身的文化背景来分析,此处暂不讨论。但可以肯定的是,王世贞的这段记载,不仅打破了此前两百余年主流士人圈的记忆空白,更引发了后世对此事的关注。

这里,最值得一提的就是钱大昕。钱大昕(1728—1804),江苏嘉定(今上海市嘉定区)人,乾嘉时代最重要的历史学家。钱大昕"生平于元史用功最深"①,《元史氏族表》《元史艺文志》集中反映了他在元史研究方面的成就,《十驾斋养新录》《潜研堂文集》《潜研堂金石跋尾》等著作中也有很多关于元史的内容。

在《潜研堂文集》卷30《题跋四》有《跋宛委余编》一篇,是为王世贞《宛委余编》作跋,其中专论元代追谥杜甫一事而不提其他,足见钱大昕对此事的特别关注。兹录其全文如下:

> 杜子美之谥文贞也,在元文宗至顺元年。史不言何人陈奏。据张伯雨诗跋,知为纽怜大监所请。纽怜,《元史》无传。其见于史者有纽璘。璘、怜虽同声,然纽璘武臣,且仕于元初,不当文宗之世。王元美谓《元史·纽怜传》不载此事,则误以为一人矣。元有崇文大监,章佩大监,盖监官之长,别于少监而名。或认为宦官,尤误。②

有意思的是,它是对王世贞《宛委余编》中相关记载最直接的回应。钱大昕指出,为杜甫请谥的"纽怜"并非《元史》卷129中的"纽璘",将二者混为一谈是王世贞的误判。除此之外,他更强调了另外两点:一是追谥的时间,钱氏将其系在元文宗至顺元年(1330),此说不见于他书,不知是否另有所本,本书暂不做讨论;

---

① (清)段玉裁:《潜研堂文集序》,(清)钱大昕著,陈文和主编:《嘉定钱大昕全集》第9册,江苏古籍出版社1997年版,第1页。
② (清)钱大昕著,陈文和主编:《嘉定钱大昕全集》第9册,江苏古籍出版社1997年版,第518页。

二是纠正了其时或以"大监"为宦官的谬误,指出"大监"实为元代官职的一种。元代王士点《禁扁》丁卷载有元代监名"太府、章佩、中书、秘书、利用、经正、度支、典宝、艺文、甄用、典绂"①,由此可知,以上官署应均设有"大监"一职。因此钱氏的驳正是可靠的。

钱大昕的友人、清代著名的文学家、史学家赵翼(1727—1814)同样精于考据,其《廿二史札记》与钱大昕的《廿二史考异》、王鸣盛的《十七史商榷》并列为乾嘉时期三大考史名著。而他在另一部著作《陔余丛考》中对元代追谥杜甫一事也有过回应。据《陔余丛考》卷十八《宋元追褒古贤》:

> 累朝有追崇前代名贤者,如唐初加号老子为玄元皇帝……至如追谥杜甫为文贞公、刘蕡为文节昌平侯,又前朝所未及者也。②

虽然全文重点是在赞扬乾隆皇帝给明臣熊廷弼、袁崇焕后人赐官之举"更高出前代万万矣",但也可表明元代追谥杜甫的确得到了清代史学家的关注。

除了学者的直接考证之外,杜甫谥号在清代流传的另一依托是杜集的刊刻。清代康熙年间刻印两部重要的杜诗注本——顾宸的《辟疆园杜诗注解》和仇兆鳌的《杜诗详注》均记载了元代对杜甫的追谥。

顾宸,字修远,无锡(今江苏无锡)人。其居所名为辟疆园,故人称"顾辟疆"。顺治十八年(1661)完成《辟疆园杜诗注解》,时任两淮盐政的李赞元为其刻印了《七律注解》,康熙癸卯

---

① (元)王士点:《禁扁》,《丛书集成续编》第57册,上海书店出版社1994年版,第484页。

② (清)赵翼:《陔余丛考》,中华书局1963年版,第347—348页。

(1662),济宁人李壮为其刻印了《五律注解》。据李壮《辟疆园杜诗注解序》：

> 两宋以来，以诗名世者不下千家，何不闻疏于朝廷，俾得有尊崇优异之典。至纽怜太监，始请以杜甫之草堂崇祀，又得追谥文贞，载《虞奎章集》，可信。然《元史》有《纽怜传》而不载此事，则子美生前怀抱之郁结，没后遭逢之偃蹇，可胜道哉！①

尽管引文自"至纽怜太监"到"《元史》有《纽怜传》而不载此事"一节几乎完全脱胎于王世贞《宛委余编》中的相关内容，但与王世贞将之视为"奇闻"相比，李壮在序言中将杜甫得谥文贞视作"尊崇优异之典"而加以推重。

这段文字随后又引起了俞樾的注意。俞樾（1821—1907），字荫甫，晚号曲园居士，浙江德清人，清末著名的经学家。其生平事迹见《清史稿》本传、缪荃孙《清诰授奉直大夫诰封资政大夫重宴鹿鸣翰林院编修俞先生行状》等。其《茶香室三抄》卷8有"杜子美得谥由元太监纽怜"条：

> 国朝刘献廷《广阳杂记》云：李壮序杜诗，称元太监纽怜请以草堂崇祀杜甫，得谥文贞，载在《虞奎章集》中。②

然而遗憾的是，顾宸的注本的流传十分有限，在《四库全书》中既未存书也未存目，周采泉认为这是由于四库总纂纪昀之父纪容

---

① （清）李壮：《辟疆园杜诗注解序》，（清）顾宸注，载《辟疆园杜诗注解》十七卷附年谱一卷，清康熙二年（1663）吴门书林刻本，叶6B—7B。又，"大""太"同，本书正文通称为"大监"，后文不另出注。
② （清）俞樾：《茶香室三抄》卷8，载贞凡、顾馨、徐敏霞点校《茶香室丛抄》，中华书局1995年版，第1111页。

舒想要将之据为己有、纪昀试图为父遮掩的缘故。①《四库全书》的失在很大程度上抹杀了其在后世的影响。

真正堪称清代杜诗注本之集大成者、并在此后产生巨大影响的，当属仇兆鳌的《杜诗详注》。仇兆鳌，字沧柱，浙江鄞县（今宁波市鄞州区）人。康熙三十二年（1693）编成《杜诗详注》，其书卷首"杜诗凡例"中有"少陵谥法"一条，提到了元代的追谥：

> 考元顺帝至正二年，尝追谥文贞，此实褒贤盛事，增韵文坛。公所谓"千秋万岁名，寂寞身后事"者，其亦差不寂寞矣。②

综上所述，从明、清两代对于杜甫谥号的辩论中，我们可以看到，杜甫曾在元末获得了"文贞"的谥号，这不仅在当时产生了一定的影响，在后世同样引起过很多著名史家的注意。但另一方面，有关请谥人的姓名与身份仍然存在着诸多争议。张雨的诗跋记为"纽怜"，王世贞、钱大昕等人或以此事于其本传失载，或以此人史传不详，均未对这位大监的名字作出进一步考订；将"大监"误作宦官的看法虽然得到了钱大昕的纠正，但关于其人的仕历情况仍然缺乏清晰的回答。此外，史书对大监崇文兴蜀故事的整个过程及细

---

① 周采泉《杜集书录》卷7"《辟疆园杜诗注解》十七卷"条："……《四库提要》在纪容舒《杜律疏》按云：'纪氏嫌顾宸《律注》穿凿，所以删繁就简，撰成此书。'是则四库馆臣，明知有此书，且有不同于钱笺、朱注之备列为'禁书'，《四库》为何既不存书，又不存目？意者《四库》之总裁纪昀，欲掩其父攘窃之迹，唯恐其书传世也……"；又"《杜律疏》八卷"条："原名《杜律详解》，清纪容舒撰……是书为顾宸《辟疆园杜诗注解》之节抄本，编次同，所选为五七律亦同。偶引金圣叹一条，仇注间有提及，凡蜀中较精核者，皆顾注也。但均不标顾氏之名，窃据为己有。《四库》不存此书者，盖纪昀亦知其书之不足存也。"上海古籍出版社1986年版，第351、377页。

② （清）仇兆鳌：《杜诗详注》，中华书局1979年版，第26页。本书以《元史·顺帝纪二》"至元三年"追谥杜甫为准。

节始终语焉不详。

此后,元代这次追谥似乎一直不在关心杜甫的人的记忆中。近代以来对杜甫生平的研究有很大进展,重要的杜甫传记,如中国学者冯至《杜甫传》、萧涤非《杜甫研究》、陈贻焮《杜甫评传》、莫砺锋《杜甫评传》,美国学者洪业 Tu Fu: China's Greatest Poet(《杜甫:中国最伟大的诗人》)等,还有闻一多《少陵先生年谱会笺》,这些详细、完整的杜甫传记与年谱,使得我们对诗人的生平有了更多的了解,但不知是什么原因,却都没有提到元代的这次追谥;当今通行的各种文学史著作对此也并未涉及。

1923 年,陈垣写成《元西域人华化考》,曾以追谥杜甫等事为例,说明元代并不轻视儒学及文学。① 直至今日,文学领域唯一注意到这次追谥的,大概只有日本汉学家吉川幸次郎,他的《杜甫私记》最初由筑摩书房于 1950 年出版,在日本影响很大,多次再版,它的中文译本《读杜札记》也在 2011 年面世。② 值得注意的是,吉川先生在《杜甫私记·自序》中谈到了元代对杜甫的追谥,他说:

> またずっと後年、蒙古人が中国を統治した元の時代に、朝廷から文貞公なるおくりなを追贈されたむね、明の王世貞の「宛委余編」の巻の五に見えるが、これはいかにも外国人の朝廷らしい烏滸の沙汰であった。詩人にいかめしいおくりなは、ふさわしからぬことであり、誰もこのおくりなを以って杜甫を呼ぶものはない。

> 在蒙古人统治中国的元代,朝廷追赠杜甫为文贞公,此事在明代王世贞《宛委余编》卷五中有所记载。这怎么看都像是外国人的朝廷才会做出来的不在行的事。诗人得到的这个如此威严的追封,与他的实际情况并不相称,因此谁也没有用它来

---

① 陈垣:《元西域人华化考》,上海古籍出版社 2008 年版,第 119 页。
② [日]吉川幸次郎:《读杜札记》,李寅生译,凤凰出版社 2011 年版。

称呼杜甫。①

在这里，吉川幸次郎先生赞成明代王世贞的意见，对作为"外国人朝廷"的元代政府以"文贞公"来追赠杜甫很不以为然，可遗憾的是在中译本中，这一段话不知什么原因被完全漏译了。对于中文世界的读者来说，这导致了一个重要线索的丧失。虽然吉川先生对元代追谥杜甫为"文贞"有他自己的看法，但他却提醒我们注意到这一历史事实，并且思考这一事实背后的很多问题。

因此，本书就是要从这个在文献中看似语焉不详、却又意义深远的元代"谥杜"事件出发，尝试提出并探索其背后种种事关民族国家、文学文化的重要问题：

首先是关于元代追谥杜甫这一事件本身。元代追谥杜甫的本末究竟是怎样的？它是在怎样的时代环境下发生、由哪些人在何种的动机下促成、又在当时产生过什么样的影响？其中尤其重要的是，作为一个蒙古族群建立起来的政权，元廷何以有机会接触和了解杜甫这位唐代汉族诗人，乃至选择"追谥"这一精致的汉族政治文化举措来对其予以肯定？在这条看似简单的政令背后，实则存在文化统合、族群互动等诸多脉络的交织涌动，有待我们进一步梳理。

其次，是关于明人对元代"谥杜"的认知与态度。"谥杜"发生之时，距离后来的元明更迭只有三十余年；这个谥号最后一次出现在元人笔下，距离明朝建立不过九年。然而，在如此迫近的时间之下，这个本应很强的"杜甫记忆"，却在进入明代之后迅速转入沉寂。在明代出现的大量杜甫传记资料中，诗人身上这个最重要的文化标签却始终处于缺失的状态。即便在明朝后期，关于元代"谥杜"的记忆在王世贞、茅元仪等人笔下偶有复现，但他们对此却十分不

---

① [日]吉川幸次郎：《杜甫私记》，载《决定版吉川幸次郎全集》，东京：筑摩书房1985年版，第7页。引文以下为笔者拙译，同时参考周语、宫谷恒墨《李寅生译〈杜甫私记·自序〉商榷》，《杜甫研究学刊》2014年第3期。

以为然。其中王世贞的"奇闻"评价上文已具,茅元仪则更直接将元廷"谥杜"视作蒙元政治权力在文学领域的延伸,并以此来解释这一记忆在明代的失落。一个重要文学人物身上的特殊文化符号的缺失,显然已经不仅仅是一个单纯的文学命题;更何况在对每一条"谥杜"记述的考察中,都可发现其时族群意识或显或隐的影响。这股终明一世始终存在的蒙古焦虑,究竟从多大程度上导致了元代"谥杜"记忆入明以后的消解,乃至直接雕塑了整个明代的杜甫记忆?这些问题,在以往同样缺乏回答。

最后,在充分探讨"谥杜"在元、明两代的不同境遇之余,本书仍想将这段杜甫的"身后事",嵌入对于文学史的探讨中。

其一,"谥杜"在元代能够发生并成为话题,以及此后在明代遭遇的刻意遗忘,已然生动地呈现出文学面貌在外部思潮与创作主体的互动调适中,被逐渐形塑的过程。那么,除了"谥杜"这件由朝野上下、族群之间共同配合而催生的文化事件之外,终元一世是否仍有其他的文化动向,能够被纳入相似的脉络来解释?当明人基于强烈的族群意识而刻意淡忘杜甫身后的蒙元文化遗产时,这种经过选择的文学记忆,是否已然更加普遍地存在于有明一代的文学风貌之中?

其二,当以族群意识为代表的外部力量持续形塑文学史之时,文学自身的力量又将如何彰显?在"谥杜"中,无论是蒙古士人的请谥、还是蒙元朝廷的追谥、抑或汉族士人的舆论鼓吹,对于这些身份不同、诉求各异的群体来说,文学是其能够对话、聚合并达成文化共识的基础。换言之,在族群与政治问题交织的元代,文学为社会的弥合提供了可能。而到了"去蒙古化"思潮炽烈的明代,在与明、蒙之间的正统竞争波及军事、政治、文化等诸多领域时,同样是借由文学的构建与阐释,竞争的双方均找到了可资利用的话语资源。从中可以看到,文学所展现出了一种不同于政治及军事的、亦刚亦柔的强大力量。

总而言之,本书将以元、明两代的族群文化认同为视角,来观察元代"谥杜"的发生,以及这一文化记忆在时序相继而统治族群不同的元、明王朝的评价升降。然而,无论是对于元代"谥杜"这一问题,还是与之关涉抑或由此引发的种种脉络及思考,过去并没有专门的研究。因此,本书将从基本的文献钩沉开始,首先还原一个元代追谥杜甫的历史过程,进而以史料为基础,在有限的视野里,针对上述问题作初步的回答。

# 第 一 章

# 元代追谥杜甫的过程[*]

从杜甫去世四十余年以后、元稹为其撰写墓系铭开始，这位唐代诗人的文学地位与日俱增。南宋号称"千家注杜"，金代元好问首倡"杜诗学"，关于杜甫其人其作的研究长盛不歇。但《元史·顺帝本纪》中"谥唐杜甫为文贞"的记载，在很长一段时间内并不为人关注。清代以来，尽管亦曾有仇兆鳌、钱大昕、赵翼、俞樾、陈垣、吉川幸次郎等学者对此偶有提及，但对于像请谥人身份、官方追谥的过程这些关键性问题也依然未能够解决。因此，在杜甫始终被后世视为诗学典范的同时，诗人得谥这一"身后事"却又始终稍显寂寞。

在这样的情况之下，本章基于对相关正史、文集、方志等大量文献的调查，首先针对元代"谥杜"始末作出了考订，厘清元代围绕杜甫的请谥与追谥的具体过程。

## 第一节 杜甫之谥"文贞"

明朝洪武二年（1369）二月初一，朱元璋下诏纂修《元史》，

---

[*] 本章内容在本书写作过程中已单独发表，参见拙文《蒙元时代的杜甫记忆：以至元三年追谥杜甫为中心》，《中华文史论丛》2017年第2期。

洪武三年（1370）七月初一增补《顺帝本纪》10卷及元统以后诸志、表、列传等，《元史》210卷至此宣告完成。在卷39《顺帝本纪》"（后）至元三年"条中有这样一条记载：

> 夏四月……丁酉，谥唐杜甫为文贞。①

然而遗憾的是，从这段内容相当有限的文字来看，追谥杜甫的细节并未被史官载入。因此，我们只能回到元代当朝人的记载之中，去厘清整个元代追谥杜甫的过程。

元代张雨有《赠纽怜大监》一诗并跋：

> 论卷聚书三十万，锦江江上数连艘。
> 追还教授文翁学，重叹征求使者劳。
> 石室谈经修俎豆，草堂迎诏树旍旄。
> 也知后世扬雄在，献赋为郎愧尔曹。
> 请以蜀文翁之石室、扬雄之墨池、杜甫之草堂皆列学官，又为甫得谥曰"文贞"。以私财作三书院，遍行东南，收书三十万卷，及铸礼器以归。虞奎章记其事，邀予赋诗如上。②

张雨（1283—1350），字伯雨，号贞居子，又号句曲外史，钱塘（今浙江杭州）人，元代诗文词曲家、书画家、茅山派道士。张雨虽为方外之人，但与虞集等馆阁词臣往来密切，颇有名声。其生平见刘基《句曲外史张伯雨墓志铭》、顾嗣立编《元诗选·句曲外史集》诗人小传等。草堂雅集即玉山雅集，是由以顾瑛为东道主的元末东南地区最具影响力的文人雅集，从（后）至元、至正之际开始，一直持续了三十余年，吸引了大批身在吴中的文士。

---

① 《元史》卷39，中华书局1976年版，第839页。
② （元）张雨：《张雨集》，浙江古籍出版社2015年版，第255页。

由诗的内容可知，张雨是受虞集之邀而为一位名叫"纽怜"的大监赋诗。诗跋中有"又为杜甫得谥曰文贞"一句，与《元史》中"谥唐杜甫为文贞"相吻合。这就向我们表明，元代对杜甫的追谥最初并非首自朝廷的提议，而是缘于他人的提请。而另一方面，根据这首诗的记载，在为杜甫请得谥号以外，这位名叫"纽怜"的大监还用自己的财产建立了石室、墨池、草堂三座书院，其中草堂书院的设置又与尊崇杜甫直接相关；此后，大监遍行东南，通过水路将购置的书籍、铸造的礼器运回了蜀中。换言之，追谥杜甫仅仅是当时大监整个活动之中的一环，它与建书院、网罗书籍相联系，构成了一个脉络更加丰富的文化事件。而这些互相关联的活动，为我们还原请谥杜甫事件提供了不止一个线索。

此后，至正四年（1344），吉安太守燕山高侯应郡士刘谦、谢缙翁之请，为唐代诗人杜审言建立了祠祀场所"诗人堂"。次年（1345）竣工之时，李祁为之作记。杜甫得谥"文贞"一事再次出现在了人们的视野中：

> 夫以司户公之高才，下视一世，而其孙甫遂以忠愤激烈，发为文章，为百代宗，至国朝得封文贞，孰不知其当祀无疑也。①

李祁，字一初，茶陵（今湖南茶陵）人，元统元年（1333）左榜进士第二，是元朝首位以举业获赐进士及第、即得供奉翰林的南士，这种"儒人难遇"的经历颇为时人称道。在李祁为杜审言的祠祀场所撰记时，必然要对杜审言何以得祀作出说明。从这段文字可以看到，在他的观念之中，杜审言之所以重要，除了因为自身"高才下视一世"外，也是基于其孙杜甫"为百代宗"的崇高地位；而更重要的是，杜审言之所以足以得祀，更是与杜甫"至国朝的谥文

---

① （元）李祁：《吉安路诗人堂记》，《云阳李先生文集》卷6，《北京图书馆古籍珍本丛刊》，书目文献出版社1997年影印本，第96册，第235页。

贞"密切相关。这向我们表明,杜甫得谥"文贞"对于时人来说,始终都是一个很强的记忆。

更晚一些的至正十九年(1359)夏,贡师泰的门人谢肃在为老师文集撰写序言时,回顾了元代诗坛的样貌:

> 盖自风雅以来,能集诗家之大成者,惟唐杜文贞公一人而已。继文贞而兴者,惟我朝雍虞公一人而已。试以《道园》所录,合先生是编而并观之,则未知其孰先孰后也!①

谢肃从至正十三年(1353)起入其门下,"先生(指贡师泰)起居食息之顷,肃未尝不在侍也。说经之暇,间授以作文赋诗之法"②。由此可见,谢肃之所以会称杜甫为"杜文贞",应该就是受到贡师泰的影响。在谢肃构建的"《诗经》—杜甫—虞集—贡师泰"诗学谱系中,我们一方面可以看到在他眼中,虞集与他的老师贡师泰是一前一后、当之无愧的元代诗坛宗主;另一方面,我们也可以关注到,在他称呼杜甫之时,采用的正是顺帝至元三年(1337)所封的谥号"文贞"。

从这些散落在元人文集的记载可以发现,在撰述时间明确可考的文献中,从顺帝追谥杜甫的(后)至元三年,到李祁为江西吉安诗人堂撰记的至正五年(1345),再到谢肃为贡师泰作序的至正十九年,元廷追谥杜甫为文贞这一事件,一直稳定地存在于元代社会的记忆之中。那么,这位"大监"究竟是一个什么样的人,又为何上书朝廷为唐代诗人杜甫请谥?此时的元廷又出于怎样的理由促成了对杜甫的追谥?张雨赋诗是因虞集相邀,而李祁、贡师泰又是如何获知这一事件?若要回答这些问题,就必须要首先厘清请谥人的身

---

① (元)谢肃:《贡礼部玩斋文集序》,载《贡氏三家集》,吉林文史出版社2010年版,第169页。

② (元)谢肃:《贡礼部玩斋文集序》,载《贡氏三家集》,吉林文史出版社2010年版,第169页。

份。这是以下将要考辨的问题。

## 第二节 为杜甫请谥的也速答儿

张雨的诗跋谓"虞奎章记其事,邀予赋诗如上"。"虞奎章"即元代著名文人虞集,因其曾官至奎章阁侍书学士故称。因此,核查虞集的记述,便成为厘清事实的重要一环。

虞集(1272—1348),字伯生,祖籍陵州仁寿(今四川仁寿县),生于衡州(今湖南衡阳市),定居抚州崇仁(今江西崇仁县),家族以地方世家闻名;大德年间起仕宦京城,元统元年(1333)致仕南归,至正八年(1348)病逝。虞集是元代文坛巨擘,与杨载、范梈、揭傒斯并称"元诗四大家",又与黄溍、柳贯、揭傒斯并列"儒林四杰"。在他流传下来的诗文作品中,与此事相关的记载仅有一首七律,题为《送秘书也速答儿大监载书归成都》:

> 连舸载书三十万,雪消春水上成都。
> 列仙歌舞成烟雾,世将旌旗属画图。
> 定有鸿儒堪设醴,岂无佳客共投壶。
> 子云白首归无日,独抱遗编隔五湖。①

从内容来看,虞集的这首诗与张雨《赠纽怜大监》显然指向同一事件,区别是诗题中的"也速答儿"到了张雨笔下却被记为"纽怜"。笔者认为,既然张雨是通过虞集才获知此事,因此似当以虞集的记述为准。而后文所引其他文献中诸如"也速""边速达"等记述也支持了这一论断。②

---

① (元)虞集:《虞集全集》,王颋点校,天津古籍出版社2007年版,第145页。
② 关于虞集笔下的"也速答儿"为何到张雨的记述中变为"纽怜",笔者尚无充分的结论,但单纯从两个名字来看,应当不大可能是在口传中出现的读音方面的讹误。

值得注意的是，诗中向我们透露了新的信息："三十万"交代了所购书籍的数目，成了我们钩沉材料的线索；末两句用扬雄典故，一方面与其所建的墨池书院相呼应；另一方面似乎也暗示了大监最终的去向是归隐江湖。此外，诗题中虞集称呼也速答儿为"秘书大监"，这也验证了钱大昕"元有崇文大监，章佩大监，盖监官之长，别于少监而名。或认为宦官，尤误"的判断。然而，成书于顺帝至正中的《秘书监志》中却没有关于也速答儿（或纽怜）的任职记录。因此笔者推测，此时的也速答儿很可能已经致仕。据《元史》卷84、《元典章》卷11中有关致仕的规定可知，元代三品以下的官员请求致仕时，朝廷会将其散官和职事官各加一级，然后以这个官阶的名目批准其致仕，以此显示优宠。① 因此，"秘书大监"可能是也速答儿致仕时，政府升授的官职，他本人并不曾实任。此即为《秘书监志》对也速答儿没有记载而时人却以"秘书大监"呼之的原因。据《元史》卷九十，秘书太（大）监秩从三品，因此在致仕之前，也速答儿应为正四品的文官。

元人李元珪也有《赠也速秘书载书归文翁石室》一诗可与之参照：

> 一灯梦觉青藜杖，长揖芸台入四川。
> 载书深藏石室里，卜居还近草堂边。
> 蜀臣汉士明日月，文翁武侯相后先。
> 江上载书归万里，幽花野草春年年。②

---

① 相关规定见《元史》卷84："凡官员致仕：至元二十八年，省议：'诸职官年及七十，精力衰耗，例应致仕。今到选官员，多有年已七十或七十之上者，合令依例致仕。'大德七年，省臣言：'内外官员年至七十者，三品以下，于应授品级，加散官一等，令致仕。'十年，省臣言：'官员年老不堪仕宦者，于应得资品，加散官、遥授职事，令致仕。'皇庆二年，省臣言：'蒙古、色目官员所授散官，卑于职事，拟三品以下官员，职事、散官俱升一等，令致仕。'"载《元史》，中华书局1976年版，第2113—2114页。另见《元典章》卷11"致仕"诸条，载陈高华等点校《元典章》，天津古籍出版社、中华书局2011年版，第413—417页。

② 《草堂雅集》卷10，中华书局2008年版，第818页。

李元珪，字廷璧，河东（今山西永济一带）人。他终生未仕，晚年无子，留滞吴中，时常往来玉山，与诸君唱和。《元诗选·三集》录其诗二十二首，题《廷璧集》。生平事迹见《草堂雅集》卷7、《西湖竹枝集》以及《元诗选·三集》等。诗题中的"也速"应是李元珪对"也速答儿"的简称，这也更加证明了虞集的记载较张雨更为准确。诗的前两句用典来交代了也速答儿的身份。"一灯梦觉青藜杖"是将也速答儿比作西汉的刘向。根据《三辅黄图》卷六的记载，刘向某天夜里独自在天禄阁校书时，一位手持青藜杖的黄衣老人突然出现，吹燃藜杖，以藜光照明，传授知识，刘向也因此得以成为一代经学大师；第二句的"芸台"则是古代藏书台的雅称，结合诗题来看，此处当指元代的秘书监。因此，诗的前两句告诉我们，也速答儿像刘向那样有着渊博的学识，在离开了秘书监之后来到了四川。而这与虞集、张雨的记述完全吻合。接下来则是交代也速答儿将书籍藏于文翁石室，自己则选择居住在杜甫草堂附近，并对他的文化事业大加赞赏。

　　除了以上三首诗以外，更多的文献为我们勾勒出了也速答儿的其他信息。我们已经知道，这位大监除了为杜甫请得谥号之外，还在四川建立了石室、墨池、草堂三座书院。元人李祁就为大监建立的草堂书院撰写了一篇《草堂书院藏书铭》。关于李祁其人，前一节中也有所涉及，兹不赘述。就《草堂书院藏书铭》本身而言，唯一与前述记载略有不同的是，李祁在文中称这位大监为"达可"。

　　我们先来看一下这篇铭文：

> 秘阁崔嶤，丽于层霄，群公在天，远不可招。
> 圣贤之书，有图有籍，如山如渊，浩不可亲。
> 矧兹蜀都，阻于一隅，去之万里，孰云能徂。[①]

---

[①] （元）李祁：《草堂书院藏书铭》，《云阳李先生文集》卷10，《北京图书馆古籍珍本丛刊》，书目文献出版社1997年影印本，第96册，第283—284页。

文章开篇描述了书籍获取之难。由于战争等因素，原本辉煌的蜀文化在元代迅速走向衰落，四川也成了"阻于一隅"、与元代文化中心相去较远的地区，获得图籍尤其不易。正是在这样的背景之下，大监收书的意义才得以彰显：

> 惟兹达可，有恻斯念，稽于版籍，询于文献。
> 北燕南越，西陕东吴，有刻则售，有本则书。
> 仆输肩颒，车递牛汗，厥数惟何，廿有七万。
> 载之方舟，入于蜀江，江神护呵，翼其帆樯。①

在注意到了四川当地书籍获取的难题之后，这位被称作"达可"的人开始四处奔走，大量购买和抄写所见的刻本书和抄本书，共计二十七万卷，将之用船浩浩荡荡运回蜀地。我们注意到，其中"仆输肩颒，车递牛汗，厥数惟何，廿有七万。载之以舟，入于蜀江，江神护呵，翼其帆樯"几句，与张雨诗中的"论卷聚书三十万，锦江江上数连艘"、虞集诗中的"连舸载书三十万，雪消春水上成都"的表述如出一辙，其中对书籍书目"廿有七万"的记载与虞集笔下的"三十万"也大体吻合。因此，李祁文中的"达可"就应当是前文所述的也速答儿无疑。

接下来，李祁描述了蜀人对也速答儿（达可）主导的文化事件的回应：

> 爰至爰止，邦人悦喜，藏之石室，以永厥美。
> 昔无者有，昔旧者新，畀此士子，怀君之仁。
> 朝承于公，夕副于室，家有其传，维君之德。
> 在昔文翁，肇兹成功，建学立师，惠于蜀邦。

---

① （元）李祁：《草堂书院藏书铭》，《云阳李先生文集》卷10，《北京图书馆古籍珍本丛刊》，书目文献出版社1997年影印本，第96册，第283—284页。

> 维兹达可，宜世作配，惠兹蜀邦，罔有内外。①

这段文字告诉我们，载书的船队到达四川之后，引起了蜀地士人的热烈反响。在达可的努力之下，当时四川稀缺的图书资源得到了补充与更新。蜀人将这批宝贵的书籍藏于石室之中，使其世代相传。达可大监也因此成了四川当地家喻户晓的贤德之士。在蜀人眼中，汉代的文翁建学立师，开启了蜀地的文脉；自此之后，只有达可能够与之比肩。

最后，李祁表达了自己对蜀地士子的期望：

> 嗟嗟士子，尚其勉旃，毋负于君，惟千万年。②

和之前所引的两首诗相比，李祁这篇《藏书铭》除了赞美大监其人其事之外，特别之处在于两次提到"士子"：一处是写到大监载书入蜀之后，"畀此士子，怀君之仁"；另一处是文章末尾叮嘱"嗟嗟士子，尚其勉旃"，不要辜负大监的善举。因此，"士子"可以视作这篇铭文"隐含的读者"，联系李祁自身的生平来看，作为当时以"士子"身份入仕的代表性人物，行文中的"士子"视角也自然在情理之中。

无独有偶，元代诗人黄镇成亦有《题达可大监游武夷卷》③一诗，虽然全诗旨在描摹武夷山的壮美景色，但诗中"秘书示我武夷卷"一句与诗题中的"达可大监"一道，将对象再次指向了这位收书的大监。黄镇成，邵武（今福建邵武县）人，至顺年间周游南北

---

① （元）李祁：《草堂书院藏书铭》，《云阳李先生文集》卷10，《北京图书馆古籍珍本丛刊》，书目文献出版社1997年影印本，第96册，第283—284页。
② （元）李祁：《草堂书院藏书铭》，《云阳李先生文集》卷10，《北京图书馆古籍珍本丛刊》，书目文献出版社1997年影印本，第96册，第284页。
③ （元）黄镇成：《秋声集》卷5，载《续修四库全书》第1323册，上海古籍出版社2002年版，影印明刻本，第570页。

各地，后归隐故乡城南，卒年七十五。其生平见顾嗣立《元诗选》①等。邵武元属江浙行省，周边的建阳是元代重要的出版中心，这与大监江南收书的行踪存在吻合的可能，让我们有理由相信诗中的"达可大监"很有可能就是本书所讨论的也速答儿。

而元代名儒刘岳申撰写的《西蜀石室书院记》则直接告诉我们，"达可"正是也速答儿的字。

刘岳申，字高仲，号申斋，吉水人，与吴澄、虞集、揭傒斯等人相善。以吴澄荐，召为辽阳儒学副提举，不就，后授泰和州判致仕。其生平见《元史》卷190、李祁《刘申斋先生文集序》等。刘岳申著有《申斋集》十五卷，由其门人萧洵编，元末付梓，随后散佚，清初仅存抄本。顾嗣立《元诗选》未见收录。今有《四库全书》本及多种清抄本留存，本书见清抄本《申斋集》卷6。

文章开篇即交代了本末：

> 秘书大监某建石室书院于蜀，祠汉文翁。因江西提学范君汇请记于庐陵，其词曰："秘书蒙古人，生长蜀中，承恩入侍三朝，累官至大监。告老还乡，既以私财建书院，又购古今书籍，备礼乐器，载与俱归，托不朽焉。敢助之请。"②

这段材料也是笔者目前所见对大监其人最详细的介绍。由此我们知道，大监在蜀地建成书院之后，委托江西提学范汇向刘岳申请记，并附上对自身生平的概述：他是生长在四川的蒙古人，在京为官、历仕三朝，累官至秘书大监，顺帝朝致仕。致仕以后，他回到家乡，用自己的财产建立书院，并购买古今图籍及礼乐器，用船载回蜀地。

这位大监希望刘岳申可以为自己所建的石室书院撰写一篇书院

---

① （清）顾嗣立编：《元诗选·初集·庚集》，中华书局1987年版，第1802页。
② （元）刘岳申：《申斋集》卷6，清道光孔氏岳雪楼钞本，第30页A—B。

记，达成其对"不朽"的追求。刘岳申对此评价道：

> 余闻而题之曰："贤哉秘书！"古之人不羁縻于君臣之恩，不推挽于妻子之计，能知止、知足者，罕矣！不市便好田宅以遗子孙，能以赐金日燕饮自虞乐，又罕矣！不私宝剑遗所爱子弟，教以一经遗之长安，佚殆绝未有闻者。贤哉秘书！辞荣蚤退，不田宅于家而书院于其乡，不书籍于家而于书院，盖将以遗乡人子孙孙子于无穷，谓非贤者可乎？谓不贤而能之乎？贤者有不能者矣。故曰"贤哉秘书！"①

由此可见，除了汉文字号的采用，也速答儿的生活趣味也体现了对汉文化的认同。我们目前所见关于也速答儿的记载大多围绕其建书院、购图籍、请赐谥等文化活动展开，而这段文字则十分难得地勾勒出了他个人的生活状态。如果说对田宅乃至钱财本身的轻视、终日燕饮自乐的情怀只是给也速答儿增添了"文人气质"，那么对经史、文教的重视则无疑显示他很大程度上脱离了以宝剑为贵的蒙古人本民族固有的习惯和喜好，而堪与汉族古贤比肩。从具体的生活趣味上我们就可以看到，身为蒙古后裔的也速答儿，其文化身份与族群身份在一定程度上产生了分离。

在将大监的行为与古之贤人相比肩并连称"贤哉秘书"之后，刘岳申又补充道：

> 今又闻秘书能为墨池、草堂二书院求赐额，又为之曾益其田庐、书籍，是何恢恢有余裕也！②

这对于大监其人其事来说无疑是新的材料。由此可知，大监除

---

① （元）刘岳申：《申斋集》卷6，清道光孔氏岳雪楼钞本，第30页B—第31页A。
② （元）刘岳申：《申斋集》卷6，清道光孔氏岳雪楼钞本，第31页A。

了建立三所书院、广收书籍之外,还为其中的墨池、草堂请到了朝廷的赐额,这便使之纳入官学体系之中;同时,他还为书院增加了学田和房舍,直接保证了书院的经济来源和师生日常的教学生活。至此,该篇《书院记》对大监的叙述暂时告一段落,转而追述蜀文化的历史。文章最后说:

> 然非范君,余何自知之?范君亦贤矣哉!故乐为之书。大监字达可,君字朝宗。①

尽管通篇书院记未提大监的姓名,但最后指出大监的字是"达可"。在元代,蒙古人既保持蒙古名又采用汉文字号的情况并不罕见,尤其是元代中期以后,汉化较深的蒙古人多有字号,以便同汉族士人交游、酬唱。② 因此,除了兴学崇儒之外,这位蒙古大监以"达可"为字的做法从另一个侧面表明了他对汉文化的接纳程度。

从刘岳申这篇《西蜀石室书院记》中,我们知道,也速答儿是蒙古人的后裔,在四川出生长大,并曾在京为官三朝,最后以秘书监致仕。而这又与元代诗人贡师泰的记述相呼应。

贡师泰(1298—1362),字泰甫,号友迂、玩斋等,宁国路宣城县(今安徽宣城)人,出身文学世家,是元末著名的诗文家,年轻时即以"能诗文"而名扬京师。文学之外,他还具有杰出的政治才能。朝廷限制南士仕宦的政策使得贡师泰的早期仕途较为坎坷,他本人则通过上书、辞官等举动,对此做出了强烈的回应。至正年间,元朝廷重新启用南人,贡师泰凭借其卓著的政绩,成为元世祖之后首位出任中书省和御史台的南士。元末战乱,他隐居避祸,虽又再

---

① (元)刘岳申:《申斋集》卷6,清道光孔氏岳雪楼钞本,第312页A。
② 参见萧启庆《论元代蒙古人之汉化》,原刊于《台湾大学历史学系学报》1992年第17期,后收入萧启庆《内北国而外中国》,中华书局2007年版,第689—690页。

经启用但不久便被迫辞官,其才能始终难以发挥,至正二十一年(1361)因病去世。

据贡师泰《送内官弃职买书归蜀立三贤祠》:

> 内官买书三十万,从此声名天下知。
> 正为身轻归印早,不妨船重到家迟。
> 客非杜甫依严日,人是文翁化蜀时。
> 愧我无由能载酒,敲门频问子云奇。①

虽然贡师泰在诗中并没有提到大监的名字和官职,但诗的内容与前文所引的诸篇诗文十分吻合,如"内官"对应"秘书大监"、"承恩入仕""弃职"对应"告老还乡","三贤祠"对应"三书院",买书归蜀的记载更是与其他记载如出一辙。

两百多年之后,明朝万历三十六年(1608),三十六岁的曹学佺升任四川右参政,为官之余抄阅大量书籍,对四川旧事广泛涉猎。他在《蜀中名胜记》中记载了一块当地留存的石碑:

> 西北有果山。……《志》云:"果山书院,在城北五里,蜀谯周建。后郡人边速达以秘书监致仕,归隐于此,藏书四千二百七十一册,碑刻为至正八年。"②

曹学佺在引文中提到了当时所见的方志。现存的方志记载或可与此互相参照。现存方志中,最早的记载来自景泰七年(1456)五月成书的《寰宇通志》。据是书卷64"顺庆府·书院":

---

① (元)贡奎、贡师泰、贡性之:《贡氏三家集》,邱居里、赵文友校点,吉林文史出版社2010年版,第245页。
② (明)曹学佺:《蜀中名胜记》,刘知渐点校,重庆出版社1984年版,第398页。

> 果山书院。在南充县北五里，魏谯周建。后郡人边速达以秘书太监致仕，归隐于此，藏书万卷。久废。①

此后绝大部分的明代方志皆沿袭了这一记载。这些文献与曹学佺《蜀中名胜记》的记载大体吻合，只是其中藏书数量在方志中被笼统地记为"万卷"，而曹学佺则将之具体到"四千二百七十一册"，这极有可能是源于其亲见的"至正八年"碑刻。从"秘书监致仕""藏书""归隐"等信息基本可以推断，这些文献中的"边速达"就是本文所论之"也速答儿"。② 因此我们可以推定，在完成了一系列文化活动之后，不迟于至正八年（1348），也速答儿离开成都，带着数量颇丰的书籍回到了位于四川顺庆的果山，从此归隐江湖。此外，方志对他以"郡人"相称，将之与刘岳申《西蜀石室书院记》中"生长蜀中"的记载对读可知，四川顺庆也许正是他出生的地方。而虞集诗中"子云白首归无日，独抱遗编隔五湖"也恰与此相呼应，通过用典来暗示了他最后的归隐。

至此，为杜甫请谥的也速答儿其人其事就基本清楚了。③

---

① （明）陈循等：《寰宇通志》，朝华出版社2020年影印本，第371页。
② 对于"也速答儿"被明人记作"边速达"的问题，第八章中会有进一步的讨论。
③ 萧启庆先生在《元代蒙古人的汉学》一文中已经注意到大监其人其事，并将之归于元代蒙古人中"儒学倡导者"，同时对本节引述的部分材料如虞集、贡师泰、张雨、李元珪、黄镇成的诗作等亦有所提及，参见文章"儒学倡导者"下"纽怜"条及脚注⑥，载《内北国而外中国：蒙元史研究》，中华书局2007年版，第603页。笔者与萧先生的判断略有不同之处在于：其一，通过史料的溯源和比对，认为大监其名为"也速答儿"而非"纽怜"；其二，萧先生将大监的活动归于"元代中期"，即"成宗至宁宗懿璘质班（Irinchinbal, 1322）时代"，载《内北国而外中国：蒙元史研究》，中华书局2007年版，第590页，而本书则根据《元史》记载，将大监活动时间考订为顺帝时代；其三，在具体文献征引上，笔者与萧先生采用的版本略有不同，如萧先生据"《草堂雅集》（四库本）"引李元珪"《赠也先秘书载书归文翁石室》"一诗，并认为"虞、李二人诗所咏显属一事，但称其人为也速答儿（Yesüder）、也先（Esen）不识何故"（见氏著第603页脚注⑥），而本书据《草堂雅集》（清康熙年间抄本），该本此诗则题为《赠也速秘书载书归文翁石室》，可直接与"也速答儿"之名对应。

## 小结　元代围绕杜甫的请谥与追谥

从《元史》和上述诗文、方志等文献来看，元代蒙古大监崇文兴蜀的壮举在历史上确实有过较大的影响。综合上述材料来看，我们可以对大监其人其事作如下总结。

也速答儿，字达可，蒙古人，在四川出生长大。他曾在京为官三朝，致仕前为正四品文官；约于顺帝朝（后）至元年间致仕，被升授为秘书大监，因此时人多以"秘书"或"大监"来称呼他。致仕之际，他捐献私人财产，在四川建立了石室、墨池、草堂三座书院，并用私财为书院增加了学田和房舍，并请旨将这三座书院并列入地方官学，其中墨池、草堂两座书院明确得到了朝廷的赐额；此外，他还向朝廷为杜甫请谥；元廷接受了这一提请，并于顺帝（后）至元三年（1337）追谥杜甫为"文贞"。书院建成后，也速答儿遍行东南几省，为书院采购近三十万卷书籍，铸造礼器，最后用船运回四川。在这个过程中，他曾与虞集、贡师泰、黄镇成等人相遇，诸人分别有诗相赠。经过他的这些举措，书院的教学、祭祀活动得以正常展开，他本人也与汉代文翁比肩，成了蜀地士民家喻户晓、有功于四川的人物。至正初年，也速答儿委托范汇请江西名儒刘岳申撰写了《西蜀石室书院记》，范汇也因此被视作整个事件的另一个关键人物。不迟于至正八年（1348），整个文化活动基本完成，也速答儿归隐四川果山。

综上所述，经过对史料的搜集、考订，我们知道《元史》记载的对杜甫的追谥，是秘书大监、蒙古人也速答儿在元顺帝时期所做振兴蜀文化事业的一部分。而这一事业，还关系着一个更大的历史背景。这就要求我们进一步将其置于整个元代后期的政治、文化与文学等多重语境中来探讨。

# 第 二 章

## 儒以致治：请谥、追谥的时代背景与政治意涵

在大蒙古国（Yeke Mongghol Ulus）时代，儒家学说对于蒙古族群的影响极其低微。由于地理与文化的区隔，他们既无须将儒学视作维持统治的手段，也罕有关注研习的兴趣。但随着中统元年（1260）忽必烈正式在中原建国、开始面向汉地的统治，情况随之发生了改变。忽必烈接受汉族儒臣的建议，建立汉文国号、年号及各项礼仪制度。此后，元代经过了几十年的发展，蒙古族群与汉族士人在文化上的差异得到了一定程度的弥合。萧启庆就曾指出，元代中后期，越来越多的蒙古、色目子弟受到汉文化的熏染，与汉族士人共享同样的学养传统和知识背景，逐渐形成了一个"多族士人圈"，"儒"的概念业已超过了"汉族"的范围，成为各个族群士人之间的联结。[①] 美国学者达尔德斯（Dardess）更是用"儒家化"来描述元代后期的政治样貌，认为从文宗天历元年（1328）起，元代政治开始趋向儒家化，到顺帝至正年间（1341—1368），政治上的儒

---

[①] 参见萧启庆《元朝多族士人圈形成初探》《元代蒙古人的汉学》《论元代蒙古人之汉化》《元代科举与菁英流动：以元统元年进士为中心》等篇，收入萧启庆《内北国而外中国：蒙元史研究》，中华书局 2007 年版；另见萧启庆《九州四海风雅同》，联经出版事业公司 2012 年版。

家化已基本定型。① 陈高华、张帆、刘晓在《元代文化史》中也表达过相似却更为审慎的观点，指出尽管仁宗和以后诸帝对于各种宗教的兴趣仍然远大于儒学，但从仁宗起，元朝在尊尚儒学方面也有了很大的进步。②

然而，就在达尔德斯所说"元代政治儒家化"定型之前，众所周知，却有过一段由"崇儒"到"反儒"的倒退，这发生在蒙古蔑儿乞人伯颜秉政的顺帝至元年间（1335—1340）。此一时期元廷的统治政策，在各个方面均实行了比前代更为严格的族群区分，其中又以对儒家的规章制度乃至儒士群体进行普遍的打击最为突出。而另一方面，我们注意到，元廷接受蒙古大监也速答儿的提请、追谥杜甫的顺帝至元三年（1337），正处于伯颜秉政的这段时期内。谥法作为儒家礼仪制度中十分精致的部分，向来受到汉族政权的推重。因此，该如何理解在蒙元政权强力排儒之际、这一由蒙古士人发起、带有儒家意识形态的政治行为，将是本章需要深入探讨的问题。

在具体行文之中，本章拟分为以下四部分展开：

首先，回顾自顺帝至元元年（1335）伯颜"独秉国钧"以来所推行的极端族群政策在元代朝野上下，特别是士人阶层中造成的动荡，指出这一政策实则打破了元世祖忽必烈以来，蒙元政权在族群差别既定的情况之下、精心维系的政治格局的相对平衡。并在此基础上指出，这种极端反儒、反汉的统治政策既是"谥杜"前夜的社会氛围，也是酝酿"谥杜"生发的土壤。

其次，指出伴随元代中后期"多族士人圈"的形成，蒙古、色目族群中同样也出现了认同儒学、并将之作为入仕途径的士人。他们与汉族士人一道、以"尊儒"为文化共识，与统治阶层内部反对伯颜的力量走向聚合。也速答儿公开为杜甫请谥、元廷旋即赐谥的

---

① 参见 John W. Dardess, *Conquerors and Confucians: Aspects of Political Change in Late Yuan China*, Columbia University Press, 1973。

② 参见陈高华、张帆、刘晓《元代文化史》，广东教育出版社2009年版，第13页。

过程，即体现了这股思潮由潜及显的过程。借由围绕杜甫的请谥与追谥，来自蒙古族群的士人表达了与"蒙古至上主义"相反的声音，蒙元政权遂以此为契机、再次推动政治格局回到平衡状态。而这也预示了此后不久的伯颜被黜与新政权统治策略向"儒"的回归。从中亦可见到与政治争衡的瞬时性相比，思想浸润显现出的更加稳定、持久的力量。

再次，梳理至正"更化"以来，以脱脱为首的新政权对于伯颜极端反儒、反汉政策的彻底清算；同时指出，现存所有关于"谥杜"的记述，大多均涌现于此一时期，其中既有事件本身的文化影响，更离不开请谥人也速答儿的主动扩散；而后进一步强调，对于积极顺应"更化"政策的非汉族士人而言，也速答儿并非个例，在元代社会特有的政治秩序和文化背景之下，以儒学为代表的汉文化的发展，更多还是要借助蒙古、色目士人群体的影响力。

最后，将要着眼于杜甫，指出在以"儒"为焦点的争衡中，杜甫之所以能够成为话题的场域，是由于长期以来其"诗中之儒"身份的确立。也正是基于这一事实，杜甫在其身后频频被国家意识形态所重、成为历代政权习用的话语资源。元廷对于杜甫的追谥虽属首次，但实则是接续这一脉络而下，并最终将其推向顶峰。

## 第一节　"谥杜"前夜的伯颜反儒政策[①]

至顺四年（1333）六月，年轻的妥懽帖睦尔即位，即元顺帝[②]。至此，皇室内部关于帝位的争夺暂时告一段落。顺帝即位之初，接受近臣"天下事重，宜委宰相决之"的建议，深居宫中不问政事，

---

① 本节部分内容在写作过程中已单独发表，参见拙文《蒙元时代的杜甫记忆：以至元三年追谥杜甫为中心》，《中华文史论丛》2017年第2期。

② "顺帝"为明朝所拟的谥号，其在元朝庙号为"惠宗"，民间又称其为至正帝、庚申帝、庚申君等。

于是朝政皆由权臣把持。当时最为炙手可热的是以撒敦、唐其势为主的燕铁木儿家族和伯颜两股势力。燕铁木儿在文宗夺位中功劳最著，此后"凡号令、刑名、选法、钱粮、造作、一切中书政务，悉听总裁"①，直到至顺三年（1332）八月去世。顺帝即位后，以燕铁木儿弟撒敦为太傅、左丞相，子唐其势为御史大夫，并立其女伯牙吾氏为皇后。由此可见，燕铁木儿家族在顺帝朝前期仍有较强的势力。

伯颜是蒙古蔑儿乞人。他并没有像燕铁木儿那样显赫的家族背景，而是凭借战功受到嘉奖而步入仕途。顺帝即位，伯颜以翊戴之功屡次加官。根据《元史》的记载，从元统元年（1333）顺帝即位，到（后）至元元年（1335）六月唐其势及其党羽伏诛，两年间伯颜与燕铁木儿家族的撒敦、唐其势等人一直处于轮番获得升迁的状态。这一方面体现了皇帝对权臣集团势力的平衡，另一方面也可以说明，出身与功绩均逊于对手的伯颜，其政治地位在短短两年内已经逐步向燕铁木儿家族逼近，甚至大有超过之势。这引发了燕铁木儿之子唐其势"天下本我家天下也，伯颜何人，而位居吾上"②的强烈不满，并试图发动政变、另立新君。结果伯颜先发制人，于元统三年（1335）六七月间将唐其势、答里、答剌海等燕铁木儿集团的核心成员一网打尽。大权独揽以后，伯颜旋即罢免燕铁木儿、唐其势举用之人，并将主谋者的子孙流放于边地。朝廷随后正式以伯颜独任中书右丞相诏告天下。至此，伯颜登上了权力的巅峰。

在秉政之初，伯颜对年轻的顺帝还怀有些许的忌惮，除了派亲信对皇帝进行监视之外，尚无其他的僭越之举。或许是见顺帝并无反应，加之大权在握日益骄矜，他终于显露出盖主之势。据《元史》卷138《伯颜传》：

---

① 《元史》卷138《燕铁木儿传》，中华书局1976年版，第3334页。
② 《元史》卷138《燕铁木儿传》，中华书局1976年版，第3334页。

> 然伯颜自诛唐其势之后，独秉国钧，专权自恣，变乱祖宗成宪，虐害天下，渐有奸谋。帝患之。……伯颜自领诸卫精兵，以燕者不花为屏蔽，导从之盛，填溢街衢。而帝侧仪卫反落落如晨星。势焰熏灼，天下之人惟知有伯颜而已。①

又据同卷《脱脱传》：

> 是时，其伯父伯颜为中书右丞相，既诛唐其势，益无所忌，擅爵人，赦死罪，任邪佞，杀无辜，诸卫精兵收为己用，府库钱帛听其出纳。帝积之不平。②

对于伯颜来说，政敌的倒台和皇帝的忍让使他一时独秉国钧，风头无两。在他所推行的各项政策中，一个公认的事实是：在各个方面实行比前代更为严格的族群区分，其中又以对儒家的规章制度乃至儒士群体进行普遍的打击最为突出。其中既有针对许有壬等朝中儒臣的限制，更从门径上直接阻断了儒士出仕的机会。最能代表此一时期朝廷文化动向的事件当属科举的废除。元代的科举制度在仁宗延祐元年（1314）时得以恢复，此后一直持续到顺帝（后）至元年间。此后伯颜肃清燕铁木儿家族、独揽朝政，旋即宣布废科。此后直到伯颜下台前，科举制度一直处于停废的状态。

此次废科之议，首发自时任中书平章政事的彻里帖木儿，这在《元史》卷142《彻里帖木儿传》中即有所记载：

> 至元元年，（彻里帖木儿）拜中书平章政事。首议罢科举，又欲损太庙四祭为一祭。监察御史吕思诚等列其罪状劾之，帝不允，诏彻里帖木儿仍出署事。……初，彻里帖木儿之在江浙

---

① 《元史》卷138《伯颜传》，中华书局1976年版，第3338页。
② 《元史》卷138《脱脱传》，中华书局1976年版，第3341页。

也，会行科举，驿请考官，供张甚盛，心颇不平，故其入中书，以罢科举为第一事。先论学校贡士庄田租可给怯薛衣粮，动当国者，以发其机，至是遂论罢之。①

由此可见，此时的废科举似乎是彻里帖木儿由于一己私怨引发的，但实际上，在彻里帖木儿背后，仍有伯颜的支持。在彻里帖木儿首议罢科之后，朝廷诏书已具、尚未用玺。儒臣领袖许有壬随即与伯颜围绕科举展开了激烈的辩论：

时罢科举诏已书而未用宝，参政许有壬入争之。

……

有壬乃曰："科举若罢，天下人才觖望。"伯颜曰："举子多以赃败，又有假蒙古、色目名者。"有壬曰："科举未行之先，台中赃罚无算，岂尽出于举子？举子不可谓无过，较之于彼则少矣。"

伯颜因曰："举子中可任用者唯参政耳。"有壬曰："若张梦臣、马伯庸、丁文苑辈皆可任大事。又如欧阳元功之文章，岂易及邪？"伯颜曰："科举虽罢，士之欲求美衣美食者，皆能自向学，岂有不至大官者邪？"有壬曰："所谓士者，初不以衣食为事，其事在治国平天下耳。"

伯颜又曰："今科举取人，实妨选法。"有壬曰："古人有言，立贤无方。科举取士，岂不愈于通事、知印等出身者？今通事等天下凡三千三百二十五名，岁余四百五十六人。玉典赤、太医、控鹤，皆入流品。又路吏及任子其途非一。今岁自四月至九月，白身补官受宣者七十二人，而科举一岁仅三十余人。太师试思之，科举于选法果相妨邪？"伯颜心然其言，然其议已

---

① 《元史》卷142《彻里帖木儿传》，中华书局1976年版，第3405—3406页。

定，不可中辍，乃为温言慰解之，且谓有壬为能言。①

从伯颜自己的表述来看，他主张废除科举的原因主要包括举子多败赃，冒用蒙古、色目名字以增加中举机会；举子缺乏政治才能、不堪任用，妨碍了原本的人才选拔方法。许有壬则分别从科举未行之时亦有败赃之人、当朝数位大臣就是通过科举选拔、行科举的同时其他选法依旧奏效等方面，分别予以反驳。

然而，在伯颜的权势面前，儒臣们的回击并未起到任何的效果。更有甚者，吕思诚等参与弹劾彻里帖木儿的大臣几乎全部被迫辞去职务，抗争最终宣告失败。② 一个月之后，即（后）至元元年（1335）十一月，朝廷敕令将所在儒学贡士庄田租给宿卫衣粮，并诏罢科举。关于伯颜锐意废科的真实意图，国内学者普遍认为是出于垄断朝政、诛灭政敌的需要。③ 而另一方面，如果我们从伯颜废科与顺帝改元"至元"几乎发生在同时这一角度来观察，伯颜废科也可以在一定程度上看作是对忽必烈"至元"时代统治策略的呼应——纵观整个世祖朝的文化政策，尽管采用"汉法"进行了诸多改革，但科举作为最重要的儒士选拔制度也始终处于停废的状态。

此外，值得注意的是，就在伯颜、许有壬围绕科举行废的争论之中，仍然透露出元代社会其他一些重要的信息：

---

① 《元史》卷142《彻里帖木儿传》，中华书局1976年版，第3404—3405页。
② 事见《元史》卷38《顺帝本纪》："（至元元年）冬十月……监察御史吕思诚等十九人劾奏彻里帖木儿之罪，不听，皆辞去，惟陈允中以不署名留"，中华书局1976年版，第829页。
③ 参见姚大力《元朝科举制度的行废及其社会背景》："而对于伯颜，我们找不到充分证据可以说明他反对以儒家学说为指导思想的、中央集权的封建专制主义统治体系。他不过是企图借此打击政敌、进一步垄断个人及其集团对这个封建王朝的控制权罢了"，载姚大力《蒙元制度与政治文化》，北京大学出版社2011年版；另见任崇岳在《庚申外史笺证》中的判断："伯颜之所以罢科举，是因政治斗争之需要，非关个人恩怨"，载（元）权衡，《庚申外史笺证》，任崇岳笺证，中州古籍出版社1991年版，第17页。

首先，从伯颜给出的理由来看，他称科举"有碍选法"，实行科举取士的同时，会阻碍另一部分人的出仕途径。尽管许有壬已在驳斥中指出了当时并行的各种选法并不相碍，但如果我们回到伯颜的立场来看，他认为会因科举制度而仕途受阻的这一部分人，也就是许有壬概括中的"通事、知印等出身者""玉典赤、太医、控鹤……又路吏及任子"。其中，"通事"为翻译人员，需要在掌握汉语的同时亦精通当时的国语（蒙古语）、国书（八思巴文字）及其他诸色语言文字；"玉典赤"为对蒙语中守门人的音译，属于当时的怯薛执事之一；"任子"是自汉代就有的官职继承制度，元承唐制，承荫人的荫官品级由父祖辈的官员品级决定，其中元代汉族高官本就稀少，荫叙之时蒙古、色目人又比汉族更优一等。元人姚燧曾在描述元代铨选制度时称"大凡今仕惟三途，一由宿卫，一由儒，一由吏"，这部分在伯颜看来会因科举而利益受损的官员，大抵皆为吏或宿卫出身，且无论素养抑或门槛，出任者均当以蒙古、色目人居多。因此，伯颜的观念实则代表了元代社会长期存在的"蒙古至上主义"思潮，即立足草原文化的背景，拒斥以儒家文明为代表的汉族文化。在元末权衡在《庚申外史》中亦曾记载，伯颜本人对汉族文士、儒家典籍（"汉人书"）乃至科举制度的私怨。

其次，在许有壬驳斥伯颜所谓"举子不堪任用"时，曾列举了若干科举出身的重臣，其中就包括马伯庸。马伯庸即马祖常，字伯庸，出身西域雍古部，因七世祖帖穆尔越歌累官至马步军指挥使，因以"马"为姓，在元代的族群划分中属于"色目人"。马伯庸以科举入仕，并成为汉族儒臣与蒙古权臣争执中"科举得人"的代表，这一方面意味着将科举制度作为入仕途径的并非只有汉族文士；同时也说明，儒学作为科举必备之知识素养，亦已成为非汉族群体愿意学习的对象。可以作为佐证的是，根据《元史·顺帝本纪》的记载，废科诏下的次年六月，礼部侍郎忽里台请复科举取士之制。尽管此请遭拒，但这一举动亦可说明对于"儒法"科举的拥护，绝非汉族士人独有。

以上从许有壬与伯颜的科举之争中显露出来的两个方面，事实上是元廷复杂构成的缩影。与前代不同，蒙元时代的国家成分十分复杂，其中包含着不同的族群与意识形态。围绕以"科举"为代表的儒法（或谓"汉法"）的不同态度，实则是不同族群、不同治国理念的对抗。这种碰撞早在忽必烈建立大元王朝之初就已经存在，并一直伴随元朝始终。在大蒙古国前四汗时期（即成吉思汗、窝阔台汗、贵由汗、蒙哥汗），政权的统治重心均在漠北，"视居庸以北为内地"。到了忽必烈的时代，方才接受汉族儒臣的建议，建立汉文国号、年号及各项礼仪制度，并定都燕京，改称"大都"，开始作为身兼蒙古大汗与中原帝王双重身份的元朝君主。而另一方面，就在忽必烈采用"汉法"巩固在汉地统治的同时，也承受着来自蒙古各汗国的巨大压力。因此，无论是忽必烈，还是此后历任元朝君主，为了维持政治稳定，都必须同时将蒙古与汉地纳入考虑范围，既要秉承"蒙古至上主义"这一最高统治准则，又要在策略上向数目庞大的汉族文士以及被这一群体奉为正统的儒家学说倾斜，诸如仁宗复科举、泰定帝开经筵、文宗设奎章阁等举措皆属此列。

在精心调和的政治策略之下，尽管终元一代"汉法"与"蒙古法"斗争不断，但统治者大体能够维持基本的政治平衡。而伯颜秉政之后推行的极端反儒策略，无疑打破了本就不平等的元代社会在长期尝试中精心构建的相对平衡，从而引发了朝野内外的混乱失序，几近招致元廷的统治危机。这也为伯颜后来的倒台埋下了根源。

另外，在伯颜对儒学及儒士普遍打击之时，另一个重要的事实却被忽视了：从忽必烈的"至元"时期到伯颜当政的"后至元"时期，元代经过了几十年的发展，蒙古族群与汉族士人在文化上的差异有缩小的趋势，"儒"的概念更早已超过了"汉族"的范围。据萧启庆的研究，元代中后期，越来越多的蒙古、色目子弟受到汉文化的熏染，与汉族士人共享同样的学养传统和知识背景，逐渐形成了一个"多族士人圈"。这也就意味着，肇自世祖时代的"汉法"与"蒙古法"之争，并不以"族群"作为唯一的界分标准，尊儒学、行汉法的群体中，也有非汉族士人的身影。仅就科举制度而言，它承载的是来自包含汉族与非汉族在内的整个士人群体入仕的愿望，它的废除，给蒙古、色目士人（尤其是高门子弟）带来的损失更加严重。① 不仅仅是科举，随着蒙古、色目士人汉化程度的加深，他们的族群身份和文化身份在一定程度上产生了分离，在称谓、礼俗、文学修养等诸多层面上显示出对汉族文化的认同。因此，当伯颜将自己置于"儒"的对立面时，他面对的反对力量要远比其预想中的"汉族"更加庞大。

而就当伯颜在朝堂之上积极推行反儒政策的同时，各地民众的起义使整个国家处于巨大的动荡之中。这些起义在舆论上与朝中伯颜的反对力量相呼应，将矛盾共同指向了其秉政期间的政治举措。然而，来自下层民众的反抗更加刺激了伯颜的决策，使朝廷的政策从"反儒"扩大到全面而极端的"反汉"。据《元史》卷38《顺帝纪》"至元三年"条：

> 夏四月，癸酉，禁汉人、南人、高丽人，不得执持军器，凡有马者拘入官。……是月，诏："省、院、台、部、宣慰司、廉访司及郡府幕官之长，并用蒙古、色目人。禁汉人、男人不得习学蒙古、色目文字。"
>
> 五月辛丑，民间讹言朝廷拘刷童男、童女，一时嫁娶殆尽。戊申，诏："汝宁棒胡，广东朱光卿、聂秀卿等，皆系汉人。汉人有官于省、台、院及翰林、集贤者，可讲求诛捕之法以闻。"
> ……
> 是岁，伯颜请杀张、王、刘、李、赵五姓汉人，帝不从。②

---

① 参见萧启庆《元朝多族士人圈形成初探》《元代蒙古人的汉学》《论元代蒙古人之汉化》《元代科举与菁英流动：以元统元年进士为中心》等篇，载萧启庆《内北国而外中国：蒙元史研究》，中华书局2007年版；另见萧启庆《九州四海风雅同》，联经出版事业公司2012年版。

② 《元史》卷38，中华书局1976年版，第839—843页。

此时，从对政敌燕铁木儿家族的打击，到废科举、远儒臣等政策引发整个士人阶层的震荡，再到近乎极端的族群政策导致民众反抗，伯颜很快变成不同族群和阶层共同的敌人，反对他的舆论在暗中持续酝酿着。

综上所述，蒙古权臣伯颜在顺帝至元年间推行的极端反儒、反汉的族群政策，打破了大元王朝立国以来，在政治统合与文化"涵化"之下形成的政治格局的相对平衡，引发了包含汉族、非汉族在内各个族群的士人阶层的强烈不满；而在这种政策愈演愈烈之下，反对伯颜的舆论随即遍布朝野内外。在这样的情况之下，元廷的统治危机一触即发。伯颜的"势焰熏灼"使得反对的声音在此一时期只能如潜流般涌动，以俟其时。所幸的是，这样的时机很快便到来了。

## 第二节　尊儒共识之下的杜甫得谥①

如前所述，伯颜反儒、反汉的极端族群政策打破了元代政治格局此前精心维持的相对平衡局面，而随着各族群间"涵化"程度的加深，"反儒"又切实损害了包括蒙古、色目和汉族文士在内整个元代士人群体的利益。因此，尽管从表面来看，在伯颜秉政期间，朝野上下似乎再无可与其直接相抗的力量，但事实上，从他独揽朝政开始，就一直存在着诸多不稳定因素。在所有伯颜的反对力量中，除了各族儒士之外，皇帝本人同样是不容忽视的因素。

伯颜秉政以来，相权的高度膨胀成了皇权最直接的威胁。顺帝对伯颜的不满由来已久，并逐渐趋于爆发。据《元史》卷138《伯颜传》：

---

① 本节内容已单独发表，参见拙文《蒙元时代的杜甫记忆：以至元三年追谥杜甫为中心》，《中华文史论丛》2017年第2期。

> 然伯颜自诛唐其势之后，独秉国钧，专权自恣，变乱祖宗成宪，虐害天下，渐有奸谋。帝患之。……构陷郯王彻彻笃，奏赐死，帝未允，辄传旨而行。帝益忿之。伯颜且日益立威，锻炼诸狱延及无辜。①

由此可见，伯颜的"势焰熏灼"早已引起了顺帝的警惕，其多次擅权的行为更坚定了顺帝发起反击的决心。而另一方面，尽管顺帝对伯颜积怨已深，且在后来的《黜伯颜诏》中也指责他"专权自恣，欺朕年幼"，但在这段时间内却是"失语"的。在一份写于伯颜下台后的诏书中，顺帝用"战兢惕励"来形容自己即位八年以来的心情，可以帮助我们理解他这一时期的心理状态。在实力悬殊的情况下，年轻的皇帝还需要寻求更多支持的力量。

就在这个时候，蒙古朝臣一股反对伯颜的力量正在悄悄酝酿。讽刺的是，这股反对力量的核心正是伯颜所属的蒙古蔑儿乞部，甚至就来自他的家族。与伯颜的专权自恣相比，他的侄子脱脱显然意识到了问题的严重性。为了避免重蹈燕铁木儿家族的覆辙，他决定与叔父分道扬镳，向顺帝靠拢。顺帝在对脱脱屡次试探之后，与其达成了同盟。据《元史》卷138《脱脱传》：

> 脱脱虽幼养于伯颜，常忧其败，私请于其父曰："伯父骄纵已甚，万一天子震怒，则吾族赤矣。曷若于未败图之。"其父以为然，复怀疑久未决。质之直方，直方曰："《传》有之，'大义灭亲'。大夫但知忠于国家耳，余复何顾焉。"当是时，帝之左右前后皆伯颜所树亲党，独世杰班、阿鲁为帝腹心，日与之处。脱脱遂与二人深相结纳。而钱唐杨瑀尝事帝潜邸，为奎章阁广成局副使，得出入禁中，帝知其可用，每三人论事，使瑀

---

① 《元史》卷138《伯颜传》，中华书局1976年版，第3338页。

参焉。①

又据同卷《伯颜传》：

> 脱脱深忧之，乘间自陈忘家殉国之意，帝犹未之信。遣阿鲁、世杰班日以忠义与之往复论难，益知其心无他，遂闻于帝，帝始无疑。②

需要指出的是，无论是巩固统治还是保全家族，顺帝和脱脱虽然从各自的政治立场出发而站在了伯颜的对立面，但他们与伯颜的分歧却并非仅仅存在于政治的层面上。从文化的层面上来看，虽然同属蒙古族群，但顺帝、脱脱等人却与伯颜存在着极大的文化差异。

在元朝诸帝中，顺帝早年即接触过儒家经典，具有一定水平的汉文化修养。根据权衡在《庚申外史》中的记载：

> 庚申帝幼时尝贬居广西静江府，寓居大圆寺。……帝居寺时，长老秋江亦尝教之读书：《论语》《孝经》，日写字两张。及召回京师，收书册纸笔，藏小皮匣中，手自开闭，用马驮之前行。③

除此之外，顺帝自己也曾尝试过汉诗的写作，对书画也颇有涉猎。即位后基本延续了文宗时期的经筵制度，并不如伯颜般对儒家文化多加排斥。④

脱脱对儒家学说的接受程度要更高。与顺帝相似的是，脱脱的儒学启蒙亦始于少时。据《元史》卷138《脱脱传》：

---

① 《元史》卷138《脱脱传》，中华书局1976年版，第3341—3342页。
② 《元史》卷138《伯颜传》，中华书局1976年版，第3338页。
③ （元）任崇岳：《庚申外史笺证》，中州古籍出版社1991年版，第154—155页。
④ 张帆：《元代经筵述论》，载蔡美彪主编《元史论丛》第五辑，中国社会科学出版社1993年版，第136—159页。

> 脱脱，字大用，生而岐嶷，异于常儿。及就学，师从浦江吴直方，曰："终日危坐读书，不若日记古人嘉言善行服之终身耳。"①

正如业师教诲的那样，在脱脱此后的仕宦生涯中，对"古人嘉言善行"的践行伴随其始终。在伯颜当政之时，脱脱就曾进言顺帝学习儒家治道：

> 帝将畋于保安州，马蹶。脱脱谏曰："古者帝王端居九重之上，日与大臣宿儒讲求治道，至于飞鹰走狗，非其事也。"帝纳其言，授金紫光禄大夫，兼绍熙宣抚使。②

由此可见，在权力争夺以外，文化上的差异，尤其是对儒学及汉法的态度，同样不失为顺帝、脱脱与伯颜背道而驰的另一个重要因素。然而，面对伯颜的"益逞凶虐"，顺帝与脱脱虽然取得了互信，但囿于实力单薄，因此只能等待时机。当然，等待也并不意味着毫无作为。无论是出于对己方力量的培植，还是出于对伯颜及舆论的试探，在此后几年内，脱脱及其父马札儿台始终保持着缓慢而稳定的升迁。③ 由于处于弱势，他们在当时仍需借助一定的契机与策略来发出自己的声音——这种策略必须具有号召力和正义性，并且

---

① 《元史》卷138《脱脱传》，中华书局1976年版，第3341页。
② 《元史》卷138《脱脱传》，中华书局1976年版，第3341页。
③ 马札儿台的情况见《元史》卷138《马札儿台传》："至元三年，议进爵封王，辞以兄伯颜既封秦王，兄弟不宜并王，乃拜太保，分枢密院，往镇北边。……六年，伯颜既罢黜，召拜太师、中书右丞相"、《元史》卷39《顺帝本纪》："（至元元年）秋七月朔，以马札儿台、阿察赤并为御史大夫。十一月癸巳，命知枢密院事马札儿台领武备寺""（后至元三年）十二月……是月，以马札儿台为太保，分枢密院镇北边"等。脱脱的情况见《元史》卷138《脱脱传》："至元元年……历太禧宗禋院使，拜御史中丞、虎符亲军都指挥使，提调左阿速卫。四年，进御史大夫，仍提调前职……"《元史》卷39《顺帝纪》："（后至元四年）夏四月癸酉，以脱脱为御史大夫"等。

能够在最大范围内引起共鸣。而伯颜的"反儒"恰好为他的反对者提供了这样的机会。

如前所述，伯颜秉政以来所推行的极端族群政策，打破了元世祖推行"汉法"以来、元廷在既定的族群等级制度之下刻意维持的相对平衡，几至引发了大元"承平"以来最大的动荡。而另一方面，元代经过了几十年的发展，蒙古族群与汉族士人在文化上的差异有缩小的趋势，"儒"的概念更早已超过了"汉族"的范围。因此，与伯颜的文化差异在此时恰好为皇帝、统治阶层内部（脱脱集团）和士人阶层的"聚合"提供了可能。与此同时，民众的起义与反抗也迫使蒙元政权重新审视儒家教化，尤其是其中君臣伦理的现实意义。最终我们看到，"儒"作为君主、廷臣、士人共享的话语资源以及"儒"在儒臣眼中对于政权的正义性和合法性，为上述三者之间达成这样的文化共识提供了最基本的思想、道德基础。

恰恰是在这样的时间点上，甫一致仕的蒙古大监也速答儿疏请朝廷为杜甫赐谥。谥法作为儒家文化中特别的一环，无论是得谥人的身份，还是谥号的选择乃至整个追谥的流程，历来受到汉族朝廷的高度重视。身为蒙古后裔的也速答儿，却在朝廷严厉排儒之际选择为汉族文人杜甫请谥，这一举动既体现了他本人对汉族礼法及汉文化的认同与推重，也无异于在极端反儒及反汉政策之下的一种公开的表态：在蒙古上层社会内部，面对汉族士人以及汉文化本身时，仍然存在着一种与"蒙古至上主义"相反的声音。

这一声音很快引起朝廷注意并做出迅速的回应：（后）至元三年（1337）四月，元廷追谥杜甫为"文贞"。可以想见，向来失语的顺帝正是以也速答儿的请谥为契机，借由对汉族文人杜甫及其背后儒家价值观的褒奖，策略性地透露出了与伯颜截然相反的政治理念。而随后的追谥，也因此可以被视作蒙元政府带有修正伯颜极端族群政策而向汉文化倾斜的象征性举措。这也许只是顺帝在朝廷内部不同力量之间所做试探性的平衡，但恰好呼应了当时朝野上下的普遍舆论。这就为我们解释了为什么在当时会出现这样一个与朝廷主流话语背道而驰的文化事件。后来明初纂修《元史》之时，此次围绕杜甫的请谥与追谥即被视作可以代表顺帝一朝文化风貌的事件而记入了《元史·顺帝本纪》中。① 总而言之，由于伯颜在秉政期间推行的极端"反汉"政策，引起了社会各个族群和阶层的普遍不满，在这些不同阵营的反对者之间，遂达成了基本的文化共识，才有了（后）至元三年（1337）朝廷接受也速答儿提请，而对杜甫的追谥。

凡事一旦由潜及显，往往就不可抑制。就在追谥杜甫三年之后，即后至元六年（1340）二月，伯颜被黜。根据《元史》的记载，我们可以对这场宫廷政变有一个大体的了解。据《元史》卷138《脱脱传》：

> （至元）六年二月，伯颜请太子燕帖古思猎于柳林。脱脱与世杰班、阿鲁合谋以所掌兵及宿卫士拒伯颜。戊戌，遂拘京城门钥，命所亲信列布城门下。是夜，奉帝御玉德殿，召近臣汪家奴、沙剌班及省院大臣先后入见，出五门听命。又召瑀及江西范汇入草诏，数伯颜罪状。诏成，夜已四鼓，命中书平章政事只儿瓦歹赍赴柳林。②

元代权衡撰写的《庚申外史》为我们了解事件经过提供了更多的细节：

> 十二月，伯颜请帝飞放。帝疾不往，伯颜固请燕帖古思太子同往，遂猎于柳林。脱脱窃告帝曰："伯颜久有异志，兹行率诸卫军马以行，往必不利于社稷，帝幸不与之俱往，无奈太子在柳林何？"即夕，即召高保哥、月怯察儿，与之

---

① 《元史·顺帝本纪》中对元代"谥杜"的记录仅寥寥数字，此处言编纂者将之视作可以代表顺帝一朝文化风貌的事件，主要是就"纪"这一体例的内涵及意义而言。
② 《元史》卷138《脱脱传》，中华书局1976年版，第3343页。

谋讨伯颜，卸其军权。于是，先令月怯察儿夜开城门，星驰往柳林，窃负燕帖古思太子入城。又忌翰林官泄其事，特使平章沙只班召其馆客范汇，毡裹之车中以载之入，赐之坐，谕以伯颜罪状，卸其军权诛之之意，使草诏。四更，使只儿瓦歹平章及沙只班赍诏向柳林，先卸其军权。天明，闭大都诸城，上开读诏书毕，御史大夫脱脱踞坐城门上，传圣旨曰："诸道随从伯颜者并无罪，可及时解散，各还本卫，所罪者惟伯颜一人而已。"①

由此可知，脱脱等人乘伯颜出猎柳林之机，将其拘禁。顺帝连夜召见亲信大臣控制局面，又召杨瑀和范汇二人入殿中起草罢免伯颜的诏书。这份诏书今见于《圣元名贤播芳续集》卷六，题为《降伯颜诏》：

> 朕承祖宗大业，践位以来，履冰怀惧，欲事循天理、措吾民于安养之中，遂命伯颜为太师、秦王、中书大丞相，而伯颜不能安分，专权自恣，欺朕年幼，轻视太皇太后及朕弟燕帖古思，其奸凶变乱祖宗成宪，虐害天下，以致天变于上，民变于下。靖思太祖皇帝创业之艰难、世祖皇帝混一之初功业，一旦废弛，实由伯颜。加以极刑，允合舆论。朕又念先朝之时，伯颜亦略效微劳，尚存悯恤。今命伯颜出为河南省左丞相，存其余生。凡近年伯颜擅政欺君罔上所行，诏旨政令皆非朕意。夫以祖宗旧章，朕何敢违？令行诏之后，悉宜更张，并依世祖皇帝定制。其要惟曰政在养民，俱受实惠，毋从文具，次第举行。所有伯颜元领威武阿剌卫、忠翊侍卫、也可千户、哈儿赤千户、宣忠斡罗思考虑卫、左右都威卫、钦察亲军、宣镇侍卫亲军、宗仁蒙古侍卫亲军、哈剌赤也不干察儿千户、隆镇等诸卫亲军

---

① 任崇岳：《庚申外史笺证》，中州古籍出版社1991年版，第27页。

并怯薛丹人等,随逐伯颜,饥寒劳勤,非其得已,诏书到时,即许散还本卫。各爱马后期不散者,以违制论罪。自古以始,当尊承祖训,忠心图治。凡尔内外臣僚,其必与朕同心,以诚爱民,尚克朕之深愿。故兹诏示想宜知悉。①

明初编纂《元史》之时,将这份诏书加以删节、保留在了卷40《顺帝本纪》中:

> 朕践位以来,命伯颜为太师、秦王、中书大丞相,而伯颜不能安分,专权自恣,欺朕年幼,轻视太皇太后及朕弟燕帖古思,变乱祖宗成宪,虐害天下。加以极刑,允合舆论。朕念先朝之故,尚存悯恤,今命伯颜出为河南行省左丞相。所有元领诸卫亲军并怯薛丹人等,诏书到时,即许散还。②

由于后者是在前者基础上删节而成,所以我们就以《圣元名贤播芳续集》本为准,来看诏书中传达的信息。其中有两个表述很值得格外注意:

一是将伯颜推行的政策视作"变乱祖宗成宪"彻底加以否定,而这却恰好与伯颜秉政之初所宣称的"遹遵成宪"③ 相抵牾。在以改元"至元"为标志的对忽必烈时代的祖述中,究竟从何种意义上来看,伯颜会被视作对"祖宗成宪"的"变乱"?进一步讲,在此时新政权的话语中,究竟伯颜颠覆了何种"成宪",才会招致官方"虐害天下"的批判?这或许是一个更加复杂的问题,但正如前文对

---

① 《圣元名贤播芳续集》卷6,《域外汉籍珍本文库》第五辑·集部·二,西南师范大学出版社、人民出版社2015年版,第98—99页。

② 《元史》卷40《顺帝本纪》,中华书局1976年版,第854页。

③ 参见《元史》卷38《顺帝本纪》:"……更号纪年,实惟旧典。惟世祖皇帝在位长久,天人协和,诸福咸至,祖述之志,良切朕怀。今特改元统三年仍为至元元年。遹遵成宪,诞布宽条,庶格祯祥,永绥景祚。赦天下。"中华书局1976年版,第830页。

元代后期政治文化样貌的描述那样，在顺帝、脱脱集团的定评中，以"废科举"为代表的伯颜的"反儒""反汉"政策必然是其中最重要的一个层面。

二是用"天变于上，民变于下""加以极刑，允合舆论"来交代时人对伯颜的普遍态度。由此可见，正如"谥杜"事件表现出的那样，对伯颜的不满在其秉政期间已经成为一种朝野上下的共识性存在。而在伯颜政权中受害最深的士人阶层——他们虽然并无实权，但却是这种"舆论"最直接的制造者和推动者；也正是因为舆论的支持，为这次政变以及随后新政权的确立了必要的合法性。

在以上两点的基础上，顺帝从始至终反复强调着自己与伯颜的割裂。首先，在任命伯颜为相这一点上，顺帝强调其初衷是"欲事循天理、措吾民于安养之中"，而伯颜日后种种"变乱成宪"的悖逆之举，是其个人"不能安分"的结果；其次，顺帝宣称过去六年间祖宗功业之废弛"实由伯颜"，所有引起朝野动荡的诏旨政令"实非朕意"，从而撇清自己的责任；最后，新政权明确了今后的施政方向依然是不违"祖宗旧章""并依世祖皇帝定制"，从而宣告了伯颜时期极端族群政策的彻底终结。

此外，这封诏书的起草与颁布无疑是当时至关重大的政治事件，因此草诏的过程及参与者同样值得关注。根据史料的记载，在发动兵变拘禁了伯颜之后，顺帝连夜将杨瑀和范汇召至榻前，口述伯颜罪状，二人据以起草诏书，最后经顺帝亲自修改后发出。[①] 需要注意的是，两位草诏者皆非本应承担此责的翰林词臣。杨瑀在顺帝即位前便追随左右，因篆刻见赏，并逐渐受到皇帝信任留备宿卫，得以出入宫中，与世杰班、阿鲁、脱脱等同为顺帝

---

[①] 参见《元史》卷138《脱脱传》，中华书局1976年版，第3343页；（元）权衡：《庚申外史笺证》，任崇岳笺证，中州古籍出版社1991年版，第27页；（元）杨瑀：《山居新语》，余大均点校，中华书局2006年版，第200页；（元）权衡：《庚申外史笺证》，任崇岳笺证，中州古籍出版社1991年版，第27页。

心腹，他在当时的官职是奎章阁广成局副使；范汇的身份则要更加低微，此前只是北游京师的南方文士，因文才成为公卿馆客。他们得以参与到这场元代后期最重大的宫廷政变之中，张帆认为是因事涉机密、唯恐翰林词臣走漏风声的缘故。[①] 由此可见，"黜伯颜诏"作为此次政治斗争中的宣言，事实上是由皇帝本人、从属于不同族群的天子近臣以及当时并无实权的普通儒士共同完成的。而这种人员的整合与互动，又恰好可以作为反对伯颜之力量构成与舆论形成的缩影。另外，尽管范汇的参与有事关机密的特殊历史背景，但这又能在客观上进一步增强核心权力以外的普通士人对于罢黜伯颜的认同感。

综上所述，如果从整体背景来看，围绕杜甫的请谥与追谥，正处于伯颜秉政之下对儒学打击最为强烈的时期。但这一极端反儒、反汉政策的推行，本身就与元朝入主中原以来长期形成的族群涵化局面相背驰，并非常态，因而必然会迅速被调适。在这条脉络之中围绕杜甫的请谥与追谥，也就成了此后新的平衡格局出现的契机与先声。其中，非汉族群体的参与尤其值得重视。对于统治阶层内部来讲，"儒"固然仅仅只是作为平衡格局中不可或缺的一方，然而也速答儿这样的非汉族士人而言，"儒"则是他们在族群身份之外形成的文化认同。他在伯颜秉政之际公开为杜甫请谥，接续的是此前由来已久的、多族群士人圈内部的文化潮流。从这条似断实续的线索中，我们可以看到，"儒"这股元代社会由来已久的思想力量作为伯颜反对力量得以聚合的前提，是如何像"潜流"般在试探中持续涌动，最终取得了成功。

此后，伴随着至正"更化"带来的文化风气转向，围绕杜甫的请谥与追谥，终于由黑暗中浮显之一角，真正成了一时热议的话题。这将是下文即将讨论的内容。

---

[①] 参见张帆《元朝诏敕制度研究》，载袁行霈主编《国学研究》第10卷，北京大学出版社2002年版，第129—130页。

## 第三节　至正更化以来"谥杜"记述的涌现

如果说后至元年间元廷内部对儒学的认同尚属"潜流",此后围绕杜甫的请谥与追谥是其一定程度的浮显,那么伯颜被黜、脱脱上台推行"更化"政策以来,此前的"谥杜"终于由潜及显,成了一时热议的话题。这一方面表明,此次围绕杜甫的请谥与追谥,实则与元代后期文化风气的变化相始终;同时也可以从中看到,以也速答儿为代表的非汉族群体,如何在这股风气之中,发出了与"蒙古至上主义"不同的声音。

在目睹了伯颜极端族群及文化政策的失败之后,新的决策者为了获得更加稳固的统治基础,很快向儒士阶层释放出善意的信号。这首先体现在官员的任用上。伯颜时期受到排挤的儒臣许有壬、史惟良、揭傒斯等人旋即奉召回朝并受到礼遇。[①] 与任用儒臣并行的是文化秩序的重建,其中以科举制度的恢复尤为重要,在脱脱升任中书右丞相之后,旋即恢复科举取士制度,"国子监积分生员,三年一次,依科举例入会试,中者取一十八名"[②]。这就意味着,伯颜时期在士人阶层引起最大震动的政策至此得到了纠正。

次年(1341)春天,顺帝宣布改元,"与天下更始"。诏曰:

> 朕惟帝王之道,德莫大于克孝,治莫大于得贤。朕早历多难,入绍大统,仰思祖宗付托之重,战兢惕励,于兹八年……而知枢密院事脱脱,早岁辅朕,克着忠贞,乃命为中书右丞相;宗正札鲁忽赤帖木儿不花,尝历政府,嘉绩著闻,为中书左丞

---

① 《元史》卷40《顺帝本纪》,中华书局1976年版,第855页。
② 《元史》卷40《顺帝本纪》,中华书局1976年版,第859页。

相，并录军国重事。夫三公论道，以辅予德，二相总政，以弼予治，其以至元七年为至正元年，与天下更始。①

诏书中宣称"与天下更始"，士人阶层则谓之"更化"。②"更化"是儒家的话语，其含义既包括对制度的改革，也包括用儒家学说来对社会进行教化。脱脱的"更化"政策显示出了此时的元廷在经历此前的失序之后、施政理念再次向儒家文化倾斜。随着这些政策的推行，社会的风气为之一新，时人可以感受到一种与从前迥异的新动向。即便是1344—1349年脱脱暂离相位期间，朝廷政策向儒家化调适的总趋势并没有改变。这就表明，以"儒"为主体的汉族文化在经历了伯颜时期短暂的低潮之后，再一次受到了蒙元政权的重视。也正是在这个拨乱反正的过程中，伯颜旧政彻底宣告失败，儒学乃至汉族文化自身的生命力得以彰显。

随着新政权宣告"与天下更始"，文化风气的转向使得元代社会重新回到了相对平衡的状态，曾经作为潜流的儒学思潮在经历此前最初的浮显之后正式爆发，成了一时热议的话题。我们今天能够看到的关于也速答儿为杜甫请得赐谥以及整个文化事件的记述，基本均来自这一时期。

至正元年（1341）春，忠州（今重庆忠县）官民为纪念因指陈弊政而被贬、最终卒于此地的唐代政治家陆贽（754—805），重修了当地的"怀忠祠"。时任忠州儒学教授的苟斌作《重修怀忠堂记》，其中有这样一段记载：

> 至正改元春……堂既落成，名仍旧贯，属予为记。……昔子云演《太玄》，蜀有墨池之祀，子美不忘君，夔有草堂之封，

---

① 《元史》卷40《顺帝本纪》，中华书局1976年版，第859—860页。
② 时人最早称"更化"是在黄溍《集贤大学士、荣禄大夫史公神道碑铭》"更化"之后，复以老人召拜集贤大学士、荣禄大夫，见（元）黄溍：《黄溍全集》，王颋校注，天津古籍出版社2008年版，第681页。

噫，公之忠，足以砥砺当世，使得遇时，则伊、傅、周、召，未必多让。①

其中的"墨池之祀"和"草堂之封"，很可能就是指也速答儿在成都主导的系列文化举措。如果不是地点误记的话，那么或许元代四川地区尚存在着对杜甫的普遍封赠。无论如何，这段材料大概是笔者目前所见一般元人（此处特指非直接参与者）关于也速答儿其人其事较早的评论。

更加确切提到也速答儿其事的，是稍晚一些的《金华书院记》。至正元年（1341）冬天，唐代诗人陈子昂的故乡四川射洪着手在其读书旧址建立拾遗书院（陈子昂官至拾遗），文礼恺为之作《金华书院记》，文中在述及书院规制时言：

至正改元冬，监县柏延建言，请择地创拾遗书院。又掾墨池、草堂、眉山例，请建山长员，以职教祀。②

从也速答儿的兴学事件及内容来看，这里所谓的"墨池、草堂"，即应指也速答儿所建的两座书院。由此可见，这两座书院不仅在至正"更化"之后就迅速处于有效管理之中，更是成了四川当地建学立师的典范。

稍迟一些的至正四年（1344），吉安太守应郡士刘谦、谢缙翁之请，为纪念唐代诗人杜审言建立了祠祀场所"诗人堂"。次年竣工之时，李祁为之作记。这篇记文在叙述诗人堂自身的兴衰沿革之后说：

夫以司户公之高才，下视一世，而其孙甫遂以忠愤激烈发为

---

① 《全元文》第55册，凤凰出版社2004年版，第160页。
② （明）杜应芳、胡承诏辑：《补续全蜀艺文志》卷24，《续修四库全书》，上海古籍出版社2002年影印本，第1677册，第216页。

文章，为百代宗。至国朝，得封文贞，孰不知其当祀无疑也。①

从中可见，除了四川本土之外，在其他地区关涉杜甫的场合，杜甫得谥"文贞"对于人们来说，同样是一个很强的记忆，并值得大加称颂。而至正八年（1348）以后，顾瑛在《草堂雅集》中收入张雨《赠纽怜大监》一诗并跋，无疑进一步推动了为杜甫请得赐谥一事在吴中一带的流播。

而另一方面，围绕杜甫的请谥与追谥以及其他与之并行的文化活动，能够在"更化"之后迅速成为话题，除了外部有利的文化环境之外，更离不开主导者也速答儿本人积极地传播与扩散。其中最具代表性的，就是他委托此前因草拟《降伯颜诏》而名动士林、此时官任江西儒学提举的范汇作为自己的代言人，向当地名儒刘岳申求取《西蜀石室书院记》，试图借此以托"不朽"。

尽管文中未有明确的写作时间，但也并非全无线索可寻。首先，根据前文所引苟斌《重修怀忠堂记》、文礼恺《金华书院记》的记载，也速答儿所建之草堂、墨池两座书院在至正元年（1341）冬时规制已具，由此可知，石室书院的建立作为同一时期的文化举措，亦应以此为时间下限；其次，受也速答儿之托、实际前往请记之人，正是此前起草《降伯颜诏》的范汇，当时他只是平章的馆客。而在这篇"书院记"中，作者刘岳申称其为"江西提学"，可见此时范汇已经出仕。伯颜被黜发生在顺帝至元六年（1340）十二月，次年即宣布改元"至正"。因此，范汇能够获得官职、被称为"江西提学"，必然要在至正改元之后。

将上述两条线索结合来看，也速答儿委托范汇向江西名儒刘岳申求取《西蜀石室书院记》的时间，大约就在伯颜被黜、至正改元之年。因此，从也速答儿主动"请记"之举已经可以看到，这位蒙

---

① （元）李祁：《吉安路诗人堂记》，《云阳李先生文集》卷6，《北京图书馆古籍珍本丛刊》，书目文献出版社1997年影印本，第96册，第235页。

古大监对于朝廷文化风气转向的敏锐捕捉。然而这里仍然想要就这一举动展开进一步讨论:"请记"是一方面;委托何人前往"请记"则是另一方面。也速答儿对于范汇这位受托者的选择背后,是出于怎样的考量?若要回答这一问题,就需要首先明确范汇在当时的特殊意义。

范汇,字朝宗,庐陵(今江西吉安)人。他以客居京师的布衣身份参与起草罢黜伯颜的诏书,也正是凭借在至正年间获得官职,产生了很大的影响,而后长期活跃于江西一带。刘诜的《丽泽斋记》是现存对范汇生平最详细的记载,我们可以据此粗略勾勒出他早年的经历:

> 庐陵范君朝宗,少居乡,慷慨有大志,日与其朋游,读书为文,而又亲其胜己者。因其所居斋,扁曰"丽泽",盖深有取于《大易》朋友讲习之道也。及壮,游京师,客于公卿之门,所交皆天下士,相与讲习,皆唐虞三代纲常伦义、礼乐诗书之大端。侍书学士虞公,大书"丽泽斋",明以勖之。君博交深资,朝切暮磋,如是者有年。①

由此可见,范汇约出生于元成宗大德初年,② 少年时代居于乡里,性格豪爽,志向远大。他经常与志同道合的朋友们一起读书作文,对比自己优秀的人尤其亲近。范汇三十岁左右,为了寻求更多的机遇,来到京城,客于公卿门下。此时的京城聚集着很多和他一样来自四面八方、胸怀理想的文士。他们一起研习学问,谈论的都是上古治世纲常伦理、礼乐诗书这些重要的方面。时任奎章阁侍书学士的虞集对他十分赞赏,亲题"丽泽斋"的匾额以示勉励。此后

---

① (元)刘诜:《桂隐先生集》卷1,《元人文集珍本丛刊》第5册,新文丰出版公司1985年影印本,第23页。
② 据引文"侍书学士虞公",虞集拜奎章阁侍书学士在元文宗天历二年(1329),至顺二年辛未(1331)拜侍讲学士。此时范汇"及壮",即约三十岁。由此判断,范汇当生于元大德初年。

若干年里,范汇一直像这样广交益友,切磋学问,不断积淀自己。

元顺帝至元六年(1340)这场罢黜伯颜的宫廷政变直接改变了范汇的人生轨迹。他以一介布衣的身份介入元代后期最重要的政治事件之中,成为元廷罢黜反儒"权奸"的重要参与者。这段经历给范汇在元代士林带来了巨大的声望:

> 于是仍改至元六年春,今天子与二三大臣,肇更正化,击逐权奸。夜召草诏殿中,均仓促条述,皆能黼黻天子所欲言。暨诏下,白朝廷百司庶辟,四海藩辅,郡国荒服,莫不稽首欣忭,歌颂太平,赞扬圣天子之英武仁惠。而君之学,遂攀附以大显。①

这份罢黜伯颜的诏书,不仅在社会上开启了一股全新的文化气息,也直接影响了范汇此后的人生轨迹、成为他终生的烙印,更给他带来了实际的影响力。他的胞弟范会宗旋即北上、将其作为投靠对象,便可作为佐证。

伯颜被黜之后,范汇在京城短暂停留,他的弟弟范会宗前去拜访。同为江西文人的傅若金作《送庐陵范会宗入京省兄朝宗汇》相送。傅若金(1303—1342),初字汝砺,后由揭傒斯改为"与砺",元代新喻(今江西新余市)人。傅若金少时家贫,后拜范梈为师。范梈与虞集、杨载、揭傒斯并称为"元诗四大家",在他的教导下,傅若金学问大进,获得了一定的声名,此后两次北上京师,交游颇广,更受到了虞集、宋褧、揭傒斯等人的赏识。元统三年(1335)七月,在宋褧、揭傒斯等人的力荐之下,傅若金作为参佐出使安南(今越南),出色完成了任务,这是他一生中最引以为傲的经历。第二年夏天,傅若金回到京师待选,生活日益贫苦。(后)至元四年

---

① (元)刘诜:《桂隐先生集》卷1,《元人文集珍本丛刊》第5册,新文丰出版公司1985年版,第23页。

(1338)四月,傅若金第二次南下,赴任广州路儒学教授,至正二年(1342)去世。

从傅若金《送庐陵范会宗入京省兄朝宗汇》一诗中,我们可以看到此一时期范汇人生际遇的新动向:

> 大范留京国,斋居接栋梁。端门通籍晚,望苑曳裾长。
> 远客逢难弟,诸公比季方。题诗晴望岳,载酒夜浮湘。
> 万里怀燕市,三年厌楚乡。旅游成独往,兄在慰相望。
> 马酒宜风土,狐裘耐雪霜。况闻周选举,不废汉贤良。
> 紫电依龙种,青霄属雁行。故人多在北,应念独南翔。①

在作者看来,大都与南方迥异的习俗和气候均不足以对范会宗此次北上形成任何阻碍。更加重要的是,此时的政治环境对其施展才干十分有利。伯颜秉政期间,实行了诸多对限制汉族士人的政策。随着他的下台,以及新任宰相脱脱以恢复科举为代表的"更化",汉族士人的政治前途才出现了曙光。"况闻周选举,不废汉贤良"所指涉的应当正是这个历史大环境。范会宗并不满足于身居乡里,而作为兄长的范汇此时恰好在京崭露头角,可以作为弟弟的依靠。② 总而

---

① (元)傅若金:《傅若金集》,史杰鹏、赵彧校点,吉林文史出版社2010年版,第182页。

② 傅若金有过两次南下的经历,一次为1335年佐使安南,另一次为1338—1342年间任职广东。佐使安南是他一生之中最引以为傲的经历,一路上留下的诗篇大多豪情万丈,与末句"独南翔"的落寞反差较大。因此,该诗最有可能作于傅若金第二次南下期间。另外,虞集在文章中提及傅若金曾于至正元年(1341)六月来访江西,江西正是范汇兄弟的故乡,因而也可作为此诗写于伯颜被黜、至正改元后的一个旁证。傅若金任职广州一事,参见傅若金《铜笈识存》:"至正二年吉日,广州路儒学教授傅若金",《傅若金集》,吉林文史出版社2010年版,第298页。由此可知,至正二年(1342)傅若金仍在广州儒学教授任上。傅若金来访江西一事,参见虞集《傅与砺诗集序》:"书其别后稿如此,迟其北还,则沉郁顿挫、从容温厚,有可起者,何幸于余生亲见之哉?作傅君与砺《使还新稿序》。至正辛巳六月朔,虞集伯生序。"载王颋点校《虞集全集》,天津古籍出版社2007年版,第591页。

言之，从全诗来看，无论是对京城政治环境的暗示，抑或对作者自身行迹的交代，都将这首诗的写作时间指向了伯颜被黜以后。尽管史书阙载，但从这首诗中，我们可以知道，在伯颜被黜、脱脱上台之际，范汇的确曾经有过一段活跃于时人记忆中的经历。如果说此前的范汇还只是一个客居京师、游离于政治核心之外的文士，此一时期的范汇，名气显然与从前不可同日而语。

短暂在京停留之后，范汇便以草诏之功南下赴任、正式步入仕途。直到至正五年（1345）前后，仍在江西儒学提举任上。① 儒学提举司"统诸路、府、州、县学校祭祀教养钱粮之事，及考校呈进著述文字"②，专门掌管地方儒学教育，设提举一员，从五品。范汇受也速答儿之托、请刘岳申撰写《西蜀石室书院记》就在这一时期。

与此同时，我们也应该认识到，尽管"更化"以来伯颜时期推行的反儒政策得到了较为彻底的反拨，但人们的记忆却并不能如政令般即刻断裂。对"更化"的支持之下暗含的，很大程度上依然是对伯颜的不满。至正九年（1349）余阙为"谥杜"舆论推动者之一贡师泰撰写的《贡泰甫友迁集序》，便可以帮助我们理解这一点：

> 自古暨今，王公贵人能求贤常少。然自至元初，奸回执政，乃大恶儒者，因说当国者罢科举、摈儒士。其后公卿相师，皆

---

① 关于范汇官任江西提举的材料，参见（明）董斯张《（天启）吴兴备志》卷12《人物徵》：唐棣"至正五年，除休宁县尹。时承平久，为政者习于贪鄙废事，且赋税不均，诡名应户杂其间，棣一核而正之。及重新县学等，事见范汇、虞集、于文传、王谱四记。"《北京大学图书馆藏稀见方志丛刊》，国家图书馆出版社2013年版，第126册，第59页。又，（元）于文传《休宁县瞻仪堂记》："复有国子助教危君素、江西儒学提举范君汇前后为之记。"（明）董斯张等：《（崇祯）吴兴艺文补》卷67，《四库全书存目丛书》第378册，齐鲁书社1997年版，第65页。二者所言为同一事件，前后参照可知，至正五年范汇时在江西儒学提举任上。此外，虞集有若干文章言及此一时期与范汇在江西的交往，参见虞集《兴学颂并序》《题复古编后》，《虞集全集》，第343、467页。

② 见《元史》卷91《百官志》，中华书局1976年版，第2309页。

以为常然,而小夫贱隶,亦皆以儒为嗤诋。当是时,士大夫有欲进取功名者,皆强颜色,昏旦往候于门,媚说以妾婢,始得尺寸。此正迁者之所不能为也。①

余阙(1302—1358),字廷心,唐兀部人。元统元年(1333)由科举步入仕途,政绩卓著,却因此遭到了当权者的忌恨,"阙上宰相书言状,又不报,投袂而归"②。从时间上来看,使余阙"上书不报"愤而辞官的"宰相"正是伯颜。而作为其至交好友的贡师泰,同样在伯颜秉政期间,因其"南士"的身份备受打击。这篇文章作于伯颜被罢黜九年之后,此时二人均已还朝并颇有作为。

由此可见,即便是在新的政治环境中,伯颜依然作为士人阶层的"政敌"而始终"在场"。也正是因为这种持续的影响力,罢黜伯颜才超出了一般宫廷政变本身所具有的意义;伴随着"黜伯颜诏"成名与政权更迭联系密切的范汇,在"后伯颜时期"仍然可以作为一个政治符号引起时人的共鸣——而这很可能正是也速答儿选择范汇作为委托人的理由:对于在江西地区宣扬一个发生在"天下更始"之时、从行动上与伯颜旧政割裂的文化活动来说,也许没有什么比借助范汇的政治意义及影响力更行之有效的方式了。

总而言之,无论是也速答儿的"请记"举动与"更化"新政在时间上的重合,还是范汇的适时参与,均使得我们必须将这篇"书院记"的诞生置于至正初年政治风向的转变中加以考虑。而范汇在事件中的参与即表明,在同一时期涌现的"崇儒"潮流之中,也速答儿的文化活动更为鲜明地宣告了与伯颜及其时代乃至"蒙古至上主义"思潮的割裂。

而在顺应元廷文化导向、请汉儒撰写"书院记"这一点上,也

---

① (元)余阙:《贡泰甫友迁集序》,载《贡氏三家集》,吉林文史出版社 2010 年版,第 163 页。
② (明)宋濂:《余左丞传》,载罗月霞主编《宋濂全集》,浙江古籍出版社 1999 年版,第 245 页。

速答儿并非唯一的非汉族成员。述律杰,本名朵儿只,字存道(丛道、遵道),号野鹤,契丹人。祖先为辽东贵族,辽太宗时赐姓萧,金灭辽后强改"述律"为"石抹"以示侮辱,因此文献中除以字称之外,亦称其为"石抹氏"。述律杰的曾祖因战功授四川保宁万户,遂累世以将家留镇西蜀。约于武宗至大二年(1309),述律杰袭职保宁万户,任期内在成都创建了石室书院。① 王沂为之撰写《石室书院记》,文中详细记录了书院兴建的经过及规模。其中崇儒兴学、用私财(俸禄)购书、在东南作祭器乃至为书院添置学田、房舍等活动,与也速答儿如出一辙。

值得注意的是,这篇书院记并非写于书院刚刚落成之时,而是在建成三十余年以后,并且同样也是伯颜被黜、天下更始之时:

> 然则何以书?蜀有儒自公(文翁)始,祀有书院自今舒噜侯始。……至元六年,侯来京师请记。②

文中明确指出述律杰前往京师"请记"时间为(后)至元六年(1340),罢黜伯颜正是在这一年的二月。值得注意的是,"舒噜"即为"述律"的别译,因而此时的述律杰已经复姓。根据方龄贵的研究,述律杰得以复姓,应当就在顺帝剪除燕铁木儿家族和伯颜两股势力、稳定局势之后。③

在这样的时间点上,述律杰、也速答儿等人不谋而合的"请

---

① 关于述律杰的生平行实,参见方龄贵《元述律杰事迹辑考》,载方龄贵《元史丛考》,民族出版社2004年版,第247—274页。

② (元)王沂:《伊滨集》卷18,《文渊阁四库全书》第1208册,台湾商务印书馆1986年版,第546页。该书仅存《四库》本。

③ 方龄贵在《元述律杰事迹辑考》中指出:"顺帝是在剪除唐其势(实际是燕铁木儿)和伯颜这两股敌对力量,并做出相应的整顿部署之后,才稳定了局势,真正掌握了朝政大权的,述律杰得以复姓,很可能就在此时,亦即他受命为都元帅开阃云南的至元六年,审时度势,不会比这更早,但也不应该比这更晚。"详见方龄贵《元史丛考》,民族出版社2004年版,第262页。

记"举动背后，实则是士人阶层对至正以来文化风气转向的敏锐捕捉。如果说（后）至元三年（1337）反对伯颜的力量还需借助"请谥"这样的策略发声，那么在新环境下，有了当权者的支持和倡导，士人阶层无疑拥有更大的自由度和话语权。由此可见，与政治事件的强力与偶然性不同，文明与思想的力量往往无声而又绵延不绝。即便是在儒学地位失落的蒙元时代，甚至是其中又最为低潮的伯颜时期，儒学依然可以生发出追谥杜甫这样的触角；而随着伯颜被黜、脱脱上台推行优遇儒士的政策，这股力量最终喷薄而出。

最后想要指出的是，在元代社会特有的政治秩序和文化背景之下，无论是对儒学保有宽容和好感的年代，还是对儒学严厉打击的年代，在以儒学为代表的汉文化的发展过程中，更多还是要借助非汉族士人群体的影响力。因此，与汉族儒士对伯颜的抵触及对脱脱新政的赞美相比，来自以也速答儿为代表的"非汉族群体"的呼应声，应该给以更加深入的研究。而他们在一系列文化事件中的表现即表明，在以儒学为代表的汉族文化的浸染之下，其原本的族群身份与文化身份产生了一定程度的分离。换言之，在元代后期，在像这样的"非汉族群体"内部，的确存在着一种与"蒙古至上主义"相抵触的声音。这种声音，虽然在当时未能真正撼动元廷的根基，却为日后大一统时代的民族融合提供了思想、文化基础。

## 第四节 "少陵一生却只在儒家界内"

以上通过还原元廷追谥杜甫的时代背景，讨论了元朝末年伯颜推行反儒、反汉极端族群政策之际，"追谥"这一带有儒家意涵的举措，对于当时元廷内部，乃至朝野内外政治格局平衡的意义。而下文则将着眼于杜甫，来探查在以"儒"为焦点的争衡中，杜甫之所以能够成为话题的场域。

第二章　儒以致治：请谥、追谥的时代背景与政治意涵　47

这首先缘于杜甫的自我表述。根天宝九载（750），杜甫向玄宗进献《雕赋》，他在《进〈雕赋〉表》中说：

> 臣之近代陵夷，公侯之贵磨灭，鼎铭之勋不复焜耀于明时。自先君恕、预以降，奉儒守官，未坠素业矣。①

从"奉儒守官，未坠素业"可知，"儒"除了作为士人阶层普遍的思想基础以外，对于杜甫来说，更是其最引以为傲的家族传统。在诗中，他更频频以"儒"自称。据莫砺锋的统计，在今存杜诗中，共有四十四处提到"儒"字，其中有二十处直接与他自己相关。②除了在见诸纸面的字眼，杜甫毕生"许身一何愚，窃比稷与契"的自我期许，"致君尧舜上，再使风俗淳"的政治理想，均体现了儒家学说在其身上的深刻烙印。

遗憾的是，杜甫的政治理想终其一生都没有得到施展，诗人的价值真正得到发现乃至成为诗艺与道德最高典范，要等到宋代以后。宋代"千家注杜"这一杜诗学史上的高峰，不仅对杜诗的艺术层面给予了全面的肯定，更将杜诗的思想价值不断放大，特别是对杜诗忠爱大节的推崇，使得杜甫被视作当之无愧的诗中之儒。"老杜似孟子"即是这种认识的典型。据黄彻《䂬溪诗话》卷一：

> 《孟子》七篇，论君与民者居半，其余欲得君，盖以安民也。观老杜"穷年忧黎元，叹息肠内热""胡为将暮年，忧世心力弱"，《宿花石戍》云"谁能扣君门，下令减征赋"，《寄柏学士》云"几时高议排金门，各使苍生有环堵"，宁令"吾庐独破受冻死亦足"，而只在大庇天下寒士，其心广大，异夫求穴

---

① （清）仇兆鳌注：《杜诗详注》，中华书局 2007 年版，第 2173 页。
② 参见莫砺锋《杜甫评传》，南京大学出版社 2011 年版，第 13 页。

蝼蚁辈，真得孟子所存矣。东坡问老杜何如人，或言似司马迁，但能名其诗耳。愚谓老杜似孟子，盖原其心也。①

元代在这一方面基本继承了宋人的杜甫认识，特别是杜诗对于君臣伦理的表现，更是契合了游牧民族自身的忠君观念，② 因而迅速成为平衡元代国家意识形态的工具。大德七年（1303），淮安路文学掾杨曲成作《孔庙经籍祭器记》，在其中"经籍"清单中，《杜诗解》赫然在列，成了为数不多的"文学"类著作，稍后的延祐《四明志》给出的庆元路学藏书目录中，杜集亦在其列，大体可以视作元代各级儒学较为普遍的现象。

而另一方面，不仅是杜甫对君国始终怀有强烈的向心情感。在元代以前，杜甫早已成为并不多见的、国家视域中的诗人。《旧唐书·文宗纪》中就曾有一段这样的记载：

> （太和九年十月）郑注言秦中有灾，宜兴土工厌之，乃浚昆明、曲江二池。上好为诗，每诵杜甫《曲江行》云："江头宫殿锁千门，细柳新蒲为谁绿？"乃知天宝已前，曲江四岸皆有行宫台殿、百司廨署，思复升平故事，故为楼殿以壮之。③

与之类似的，是陆游关于南宋高宗题扇御书的记载：

> 臣某少时，与胡尚书之子杞，同学于云门山中，见高皇帝赐尚书御题扇，曰："文物多师古，朝廷半老儒。"盖黄体也，

---

① （宋）黄彻：《䂬溪诗话》卷1，人民文学出版社1986年版，第5—6页。
② 萧启庆就曾指出："'忠君'观念原不是中原或儒家的专利，而为人类多数社会所共有。成吉思汗即要求臣属（伴当，nokok）对'正主'（ejen）须绝对忠诚。理学的绝对忠君观无疑加强了游牧骑士的忠君观。"参见萧启庆《九州四海风雅同》，联经出版事业公司2012年版，第363页。
③ （后晋）刘昫：《旧唐书》卷17下，中华书局1975年版，第561页。

与此手诏绝相类。后数年,蒙收召,得面天颜,距今四十四年矣。伏读陨涕,不知所云。嘉泰癸亥五月一日,史官臣陆某谨题。①

其中"文物多师古,朝廷半老儒"二句出自杜甫《行次昭陵》诗。结合前引唐文宗之事来看,无论是读杜诗而"思复升平故事",还是以杜诗题扇赐予朝臣,都可以说明杜甫其人其作,早已存在于当权者的知识背景中。

上犹如此,士人阶层更不必多言。南宋蔡梦弼在《杜工部草堂诗笺序》中即言:

> 况我国家祖宗肇造以来,设科取士,词赋之余,继之以诗,诗之命题,主司多取是诗。②

在这样的风气之下,杜诗更是广泛出现在当时知识阶层的儒学教育中,甚至占据着与《论语》等儒家经典同等重要的地位。据曾噩《九家集注杜诗序》:

> 以诗名家,惟唐最盛,著录传后,固非一种。独少陵巨编,至今数百年,乡校家塾,龆总之童,琅琅成诵,殆与《孝经》《论语》《孟子》并行。③

又如黄焘《碧溪诗话跋》:

---

① (宋)陆游著,马亚中校注:《渭南文集》卷26,收入(宋)陆游著,钱仲联、马亚中主编:《陆游全集校注》第15册,浙江古籍出版社2016年版,第131—132页。
② (唐)杜甫撰,(宋)蔡梦弼注:《杜工部草堂诗笺》四十卷卷首,《古逸丛书》第16册,华东师范大学出版社2017年影印本,第23页。
③ (宋)郭知达编:《九家集注杜诗》卷首,清刻本,国家图书馆藏。

> 先祖尝著《诗话》十卷，发挥杜少陵窔奥不得施用之处。乡衮正献陈公为之叙引，学者从诵习之。比刊于蕲春，先君复刊于家塾，所传广矣。①

蒙学、赴仕，是士人阶层进入国家视域最为直接有效的方式。通过这些途径，杜甫已经逐渐成为统治阶层与普通文士共享的文化资源。由此而观，元代"谥杜"虽然是唯一一次以官方姿态对杜甫进行褒奖，但却并非是杜甫首次进入国家的视域内。

总而言之，正如清人刘熙载所言："少陵一生却只在儒家界内。"即便学界已经对杜甫思想背景之复杂性有所关注，但无可否认的是，佛、道思想之于杜甫的影响，远不能与"儒"相比。无论自我表述抑或后世接受，杜甫始终是"诗中之儒"的最佳代表。而也正是基于这一事实，杜甫在其身后频频被国家意识形态所重、成为历代政权习用的话语资源。元廷对于杜甫的追谥虽属首次，但实则是接续这一脉络而下，并最终将其推向顶峰。

## 小结　从"潜流"到"显流"

本节主要聚焦于元廷追谥杜甫的时代背景与政治意涵，通过元代后期政治环境、统治策略与文化动向的梳理，指出这次围绕杜甫的请谥与追谥，从酝酿、发生再到广为流布、成为话题，是如何与此一时期蒙元政权的族群政策相伴生。在对上述问题充分讨论之下，本节拟得出如下结论：

首先，围绕杜甫的请谥与追谥，是蒙元政府带有修正伯颜极端族群政策而向汉文化倾斜的象征性举措。由于伯颜在秉政期间推行的极端"反汉"政策，引起了社会各个族群和阶层的普遍不满，导

---

① （宋）黄彻：《䂬溪诗话》附录，人民文学出版社1986年版，第189页。

致此前元代政治格局失去平衡。以也速答儿"请谥"这一来自蒙古族群的儒学实践为契机，在这些不同阵营的反对者之间，遂达成了基本的文化共识，才有了（后）至元三年（1337）朝廷接受也速答儿提请，而对杜甫加以追谥。

其次，杜甫得谥从"潜流"到"显流"，与元代后期文化风气变化相始终。追谥发生之时，正处于紧张的政治环境中，因此只能以潜流的形式涌动。而到了至正"更化"以后，借助朝廷文化风气的转向，加之请谥人的主动扩散，才真正成为一时热议的话题。从后至元年间的沉寂，到至正初年的热议，这又恰好可以作为此一时期元代社会风气起伏变化的缩影。

再次，无论是伯颜秉政期间也速答儿的请谥之举，还是"更化"以来借助范汇的声望主动寻求事件之扩散，均代表了来自蒙古族群内部、与"蒙古至上主义"相反的声音。更加重要的是，在对新政权向"儒"回归的支持与顺应中，非汉族士人群体已经形成一股不容忽视的力量。这股力量虽然在当时未能真正撼动元廷的根基，却为日后大一统时代的民族融合提供了思想文化基础，从中亦可见到思想与文化相对于政治事件而言，更加稳定而持久的强大力量。

最后，在以"儒"为焦点的争衡中，杜甫之所以能够成为话题的场域，是因为无论自我表述抑或后世接受，杜甫始终是"诗中之儒"的最佳代表。而也正是基于这一事实，杜甫在其身后频频被国家意识形态所重、成为历代政权习用的话语资源。元廷对于杜甫的追谥虽属首次，但实则是接续这一脉络而下，并最终将其推向顶峰。

# 第 三 章

## 反客为主：请谥人也速答儿与元代四川文化之重建

在对"谥杜"的政治意涵深入探讨之后，本章将着眼于事件发生的地域，元代的四川行省，来探讨也速答儿为杜甫的请谥，是如何与其同期主导的其他文化实践一道，在蒙元政权的视域之内重新勘定了四川的文化地位。

正如前文所述，也速答儿为杜甫请得赐谥并非孤立存在，与之并行的尚有一个层次更加丰富的文化事件。总的来看，请谥人的文化活动主要围绕四川展开。他不仅捐献私人财产，在四川建立了石室、墨池、草堂三座书院；还出资为书院增加了学田和房舍，直接保证了书院的经济来源和师生日常的教学生活；同时更遍行东南几省，为书院采购近三十万卷书籍，铸造礼器，最后用船运回蜀中。其中为杜甫请谥的举措，因与成都草堂书院的"赐额""设官"直接相关，一定程度上又可以视作这个四川文化事件中相当关键的部分。经过这些举措，他最终被元代蜀人群体视作能与汉代文翁比肩、有功于四川的人物。

在厘清基本事实的基础上，对于这个围绕四川展开的文化事件，我们仍然可以作出很多追问，曾经辉煌灿烂的蜀文化，在元代究竟遭遇了何种程度的破坏，以至亟须"重建"与"复兴"？

来自蒙古族群的也速答儿，又为何会以"蜀人"自期、转而成为当时四川地区事实上的文化主导者？他是如何通过请谥杜甫、兴建书院这些举措，为当时四川文化地位的提升明确了切实可行的理路？他的文化身份确立是否得到了四川故家精英的认可？最后回到杜甫身上，这位四川曾经的"过客"，为何足以作为四川乡贤得到赐谥与祠祀？这些问题，都是这次围绕杜甫的请谥与追谥留给我们的思考。

## 第一节　蒙宋战争对四川的重创及流寓蜀士的文化乡愁

也速答儿为杜甫请谥，与他兴建书院、购买书籍、铸造礼器等一系列文化举措是同步进行的，而这个作为"整体"的文化事件，中心始终围绕着元代的四川行省展开。进一步讲，无论是给作为蜀地先贤杜甫请得赐谥，还是与之并行的兴书院、购书籍、铸礼器，"兴蜀"是这些举措的共同旨归。

在蒙元入主中原以前，四川是全国最重要的文化中心之一，当时四川文化的盛况在宋人的记录以及元初故宋精英的追忆中比比皆是。然而，持续近半世纪之久的蒙宋战争使这里的经济及文化遭受了毁灭性打击。元代著名四川籍文人虞集就曾经写道：

> 吾蜀文学之盛，自先汉至于唐、宋，备载简册。家传人诵，不可泯灭。宋南渡以来，蜀在斗绝一隅之地，然而文武忠孝之君子，冠盖相望。礼乐文物之懿，德行学问之成，立功立言，卓荦亨畅。下至才艺器物之类，其见诸文辞者，亦沛然非他州之所能及。丧乱以还，废轶殆尽。集虽尝从父师闻一二于千百，

盖亦已微矣。①

虞集撰写此文之时，距离蒙宋战争结束已有三十余年。而从中可知，此时四川的"礼乐文物"仍然处于"废轶殆尽"的状态。而在这种对地方文化机制的巨大破坏中，最残酷的一点大概莫过于当地文化世家的凋零。我们常常能在这些蜀地精英的事后追忆中看到这样的感喟：

> 昔者吾蜀文献之懿，故家大族之盛，自唐历五季至宋，大者著国史，次者州郡有载记，士大夫有文章可传，有见闻可征，所谓贵重。氏族推次甲乙，皆有定品，虽贵且富，非此族也，不通婚姻，盖犹九品中正遗风，谱牒之旧法，不独眉俗为然也。百十年来……其伤残转徙，千百无一二矣。②

又如：

> 百十年前，吾蜀文献之懿，多出在东南，名家者数十。宋亡，先辈凋谢，流风余韵，其或存寡矣。③

再如：

> 故宋衣冠之世家，百年以来，几已尽矣。④

---

① 《葛生新采蜀诗序》，载王颋点校《虞集全集》，天津古籍出版社2007年版，第498页。标点略有调整，以下不另出注。
② 《跋晋阳罗氏族谱图》，载王颋点校《虞集全集》，天津古籍出版社2007年版，第410页。
③ （元）虞集：《送赵茂元归浙序》，载王颋点校《虞集全集》，天津古籍出版社2007年版，第541页。
④ 《亡弟嘉鱼大夫仲常墓志铭》，载王颋点校《虞集全集》，天津古籍出版社2007年版，第925页。

由于故家精英的凋零，四川当地的文化事业随之一落千丈。揭傒斯对此有过自己的观察：

> 惟蜀与宋终始，声教沦洽，民心固结，故国朝用兵，积数十年，乃克有定。土著之姓十亡七八，五方之俗更为宾主。治者狃闻袭见，以遗风旧俗为可鄙、前言往行为可陋，至有鸿儒宿学，林潜谷逝，其道莫闻，况复有知学校哉！①

这段记述展现了战争以后元代四川文化事业的普遍状况。首先，"土著之姓十亡七八"意味着蜀地世家大族的流散，而后文中的各种文化乱象实则也是缺乏文化精英支撑的最直接后果；其次，"五方之俗更为宾主"意味着风俗的彻底颠覆，特别是"治者以遗风旧俗为可鄙，前言往行为可陋"一句，直斥了当时的四川社会在新进当权者（多属蒙古、色目族群）错误引导之下的美恶倒置。"风俗"即在特定区域、人群中沿革下来的风气、礼节及文化习惯，这往往体现的是蜀地精英们某种引以为傲的共同意识。四川故家的亡佚使得当地风俗因缺乏支撑和规范而逐渐趋于瓦解；同时，新移民的进入，尤其是战后定居于此的蒙古镇戍军人，他们所崇尚的、与汉民族迥异的文化风气一旦成为主流，更从根本上否定了汉族士人毕生信奉的"遗风旧俗"与"前言往行"；最后，是实施汉文明之教化基础的丧失，其中既包括传道之人的退场，也包括传道之所的缺席。②

上述种种破坏带来的最直接后果，就是元代四川地区的文化地位较前代出现了明显的下降。最明显的一个例子是，虞集在前引《葛生新采蜀诗序》中用"非他州所能及"来形容"自先汉至于唐、宋"的四川文化盛况；然而在面对元代的现实状况时，这种骄傲之

---

① （元）揭傒斯：《彭州学记》，载李梦生标校《揭傒斯全集·文集》卷6，上海古籍出版社2012年版，第392页。
② 关于宋元战争对四川文化的破坏，可参考陈世松《宋元战争与四川文化的变迁》，载邱树森主编《元史论丛》，江西教育出版社1999年版，第61—71页。

情就显得暗淡了许多。曾有年轻的士子葛存吾至四川采集蜀诗而归，虞集欣喜地将之视作四川文化"微而后著"的契机，但这样的乐观只能是短暂的，他随后便说道：

> 生年甚富，天下之都若吾蜀者，何啻八九，而两京又在其上焉。生亟成其志勿怠，且必有遇合者矣。①

除了不及两京，元代四川的文化影响力与东鲁相较，也呈现出明显的弱势：

> 我国家龙兴朔方，金源氏将就亡绝，干戈蜂起，生民涂炭。中州豪杰起于齐、鲁、燕、赵之间，据要害以御侮，立保障以生聚，以北向于王师。方是时，士大夫各趋所依自存，若夫礼乐之器，文艺之学，人才所归，未有过于东鲁者矣。世祖皇帝建元启祚，政事、文学之科，彬彬然为朝廷出者，东鲁之人居多焉。②

又：

> 某早岁游京师，得见朝廷文学之士，大抵皆东鲁大儒君子也。气象舒徐而俨雅，文章丰博而蔓衍，从而咏之，不足以知其深广，极其所至，不足以究其津涯，此岂非龟、蒙、徂徕之间，元气之充硕，以发挥一代斯文之盛乎？③

---

① 《葛生新采蜀诗序》，载王颋点校《虞集全集》，天津古籍出版社2007年版，第498页。
② 《曹文贞公汉泉漫稿序二首·其一》，载王颋点校《虞集全集》，天津古籍出版社2007年版，第496页。
③ 《曹文贞公汉泉漫稿序二首·其二》，载王颋点校《虞集全集》，天津古籍出版社2007年版，第497页。

由此可见，无论是虞集对于东鲁文物之盛的称羡，还是对上层社会中东鲁人才云集的深刻记忆，乃至对东鲁文学之士可以承担起"发挥一代斯文之盛"这一宏大使命的叹慕，都与其提及故乡四川时的语气大相径庭。同样，虞集家族寓居的江西地区在当时的文化繁荣程度上也要远高于四川。尽管虞集也曾将四川与江西并举，谓"天下今昔言文物之邦者，西有峨眉，南有庐陵"①，但无论是他对江右之风"几若邹、鲁"②的赞叹，还是虞集的祖父和父亲因"乐其（崇仁）文献之懿"而"留此弗去"，我们都可以从中感知到，时人眼中四川与江西之间实实在在的文化差距。

由此可见，无论是两京、东鲁还是江西，在虞集的笔下都呈现出远胜于四川的兴盛样貌。即便我们很难在元代确定一个具有绝对优势的文化中心，但显而易见的是，向来在学识教养方面怀有巨大骄傲的蜀人不得不直面这样的现实：他们的故乡——从前具备明显文化优势的四川，其文化地位开始急剧下降，乃至终元一代都未能恢复如昔。

更加残酷的是，四川这片曾经那样辉煌灿烂、而今却千疮百孔的土地，是元代绝大部分蜀士长久怀恋却又回不去的故乡。为了躲避战乱，他们往往经过漫长而惨烈的流徙，开始在新的环境下谋求自身的生存和家族的未来，从而形成元代文化史上特有的"流寓蜀士"群体。③ 作为元代流寓蜀士之中最具声望的代表，虞集及其家

---

① 王颋点校：《虞集全集》，天津古籍出版社2007年版，第528页。

② 《黄纯宗遗诗序》，载王颋点校《虞集全集》，天津古籍出版社2007年版，第507页。

③ 关于元代"流寓蜀士"的研究，可以参考［美］保罗·J. 史密斯（Paul J. Smith）《流寓策略中的家族、同乡和身份团体联系——1230—1330年间蒙古人入川和四川精英的流徙》，载张国刚、余新忠主编《海外中国社会史论文选译》，天津古籍出版社2010年版，第16—45页。该文重点关注了流寓蜀士群体如何依靠家族、籍贯、身份团体等联系，使自己及家族进入寓居地的精英阶层。本书主要侧重强调这批流寓他乡的蜀籍文化精英是如何在寓居地保持自己原本的乡土认同与文化记忆。两者实则是同一文化焦虑之下的不同文化动向。也正是在"蜀人身份认同"得以维系的前提之下，这个流寓群体才能够在寓居地共同进退、谋求生存。

族就是其中的典型。

作为宋代已具声望地位的四川故家大族，虞氏成员在当时即有在外做官、侨居他乡的历史。除四川以外，至少在吴中、江西、广东等地，均有其家族分支。至晚从南宋时开始，吴中地区就生活着一部分虞氏家族成员。因此，宋亡之后，虞集的父亲本想避难至此，最终因力所不足而选择了稍近一些的江西崇仁。[①] 崇仁隶属江西抚州，这里生活着虞集的王姑（即祖父的妹妹）一家，祖父虞珏在广东任职期满后，迫于战火无法返回四川，故前来投靠，后来虞集的父亲亦携家至此；[②] 广东肇庆则埋葬着虞集的从祖、惠州通判府君虞从龙，宋亡之后虞汲曾计划为其迁墓，后因事阻，只能岁时遣子弟、门人前去省墓，[③] 虞集亦有诗寄与侨居广东的家族后辈，提醒其应尚有"北返衣冠先志在"[④]。

随着战争之中的蒙军入蜀，这些在外省已有根基的家族分支就成了四川境内家族成员的避难所。战争结束，在生存压力和家族责任之下，原本相对分散的家族成员之间联系的加强更是显得十分必要。元英宗至治二年（1322），虞集服阕，省祖父虞珏之墓于吴中。在家祭之外，这次的吴门之行也让虞集有机会接触到侨居东南的家族成员。

南山翁，其名不详，与虞集同出雍国公虞允文一系，在吴中以

---

[①] 《书先世手泽后》："二年乙丑，尚书公薨于连，先参政护丧还葬吴郡。……先宋既亡，先参政归自海上，力不足以适吴，以至元甲申之岁复至崇仁，犹与节推、校勘居"，载王颋点校《虞集全集》，天津古籍出版社2007年版，第437页。

[②] 参见虞集《书先世手泽后》，载王颋点校《虞集全集》，天津古籍出版社2007年版，第436—437页。

[③] 《送甘以礼诗序》："集之从祖惠州通判府君，以岁丁丑避地至古端（肇庆路）而殁焉，即葬于其郡之江上。内附国朝以来，诸叔相继沦谢，独先参政郡公北还，规往迎迁，率以事阻。岁时尝遣子弟、门人往省后先，公老犹恒以此为念"，载王颋点校《虞集全集》，天津古籍出版社2007年版，第544页。

[④] 《寄子安民、从子宣》："两儿逐禄广东西，解忆荒村叫竹鸡。北返衣冠先志在，扁舟有日发端溪"，王颋点校《虞集全集》，天津古籍出版社2007年版，第231页。

第三章　反客为主：请谥人也速答儿与元代四川文化之重建

教授生徒、占卜算卦为生。虞集在诗中称其为"叔父"。与叔父南山翁的相见引发了虞集深切的故园之思，他写下《见叔父南山翁二首》：

> 先君万死抱遗书，付在诸孤手泽余。
> 老眼枯骨那忍读？春霜秋雨一庵居。①

又：

> 奉承家祭若持危，敢谓冲和在此枝。
> 馆授凄凉勿惆怅，百年门户岂吾私。②

虞集在诗中告诉我们，家族先辈的遗墨历经万难得以流传到他的手中，其中所载的家族辉煌与苦难以及所引发的乡国之思，让他在珍视之余又不忍卒读。"馆授凄凉"暗示南山翁的生活似乎并不如意，对此虞集亦别无他法，只能稍作劝慰。除了叔父南山翁之外，虞集在此次吴门之行中还见到了其他故家子孙。从表兄魏起隐居吴中，虞集与之相见，有诗咏；外亲临邛韩氏保存了虞集从兄虞得观的遗诗残句"我因国破家何在，君为唇亡齿亦寒"，虞集读后流泪续作成一章，这首诗也被认为是虞集故国之思的代表；③ 道士侯颐轩本

---

① 《见叔父南山翁二首》其一，载王颋点校《虞集全集》，天津古籍出版社2007年版，第245页。
② 《见叔父南山翁二首》其二，载王颋点校《虞集全集》，天津古籍出版社2007年版，第246页。
③ 虞集《从兄德观父与集同出荣洲府君，宋亡，隐居不仕而殁。集来吴门省墓，从外亲临邛韩氏处得从兄虞德观遗迹，有云：我因国破家何在？君为唇亡齿亦寒。不知为谁作也？抚诵不觉流涕，因足成一章，并发起幽潜之意云》："我因国破家何在，君为唇亡齿亦寒。南渡岂殊唐社稷？中原不改汉衣冠。温温雨气吞残壁，泯泯江潮击坏栏。万里不归天浩荡，沧波随意把鱼竿。"载王颋点校《虞集全集》，天津古籍出版社2007年版，第162页。

为蜀人，其父追随虞集的祖父来到吴中，宋亡之后就再没回乡。此次他带着虞集先叔祖的遗墨来访，虞集作《与侯颐轩》，有"每抱遗书嗟往事，复贻妙句乐新知"之句。① 总而言之，祖父的坟墓使得吴中地区成了在四川以外、虞集的又一个"寻根"之所，即便到了垂暮之年依然常怀念想。

在与吴中虞氏的相聚中，虞集在欣喜之余亦悲哀地发现，家族成员身为"蜀人"的文化记忆，却已然在后辈族人身上逐渐消解。由于南山翁有事在身，不能久留，二人只能匆匆道别。南山翁恐"后会未可期"，因而请虞集"留数语识岁月"，虞集作《留别叔父南山翁三首》，其三曰：

> 族人散处江南郡，不识音容带记名。
> 世泽须今孙子忆，故家今几尚簪缨？②

尽管居于吴中的虞氏家族成员并非皆因战争而狼狈流徙至此，但在虞集看来，"族人散处江南郡，不识音容带记名"却是不争的事实。久远的地域相隔，使得散落江南的虞氏后人对于故乡的记忆逐渐淡漠了下来。这在"故宋治世"之下或可徐图恢复，但对于离乱之下的蜀人来说，故园湮没、斯文沦丧意味着他们世代引以为傲的文化资本正在不断消失，特别是对其中那些四川精英而言，故家的声望是他们入仕新朝的敲门砖，因此更加不容失坠。因此，这样的焦虑迫使流寓蜀士不得不开始重新反思自己的身份、文化与历史，

---

① 《与侯颐轩·并序》："道士侯颐轩，其先本蜀人，父□，从我大父尚书府君来吴中。宋亡，弗归，颐轩乃学道于洞庭之仙坛观。集来省墓，尝抱先叔祖岳阳使君遗书与闲白云来见，集不胜感叹，故赠之以诗。洞庭高士成都客，曾是相从大父时。每抱遗书嗟往事，复贻妙句乐新知。鸳鸯影里心元静，鸥鹭盟边原不疑。但得闲身各安健，白头归共橘中棋"，载王颋点校《虞集全集》，天津古籍出版社 2007 年版，第 186 页。

② 《留别叔父南山翁三首》，载王颋点校《虞集全集》，天津古籍出版社 2007 年版，第 205 页。

进而从个体的文化身份认同,逐渐勾连成四川精英的集体记忆,最终在新朝的异乡重建"乡人团体",并将之作为蜀人共同的政治资本。虞集作为其中最具声望的代表,他的记述便成了我们观察的窗口。

首先来看他们对于家族内部蜀学传统的重视。面对流寓蜀士身份认同的危机,虞集除了反复提醒着家族后辈"故家""世泽"之不可遗忘,另外,如遇吴中子弟偶有熟习蜀地文献者,便不遗余力地大加推赏,赵茂元就是其中的典型。寓居吴中的赵茂元,与虞集"皆眉山杨氏之外孙"。此次吴门省墓是二人初次相见。虞集与之坐而论学,对他寄予厚望:

> 至治壬戌(1322),集既免先君丧,省墓吴门,而赵君茂元在焉,盖与予皆眉山杨氏之外孙也。以杨氏之学论之,平舟公为朱氏、张氏之学,以道学自任,其议论政事必出于此。而见山公与其弟吏部公,以《春秋》尝为太学师,陈义甚正,非特文学而已。宋亡五十年,其门人学者皆尽,诸舅氏亦已物故,遗书存者无几,独茂元犹能有所诵而传之,庶几遗风流韵之可见乎者?[1]

大约十年之后,二人又在京师短暂相见。而后赵茂元旋即归浙,临行之前请虞集作文叙别。除了回顾这段论学往事之外,虞集在赠序中选择用最大的篇幅来强调故乡的治学传统及流寓蜀士教养方式。

> 百十年前,吾蜀乡先生之教学者,自《论语》《孟子》《易》《诗》《书》《春秋》《礼》,皆依古注疏句读授之,正经日三百字为率,若传注、史书、文章之属,必尽其日力乃止,

---

[1] 《送赵茂元序》,载王颋点校《虞集全集》,天津古籍出版社2007年版,第541页。

率晨兴至夜分，不得休以为常。持身以尚孝友、惇忠信、厉节义为事，其为文多尚左氏、苏子瞻之说。及稍长而后专，得从于周、程之学焉。故其学者虽不皆至博洽，而亦无甚空疏。及其用力于穷理正心之学，则古圣贤之书、帝王之制度，固已先著于胸中。及得其要，则触类无所不通矣。此其大概也。①

接下来，虞集通过追忆自己的求学经历，来说明这种令人引以为傲的治学传统并未因四川故家被迫离开故园中断：

集与舍弟未髫龀，先君携之避地领海，诸书皆先亲口授。十岁至长沙，始就外傅，从祖父秘监公必使求诸乡人教之，犹守此法也。弱冠至临川，乡人惟二人在焉，一人为故宋乐安县丞黄某，予同县人也……其一人故宋崇仁县丞范大冶，成都人，幼时尝及从学沧江书院中，宋亡，亦贫不仕，时时来与先君、先舅语，举《书》《传》常连卷数千百言，不遗一字，天文、地理、律例、姓氏、职官，一问累千百言不止。先亲尝勖集曰：读书当如范公之博，立身当如黄公之严。斯言犹在耳也。②

从虞集的自述中可知，他和弟弟虞槃幼时的学问由母亲在颠沛中口授，而后在寓居地稍稍稳定下来、就外傅时，皆由家族长辈寻觅"乡先生"按照蜀地故有的治学方法加以教育。其中一位名为范大冶的乡先生常常与虞集的长辈讨论学问，因此虞集兄弟自小便在浓厚的蜀学氛围中成长，两位乡先生是他们读书和立身的榜样。从此以后，"蜀人"的身份印记贯穿了虞集的一生，除了在诗文作品中频频忆及"吾蜀"故乡之外，"蜀人虞集""蜀郡虞集"也是他常用

---

① 《送赵茂元序》，载王颋点校《虞集全集》，天津古籍出版社 2007 年版，第 540 页。
② 《送赵茂元序》，载王颋点校《虞集全集》，天津古籍出版社 2007 年版，第 541 页。

的题款。

与此同时,在追随乡先生的过程中,虞集愈加意识到四川故家散落东南的现实。直到他入朝为官多年之后,依然不能逐一寻访。令他更加感伤的是,根据蜀人所述,原本留在四川的前辈学者和书籍也已随着时间的推移而消散了:

> 于是,稍从侍侧,问乡里文献之在东南者,则知临邛魏氏子孙在吴都,眉山平舟杨氏在天台,或在武陵,桂芝程氏在安吉,学斋史氏在江阴,同郡牟氏亦在安吉。集仕京师,历年虽多,皆不能于此有所考问,而士友之至自蜀者,从而问之,则遗老旧书多不存矣,不亦悲夫![1]

而在本篇赠序最后,虞集提出了对于赵茂元的期望:

> (赵茂元)将行,求一言以叙别。念无足为茂元言者,独以昔者蜀人为学之说陈之,庶几其乡人昆弟子孙之在东南者,因集之言,亦有以推其先世之学而有立焉,则区区恭敬桑梓之微意也。集老矣,茂元尚有以勖予也哉?[2]

由此可见,面对故家凋零的残酷现实,"推其先世之学而立焉"是以虞集为代表的四川文化精英最先想到、也必须实践的方案,而且恐怕也是绝大部分流寓蜀士在无法回乡的情况下、唯一能够"恭敬桑梓"的方式。与其说虞集此文是为赵茂元一人所作,毋宁说是以赵茂元归浙为契机,希望散落东南的"乡人昆弟子孙"都能够自觉将故乡之学传承下去。

---

[1] 《送赵茂元序》,载王颋点校《虞集全集》,天津古籍出版社2007年版,第541页。
[2] 《送赵茂元序》,载王颋点校《虞集全集》,天津古籍出版社2007年版,第541页。

这并非仅仅是虞集个人的愿望,同为四川精英的牟氏家族也有相似的意识,并最终身体力行地付诸实践。牟应龙,字伯成,四川井研人,家族从祖父牟子才开始寓居湖州。牟氏家族的学术氛围十分浓厚。祖父牟子才学于魏了翁、朱熹门人李方子等人;父亲牟巘宋亡不出,与牟应龙"父子之间,讨论经学,以忠孝道谊相切,劘若师友";母亲邓氏是宋代蜀学代表人物李心传的外孙女,这一层家学渊源也奠定了他的史学基础;此外,尽管牟氏家族寓居湖州,但始终与四川故家望族互通婚姻。牟应龙先娶杨氏,再娶程氏,而杨、程皆眉山诗书故家。由此可见,无论是家学渊源,还是姻亲联系,都给牟应龙烙上了清晰的蜀人印记。因此,即便是在故乡受到重创的情况下,作为蜀人集体记忆的"先朝文献"依然可以、也必须通过"流寓蜀士"这一鲜活的载体传递下去。据《牟伯成先生墓志铭》:

> 先朝文献,渊源之懿,日以旷远,时人无能言者,或妄言以自诡,辄牵合无据。先生道其官簿、族系、月日、乡里如指掌,盖非直其强记如此,亦故家习熟见闻而然也。①

由此可知,正是由于蜀士家族内部的见闻与教养,使得牟应龙对先朝文献有着非常清晰准确的把握。换言之,以牟应龙为代表的、深受蜀学滋养的蜀籍士大夫,也就成了四川地区的历史文化记忆在离乱之中得以艰难存续的关键。

接下来,文中从"为学"与"为人"两方面向我们展示了牟应龙如何作为蜀学的继承人,受到了当时广泛的认可和尊重:

> 其(牟应龙)为文沛然,若江河之决,不及所至不止,时

---

① 《牟伯成先生墓志铭》,载王颋点校《虞集全集》,天津古籍出版社 2007 年版,第 879 页。

人以为似眉山苏氏，此先生之为学也。①

在文学造诣上，牟应龙被时人比拟为"眉山苏氏"，自觉将元代的牟应龙与宋代的苏轼建立起了联系。没有什么比这更能证明四川文化传统在此时依然还存活着了。

又：

居吴兴三世矣，而风致犹故乡，自号曰隆山先生，示不忘其故云，此先生之为人也。②

由此可见，即便从祖父一辈起，牟氏家族就已定居东南，但牟巘、牟应龙父子依然选用蜀中风物作为自己的身份象征：牟巘以四川牟氏世居之地"陵山之阳"来命名自己的文集《陵阳集》，以示不忘根本，牟应龙则秉承先志，同样用四川地理坐标"隆山"作为自号。通过虞氏、牟氏等个案，我们可以看到，这批流寓在外的四川精英是如何从治学背景、家族教育、名称字号等各个方面来保持各自家族的蜀地认同。

与家族教养同样重要的是家族的历史。我们可以看到，流寓蜀士或寻访家族谱牒，或为族人求取碑铭，或小心保存先人手泽，借由这些物质载体，他们小心翼翼而又郑重其事地保存着家族过往的痕迹。

晋阳罗氏本源自蜀地，在流徙的过程中，家族族谱得以保全，这在当时是极其难得的。族人罗仲允持谱前来请虞集题跋。虞集首先阐明了谱牒对于四川故家的重要性：

---

① 《牟伯成先生墓志铭》，载王颋点校《虞集全集》，天津古籍出版社2007年版，第879页。
② 《牟伯成先生墓志铭》，载王颋点校《虞集全集》，天津古籍出版社2007年版，第879页。

> 昔者吾蜀文献之懿，故家大族子孙之盛，自唐历五季，至宋大者著国史，次者州郡有载记，士大夫有文章可传，有见闻可征。所谓贵重氏族，推次甲乙，皆有定品。虽贵且富，非此族也，不通婚姻。盖犹有九品中正遗风，谱牒之旧法，不独眉俗为然也。①

伤残转徙之下，故家大族的谱牒大量散佚。战争结束之后，四川精英们纷纷开始了寻访的工作，但鲜有收获。在这样的背景下，罗氏族谱的保存才显得弥足珍贵：

> 百十年来，比及沐浴皇元之圣泽，其伤残转徙，千百无一二矣。今天下益以治平，学士、大夫稍稍求遗轶于故老，寻金石之寄于荆榛丘陇之间，而荒烟野烧不可复知者，何可胜数！有能追寻上世之传，至于八九世。又有祖父文墨之叙传，若晋阳罗氏者，岂易得哉？故虽小有阙夷参错，亦其势然也。②

同样请虞集为家族故谱作序的还有原籍四川资阳的史秉文。根据虞集的记载，宋代眉山史氏极盛之时有数百房，其中资阳史氏约二百余房即为眉山史氏的分支，由此可以推想整个史氏家族之盛。而到了虞集的时代，四川的史氏家族散落在东南一带的兴化、江西、嘉兴等地，他们或以儒学教授田里，或在民间浮沉，更多的甚至彻底失去了音讯。东南一带的史氏成员即地为家，与当地人氏已然无异，家族往日的辉煌正在从他们的记忆中淡出。在这样的情况下，虞集对史秉文热心家族谱系十分推赏，而史氏家族的凋零也使他不可避免地为同为眉山故家的母族而感伤，这背后亦透露出他对重拾

---

① 《跋晋阳罗氏族谱图》，载王颋点校《虞集全集》，天津古籍出版社2007年版，第410页。

② 《跋晋阳罗氏族谱图》，载王颋点校《虞集全集》，天津古籍出版社2007年版，第410页。

故乡文脉的强烈诉求：

> 今资阳谱惟秉文一人，以文学仕于朝，又能追求先世坟墓、谱系于故乡湮翳之后，诚可尚也。……集外祖杨侍郎，亦眉山人。当其盛时，不减诸史，而仕宦显著者尤多。今外祖惟有孙一人，与集兄弟同寓江西，族人甚少。因所题族望，益重感慨云。①

除了为四川故家题跋谱牒之外，虞集还数次应乡人所请，为他们逝去的族人撰写墓志碑铭，如《牟伯成先生墓碑铭》《故奉训大夫、衡州路总管府判官致仕杨君壮行墓志铭》《高州判墓志铭》《亡弟嘉鱼大夫仲常墓志铭》《史母程夫人墓志铭》等，他们希望可以借助虞集在元代士林的巨大声望，来使逝者乃至其家族不朽于世。从《高州判墓志铭》一段文字中，我们可以知晓虞集屡次欣然持笔的理由：

> 嗟夫！吾蜀世家，或宦或迁，去乡日久，子孙留滞东南，至一再世、三世。后之人或者忽焉忘之，此同予之深戚者也。故为列叙其家世，与君之行事、岁月而并书之。②

通过各自的墓志碑铭对家族历史的追述，一个又一个四川家族记忆连接了起来，从而构成了蜀人关于故乡与家族的集体记忆。在共同追述的过程中，蜀人之间彼此的认同也得到了进一步的加强。

在谱牒、墓志之外，先人的手泽遗墨作为历史信息最重要的物质载体之一，同样保存了门第内部以及家族之间曾经的沟通、交流情况，而又因其在战争、流徙的过程中极易散失，所以更加显得弥足珍

---

① 《史秉文资阳故谱序》，载王颋点校《虞集全集》，天津古籍出版社2007年版，第473页。

② 《高州判墓志铭》，载王颋点校《虞集全集》，天津古籍出版社2007年版，第905页。

贵。与乡人共赏先辈的遗墨、并请当时富有文化影响力的杰出蜀士代表题识并由此昭显后世，也就成了幸存者保存蜀人集体记忆的方式。

江西崇仁陈氏在宋代与虞集的家族结为姻亲①，因而保留着虞集的祖父虞珏的手书。就在元廷追谥杜甫的元顺帝（后）至元三年（1337），陈氏族人宗蕃持卷前来，请虞集题识：

> 崇仁陈氏所藏我先大父、知郡、开国尚书郡侯手书九幅，其一与主簿公，其八与主簿之子校勘公；先君、国史、参政郡公手书三幅，皆与校勘公者也。校勘公之子德仁，命其子宗蕃装为一卷，而命集识之。……今五十三年矣，二公与先公先后去世已久，虞氏今五世，陈氏有六世孙矣。集虽无所肖似，徒保遗书，以与德仁相从于澹泊之乡。百年之好，庶几无斁，后之子孙，尚有考于斯文哉！②

由此可见，"徒保遗书"不仅被虞集视为追怀先祖、维持故家旧好的重要环节，更要将之承载的家族印记遗留给后世子孙。相似的情况还有崇仁彭寿卿所藏虞集祖父、父亲的手泽。彭寿卿与虞氏家族并非亲故，此卷实为其个人收藏之一种，但虞集依然对其推重虞氏家族之意深表感激：

> 此卷我先参政、雍郡公所与之书，而集与亡弟嘉鱼大夫之书附焉。盖其好尚，犹有无所为而为之者，然亦无益于寿卿之贫也。感其敬爱不忘先君之意，辄书其后而归之。③

---

① "集谨考家乘：故宋嘉熙己亥之岁，我王姑归于陈氏，为安抚公之夫人"，《书先世手泽后》，载王颋点校《虞集全集》，天津古籍出版社2007年版，第436页。

② 《书先世手泽后》，载王颋点校《虞集全集》，天津古籍出版社2007年版，第436页。

③ 《跋彭寿卿所藏先郡公手泽卷后》，载王颋点校《虞集全集》，天津古籍出版社2007年版，第441页。

通过对家族谱牒、墓志、手泽的整理，属于四川精英的"一家之史"规模初具。但与个体家族的历史相比，更能使故乡记忆稳固、并足以作为其在当下立身资本的，是由诸多个体勾连出的、全体蜀人的"集体记忆"。于是我们可以看到，这些四川故家精英，或在"修谱"之余尚有"通谱"的尝试，或在家族先人手泽之外，相约观览多位蜀贤共同题跋的遗墨。通过上述形式，原本的"一家之史"得以拓展延伸，逐渐上升为可供流寓蜀士共享的故乡记忆，成为他们保持故家声望乃至四川文脉的重要依托。

首先来看通谱。虞集的母亲出自眉山杨氏，其族人因而拜谒虞集，以求通谱。虞集作为元代蜀士乃至整个元代士林之领袖，借助他的声望，杨氏一族便可稍作显扬：

> 尉知集自杨氏出也，其始即从父命来谒，求通其谱于舅氏之子者而观之，盖我先雍郡夫人之父，则故宋工部侍郎国子监讳某，其系则出于丹稜府君，于属则参政其叔父也。宝祐、景定间，侍郎与参政同朝，诸父昆弟之爱敬无间言。盖衡州君欲与集申论此事，而不及见矣，悲夫！①

其次是蜀地先达的遗墨。与某一家族的手泽相比，多位蜀地先贤共同题咏的书帖显得更为珍贵。南宋崇仁何异的从子、房州史君离开四川时，蜀地先贤曾作送行诗一大轴。虞集的父亲虞汲闲居崇仁，从何氏族人处见到此卷，因其中有数篇虞氏先人的题咏，故又根据虞氏家集对内容进行了补充。三十年后，何氏裔孙何元吉将此书帖示与虞集，虞集作《题何氏所藏蜀郡名公书翰》。文中在追述了何、虞二氏的渊源之后写道：

---

① 《故奉训大夫、衡州路总管府判官致仕杨君（壮行）墓志铭》，载王颋点校《虞集全集》，天津古籍出版社2007年版，第901页。

尚书裔孙元吉举以相示，留之十余月，慨念故乡先贤声采辽远，几无知者。欲自赵公彦讷以下，稍为疏其行事、爵里之一二，而集目障为阻，久未能书。元吉从事南康，遽有行色，姑识此而归之，余俟他日也。①

除此之外，虞集另有《又题何氏所藏蜀郡名公书帖》一篇：

仲安之子元吉以此篇及所谓二十二篇者示集，盖二十二篇者，皆蜀先达。集欲稍疏其人爵、里以遗之，而此卷则崇仁之士大夫也。……人亡世远，习俗浸失，集欲益求此邦前人遗事，辑录以示吾党之小子，此故在所征也。②

在这两篇题识中，虞集表达了相同的期望，即通过梳理书帖涉及的诸位蜀地先贤的生平掌故，使得故乡四川的文化印记在"人亡世远，习俗寖失"的当下，可以永远定格，成为可征之信史。

事实上，与在战争、流徙中完全覆灭的家族相比，能够几经转徙而后存活下来，已经足够幸运。这个"超地域"却又共享学术源流与家族记忆的蜀人团体，除了给成员提供必要的政治援引之外，也常常通过文化上的互动来巩固彼此之间的联系。虞集显然是此类乡人文化活动的核心。大德年间，虞集仕宦京师，此后逐步以文臣的身份走近权力中央，成为元代的文宗巨擘。有蜀人即将到曲江任官，虞集赠以蜀地名物墨竹：

拈笔写琅玕，清风入座寒。蜀山空偃蹇，海郡更盘桓。

---

① 《题何氏所藏蜀郡名公书翰》，载王颋点校《虞集全集》，天津古籍出版社2007年版，第447页。
② 《又题何氏所藏蜀郡名公书帖》，载王颋点校《虞集全集》，天津古籍出版社2007年版，第448页。

> 云雾琼箫远，冰霜玉节完。莫忘乡里意，持向曲江看。①

墨竹是四川的特产，虞集将之作为礼物送给即将去外乡做官蜀人，勉励他应保持墨竹一样高洁的品格，旨在提醒他即便远离故土也依然要"莫忘乡里意"。诗的题目和正文中均未提及这名官员的姓名以及两人此前的交集，因此可能并不熟识，"蜀人"身份大概将两人之间唯一纽带。

除了送别的场合，蜀人团体之间的文化互动更存在于相聚的场景。虞集的诗中就记载了某次他与乡人一同饮茶、赏画的场面：

> 昔在乾淳抚蜀师，卖茶买马济时危。
> 乡人啜茗同观画，解说前朝复有谁？②

该诗名为《题马图》。"昔在乾淳抚蜀师"当指虞集的五世祖虞允文在南宋孝宗乾道年间任四川宣抚使、主持四川军政之时，下句的"卖茶买马济时危"即为其整顿马政、为北伐做准备的故事。不幸的是，淳熙元年（1174），虞允文病逝，南宋北伐收复失地的希望随之落空。虽然我们无从知晓虞集眼前这幅马图的具体画面，但诗人由"马"联想到故家旧事，后两句又将蜀人饮茶观画、追忆四川故家旧事的场景描绘得淋漓尽致，其中的历史兴亡之感尤其令人唏嘘。此次饮茶观画只是当时蜀人团体文化活动之一瞥，从中我们可以感知到，无论时隔多久，故乡作为共同话题与集体怀恋，依然可以成为凝聚流寓蜀士的力量。

在一批四川故家精英对于蜀地文脉的竭力保持之下，距离东南千里以外的蜀都，成了元代蜀籍士人群体的文化乡愁。与绝大部分流寓

---

① 《蜀人曲江之官，赠以墨竹》，载王颋点校《虞集全集》，天津古籍出版社2007年版，第73页。
② 《题马图》，载王颋点校《虞集全集》，天津古籍出版社2007年版，第205页。

蜀士的终生望乡相比，虞集是相对幸运的一位。元仁宗延祐三年（1316），四十五岁的虞集奉诏西祀名山大川，因此第一次来到了只在故家长辈口中听说、自己却从未真正踏足过的"故乡"。临行前，袁桷、马祖常、柳贯、文矩、李源道、王士熙、吴全节、薛汉等均有诗送行，① 虞集作诗相和，有"经行关辅图中见，梦想乡山马上来""重思亲舍犹南国，愿托江波去却回"等句②，思乡之情尽显。

虞集在成都逗留了十余日，又回到故乡仁寿，修五世祖虞允文墓而还。在这个短暂归乡、又不得不很快离开的过程里，他留下了数篇诗作，如"渡江相送荷主意，过家不留非我情"③"还乡思速去乡迟，王事相縻敢后期""里父留看题壁字，山僧打送舍田碑"④等，记录了他回乡的欣喜、离家的不舍以及此次与乡人的交往。

这是虞集第一次、也是唯一一次的回乡记录。长居故土以外的虞集踏上四川这片土地之后，既追寻祖先的足迹，也一一寻觅着"郫筒酒""胡桃""筇竹""庐橘""枇杷"乃至"子云墨沼""少陵浣花"⑤ 等自己记忆中的四川文化符号。对于虞集来说，"四川"再也不是一个想象中的"故乡"，而是在"实感"的层面建立起了自己与家园的联系。其中，与仍然留在四川的家族成员的相见，无疑是对于是对他极大的慰藉。这种与四川族人之间深厚情感，一直延伸至虞集的垂暮之年。

---

① 《代祀西岳，答袁伯长、王继学、马伯庸三学士二首》，载王颋点校《虞集全集》，天津古籍出版社2007年版，第92—93页。

② 《代祀西岳，答袁伯长、王继学、马伯庸三学士二首》，载王颋点校《虞集全集》，天津古籍出版社2007年版，第92—93页。

③ 《代祀西岳至成都作》："我到成都缠十日，驷马桥下春水生。渡江相送荷主意，过家不留非我情。鸬鹚轻筏下溪足，鹦鹉小窗知客名。赖得郫筒酒易醉，夜深冲雨汉州城。"载王颋点校《虞集全集》，天津古籍出版社2007年版，第92页。

④ 《自仁寿回成都》："还乡思速去乡迟，王事相縻敢后期？里父留看题壁字，山僧打送舍田碑。胡桃筇竹南方要，庐橘枇杷上国知。次日君亲俱在望，徘徊三顾欲何之？"载王颋点校《虞集全集》，天津古籍出版社2007年版，第161页。

⑤ 《旧屋》："旧屋已属他人家，临风且复立江沙。欲从子云访墨沼，更向少陵寻浣花。"载王颋点校《虞集全集》，天津古籍出版社2007年版，第204页。

第三章　反客为主：请谥人也速答儿与元代四川文化之重建　73

据虞集《与族侄孙从善》：

> 白头喜见族诸孙，清门为庶夫何言？
> 成都桑柘日已废，尽有遗书堪讨论。
> 风花寒食江上路，墟墓兴衰惭一飨。
> 怜尔笃实可进学，竭力孝敬思生存。①

又据《喜陈克绍自蜀中持舍侄书至，用韵就呈上》：

> 有客持乡信，殷勤远及门。枯桑同我老，慈竹赖谁存？
> 万里迷归梦，苍茫念老孙。偏呼小儿子，一一话亲尊。②

再如《寄成都孝成侄》：

> 寒食风花高下飞，锦官城外是邪非？
> 百年坟墓惟孤侄，因酹寒泉荐蕨薇。③

在这样的情感牵绊之下，重回蜀中，也就成了虞集晚年诗文中一再透露的心愿。听闻故乡仁寿出现"瑞竹"，他一连赋诗四首，句句思归：

其一
问道故园生瑞竹，试从来使问何如？苍筤独出千丛里，翠节骈生数尺余。比管可吹丹穴凤，长竿莫钓锦溪鱼。折筵已向

---

① 《与族侄孙从善》，载王颋点校《虞集全集》，天津古籍出版社2007年版，第49页。
② 《喜陈克绍自蜀中持舍侄书至，用韵就呈上》，载王颋点校《虞集全集》，天津古籍出版社2007年版，第87页。
③ 《寄成都孝成侄》，载王颋点校《虞集全集》，天津古籍出版社2007年版，第230页。

灵氛卜，亦说能归似两疏。①

其二

问道故园生瑞竹，令人归兴满江干。扁舟不畏瞿塘险，匹马谁云蜀道难？杜甫溪头花匼匝，孔明庙里柏阑珊。新堂题作归欤字，定得临江把钓竿。②

其三

问道故园生瑞竹，山僧为我重栽培。百年雨露余生息，一日风云几往回？陇上枯桑乌萃止，城东华表鹤归来。圣恩若许归田里，千石清樽为尔开。③

其四

问道故园生瑞竹，吾家孙子好归看。佛祠竟日春荫覆，先陇多年暮雨寒。门户凄凉嗟老病，乡关迢递报平安。重来慎勿劳余梦，驷马桥边据马鞍。④

其中第二首所谓"新堂题作归欤字"，在虞集为他人所作的赠序中也曾提道：

> 仆在禁林时，尝与蜀学者史君秉文言，将谋筑于沧江故居之上，字之曰"归欤"。⑤

---

① 《仁寿司僧报更生佛祠前故园生瑞竹，有怀故园四首》其一，载王颋点校《虞集全集》，天津古籍出版社2007年版，第104页。
② 《仁寿司僧报更生佛祠前故园生瑞竹，有怀故园四首》其二，载王颋点校《虞集全集》，天津古籍出版社2007年版，第104页。
③ 《仁寿司僧报更生佛祠前故园生瑞竹，有怀故园四首》其三，载王颋点校《虞集全集》，天津古籍出版社2007年版，第104页。
④ 《仁寿司僧报更生佛祠前故园生瑞竹，有怀故园四首》其四，载王颋点校《虞集全集》，天津古籍出版社2007年版，第104页。
⑤ 《葛生新采蜀诗序》，载王颋点校《虞集全集》，天津古籍出版社2007年版，第498页。

可惜的是，尽管对四川的关注从未消减，但我们从虞集晚年"老去首丘天所念，未甘孙子只东南""我今侨居庐阜侧，西视峨眉归未得"的叹惋中可知，终元一世，这片土地对于她曾经的子孙来讲，往往只能回不去的故乡。因此，对于立足于四川本土的文化重建，只能寄希望于这片土地之上新进的移民群体。在这样的情况之下，"生长蜀中"而又"告老还乡"的蒙古大监也速答儿，与他在四川当地开展的一系列文化举措，也就成了时人眼中最宝贵的"兴蜀"契机。

## 第二节　也速答儿的乡土认同及其文化身份在四川的确立

就在被迫流徙的四川故家子弟哀婉于乡愁时，蒙古大监也速答儿却已然在四川切切实实地开启了自己的"兴蜀"事业。对于这位来自蒙古的"兴蜀"主导者而言，他和四川之间的联系如何建立起来，其"兴蜀"举措又缘何能够推行下去，在整个过程中与元代蜀籍汉族士人之间存在怎样的互动，将是下文重点关注的问题。

首先来看也速答儿本人与四川地区的关系。在范汇受其所托、向江西名儒刘岳申求取《西蜀石室书院记》时，曾有一段对他的描述：

> 秘书大监某建石室书院于蜀，祠汉文翁。因江西提学范君汇请记于庐陵，其词曰："秘书蒙古人，生长蜀中，承恩入侍三朝，累官至大监，告老还乡，既以私财建书院，又购古今书籍，备礼乐器，载与俱归。托不朽焉，敢助之请。"[1]

---

[1] （元）刘岳申：《申斋集》卷6，清道光孔氏岳雪楼钞本，第30页A—B。

这段借范汇之口说出的请词，实则是也速答儿本人的自陈。从中可见，在这位蒙古大监来看，"生长蜀中""告老还乡"毫无疑义地可以作为自己身上的乡土标签。根据前文的考证，也速答儿的"秘书大监"官职乃致仕时升授，而元代通常致仕的年龄是七十岁。姑且自其为杜甫请得赐谥的（后）至元三年（1337）推算，那么他大约出生于元世祖至元五年（1268）前后。换言之，早在世祖忽必烈建元初期，也速答儿的家族就已经生活在四川了。

然而，在蒙、宋战争爆发以前，深入中国内陆腹地的蒙古家族十分罕见。这个来自塞北的蒙古家族能够在大元王朝建立之初就在四川定居，并此后长居于此，最大的可能是基于元代的镇戍制度。四川是蒙、宋战争中最早遭受兵火、又最晚结束抵抗的地区，这一方面直接导致了前文所述的四川本土精英的大量流散；另一方面也使得元代的四川行省从一开始就带有浓厚的军事色彩。宋元易代之后，蒙元政权为了维持统治，在很多地区设置了长期性的镇戍军，其中就包括四川行省。有元一代，四川行省存在多种镇戍军队，其中东、西川蒙古探马赤军是最重要的组成部分之一。"探马赤军"是蒙古汗国及元朝的一种军队。虞集在《彭成郡侯刘公神道碑》中言"探马军者，昔国人之兵留戍汉地者也"[1]，代表了当时汉族士人的理解。近代以来，海内外学者对于围绕"探马赤军"的问题有了更加深入的研究，杨志玖的《元代的探马赤军》《探马赤军问题再探》《探马赤军问题三探》系列文章就是其中的代表。[2] 在《元代的探马赤军》中，杨志玖指出，探马赤军由蒙古、汉和色目诸部族组成，但又以蒙古人为主体。在战争中，探马赤军作为蒙古精锐部队起到了至关重要的作用，而战争结束以后，他们随处镇守，分镇中原，统帅们分得了封地食邑，其所统领的军队则亦有"散居牧地，多有

---

[1] 《彭成郡侯刘公神道碑》，载王颋点校《虞集全集》，天津古籍出版社2007年版，第1088页。

[2] 杨志玖《元代的探马赤军》《探马赤军问题再探》《探马赤军问题三探》三篇论文均载杨志玖《元史三论》，人民出版社1985年版，第1—59页。

入民籍者"的情况。① 李治安亦指出："由于蒙古军都万户府一般要统辖所属诸万户奥鲁，川陕蒙古军都万户府的组建，又意味着西川探马赤军已经在川蜀驻地即营为家了。"②

由此可知，战争结束以后，元廷通过设立长期性的镇戍军队来维持其在四川地区的统治，而这些即营为家的蒙古镇戍军人，成了元代四川行省内一群庞大的外来移民。因此，出生于元世祖至元初年、并自此在蜀中成长的也速答儿，极有可能就是元代驻留四川的蒙古镇戍军人后裔。③

正如战后被迫流寓他乡的蜀籍士人那样，经过漫长迁徙而定居内地的蒙古、色目士人，同样存在着复杂的乡土认同。萧启庆曾将其分为"原乡""旧贯"和"本乡"。其中，"原乡"指他们在塞北、西域的原居地，"旧贯"指那些移居中原后一再迁徙的家族在汉地最初的落脚之所，"本乡"则是其人当下的现居之地。

蒙古族群中以"原乡"地名自称者，如元代中期的散曲家阿鲁威。阿鲁威，字叔重，号东泉，孙楷第《元曲家考略·甲稿》中曾对其生平有所考述。④ 而后，贾敬颜（化名"伯颜"）发表《元蒙古两曲家》一文，提及自己"偶读叶昌炽《奇觚庼文集》卷中'题汪星台家藏经训堂法帖跋'，其第八册虞雍公'诛蚊赋'后又鲁叔重跋，署名'和林鲁威叔重父'，钤'和林鲁威氏'方印"⑤。萧启庆则补充说明，"盖和林为蒙古旧都，阿鲁威自称和林人，显示自身为蒙古人，未必真正原居于和林"⑥。此外，同样有许多蒙古、色目士

---

① 参见杨志玖《元代的探马赤军》，载《元史三论》，人民出版社 1985 年版，第 4—15 页。
② 参见李治安《元代行省制度》，中华书局 2011 年版，第 417—418 页。
③ 虞集诗中有"世将旌旗属画图"一句，"世将"或可视作对也速答儿身世的指涉。
④ 孙楷第：《元曲家考略》，上海古籍出版社 1981 年版，第 8—9 页。
⑤ 伯颜（贾敬颜）：《元蒙古两曲家》，《社会科学辑刊》1983 年 6 月，第 147 页；后收入氏著《民族历史文化萃要》，吉林教育出版社 1990 年版，第 136—137 页。
⑥ 参见萧启庆《九州四海风雅同》，台北：联经出版事业公司 2012 年版，第 40 页。

人，会以其家族迁入中原时最初居住之地自称，也即萧启庆所言之"旧贯"。而就蒙古、色目族群徙居之实情来看，其"旧贯"又以燕山、蓟北等大都指称居多。同样是前文所述的蒙古散曲家阿鲁威，他除了以漠北之"和林"自称外，也曾署名作"燕山阿鲁威"。而对于蒙古、色目士人的现居地，也就是萧启庆所谓的"本乡"，其中又分为成年后徙居与生长于本乡两种情况，通常生长于斯者对本乡的认同更加深厚。本书所论之也速答儿，正属于此列。

由于文献的缺失，我们今天已经看不到也速答儿在个人名前冠以蜀地郡望的文字记载，也无法直接从诗文中读到他与蜀地士人的交游过程。更加重要的是，在政治与族群问题交织的元代，"乡人"已经不仅仅是一个地域上的概念，而是附加了文化认同、情感偏向乃至价值判断。元代社会对于四川新移民群体的印象整体不佳，尤其是他们的文化素养普遍评价较低，认为他们的到来，使四川这一文献故邦斯文沦丧。也速答儿从属的蒙古族群，对汉族文化本就缺乏天然的认同，且在某种程度上更被时人视作这片土地上的文化破坏者。因此，在蒙古镇戍军的出身下，即便也速答儿"生长蜀中"，也不意味着身为他可以天然被蜀人视为"乡人"。

而也速答儿的"乡人"的确立，首先基于他自身的强烈意愿。尽管我们已经无法在现存文献中听到来自其本人的声音，但无论是自元代多族群士人圈的角度而观，还是着眼于其在四川建书院、购书籍、铸礼器等切切实实的文化举措，抑或从其最终"独抱遗编隔五湖"的归隐蜀中的选择，我们均可以发现，作为蒙古后裔的也速答儿，对蜀地的乡土认同是相当强烈的。而当时的蜀人对于这位蒙古大监也颇为重视。这可以从寓居他乡的蜀籍士人与居留四川之士人两个方面来进行观察，前者代表着有元一代蜀籍文化精英所能企及的高度，后者则能更加真切地反映当时四川本土的状况。

流寓蜀士的代表当然首推虞集。虞集对也速答儿显然十分推赏，曾作《送秘书也速答儿大监载书归成都》，诗题谓"送"而不是泛泛意义上的"赠"，二人很有可能曾经有过实际的接触。诗中的溢美之词前文已多有引用，兹不赘述。除了亲自赋诗之外，虞集对也速答儿的接纳更加表现在主动为其人其事进行舆论鼓吹上。张雨的诗即明言是受虞集之邀而作。而通过对二人在（后）至元年间及至正初年生平行实的考察可知，此一时期张雨在江浙一带活动，而致仕后的虞集则足迹不出江西。因此，张雨所谓虞集"邀予赋诗如上"，当面邀其作诗的可能性微乎其微，更有可能是通过中间人传递诗文、书信的方式。

虽然从虞集现存的作品中，我们无法找到这样一篇邀请张雨为也速答儿赋诗的文字。但可以确定的是，在这段时期内，虞集与张雨之间依旧以文学为媒介、借助中间人的奔走而保持着联络。譬如至正二年（1342），高僧释来复（见心上人）来访，临别时虞集作《送见心上人之径山》相送。六年之后，释来复再度来访，虞集又有通题赠诗。[①] 而虞集的《重赠复见心上人游浙，兼简张贞居》大约就作于此时。在诗题中，虞集明确表达了此一时期与张雨的联络。诗的第五句"客里有诗烦相寄"即指劳烦释来复将自己的诗寄予张雨，末两句又以张拙自比，用幽默的口吻向张雨传递着自己的近况。[②] 以上只是这段时期虞集与张雨交往情况之一例，笔者借此试图说明的是，作为故交的虞集和张雨，即便相隔两地，依然可以互通信息。而包括为杜甫请得赐谥在内的也速答儿的文化活动，便极有可能是通过类似的方式被虞集传达给了张雨。而这种千里传音的方式，亦足见虞集对此事的推重。

---

[①] （元）虞集：《送见心上人之径山》诗跋："至正壬午剑江见心上人访余临川山中，以将游浙为告。临别征语，时积雪方晴，南窗甚暖，笔利墨润，为赋五十六字以赠之。越六年，见心再过山中，则为灵隐书记矣。且告余矣前所惠诗已为好事者所得，遂诵旧题，因婆婆病目，再为书上。戊子春二月望日，微笑居士道园虞集志"，(明) 释来复辑《澹游集》卷上，《续修四库全书》第 1622 册，上海古籍出版社 2002 年版。由此可知释来复曾与至正二年（1342）、至正八年（1348）两次前往临川探望虞集，虞集均有诗相赠。

[②] （元）虞集：《重赠复见心上人游浙，兼简张贞居》，载王颋点校《虞集全集》，天津古籍出版社 2007 年版，第 186 页。

除此之外，我们虽然从刘岳申笔下得知，他之所以会为这位蒙古大监撰写书院记，是缘于江西提学范汇的提请。为何因草拟"黜伯颜诏"的范汇会参与到这一发生在四川的事件中来？现有的文献不足以提供确凿的证据，但若以虞集为圆心来重新编织这张交游网络，则可以挖掘一些新的可能。我们已经知道，也速答儿载书归蜀途经江西，因而得以与致仕归乡的虞集相见，虞集为之作《送秘书也速答儿大监载书归成都》。此时的范汇已在江西提学任上。而事实上，早在范汇客游京师、即虞集尚为侍书学士的时候，二人便已经有了交集。虞集作为文坛前辈，对当时略有文名、又同出江西的范汇大加鼓励，曾为其题书"丽泽斋"。十余年之后，范汇以罢黜伯颜事件中的草诏之功而赴任江西提学，又数次与致仕归家的虞集产生了交集。据虞集《兴学颂并序》：

> 乃至正四年十有二月，太中大夫、肃政廉访使张掖刘公沙剌班上任之三日，谒先圣先师于大成殿，礼也。……赐胙后三日（按：至正五年正月），儒学教授以奉议大夫、儒学提举范汇具始末走临川，而告于集曰：斯文之盛，昉见于吾江右，可以风示四方，可以贻则于来世。……①

而虞集笔下一次至正六年（1346）在豫章（今江西南昌）同观《复古编》的活动中也有范汇的身影，因此其人应仍在江西儒学提举任上。据虞集《题复古编后》：

> 大德癸卯，集在京师，见复古编，手模临学。四十四年，在豫章重见旧刻于曹南吴志淳主一斋居。同观者，洛阳杨益友、庐陵范汇朝宗、庐陵夏溥大之。至正丙戌四月十八日，雍虞集

---

① （元）虞集：《兴学颂并序》，载王颋点校《虞集全集》，天津古籍出版社2007年版，第343页。

书于东湖精舍。①

由此可知，范汇从客游京师、成名之前，到参与罢黜伯颜、回乡任职以后，一直与虞集多有往来。尤其是随着虞集致仕、范汇入仕，二人得以同处江西，联系比从前更加紧密。而正是在此一时期，也速答儿载书途经江西，与虞集相遇，并有机会结识时任江西提学的范汇。虽然我们没有确凿的证据来说明虞集是也速答儿与范汇之间结识的桥梁，但事件背后确又存在种种暗合的线索。而毫无疑问的是，借助范汇在当时元代社会，尤其是士林之中的巨大声望，也速答儿这个崇文兴蜀的故事必然会得到更大程度上的显扬。

除了虞集这样的流寓他乡的蜀士精英之外，仍然有相当多的士人留居在四川本土。我们虽然无法直接看到他们留下的文字，但却能借助他人的眼睛、来观看四川当地士人群体对于也速答儿的态度。如李祁在《草堂书院藏书铭》中，就呈现了"邦人"对于这位蒙古大监的感恩：

> 爰至爰止，邦人悦喜，藏之石室，以永厥美。
> 昔无者有，昔旧者新，畀此士子，怀君之仁。
> 朝承于公，夕副于室，家有其传，维君之德。②

在整篇《藏书铭》中，"邦人悦喜"可谓一以贯之的情感基调。"悦喜"来自也速答儿带给四川士子的希望，"邦人"则无疑意味着他们在身份上彼此认同的开始。

在四川内外蜀籍士人的共同认可之下，"生长蜀中"的也速答儿也就成了四川文化史上毫无疑义的"乡人"。这也恰好符合来自四川

---

① （元）虞集：《题复古编后》，载王颋点校《虞集全集》，天津古籍出版社2007年版，第467页。
② （元）李祁：《草堂书院藏书铭》，《云阳李先生文集》卷10，《北京图书馆古籍珍本丛刊》，书目文献出版社1997年影印本，第96册，第283—284页。

以外的观察。江西儒士刘岳申在《西蜀石室书院记》中，就对也速答儿称赞道：

> 辞荣蚤退，不田宅于家而书院于其乡，不书籍于家而于书院，盖将以遗乡人子孙孙子于无穷，谓非贤者可乎？谓不贤而能之乎？贤者有不能者矣。故曰贤哉秘书。①

与之类似的，是贡师泰在《送内官弃职买书归蜀立三贤祠》一诗中，称这位蒙古大监的回蜀之路，是"不妨船重到家迟"。于是，从自陈中的"生长蜀中"，到受到四川内外、各个阶层的蜀籍士人的一致接纳，再到成为元代各地儒士眼中毫无疑问的蜀地"乡人"，在这样的表述中，四川已不再是也速答儿原本从属的蒙古驻戍军的客居之所，而是其可以与蜀士共享的"家乡"。

百余年之后，明代宗景泰五年（1454）七月，朱祁钰诏命纂修天下地理志，礼部遣二十九位进士分行各布政司并南北直隶府州县，采录事迹，终于景泰七年（1456）纂成，是为明代现存最早的一统志书《寰宇通志》。其书卷64"顺庆府·书院"条目之下，有这样一段记载：

> 果山书院。在南充县北五里，魏谯周建。后郡人边速达以秘书太监致仕，归隐于此，藏书万卷。久废。②

此处的"边速达"，即为本书所论之"也速答儿"。③ 由此可见，在元代以来后世现存的第一部一统志书中，这位蒙古大监便以"郡人"的身份彻底定格在了四川的文化记忆中。

---

① （元）刘岳申：《申斋集》卷6，清道光孔氏岳雪楼钞本，第30页B—第31页A。
② （明）陈循等：《寰宇通志》，朝华出版社2020年版（影印本），第371页。
③ 关于"边速达"与"也速答儿"关系，详见本书第八章的讨论。

综上所述，在时人对四川地区蒙古新移民普遍的质疑声中，这位深受儒家文化影响的蒙古大监也速答儿，凭借其自身的崇文兴蜀举措，在故家精英缺席的元代四川地区，自觉承担起兴蜀的责任，更得到了当时四川内外蜀籍士人群体的一致认可和赞誉，这种双向的文化认同，共同赋予了也速答儿蜀地"乡人"的身份。这不仅表明对蜀文化的认同和推动，已经超越了族群和郡望，成了元代获得"蜀人"身份的重要条件；从中也可以看到，对于也速答儿个人而言，他的文化身份，已经从带有文化破坏性质的外来移民，转变为事实上的地方精英。

最后想要补充的是，从也速答儿的文化举措中，我们可以看到，长久以来存在于元代蜀士诉求中兴蜀事业，诸如崇儒兴学、寻访典籍、重整风俗等，正是在这位蒙古大监的主导下，几乎全部得到了切实的推进。但如若向前追溯便可发现，也速答儿并非首位承担起四川地方精英角色的非汉族士人。

述律杰，本名朵儿只，字存道、丛道、遵道，号野鹤，契丹人。祖先为辽东贵族，辽太宗时赐姓萧，金灭辽后强改"述律"为"石抹"以示侮辱，顺帝时方得以复姓。述律杰的曾祖因战功授四川保宁万户，遂累世以将家留镇西蜀。由此可见，他的家族背景与本文所论之也速答儿，存在十分相似的地方。

约于武宗至大二年（1309），述律杰袭职保宁万户期间，任期内在成都创建了石室书院。[①] 本章第一节在讨论元代至正以来文化风气转向时，曾言及述律杰刻意在赴京之时、为这座书院求取书院记的故事。这里则试图通过回顾这座书院的兴建经过、规模形制以及对于当时四川的文化意义，说明在也速答儿之前，和他有着相似家族背景的非汉族士人，同样有过与他近乎一致的兴蜀举措。据王沂《石室书院记》：

---

[①] 关于述律杰的生平行实，参见方龄贵《元述律杰事迹辑考》，载《元史丛考》，民族出版社2004年版。

蜀有儒自公（文翁）始，祀有书院自今舒噜①侯始。书谨始也。初侯有宅承教里，其地亢爽宜讲艺，其位深靖宜妥神，谋斥新之为书院，乃请于省部使者，相与图之如不及。故材不赋而羡，工不发而集。为室以祀公。讲有堂，栖室有舍，重门修庑以制，庖湢库庪以序，又割俸购书，作祭器于吴，而俎豆笾筐樽爵簠簋皆具，而经史百氏无外求者。祀敛其新都膏腴之田亩一百五十所，入庙干其架通二百指。既成而岩才里秀接踵来学。②

文中详细记录了书院兴建的经过及规模。其中崇儒兴学、用私财（俸禄）购书、在东南作祭器乃至为书院添置学田、房舍等活动，由此而观，也速答儿在三十余年后的种种举措，几乎就是对当年述律杰的复刻。

同样早于也速答儿的，还有色目文臣赵世延在四川主导的文教事业。赵世延，字子敬，号迁轩，雍古人，元代色目人中最重要的文臣之一。与前文所述的也速答儿、述律杰背景相似，赵世延的祖父追随成吉思汗屡立战功，被封为蒙古汉军征行大元帅，长期镇守四川，因而举家定居成都。四川绵竹紫云岩有宋代张栻的故居，入元后已近荒废。赵世延提出了在此修建书院的想法。元仁宗延祐五年（1318）春，在当地官吏士民的支持下，书院历时两年终于建成。张养浩在《敕赐成都紫岩书院记》中详细记载了书院建立的经过和规模，谓"其制度精详，规抚宏敞，皆蜀所未有"③。台臣将书院绘制成图上送朝廷，赐额"紫岩书院"。张养浩在《书院记》中感叹道：

---

① 即"述律"，清代四库官臣译为"舒噜"。
② （元）王沂：《伊滨集》卷18，《文渊阁四库全书》第1208册，台湾商务印书馆1986年版，第546页。
③ （元）张养浩：《张养浩集》，李鸣、马振奎点校，吉林文史出版社2008年版，第127页。

> 大抵物之隐显有时，其成也有候。是学也微，先生之居则不兴。先生之居微，平章赵公之力则不能复。赵公之力微，国家崇尚斯文则亦不能致。彼如是之懿然，则事之相契，岂偶然哉！①

除了紫岩书院以外，四川梓潼文昌宫的复立也与赵世延有关。文昌宫祀奉"司禄主文、治科第"的七曲神君，因而历来受到蜀地学士大夫的重视。元代一度废除科举数十年，文昌宫祭祀因而沉寂下来。仁宗延祐初年，科举恢复，文昌宫的情况旋即有了新的变化。据虞集《四川顺庆路蓬州相如县大文昌万寿宫记》：

> 延祐初元，天子特出睿断，明诏天下以科举取士，而蜀人稍复治文昌之祠焉。是时，余在奉常充博士，适蜀省以其事来上，予议榜其庙门曰：右文开化之祠。未几，今翰林学士承旨云中赵公世延方为御史中丞，移书集贤以闻，天子为降玺书褒显神君甚渥，而祠文昌者日盛矣。②

由此可见，在元代汉族文士看来，无论是紫岩书院的修建并获得赐额，还是文昌宫以天子玺书而复显，这其中最为关键的，始终是赵世延"移书集贤"的力量，是谓"赵公之力微，国家崇尚斯文则不能至"。而这一点在述律杰、也速答儿的文化举措中同样显而易见。

总而言之，在文化认同之外，地方精英身份的取得，还要依赖个人的经济实力与政治地位。与述律杰一样，也速答儿诸如"以私财作三书院""遍行东南，收书三十万卷""铸礼器""增益其学田、

---

① （元）张养浩：《张养浩集》，李鸣、马振奎点校，吉林文史出版社2008年版，第127页。
② （元）虞集：《四川顺庆路蓬州相如县大文昌万寿宫记》，载王颋点校《虞集全集》，天津古籍出版社2007年版，第762页。

房舍",离不开强大的经济基础;与赵世延一样,也速答儿能够将所建书院上达朝廷、获得赐额,离不开自身的政治地位。从元代汉族文士对也速答儿"人是文翁化蜀时"的比喻、对述律杰"祀有书院自今舒噜侯始"的推重、对赵世延"赵公之力微,国家崇尚斯文则亦不能致"的倚赖中,我们应该认识到,在元代社会特有的政治、族群秩序和文化背景之下,兴蜀事业的成功推进,往往只能依靠四川境内非汉族士人群体力量。

以上通过对四川文化状况的回顾,以及"流寓""移民"这两个蜀人群体的分析,呈现出了当时存在于元代社会的两股"兴蜀"力量。他们或由于悠久的家族历史传统,或源于后天形成的乡土认同,皆对四川保有强烈的同情与关注,并最终将这种情感付诸文化实践。而另一方面,保持蜀学文脉、重兴四川文教固然都是改变四川文化现状的必由之路,但地方文化地位的提升,最终仍需在整个国家的视域之内完成。这也是下文即将讨论的内容。

## 第三节　请谥杜甫、兴建书院与"乡以国显"的兴蜀策略

以虞集为代表的"流寓蜀士",和以也速答儿为代表的"新进移民",是元代对四川保有乡土认同的两个群体,亦是此一时期"兴蜀"背后的主要力量。蜀地斯文凋零的现实状况,促使他们在各自的文化背景内不断求索,力图在蒙元时代特殊的文化环境下,去重新勘定四川文化的价值。

建立在"蜀人"身份认同之上的集体乡愁,固然可以作为流寓蜀士在寓居地建立乡人团体,并借此寻求个人晋升及家族声望的重要资本。但另一方面,对于那些故宋四川世家子弟来说,作为地方文化精英的使命感同样不曾褪去。他们维系蜀人身份认同的背后,是对重振四川往日辉煌的希冀。因此,他们努力为故乡的文化意义

找到超越"蜀士圈"的阐释方式,使之成为元代国家意识形态中不可或缺的部分。另一方面,在四川的新进移民纵使在文化积淀方面无法与故家精英比肩,但他们生长蜀中,是真正可以立足四川本土开展文化事业的力量。如若新进之移民与流寓蜀士一样对蜀文化保有强烈认同,加之一定的经济实力与政治地位,"兴蜀"便真正具备了从一种思潮转变为实际行动的可能,他们也就因而成了事实上的元代四川文化精英。因此,元代的"兴蜀"事业,实则是流寓蜀士和新进移民这两个群体的共同愿景。其中前者具有代代相传历史记忆与文化积淀,后者则有实际的政治地位和经济实力。于是,他们分别立足于各自所处的身份、地域与文化及政治资本,提出了路径不同而旨归一致的兴蜀方案——从不同角度去推动四川文化"上达天听",从而将当时"阻于一隅"的蜀地再次纳入中央朝廷的视野之内,并试图去在"家国天下"的层面重估四川的价值。

这种"乡以国显"的意识,体现在流寓蜀士的尝试中,大体可以概括为诗、史"上送"。换言之,是要将四川本土的文学与历史进入朝廷的视野乃至成为元代国家意识形态中的组成部分。

首先来看以虞集为代表的流寓蜀士对于四川文学的期许。当时,有一位名叫葛存吾的江西文士,准备开启一场沿着长江西行、自蜀都而止的采诗之旅:

> 葛生存吾独曰:"近天下车书之同,往昔莫及。吾将历观都邑山川之胜、人物文章之美,使东西南北之人,得以周悉而互见焉。且风物之得以宣通,咏歌之易传习,则莫盛于诗。缘古者采诗之说而索求焉。"乃沿豫章、泛彭蠡、上九江,浮游湘、汉之波。遂溯三峡,至于蜀都而止,求名卿士大夫文雅之士。居数年,得诗六百余篇,归庐陵,将刻而传之。[①]

---

[①] 《葛生新采蜀诗序》,载王颋点校《虞集全集》,天津古籍出版社 2007 年版,第 498 页。

对于一位普通文士来说，这一举措不可谓不壮大。葛存吾在采诗的最后一站蜀中，是虞集的故乡。乡人得知其将返回虞集晚年寓居的庐陵，便托他代为问候；时人保宁万户的萧存道①亦借此机会致书虞集，请其为这部诗集作序；葛生又希望虞集在数目上稍加删订，虞集回应道：

> 集之去乡久矣，亲戚故人之别，远者二十余年，近者亦五六年。一旦因生尽得其词章而讽诵之，以诒其门人子弟，唯恐不足。岂肯抵玉于崑冈，弃珠于合浦者乎？生宜无惮于烦也。②

虞集离乡日久，对蜀地之诗唯恐不足，因此拒绝再度精简篇目；而面对作序的请求，则欣然应允。然而值得注意的是，虞集应萧存道（述律杰）之请所作的序言，题名为《葛生新采蜀诗序》。

身为编纂者的葛生，对诗集内容、篇幅等方面都要进行仔细考量。而在虞集看来，这些蜀诗之所以弥足珍贵，不仅缘于葛生不远万里的跋涉之劳，其价值更要放到元代四川文化地位急降的背景中来估量：

> 呜呼！吾蜀文学之盛，自先汉至于唐、宋，备载简册。家传人诵，不可泯灭。宋南渡以来，蜀在斗绝一隅之地，然而文武忠孝之君子，冠盖相望。礼乐文物之懿，德行学③问之成，立功立言，卓荦亨畅。下至才艺器物之类，其见诸文辞者亦沛然，非他州之所能及矣。丧乱以还，废轶殆尽。集虽尝从父师闻一

---

① 即述律杰，其生平行事见方龄贵《元述律杰事迹辑考》，载《元史丛考》，民族出版社2004年版，第247—274页。
② 《葛生新采蜀诗序》，载王颋点校《虞集全集》，天津古籍出版社2007年版，第498页。
③ 《葛生新采蜀诗序》，载王颋点校《虞集全集》，天津古籍出版社2007年版，第498页。

二于千百,盖亦已微矣。微而后著,当在斯时,其有以鸣乎国家之盛大者乎?生之所采,识者有以见其端矣。①

由此可见,葛生搜罗蜀诗成书的举动,不仅抚慰了虞集的故园之思,还带给了他更大的希望:对于"丧乱以还,废轶殆尽"的四川来说,这部诗集的重要性除了保存文献之外,更在于其所收录的"蜀诗"具有"以鸣乎国家之盛大"的意义。强调文学与国家气运的互相成就、并要求诗歌发挥"鸣盛"作用,是元代主流文士的普遍意识,而作为一代文宗的虞集,更是鸣盛文学的倡导者。从这篇序言中可以看到,虞集认为四川在数千年来能够以"斗绝一隅之地"依然拥有"非他州之所能及"的文化地位,除了经济上的富足之外,与文学尤其是诗歌的功用是分不开的。

诗文简册作为地方与朝廷沟通的桥梁,将四川的风土人情上达中央,繁盛富饶的蜀都也就由此永远定格在了历史的记忆中。而对于元代的四川来说,昔日的文化地位已经不再,故家大族的流徙导致文献迅速凋落,四川的事情再也无法借由优美的文辞上达朝廷,从而在天下广为传播。在这样的背景之下,诗歌"鸣乎国家之盛大"的价值就被凸显出来:蜀士希望借由诗歌的力量沟通起故乡和中央,将四川文化同"家国天下"相连,让他们的故乡再次呈现在民族历史的记忆中。换言之,正是在"鸣盛"的蜀诗中,虞集看到了整个四川"微而后著"的希望。

除了"诗"的途径,"修史"也是流寓蜀士将四川文化与家国天下相连的重要方式。如果说前文提及的、蜀士对家族历史的共同追述,是将四川故事从"一家之史"扩展为"一乡之史"的过程,那么,将四川故事上送国史、在官修文献中得以体现,则可以视作将四川地区的"一乡之史"上升为"一国之史"的高度。四川也就

---

① 《葛生新采蜀诗序》,载王颋点校《虞集全集》,天津古籍出版社 2007 年版,第 498 页。

因而成了国家记忆中不可或缺的一环。

元世祖即位之处即曾设置翰林院。翰林学士承旨王鹗以"翰苑载言之职,莫国史为重"①,奏陈修史之意义。而后,翰林院更名为"翰林国史院",负责纂修国史。而顺帝至正初年正式诏修辽、宋、金三史,虽不属"国史"范围,但仍交由翰林国史院负责。在元代的流寓蜀士中,不乏进入国史院参与修史工作之人。譬如原籍四川眉州、徙居陕西兴元的蒲道源(1260—1336),就曾在皇庆二年(1313)被征为翰林国史院编修;原籍四川遂宁、寓居江陵的谢端曾任职翰林,预修文宗、明宗、宁宗三朝实录,及累朝功臣列传。而其中最负盛名者,仍是虞集。虞集曾供职国史馆,奉命与赵世延共同负责元代官修政书《经世大典》的修纂,并对持续多年的、元修辽、金、宋三史中的正统之议亦颇有贡献。

元英宗延祐六年(1319),虞集任翰林待制、儒林郎,兼国史院编修,由此开始以史官的身份再次审视故乡的历史。在他的笔下,蜀士忠元、死宋乃至大凡有补四川之故事,皆成了可以留待他日"上送国史"的材料。

国史作为国家意志的体现,其中蜀士效忠元廷的故事显然最具现实意义。天历元年(1328)十一月,四川行省平章囊加台自称"镇西王",起兵反对文宗。在元朝统治者内部的皇位争斗中,蜀帅的参与给四川带来了诸多不稳定的因素。在这样的背景之下,潼川布衣杜岩肖冒着生命危险"能言国家统绪之正,天命人心之归,在我今上皇帝",凸显了蜀士的忠义大节。据虞集《送杜立夫归西蜀序》:

> 天历建元,诏书播告中外,天下翕然,同心达顺。蜀帅以世臣宿将,迺执狂悖,阻险为暴。潼川杜岩肖,一布衣,远方书生,能言国家统绪之正,天命人心之归,在我今上皇帝。……蜀事定,省起杜生为掾。行省、御史台交章论杜生事,宜见表

---

① (元)王恽:《玉堂嘉话》,杨晓春点校,中华书局2006年版,第39页。

异。宪台誊状，朝廷未报也。杜生以椽进奏京师，事已，即西还。……今日之事，御史言之，朝廷知之，天下壮之，学士大夫题之。为杜生者，可无憾也。忠义必见用，自系朝廷，弗系杜生矣。仆执笔太史，若生之事，敢轶而弗书乎？非特为乡里之有生也。①

从虞集的记述中来看，杜岩肖誓死忠元的故事从四川传到京城，并在朝廷内外均引起了强烈反响。叛乱平定之后，杜生被起用为椽，有司上报他的忠义之举，建议予以表彰，但杜岩肖在公事完成之后，未等朝廷表彰便要启程回蜀。尽管他自己直言，所作所为均出于君子之义、无意荣禄，但身为史官的虞集显然对此心有不甘。于是，虞集借由"执笔太史"所掌握的话语权，坚持要将这个蜀士忠元的故事上送国史。今天我们在《元史·文宗纪》中，确也能读到杜岩肖其人其事。

另外想要说明的是，囊加台于文宗天历二年（1329）四月受诏投降，四川全境归顺文宗；同年八月，文宗以囊加台"指斥乘舆，坐大不道弃市"。由虞集序文中谓"蜀事定"且囊加歹"得不死"可知，虞集送别杜岩肖，并表示要将他的事迹记入国史，正是在天历二年（1329）的四月到八月之间。而就在这一年的冬天，文宗下令"参酌唐、宋会要之体，会粹国朝故实之文"，命以赵世延为总裁、虞集为副总裁，修纂《经世大典》，其中虞集相对出力更多。此后至顺元年（1330）四月开局，至顺二年（1331）五月纂成，至顺三年（1332）上呈。全书共分十篇，其中"君事"四篇、"臣事"六篇。值得注意的是，除了典章政令以外，书中还包含着一定数量的当朝人物传记。为了达到朝廷"显谟承烈"的初衷，在《经世大典》的修纂过程中曾向宗藩大臣、文武百僚征求史料，将"其事有

---

① 《送杜立夫归西蜀序》，载王颋点校《虞集全集》，天津古籍出版社2007年版，第543页。

不可弃者"收入"臣事"篇。因此,《经世大典》除了是一部记载了典章制度的政书以外,还可以看作一部集当朝历史资料、人物传记资料于一身的史学著作。由于全书惜已不存,我们已经无法知道杜岩肖的故事是否曾被载入其中。但借由修史之契机、将四川故事上送国史,确是虞集此一时期十分强烈的意识。

前文曾经提到,虞集在至治二年(1322)省墓吴中时,曾与赵茂元坐而论学,惊异于其对故家掌故的熟识;十年之后,二人再次见于京师,但赵茂元旋即以就养归浙,虞集又作《送赵茂元归浙序》。就在这篇序文最后,虞集再次表达了对于将四川故家传记上送国史的希望:

> 至治壬戌,予适吴,将即遗老故家而有征焉。未几,召还史馆,未及有所访问。独茂元方为吴学正,得从容焉,而茂元有悼亡之戚,亦不获尽所欲言也。后十年,调官京师,乃取闽中一巡檄以去,曰:亲老矣,急于养焉,又匆匆以别。噫!予终无以广其寡陋也乎?前年,被诏纂述史记,颇恨蜀学微绝,诸君子绪言不少见,于故府闻茂元得其曾外祖平舟杨公遗文,将从官下并其家集刻之,此志诚忠厚矣。集欲更推其意,访诸家之有传者录以上送,其于补塞阙违,不亦美哉?敢书此,以为别。①

根据引文可知,虞集送别赵茂元的时间是在至治壬戌(即至治二年,1322)的"后十年",而虞集另一篇作于同时的《送赵茂元序》,则明言是在"至顺辛未"(即至顺二年,1331)。② 由此而推,所谓"前年,被诏纂述史记",应当就是指天历二年(1329)受命

---

① (元)虞集:《送赵茂元归浙序》,载王颋点校《虞集全集》,天津古籍出版社2007年版,第541—542页。
② (元)虞集:《送赵茂元序》:"至顺辛未,茂元来调官京师,急于亲养,乞远方一巡檄以去",载王颋点校《虞集全集》,天津古籍出版社2007年版,第541页。

纂修《经世大典》之事。由此可见，以"蜀人"自称的史官虞集，一旦真正掌握了修史的话语权，是多么急迫地希望将关于四川故家的一切史料体现在整个国家的历史记忆中。

除了努力将四川故事推送到元代本朝史中，虞集同样注意收集前朝史料中蜀士的身影，其中又以对死宋者的关注最为突出。元代"前朝史"的纂修包括辽、金、宋者三朝史。然而由于资料的不足和三朝"正统"之争，前朝史的修纂并不顺利。尤其是后者，从修史被元政府提上日程以来一直是士人争论的焦点，直到元顺帝时期，三朝史才以各为正统的方式正式修成。然而对于虞集来说，对前朝蜀士故事的关注却是一以贯之的。元文宗至顺二年（1331），南宋贾倅的故事引起了虞集的关注：

> 皇元之取宋也，蜀先受兵。蜀士之以家死事，若西和贾倅，盖有之矣。天兵至南土，遂灭宋。昔者死事之子孙又死之，如西和之曾孙，何可多得哉？史馆承诏修辽、宋、金史，此记宜上送国史，贾氏有遗孤见育于延平陈氏，忠孝之家，天必闵之，陈氏亦德人哉。至顺辛未五月七日，史官虞某书。①

尝试将四川故事上送国史的蜀士，绝非虞集一人。蒙宋战时，眉州史光一族在被迫出，不料途中遭遇元兵，逼迫她交出钱财免于一死。同俘的妇人为了活命率先交出钱财，而程夫人为家族做长远计，以"金亡，暂不死而。吾儿无资以逃，终必偕死。吾死而金在，幸以活史氏孤"最终被杀，从而保全了家族的血脉。泰定四年（1327）三月，史光之孙史台孙来到京师，请虞集为史程氏作《史母程夫人墓志铭》，文中便称"今湖州有史氏，自光始云"②。然而，

---

① 《书孝节堂记后》，载王颋点校《虞集全集》，天津古籍出版社2007年版，第402页。

② （元）虞集：《史母程夫人墓志铭》，载王颋点校《虞集全集》，天津古籍出版社2007年版，第959页。

"墓志铭"往往只能在乡里族人之间流传，史氏的期望显然不止于此。史台孙就对虞集说：

> 史氏有后于湖，则我曾先大母以死易之也。今九十年矣，昔大父犹有望于西还，申其情事，卒不可得。而先人内附之后，亦未遑于记述，顾以属台孙焉。代易事久，日久湮没。从事于浙东帅幕，尝以告诸国史四明袁公，幸既为之立传矣。①

袁桷是庆元（今浙江宁波）人，成宗大德（1297—1307）初年为翰林国史院检阅官，此后长期在翰林国史院和集贤院任职。元英宗至治年间（1321—1323），右丞相拜住"欲撰述宋、辽、金史"，并将此事"责成于公（袁桷）"。眉州史氏家族将先人的故事上报袁桷并得到立传，对于在元代主流士人圈几乎已经近乎丧失话语权的四川精英们来说，无疑是在提醒人们不要忘记，新朝建立的背后，尚有以眉州史氏为代表的四川家族付出的惨痛代价，而他们理应获得当权者的关注乃至补偿。

总而言之，诗、史上送，将蜀人的集体记忆上升为国家记忆，是元代流寓蜀士提供的"兴蜀"方案，其根本旨归是建立起四川文化与"家国天下"之间的桥梁。但另一方面，地方文化地位的提升，最终依然要靠当地实际的文化举措来落实，而这却是寓居他乡的蜀士团体无法亲力达成的。正是在这样的背景之下，生长蜀中而后又致仕还乡的蒙古大监也速答儿，以及其所主导的一系列大兴治教的文化举措，无疑是为元代的"兴蜀"提供了切实可行的现地实践。

借助张雨的记载，我们不妨再次回顾一下也速答儿的各项举措：

> 请以蜀文翁之石室、扬雄之墨池、杜甫之草堂皆列学宫，

---

① （元）虞集：《史母程夫人墓志铭》，载王颋点校《虞集全集》，天津古籍出版社2007年版，第959页。

又为甫得谥曰"文贞"。以私财作三书院,遍行东南,收书三十万卷,及铸礼器以归。①

由此可见,蒙古大监也速答儿提供的是一套与流寓蜀士殊途同归的"兴蜀"方案:在"蜀反如鄙人"②的情况之下,曾经的蜀地精英竭力在寓居地保持故乡文脉之不辍;而作为新移民的也速答儿,则是要立足四川本土,通过兴学等行动,培育出属于蜀地的、新的有生力量。尽管作为"新移民"的也速答儿,与流寓蜀士的"兴蜀"内涵不尽相同,但二者在谋求建立四川与元廷之间的联系、进而在"国家"层面重新为蜀地赋予意义的方向,则完全一致。

在也速答儿立足四川本土的"兴蜀"实践中,在成都的文翁石室、扬雄墨池、杜甫草堂三地建书院,并将之列于"学宫",无疑是核心的举措。根据元代的情况,"书院"往往建于本地先贤行经之所,而将之"皆列学宫",则体现了其"官学化"趋势。关于元代书院"官学化"的问题,学界已有比较充分的研究。简言之,元代相当数量书院的管理者皆由元廷委任,称为"山长",这些书院也就因而不再是单纯的个人讲习之所,而是被逐渐纳入国家教育体系之中。《元史》卷81《选举一》就对这一制度有过详细的说明:

> 凡师儒治命于朝廷者,曰教授,路府上中州置之;命于礼部及行省及宣慰司者,曰学正、山长、学录、教谕,路州县及书院置之。路设教授、学正、学录各一员,散府上中州设教授一员,下州设学正一员,县设教谕一员,书院设山长一员。中原州县学正、山长、学录、教谕,并受礼部付身。各省所属州

---

① (元)张雨:《张雨集》,浙江古籍出版社2015年版,第255页。
② 刘咸炘:《推十书·史学述林》卷5《重修宋史述意》,载《推十书》增补全本·丙辑,上海科学技术文献出版社2009年版,第573页。

县学正、山长、学录、教谕,并受行省及宣慰司札付。凡路府州书院,设直学以掌钱谷,从郡守及宪府官试补。①

对于被纳入官学体系的书院来说,"赐额"是重要的一个环节。柳贯在《甫里书院记》中曾对整个过程有过比较详细的介绍:

> 总管赵侯凤仪闻而韪之,为移廉访使者,按实,上之行省,次达于中书,而礼部、集贤院、国子监咸请著"甫里书院"之额,即署德原为其山长。②

由此可见,"赐额"大体包含地方官员向中央提请,而后依次经过行省、中书省、礼部、集贤院、国子监等议定,后由中书省核准后予以批复,并委任山长进行管理。而元代以来形成的学官升迁体系,则将书院彻底稳固在了国家序列之内。关于元代学官的升迁制度,《元史》卷81《选举制》中同样有载:

> 直学考满,又试所业十篇,升为学录、教谕。凡正、长、学录、教谕,或由集贤院及台宪等官举充之。谕、录历两考,升正、长。正、长一考,升散府上中州教授。上中州教授又历一考,升路教授。教授之上,各设提举二员,正提举从五品,副提举从七品,提举凡学校之事。③

总而言之,通过朝廷"赐额""设官"等形式,这批书院也就正式从属于国家序列之中了。回到本书所论之蒙古大监,尽管由于文献的缺失,我们已经不能知晓当时书院的规模、生员的数量,但

---

① 《元史》,中华书局1976年版,第2032—2033页。
② (元)柳贯:《柳贯诗文集》,柳遵杰点校,浙江古籍出版社2004年版,第300页。
③ 《元史》,中华书局1976年版,第2033页。

根据元人刘岳申的记述，也速答儿（达可）在成都兴建的墨池、草堂书院，确曾得到了元廷的"赐额"：

> 今又闻秘书能为墨池、草堂二书院求赐额，又为之曾益其田庐、书籍，是何恢恢有余裕也！①

而另一个体现"官学"特征的山长，同样存在于也速答儿（达可）兴建的书院之中。元人文礼恺在《金华书院记》中就曾提道：

> 至正改元（1341）冬，监县柏延建言，请择地创拾遗书院。又掾墨池、草堂、眉山例，请建山长员，以职教祀。②

求赐额、建山长，这些举措即使我们再次确认了也速答儿创制的书院被纳入官学体系的事实，同时也可以说明，元代的"官学"并非必然出自官办，像也速答儿（达可）这样的地方士绅，同样能够以私财兴学、最终通过既定的程序，获得国家承认的"官方"身份。

也速答儿所建的书院的官学化，从制度上将四川的地方教育机构纳入了国家体系，在这里求学的士子也因而获得了更多的入仕可能。元代以前，由于科举制度的长盛不衰，士人阶层始终具备稳定晋升途径。在这样的情况之下，书院往往作为私人讲习场所，在纠正科举之弊的要求之下，提出另一套具有改革性质的教学理念。宋元易代，尤其是元代早期科举未行之时，从元廷的角度来看，书院的设置可以作为其"文治"的装点；而对于被迫失去传统入仕途径的士人阶层而言，书院的设立则为他们提供了进入政权的机会——

---

① （元）刘岳申：《申斋集》卷6，清道光孔氏岳雪楼钞本，第31页A。
② （明）杜应芳、胡承诏辑：《补续全蜀艺文志》卷24，《续修四库全书》，上海古籍出版社2002年影印本，第1677册，第216页。

相对于学术研习而言,这显然对于元代儒士来讲更加具有吸引力。①元人姚燧在《送李茂卿序》就曾对元代铨选制度有过详细的记述:

> 大凡今仕惟三途,一由宿卫,一由儒,一由吏。由宿卫者言出中禁,中书奉行制敕而已,十之一;由儒者则校官及品者,提举、教授出中书,未及者则正、录一下出行省宣慰,十分之一半;由吏者台院、中外庶司、郡县,十九有半焉。②

《元史》卷81《选举制》亦称:

> 自京学及州县学以及书院,凡生徒之肄业于是者,守令举荐之,台宪考核之,或用为教官,或取为吏属,往往人才辈出矣。③

在元代科举恢复之后,赐额设官的书院便作为官学体系之一环,发挥着为国养士的作用,是生徒备习科举的场所,而并非致力于宋代书院的"私学"理想。这从当时学校教育的内容中便可见一斑。元代科举尊奉程、朱,所谓举业教育,即为理学教育。而元代各级学校中流行最广的一部书籍,是由当时知名学官程端礼(1271—1345)撰写、以程朱学说为旨归的举业指导书《读书分年日程》。

---

① 陈雯怡在《元代书院与士人文化》一文在论及书院制度与士人政策也指出:"虽然直到仁宗朝才恢复科举,但儒士的社会身份仍以'治'的角色被确定下来,并以儒吏岁贡和学官入仕的制度实现。就元代三条主要的仕进之路来看,宿卫非一般士人所能致,剩下的儒、吏二途皆与学校相关。就此而言,虽然不同于宋代有科举作为教育的动力,此一制度仍使学校与教育成为儒士生活的中心。"参见陈雯怡《元代书院与士人文化》,载《中国史新论》(生活与文化分册),台北:联经出版公司2013年版,第219页。
② (元)姚燧:《姚燧集》,查洪德编校,人民文学出版社2011年版,第71页。
③ 《元史》,中华书局1976年版,第2033页。

程端礼，字敬叔，号长斋，人称"畏斋先生"，庆元人。他自幼好学，《元史》本传谓其十五岁便能"记诵六经，晓析大义"，后曾任广德建平儒学教谕、池州建德县儒学教谕、信州稼轩书院山长、集庆江东书院山长、铅山州儒学学正，最终以将仕佐郎、台州路儒学教授致仕。黄溍在为其所作之《将仕佐郎、台州路儒学教授致仕程先生墓志铭》还曾提到，在程端礼在江东书院任时，"文宗在潜邸，遣近侍子弟来学，赐以金币、牢醴，礼遇甚至"①。

仁宗延祐元年（1314），元代首开科举。次年，时任建德县儒学教谕的程端礼便因有感于"放今学校教法未立"，而以"朱子读书法六条"为依据，撰成《读书分年日程》。他在序言中对这部书的意义颇为自信：

> 今制取士以德行为首，经术为先，词章次之，盖因之也。况今明经一主朱子说，使理学与举业毕贯于一，以便志道之士，汉、唐、宋科目所未有也，诚千载学者之大幸，尚不自知而忍萦之邪？……余不自揆，用敢辑为《读书分年日程》，与朋友共读，以救斯弊。盖一本辅汉卿所秤朱子读书法修之，而先儒之论有裨于此者，亦间取一二焉。②

由此可见，这部书的编写目的，就是在于以朱子读书法来指导学校、书院生徒参加科举。作为"官学化"的必然结果，这显然几乎走向了宋代书院教育改革理念的反面。该书撰成之后，又经过多次修订，顺帝元统三年（1335）刊定于甬东（今浙江宁波）家塾。崇德吴氏义塾、台州路学、平江甫里书院、池州建德县学等教育机构均曾刊刻，集庆江东书院等地另有抄本。虽然刊定之后的六年间，

---

① 参见陈雯怡《元代书院与士人文化》，载《中国史新论》（生活与文化分册），台北：联经出版公司2013年版，第480页。
② （宋）程端礼述：《程氏家塾读书分年日程附纲领》，中华书局1985年版，第1页。

元代社会又经历了伯颜废科，但这部书的影响力并未遭到严重的削减。根据黄溍为其所作之《墓志铭》，在至正"更化"、科举恢复之后，"国子监以颁于郡县学，使以为学法"。① 直到清代，这部《读书分年日程》依然是各地学校修习举业的必读书目。

以上通过程端礼《读书分年日程》这一例证，试图说明元代科举恢复期间，官学书院生徒所学之课，始终与举业保持一致。换言之，被纳入国家官学体系的书院，基本上可以视作以科举为导向的地方教育机构，其作用是使乡人子弟有具备以此为契机、进入国家体制的序列的可能。因此，在元代四川文教普遍凋敝之时，也速答儿创立于成都的石室、墨池、草堂三座"赐额设官"书院，正是从制度层面承载着"为国养士"的功用。

另外值得一提的是，即便是科举中的失败者，依然有机会成为乡里书院的学官，从而进入元代官员序列。在元代官学书院的山长人选中，就有相当一部分来自科举下弟的士子。譬如在元代初开科举之后的延祐二年（1315）四月，朝廷即有诏称：

> 赐会试下第举人七十以上从七流官致仕，六十以上府、州教授，余并授山长、学正，后勿援例。②

此后泰定改元（1324），元廷再次实施这一"恩遇"。据《元史》卷81《选举一》：

> 今当改元之初，恩泽宜溥。蒙古、色目人，年三十以上并两举不第者，与教授；以下，与学正、山长。汉人、南人，年五十以上并两举不第者，与教授；以下，与学正、山长。先有

---

① （元）黄溍：《黄溍集》，王颋校注，浙江古籍出版社2013年版，第481页。
② 《元史》，中华书局1976年版，第569页；另见《元史》卷81《选举一》："依下第例恩之，勿著为格。"《元史》，中华书局1976年版，第2027页。

资品出身者，更优加之。不愿仕者，令备国子员。后勿为格。①

真正将之从"后勿为格"变为通例，要在顺帝罢黜伯颜、至正改元复科之后。据《元史·选举一》：

> 下第之士，恩例不可常得，间有试补书吏以登仕籍者。惟已废复兴之后，其法始变，下第者悉授以路府学正及书院山长。又增取乡试备榜，亦授以郡学录及县教谕。于是科举取士，得人为盛焉。②

这一制度的最终形成，或与揭傒斯的力促有关。据《元史》卷41《顺帝纪四》：

> （至正三年三月）监察御史成遵等言："可用终场下第举人充学正、山长，国学生会试不中者，与终场举人同。"③

欧阳玄在为揭傒斯撰写的墓志铭中的记载可与之参照：

> 御史言下第举人以充学正、山长，乡举放次榜以充教谕、学录，庙堂以咨公，公力赞成之，为世所知者。④

在其他元代文献中，同样也有关于这种制度的体现。如元人戴良的《送丁山长序》一文即言：

---

① 《元史》，中华书局 1976 年版，第 2027 页。
② 《元史》，中华书局 1976 年版，第 2027 页。
③ 《元史》，中华书局 1976 年版，第 867 页。
④ 欧阳玄：《元翰林侍讲学士中奉大夫知制诰同修国史同知经筵事豫章揭公墓志铭》，载《欧阳玄全集》，四川大学出版社 2009 年版，第 301 页。

至正辛巳（1341）之岁，科举既辍而复行。朝廷遂著令，以乡贡下第者署郡学正及书院山长，则庶几议者之遗意，而其效之浅深，则有系诸其人，而非法之罪也。①

关于下第举人充任学官尤其是至正以来的逐渐制度化，仍有两点值得注意：首先，上述材料中的"下第"皆指"乡贡""乡举"，"充任学官"亦为"充任郡学录及县教谕""署郡学正及书院山长"。这种制度在促进地方内部人才流动的同时，本质上体现的仍然是将地方儒士纳入国家学官体系的过程；其次，从时间上来看，"下第举人充任学官"这一制度的落实，大体是在至正初年，而这也正是也速答儿在成都所立的三座书院最终落成的时间。可以想见，书院建成之后，随着"赐额""设官"制度的跟进，这些书院必然会为四川所有的科举参与者提供进入政权的机会。

遗憾的是，由于文献的缺失，我们今天已经无法知晓书院建成后的具体运作方式。但是借助元人的记载，我们依然可以大致观察到时人眼中也速答儿的兴学之举，对四川与中央文化联系的加强。

首先是"蜀人"虞集的赠诗。虞集在《送秘书也速答儿载书归成都》一诗的颈联即言：

定有鸿儒堪设醴，岂无佳客共投壶。②

"设醴"典出《汉书》卷36《楚元王传》。西汉楚元王刘交礼遇申公等，穆生不喜饮酒，于是元王每当设宴备酒，往往会专门为穆生准备甜酒。待到刘交之孙刘戊即位时，最初还常常专备甜酒，

---

① （元）戴良：《戴良集》，李军、施贤明校点，吉林文史出版社2009年版，第147页。

② （元）虞集：《虞集全集》，王颋点校，天津古籍出版社2007年版，第145页。

后来就忘记了。穆生以此为王意怠慢、"忘道之人，胡可与久处"，便称病辞归。此后便以"设醴"指上位者礼遇贤士。因此，虞集在诗中是说，在也速答儿的书院建成之后，必定能够培养出值得朝廷礼遇的鸿儒之士。

与这一表述相似的，是张雨在其邀请之下所作之句：

> 石室谈经修俎豆，草堂迎诏树旌旄。
> 也知后世扬雄在，献赋为郎愧尔曹。①

"献赋为郎"典出《汉书·扬雄传》。扬雄在四十余岁时自蜀地来到京师寻求机遇，他的才华得到了大司马车骑将军王音的注意，举荐其为待诏，一年之后，扬雄进献《羽猎赋》，被任命为黄门郎，因而步入仕途。张雨这里是说，在也速答儿的书院建成之后，四川一定还会出现像扬雄这样的士人，凭借自己的文学才华得到官职，令现在的你我感到惭愧。

另一位舆论制造者李祁，则是通过《草堂书院藏书铭》一文，像我们呈现了蜀地士人对也速答儿兴学之举的欢欣之态。李祁在顺帝元统元年（1333）癸酉科登左榜进士第二名，授应奉翰林文字，可谓当时元代南士的偶像。因此在行文中，他更加着意描绘当时四川士子的反应：

> 爰至爰止，邦人悦喜，藏之石室，以永厥美。
> 昔无者有，昔旧者新，畀此士子，怀君之仁。
> 朝承于公，夕副于室，家有其传，维君之德。
> 在昔文翁，肇兹成功，建学立师，惠于蜀邦。
> 维兹达可，宜世作配，惠兹蜀邦，罔有内外。

---

① （元）张雨：《张雨集》，浙江古籍出版社2015年版，第255页。

嗟嗟士子，尚其勉旃，毋负于君，惟千万年。①

这段文字告诉我们，载书的船队到达四川之后，引起了蜀地士人的热烈反响。在他们眼中，汉代的文翁建学立师，开启了蜀地的文脉；自此之后，只有达可（也速答儿）能够与之比肩。在文章末尾，李祁更是叮嘱蜀之士子不要辜负大监的善举。总而言之，李祁文中的"士子"视角固然与其自身的生平经历有关，但从中我们依然能够看到，也速答儿建立的书院，确可给科举恢复之后的蜀地士子提供进入中央政权的机遇。

最后，将也速答儿此番兴蜀举措之意义表述得最为明确的，当属刘岳申的《西蜀石室书院记》：

> 不田宅于家而书院于其乡，不书籍于家而于书院，盖将以遗乡人子孙孙子于无穷。……惟此，蜀郡以国，始见《周书》。云西都为近，曾不如江汉南纪王化行焉。自周衰，历春秋、战国、秦、楚千有余年。汉兴，至景帝之末，始有郡守好学通《春秋》者为之师帅，而后文学之士可比齐鲁，尚论文翁之功业，比蚕丛为再开辟，谁忍忘之？孰知汉后历三国、六朝、隋、唐、宋，至今又千有余年，而然后有石室书院哉？殆天运循环，地气推迁，有待其时。《汉史》称武帝令天下郡国皆立学校，官自文翁为之始。……蜀自苏氏父子出而相如、子云不得专美，安知书院成而不有名世者出？此天下国家之福也。②

文中追述了蜀地自周以来，历春秋、战国、秦、楚、汉、三国、

---

① （元）李祁：《草堂书院藏书铭》，《云阳李先生文集》卷10，《北京图书馆古籍珍本丛刊》，书目文献出版社1997年影印本，第96册，第283—284页。

② （元）李祁：《草堂书院藏书铭》，《云阳李先生文集》卷10，《北京图书馆古籍珍本丛刊》，书目文献出版社1997年影印本，第96册，第283—284页。

六朝、隋、唐、宋的历史,说明"天运循环,地气推迁,有待其时"。直到元代,达可(也速答儿)在蜀中兴建书院教化"乡人子孙",其意义在刘岳申看来远不止于"造福乡里",他更期待这座书院能够培养出当朝之"名士者",以为"天下国家之福"。这种认识与前述诸篇元人记载一样,均是在基于元代书院制度,从而对也速答儿"兴蜀"的意义做出的判断。他们认为,在四川极度凋敝之时,正是通过这样的举措,"阻于一隅"的四川与中央政权之间的文化联系被重新建立起来,四川的文化意义也因而在"天下国家"的视域之中获得了重估的可能。

由此而观,也速答儿为杜甫请谥,与其兴学举措具备相同的意义。"追谥"本身就是一个有层级秩序的政治事件,而元廷接受也速答儿的提请、为杜甫赐谥,意味着经由这位蒙古大监的"上达",作为四川文化符号的杜甫被朝廷认可、最终纳入国家意识形态。也正是在这个过程里,中央为地方赋予了意义。

总而言之,"流寓"与"移民"作为保有蜀地乡土认同的两股力量,分别从各自的文化身份出发,提出了表象不同但旨归一致的兴蜀方案:即在四川日益衰落的危急之下,从"天下国家"的层面来重估蜀地文化的价值,而这实际上也几乎是元代政治及文化环境之下、唯一行之有效的途径。

## 第四节 "再造乡贤"背景下的杜甫与四川

也速答儿所建的三座书院,分别位于成都的文翁石室、扬雄墨池和杜甫草堂,文翁首倡儒学,于巴蜀有开化之功。扬雄生长于斯,是蜀地文化史上的大儒,而杜甫并非蜀人,却能与二者相提并论。不仅如此,当也速答儿采用"请谥"的方式来标举地方文化人物时,三人之中又恰恰是看似与四川关联最浅的杜甫成了唯一的选择。由此而观，杜甫的确显得有些与众不同。那么，杜甫缘何会在也速答儿的"兴蜀"举措中出现，也就成了我们必须要回答的问题。

在对杜诗的翻检中可以发现，在也速答儿建立草堂书院以前，杜甫与"兴学"之间并非毫无关联。唐代宗大历五年（770）夏天，已经接近生命尾声的杜甫出蜀后途经衡山文庙学堂，有感于该县县尹陆某乱世之中的兴学之举，遂慷慨赋诗：

旄头彗紫薇，无复俎豆事。金甲相排荡，青衿一憔悴。
呜呼已十年，儒服弊于地。征夫不遑息，学者沦素志。
我行洞庭野，欻得文翁肆。侁侁胄子行，若舞风雩至。
周室宜中兴，孔门未应弃。是以资雅才，涣然立新意。
衡山虽小邑，首唱恢大义。因见县尹心，根源旧宫閟。
讲堂非囊构，大屋加涂塈。下可容百人，墙隅亦深邃。
何必三千徒，始压戎马气。林木在庭户，密干叠苍翠。
有井朱夏时，辘轳冻阶陛。耳闻读书声，杀伐灾仿佛。
故国延归望，衰颜减愁思。南纪改波澜，西河共风味。
采诗倦跋涉，载笔尚可记。高歌激宇宙，凡百慎失坠。①

诗中以世乱之中的文教废弛作为开篇；而后讲到衡山文庙的兴建，称赞其地虽为小邑、但于其时对儒学有首倡之功；接下来细致呈现了新建学堂的规模形制以及生徒的勤勉之姿；最后表达了自己对于此地的厚望。宋代以来，杜甫这首称诗作常常被用来作为"兴学"的典故。生活在两宋之交的杨愿在《万载新学记》一文中即言：

昔晋范宁为余杭令，兴学校之教，士皆宗之，史官以谓中

---

① （唐）杜甫：《题衡山县文宣王庙新学堂呈陆宰》，载《杜诗详注》，中华书局2007年版，第2517页。

兴以来未有如宁者。唐郡邑至广，而不闻复有范宁者出，独衡山得一陆宰，而杜子美作为诗章夸张歆艳，以为首倡恢大义。则兹事寥阔不常见，自晋唐以来可知矣。①

再如南宋孝宗咸淳二年（1266）由林应炎撰、赵崇燨书并立石、徐佺所镌的《嘉定县重修大成殿记》：

> 国家自庆历诏州县立学，而学必祀宣圣，明尊师也。……嘉定县创学未五十年，大成殿寝圮。今桐川守常君楸为宰，请于府潾没官租市锸，具木瓦甓。将召匠，以几幕行。史君俊卿踵其后，至则鸠工度材，斧锯交作。……余惟唐陆衡山为县人立宣圣庙学堂，少陵过而诗其事。余老矣，弗克赓少陵作为邑十贺，辱徵文，其敢以芜陋辞！②

南宋刘辰翁在《吉水县修学记》同样用杜甫的"衡山诗"与当时的兴学背景相比较：

> 杜子美于衡山孔广诗以为十年扫地，唱恢大义，压戎马气；况多文大邑，动容远慢，以中州之盛，复百官之富，岂比衡山小邑屋加葦墅而已？③

到了元代，人们在为新建立的学校撰写"书院记"时，仍然喜

---

① 《全宋文》卷4881，上海辞书出版社、安徽教育出版社2006年版，第220册，第200—201页。

② 《嘉定县学重修大成殿记碑》在今上海嘉定孔庙大成殿内东壁间，青石质，高182厘米，宽89厘米。碑文收入张建华、陶继明主编、嘉定区地方办公室、嘉定博物馆编《嘉定碑刻集》，上海古籍出版社2012年版，第202页。

③ （宋）刘辰翁：《刘辰翁集》，段大林校点，江西人民出版社1987年版，第3—5页。

欢采用杜甫"衡山诗"的典故。为也速答儿撰写"书院记"的刘岳申，在另一篇作于元文宗天历三年（1330）的《始兴县儒学记》中曾言：

> 上临御之初，诏天下以农桑给学校为政化之本，凡科举取士一如旧制。……天下郡县遐方僻壤皆崇学兴贤一钦承明命。于是始兴遭遇皇元混一之盛五十余年矣，而学始克建焉。……方今遭逢隆盛，士以明经策高者彬彬辈出，始兴蓄之已久，其发必宏，维其时矣。此郑君建学意也。昔杜子美赋衡山，欧阳公记谷城，属望来者不浅。陆宰、狄君至今有闻，良有以也。①

稍晚的至正十四年（1354），松溪县尹凌说重修学校，黄溍为之作《松溪县新学记》，文中同样将杜甫的"衡山诗"作为"兴学史"上可圈可点的一章：

> 昔杜子美题诗衡山县学，称陆宰一雅才新意，修儒服俎豆事于干戈之余，其辞逸出横厉，气谊激烈。数百岁之下，读者犹为之悚然。侯下车之初，即以兴学为先务。披荒残，植栋宇。甫十浃旬，而毕溃于成。其雅才新意，视陆宰孰多乎？②

总而言之，杜甫在其晚年创作的叙事诗篇，在后世逐渐成了"兴学"话题中常用的资源。因此，当也速答儿的"兴蜀"事业需要以在四川兴建书院作为中心时，杜甫也就成了其在文翁、扬雄这些传统四川治教人物之外的不二选择。

在"兴学"之外，杜甫在本次文化事件的特殊性还在于获得了

---

① （元）刘岳申：《始兴县儒学记》，（清）余保纯等修，黄其勤纂，戴锡纶续纂修：《道光直隶南雄州志》卷19，上海书店出版社2003年版，第345—346页。
② 王颋校注：《黄溍全集》，天津古籍出版社2008年版，第360页。

元廷的追谥。对于也速答儿这位事实上的蜀地精英而言，为杜甫请谥的诉求，很大程度上是借由对地方文化人物的推举，使得四川地区再次进入中央的视野。而众所周知，杜甫祖籍襄阳（今属湖北），生于河南，流寓四川只是他人生中不算太长的一段时光（759—768）。换言之，他与整个文化活动的核心地域——四川之间并非存在着天然的联系。因此我们仍然要追问：这位原非蜀人的唐代诗人，是如何在经过一段不算很长的寓居时光后，逐步建立起了与四川牢固的文化联系？

这显然要从杜甫的四川生涯说起。唐肃宗乾元二年（759），四十八岁的杜甫来到了四川成都。第二年，依靠友人的帮助在浣花溪畔修建了草堂，并在此度过了几年相对平静的时光，留下了数量颇为可观的诗篇。永泰元年（765）四月，严武去世，不久之后，杜甫也离开了成都。尽管杜甫在成都的时间并不算很长，但正是这些不朽的诗篇，与其落脚的草堂，成了他与四川文化联系建立的起点。

首先来看诗歌。杜甫流传至今的诗歌作品共有一千四百余首，其中的八百余首创作于四川时期。除了数量上的压倒性优势之外，杜甫蜀中诗歌的又一重要性体现在技巧的纯熟，用他的诗来描述，就是"晚节渐于诗律细"；而后世论诗者也往往认为杜诗"至入蜀后，方臻圣域。"唐代宗永泰元年（765）春夏之间，杜甫离开成都，沿江东下，此后数年间在云安、夔州、江陵、公安、长沙等地辗转漂泊，最终病逝于湘江舟中。短暂寓居、又最终离蜀的杜甫，诗歌作品却在四川流传甚广。北宋神宗元丰年间，丞相吕大防（1027—1097）知成都。元丰七年（1084），吕大防对杜诗进行校勘，并据此编纂了杜甫的年谱。其"自记"曰：

> 予苦韩文、杜诗多误，既雠正之，又各为年谱，以次第其出处之岁月，而略见其为文之时。则其歌时伤世、幽忧伤窃叹之意，粲然可观。又得以考其辞力，少而锐，壮而肆，老而严，

非妙于文章不足以至此。元丰七年十一月十三日，汲郡吕大防记。①

从文中来看，吕大防亦似曾对杜诗进行过编、集工作，惜已不存。幸而其所撰之《子美诗年谱》流传了下来。这是现存第一部杜甫的年谱，广为此后杜诗编年者所征引。

稍后的胡宗愈又将杜甫有关四川的诗作刻石，置于杜甫草堂之内。据其《成都草堂诗碑序》：

> 宗愈假符于此，乃录先生诗，刻石置于草堂之壁间。先生虽去此，而其诗之意在于是者，亦附于后。庶几好事者，得以考当时去来之际云。②

到了南宋时期，杜诗更是成了其晚年行经之潼川当地士大夫共同的好尚。南宋孝宗淳熙十二年（1185），潼川一众官吏同登香积山，并将属文刻石为念：

> 淳熙乙巳重阳，宰郭嗣□、尉陈德用、簿张君厚、邑□□子安白□之文书□□卿表弟范叔贤，讲熙宁登高故事于官阁。是日也，天与新霁，山川开明，□□□眺，日至俱胜。予喜造物□人复古之意，相与饮酒乐甚。倚丹枫，望翠壁，歌少陵之章。客曰："此邑此地以杜诗为重。继自今把菊花枝，醉茱萸酒，百年传为胜赏，则又以士大夫为重。"盖不可不识也。于是乎书。③

---

① （宋）吕大防：《韩吏部文公集年谱》，《北京图书馆藏珍本年谱丛刊》，北京图书馆出版社，第11册，第27—28页。
② （清）仇兆鳌：《杜诗详注附编》，载《杜诗详注》，中华书局2007年版，第2243页。
③ （清）阿麟修，（清）王龙勋等纂：（光绪）《新修潼川府志》卷9《金石》，《四川历代方志集成》第一辑，第18册，国家图书馆出版社2015年版，第242页。

甚至在南宋诗人陆游的记载中,我们可以看到杜甫的诗句已然融入了四川当地的民间信仰。据陆游《跋陆史君庙签》:

> 昔者庞德公,未曾入州府。襄阳耆旧间,处士节独苦。岂无济时策,终竟畏罗罟。林茂鸟有归,水深鱼知聚。举家依鹿门,刘表焉得取。
>
> 射洪陆史君庙,以杜诗为签,极灵。余自蜀被召东归,将行,求得此签。后十四年,乃决意不复仕宦,愧吾宗人多矣。绍熙辛亥十二月十日,山阴陆务观书。①

在大约作于同时的《老学庵笔记》中亦有相关记载:

> 西山十二真君各有诗,多训诫语,后人区为签以占吉凶,极验。射洪陆史君以杜子美诗为签,亦验。予在蜀,以淳熙戊戌春被召,临行遣僧则华往求签,得《潜兴》诗曰:"昔者庞德公,未曾入州府。襄阳耆旧间,处士节独苦。岂无济时策,终竟畏罗罟。林茂鸟有归,水深鱼知聚。举家依鹿门,刘表焉得取。"予读之惕然。顾迫贫,从仕又十有二年,负神之教多矣。②

由此可见,无论是文集的编刊,还是诗谱的纂著、诗碑的刻石,甚至是庙签的内容,杜甫的诗歌已然在其身后成了浸润四川各地的文学记忆。

而在"文学"之外,杜甫与四川文化关联建立的又一媒介,是其生前的居所,草堂。唐代中后期,诗人张籍(766—830)得知友

---

① (宋)陆游著,马亚中校注:《渭南文集》卷28,收入(宋)陆游著,钱仲联、马亚中主编:《陆游全集校注》第15册,浙江古籍出版社2016年版,第221页。
② (宋)陆游撰:《老学庵笔记》,李剑雄,刘德权点校,中华书局1979年版,第18页。

人即将前往四川时,曾作《送客入蜀》一诗相赠:

> 行尽青山抵益州,锦城楼上二江流。
> 杜家曾向此中住,为到浣花溪水头。①

由此可见,在唐人眼中,"入蜀"与"访杜"是直接相关的。晚唐诗人雍陶经过这里时也写过一首《经杜甫旧宅》:

> 浣花溪里花多处,为忆先生在蜀时。
> 万古只应留旧宅,千金无复换新诗。
> 沙崩水槛鸥飞尽,树压村桥鸟过迟。
> 山月不知人事变,夜来江上与谁期?②

由此可见,此时杜甫草堂依然存在,并引发了诗人关于人事变迁的感喟。而到了唐昭宗天复二年(902),韦庄来到四川的时候,杜甫草堂却已经破败了。韦庄平生对杜甫十分推重,其唐诗选本《又玄集》收杜诗七首,是现存唐人的唐诗选本中收入杜诗最多的选家,而他自己的文集也取杜甫所居之意而命名为《浣花集》。在其弟韦蔼撰写的序言中,记录了韦庄对杜甫草堂的重修工作:

> 辛酉春,(韦庄)应聘魏西蜀奏记,明年,浣花溪寻得杜工部旧址,岁芜没已久,而柱砥犹存。因命芟夷,结茅为一室。盖欲思其人而成其处,非敢广其基构耳。③

---

① (清)仇兆鳌:《杜诗详注附编》,载《杜诗详注》,中华书局2007年版,第2303页。
② (清)仇兆鳌:《杜诗详注附编》,载《杜诗详注》,中华书局2007年版,第2264页。
③ (唐)韦蔼:《浣花集序》,载李谊校注《韦庄集校注》,四川社会科学出版社1986年版,第1页。

此后历朝历代，杜甫草堂屡经修葺，乃至完全融入了成都当地的民众生活。陆游《老学庵笔记》卷8尝言：

> 四月十九日，成都谓之浣花遨头，宴于杜子美草堂沧浪亭，倾城而出，锦绣夹道，自开岁宴游，至是而止，故最盛于他时。予客蜀数年，屡赴此集，未尝不晴。蜀人云：虽戴白之老，未尝见浣花日雨也。①

南宋任正一在《游浣花记》中对此的记载则更加详细：

> 成都之俗，以游乐相尚，而浣花为特甚。每岁孟夏十有九日，都人士女丽服靓妆，南出锦官门。稍折而东，行十里，入梵安寺，罗拜冀国夫人祠下，退游杜子美故宅，遂泛舟浣花溪之百花潭，因以名其游与其日。凡为是游者，架舟如屋，饰以绘䌽，连樯衔尾，荡漾波间，箫鼓咏歌之声喧哄而作。其不能具舟者，依岸结棚，上下数里，以阅舟之往来。陈谷之人于他游观或不能皆出，至浣花，则倾城而往，里巷阒然。自旁郡观者，虽负贩乌莌之人，至相与称贷易资，为一饱之具，以从事穷日之游。府尹亦为之至潭上，置酒高会，设水戏竞渡，尽众人之乐而后返。②

正因为杜甫记忆与四川本土文化习俗的高度融合，此后入蜀或出蜀之人，都会特别强调他们同杜甫之间的联系。这表现在文学领域，就是"访杜"题材的盛行。南宋袁说友等人编纂的《成都文类》中，就收录了大量文人入蜀游访杜甫草堂的诗文作品。到了元

---

① （宋）陆游：《老学庵笔记》，李剑雄，刘德权点校，中华书局1979年版，第108页。
② （明）杨慎编：《全蜀艺文志》，刘琳，王晓波点校，线装书局2003年版，第1230页。

代，这样的故事还在继续。

元仁宗延祐三年（1316），四十五岁的虞集奉诏西祀名山大川，因此第一次来到了只在故家长辈口中听说、自己却从未真正踏足过的"故乡"四川。途经自己的祖辈曾经生活的地方，他写下《旧屋》一诗：

> 旧屋已属他人家，临风且复立江沙。欲从子云访墨沼，更向少陵寻浣花。①

而远离故乡的时候，这种联系也并没有被切断。在某次回忆起虞氏先辈的生活时，虞集写道：

> 先庐旧在小东郭，丞相祠堂同寂寞。严公或访杜陵家，退之亦到淮西幕。②

由此可见，虞集的四川记忆是与这片土地的历史联系在一起的，"严公访杜"就是其中的代表。当听说子侄因追慕杜甫而营建了自己的草堂时，虞集更是一连赋诗四首，"其一"曰：

> 故家东郭百花洲，梅柳西郊总旧游。贤子独知怀土念，结庐为拟草堂幽。③

又如，"其三"：

---

① （元）虞集：《旧屋》，载王颋点校《虞集全集》，天津古籍出版社2007年版，第204页。

② （元）虞集：《空山歌》，载王颋点校《虞集全集》，天津古籍出版社2007年版，第46页。

③ （元）虞集：《题西郊草堂图，为从子岂作四首》其一，王颋点校《虞集全集》，天津古籍出版社2007年版，第230页。

> 草堂在处即西郊，巴岭还如雪岭高。但有好孙能力学，不愁老杜不春邀。①

除了中国文士之外，高丽文臣李齐贤在此一时期入蜀，也来到了杜甫草堂。李齐贤（1287—1367），字仲思，号益斋、栎翁，谥文忠，其生平历经高丽忠烈、忠宣、忠肃、忠惠、忠穆、忠定及恭愍王七朝，是高丽时期的重要文臣。元仁宗延祐元年（1314），李齐贤受召入元，并于延祐三年（1316）奉使西蜀。② 其所经之处，多有歌咏。其中就包括《洞仙歌·杜子美草堂》：

> 百花潭上，但荒烟秋草，犹想君家屋乌好。记当年远道，华发归来妻子冷，短褐天吴颠倒。卜居少尘事，留得囊钱，买酒寻花被春恼。造物亦何心，枉了贤才长羁旅，浪生虚老。却不解，消磨尽诗名百代下，令人暗伤怀抱。③

由此可见，在杜甫之后，每个来到四川，或是从四川走出去的人都会特别重视他们同杜甫之间的联系，而这种重视又反过来刺激了"访杜""咏杜"活动及相关文学作品的诞生。在这样反复强调之下，杜甫也就"流寓"群体中的一员，逐渐建立起了与四川这片土地之间稳固的文化联系。

而另一方面，文化联系的建立固然重要，但杜甫能够在也速答儿的"兴蜀"事业中，与文翁、扬雄并列，共同作为被其选择的代

---

① （元）虞集：《题西郊草堂图，为从子岜作四首》其三，王颋点校《虞集全集》，天津古籍出版社2007年版，第230页。

② 关于李齐贤在元代的活动，可参考金文京《高麗の文人官僚李齊賢の元朝における活動》，收入夫馬進主编《中國東アジア外交交流史の研究》，京都大学学术出版会2007年版。

③ ［高丽］李齐贤：《益斋先生文集》卷10，载《域外汉籍珍本文库》第二辑，西南师范大学出版社、人民出版社2011年影印本，第581页。

表四川的文化符号,其中必然仍有超出一般文化关联之处。正如前文所述,元代四川精英选择的"兴蜀"途径是"上达",即在中央朝廷的认可之下来提升四川的文化地位。在这样诉求背景之下,被推举的对象也就必然是能够直接代表蜀地的文化人物。对于原非蜀人的杜甫而言,这意味着除了广义上的"文化联系"外,他还在一定程度上可以被视作四川当地重要的先贤,甚至是"乡贤"。而对于这种身份的获得,"祠祀"或许是其中尤其重要的一步。

如前所述,在韦庄的时代,就已经对杜甫草堂进行修葺,但从韦蔼的表述来看,韦庄所做的工作只是"结茅为一室",并未包括"立祠"的内容。而杜甫草堂从诗人的"故居"逐渐具有"祠堂"的性质,恐怕直到吕大防的时期才得以实现。北宋元丰年间,丞相吕大防(1027—1097)知成都,有感于草堂荒凉,便在旧址之上进行了重建。后来的胡宗愈在《成都草堂诗碑序》对此曾有记载:

> 草堂先生,谓子美也。草堂,子美之故居,因其所居而号之曰草堂先生。先生自同谷入蜀,遂卜居浣花江上、万里桥之西,为草堂以居焉。……其所游历,好事者随处刻其诗于石。及至成都则阙然。先生故居,松竹荒凉,略不可记。丞相吕公大防镇成都,复作草堂于旧址,而绘像于其上。[1]

从中可知,此时的"草堂"不仅已经成为时人为杜甫贴上的标签,并且随着草堂的重建、杜甫像的绘制,这里极有可能已经开始作为祠祀的场所。

南宋高宗绍兴九年(1139),张焘(1091—1165)入蜀为官,再次对杜甫草堂进行重修,并且此处已经明确提到草堂之中"祠宇"的存在:

---

[1] (清)仇兆鳌:《杜诗详注附编》,载《杜诗详注》,中华书局2007年版,第2243页。

> （张焘）复念文翁以道训蜀，诸葛武侯以义保蜀，张忠定公以锄恶表善治蜀，乃即其庙宫而治新之。辛勤拭刮，不留昏埃。神来神去，照映羽卫。居顷之，又语其属曰："杜少陵诗歌一千四百有余篇，考其志致，未尝不念君父而斯民是忧。顾其祠宇距城不能五里，骞陊摧剥，何以昭斯文之光？予甚自愧。"乃斥公帑之余，弗匮府藏，弗勤民力，命僧道安董其事增饰之。……①

由此可见，张焘已经不是单纯地对杜甫个人文学成就的追慕，更是将其与文翁、诸葛亮、张咏这些不同时期的蜀地重臣并列，因此需要重修其"祠宇"，以昭"斯文之光"。

通过北宋以来与修缮草堂并行的、杜甫祠堂的修建，诗人生前在蜀中停留的居所，也逐渐与蜀地乡贤一样，接受着当地民众的祠祀。到了元代，祠堂始与书院制度正式结合。② 元人唐肃在《皇冈书院无垢先生祠堂记》一文中，就介绍过当时的情况：

> 凡天下名书院者，有祠以祀先贤，有教以教后学，国朝制也。……我皇冈书院，始以为贾氏义塾，至正十八年行中书闻于朝，得赐今额，太史氏危公记之详矣。二十三年，杭守以书院远郡治，且阙教官，命知海宁州茅君提调之。君属士庶曰："书院非义塾比，有教而无所祠，不可。"乃阅州之志书，得故宋无垢先生张氏寔乡于斯而有德者，在制宜为祠，遂言于守，复劝贾氏搆之，以成其于初志。③

---

① （宋）袁说友等编：《成都文类》，赵晓兰等整理，中华书局 2011 年版，第 811 页。

② 陈雯怡即指出，"在书院中祠祀先贤或以纪念先贤为名建立书院，在南宋已相当普遍""但纪念先贤并未被镖局为南宋书院最重要的特色，以'祠'作为书院的特色实为元代的特殊发展"。参见陈雯怡《由官学到书院》，联经出版有限公司 2004 年版，第 140—145 页；《中国史新论》（生活与文化分册），联经出版有限公司 2013 年版，第 239 页。

③ （元）唐肃：《皇冈书院无垢先生祠堂记》，《丹崖集》卷 5，《续修四库全书》，上海古籍出版社 2002 年影印本，第 1326 册，第 184—186 页。

由此可知,"有教有祠"几成为元代书院之定制,祠堂的设置,成了赐额书院有别于"义塾"的重要标志,甚至如文中的皇冈书院那样,在建成之后竟需要特地寻找一位可祀之人。

对于也速答儿的草堂书院而言,建立之初即设置了杜甫祠堂,贡师泰的相关诗作即题为《送内官买书归蜀立三贤祠》,张雨诗跋谓其曾"铸礼器",皆可作为例证。元人文礼恺在《金华书院记》中亦曾提道:

> 至正改元冬,监县柏延建言,请择地创拾遗书院。又掾墨池、草堂、眉山例,请建山长员,以职教祀。①

从文中书院山长的职责可知,当时这所草堂书院的确包含教、祀两方面的内容。此外,在元人关于与草堂书院同期修建的石室书院的记载中,同样包含"祠汉文翁""修俎豆"等描述。

就在也速答儿的草堂书院建成后不久,至正三年(1343),一部记载成都地区世家大族的《成都氏族谱》经元末华阳人费著修订之后,刊行于世。关于费著其人,目前最早的记载见于(正德)《四川志》卷九《成都府·人物》:

> 费著,进士,授国子助教,有时名。居母丧尽礼,哀毁骨立。历汉中廉访使,调重庆府总管。明玉珍攻城,著遁居犍为而卒。兄克诚,擢第,时人谓之"成都二费"。②

此后的嘉靖、万历《四川总志》及《(天启)成都府志》大多沿袭此说。除此之外,费著还为至正三年(1343)的《成都志》作

---

① (明)杜应芳、胡承诏辑:《补续全蜀艺文志》卷24,《续修四库全书》,上海古籍出版社2002年影印本,第1677册,第216页。
② (明)熊相纂:正德《四川志》37卷,正德刻嘉庆增补本,载马继刚主编《四川大学图书馆馆藏珍稀四川地方志丛刊续编》,四川大学出版社2015年版。

序，该志已经不存，费著所撰的"序言"被收入明人杨慎所编的《全蜀艺文志》中。由此可知，费著大体生活在元朝末年。

《成都氏族谱》见于《全蜀艺文志》卷53至卷55，著录为"元费著撰"。日本学者森田宪司曾对此书有过十分精当的考证。他在《成都氏族谱小考》一文中指出，除《成都氏族谱》外，《全蜀艺文志》中同样冠以"元费著撰"者，大多为宋代四川、特别是与成都相关的内容，这些文献很可能是南宋庆元五年（1198）修纂的《成都志》的组成部分。元至正年间重修《成都志》时在此基础上修订，明人由是将作者记作费著。而就《成都氏族谱》内容而言，书中记述的事件皆以南宋中期为时间下限；并依据行文中"今"字所指代的年月等线索，认为这部《成都氏族谱》成书于宋代，元人费著只是在前人的基础上有所增删，但就具体某一细节而言，究竟是宋代旧有的，还是费著后来增补的，往往并不清楚。[①]

综上所述，尽管这部《成都氏族谱》并非费著所撰，但又确曾经其亲自修订，尤其考虑到其可能作为方志材料这一点，认为费著对于书中所载基本认可，当不为无据。在这样的认识之下，我们可以再来看其中关于"杜氏"的记载：

> 杜翊世以死节显，蜀旧守名其居曰"忠义坊"，盖以劝也，事详见于《先贤志》矣。因其世祖甫来依严武，武卒，甫旅游衡阳，二子宗文、宗武留蜀。甫卒葬耒阳，后返葬偃师，故元稹志甫墓谓孙嗣业终父志，或者其家竟莫出蜀也。家青城实宗文裔。十世孙准，皇祐五年第进士，官至朝散郎，宰绵竹以卒。妻黎携诸孤外氏家成都，教子严，必使世其家。第二子即翊世，绍圣元年第进士，官至朝议大夫，通判怀德军。靖康元年虏寇作，西羌亦张，奄至城下，凡三旬，援兵不至。城陷，翊世先火其家，乃自缢死。事闻，特赠正议大夫，命官其后十人。五

---

[①] ［日］森田宪司：《〈成都氏族谱〉小考》，《东洋史研究》1977年第3期。

子恺、忱以赏得官,孙逸老、俊老、廷老,曾孙光祖、大临以忠义遗泽得官。翊世殁时,恺弃官走视死所,恸几绝,见者皆为流涕,遂以丧招母魂归葬。馀孙自曾及玄,今为士人指其门,犹曰忠义杜云。①

这部《氏族谱》记载了唐宋时期四川的45个士大夫家族,其中就包括杜氏。从中可见,《成都氏族谱·杜氏》全文围绕南宋靖康元年(1126)以死全节的"忠义杜"杜翊世展开。在介绍其生平之前,作者首先述其世系,称杜翊世为杜甫后裔。然而这一结论在后来备受质疑:

首先,杜翊世其人其事见于宋代文献者,如《宋十朝纲要》《东都事略》《三朝北盟会编》皆不称其为杜甫后裔。仅以王称的《东都事略》所载为例:王称,字季平,南宋四川眉州人。以国史、实录为基础,"断自太祖至于钦宗,上下九朝,为《东都事略》一百三十卷,其非国史所载而得之旁收者居十之一,皆信而有征,可以依据。"该书卷12《钦宗本纪》、卷129《附录六》中均对杜翊世死国有所记载。其中卷129《附录六》称:

靖康元年,夏人知我戍边士卒入援,遂乘虚犯河外,寇震威城,朱昭死之。又取西安州,陷怀德均,刘铨、杜翊世以城死。②

由此可见,在当朝人的记载中,并无杜翊世为杜甫后裔的说法。值得注意的是,至正三年(1343),元廷开始《宋史》的修纂,并于两年后成书。这部与费著修订《(成都)氏族谱》作于同时的官

---

① 谢元鲁:《成都氏族谱校释》,《巴蜀丛书》第1辑,巴蜀书社1988年版,第264页。
② (宋)王称:《东都事略》,齐鲁书社2000年版。

修史书，基本沿袭了宋代的相关记载，而不言杜翊世与杜甫之间存在任何关联。换言之，从目前知见的文献情况来看，在元代及以前，将杜甫视作成都"忠义杜"先祖的表述，仅见于这部《成都氏族谱》中。

而事实上，当我们将现今可考的杜甫后裔世系与《（成都）氏族谱·杜氏》对读，仍然可以发现《（成都）氏族谱》记载的失实之处。文献可征的杜甫四川后裔共有两支，一为青神杜氏，以北宋杜敏求较为人知；二为江津杜氏，这一支实徙自青神，以南宋杜莘老声名最显。① 在这两人之中，又以杜甫十三世孙杜莘老的生平传记资料最为丰富、可信。因此，我们可以不妨以杜莘老之世系为参照系，来反观《（成都）氏族谱·杜氏》的记载。

杜莘老，字起莘，青神人，后徙居江津。曾任秘书丞、监察御史、殿中侍御史，能言直谏，时人称"骨鲠敢言者必曰杜殿院"。卒葬江津，元人虞集的五世祖、南宋名相虞允文为之题"刚直御史之墓"。杜莘老去世后不久，其子杜士廉搜罗遗稿、叙其历官岁月，请查籥为之撰《杜御史莘老行状》，又请王十朋撰《杜殿院墓志》，而王十朋自己亦作有《祭杜殿院文》，以上文献述其生平世系甚详，皆言其为"青神人，唐杜甫十三世孙"。这一说法又被《宋史》卷387《杜莘老传》以及各类方志、笔记所采。以下谨从记载最详的《杜御史莘老行状》来看其世系。据《名臣碑传琬琰集》卷54：

> 公讳莘老，字起莘，姓杜氏，其先京兆杜陵人，唐工部甫自蜀如衡、湘，其子宗文、宗武实从。宗文子复还蜀，居眉之青神，自号东山翁。东山翁生礼，举明经，为僖宗谏官；礼生

---

① 关于杜甫后裔居留四川的研究，参见王利器《记杜甫有后于江津》，《草堂》1981年第2期；周子云：《杜甫在四川的后裔》，《南充师院学报》（哲学社会科学版）1982年第1期。

详，详生晏，景福中第进士，官至侍御史，八世孙也；曾祖泽民，考辅世，皆潜光不仕，而儒业谨礼，世为乡党所敬。考以公累赠右奉议郎，妣师氏，赠恭人。……四男：长士廉，右迪功郎；次开，早卒；次士逊，将仕郎；次士远。①

当我们将《（成都）氏族谱·杜氏》这条被后人认为"不知所据"的记载，与而今确知的杜甫后裔世系相对照，同样可以发现其中的错讹之处。在《成都氏族谱》为杜翊世一脉构建的谱系中，"杜翊世"与杜甫后裔中的"杜辅世"、其孙辈"逸老、俊老、廷老"与杜甫后裔中的"杜莘老"的辈分并不能准确对应。由此可知，这个经元代费著修订过的"杜氏"族谱，不仅在以杜翊世为杜甫世孙这一点上不为后人所信，甚至在其后整个世系的叙述中均存在明显的漏洞。

也正因如此，元代以后的方志等文献在记载杜翊世时，在采用《成都氏族谱·杜氏》记载的同时，均删去了关于他为杜甫后裔的部分，只言其为"华阳人"。如《大明一统志》卷67：

杜翊世，华阳人，绍圣中进士。尝通判怀德军，靖康初金兵奄至，城陷，翊世先火其家，与妻张自缢。以死事闻，赠朝议大夫，官其后十人，名其所居曰"忠义坊"。②

此后的明代凌迪知《万姓统谱》、曹学佺《蜀中广记》大体均沿袭了这样的记述，对杜翊世只称"华阳人"而不称"杜甫后裔"。直到清代，王士禛再次引述了《（成都）氏族谱》的记载，并直言费著的说法并无根据：

---

① （宋）杜大珪：《名臣碑传琬琰集》，台北：文海出版社1969年版，第1203—1210页。

② （明）李贤等撰：《大明一统志》，三秦出版社1990年影印本，第1052页。

费著撰《蜀杜氏族谱》云:"杜翊世以死节显,其世祖甫来蜀,依严武。家青城者,实宗文裔。世孙准,皇祐五年第进士,宰绵竹以卒。子翊世徙成都,绍圣元年第进士,官至朝议大夫、通判怀德军。靖康元年死节,特赠正议大夫,命官其后十人。五子愭、忱以赏得官,孙逸老、俊老、廷老,曾孙光祖、大临以忠义遗泽得官。今犹称'忠义杜'云。"著此说不知何据。坡诗有云:"闻道华阳版籍中,至今尚有城南杜",则子美有后于蜀,其信然耶?①

由此可见,在清代王士祯看来,尽管杜甫身后尚有后裔在成都,但与杜翊世一脉并无确凿的关联。《(成都)氏族谱》的记载实不足为据。

尽管由于《(成都)氏族谱》文献本身的复杂性,使我们不能确定这条记载就是出自费著的增补,但费著在重新修订的过程中,并没有对此显示出丝毫的犹疑,于是这条记载被顺利地纳入《成都志》,在明清以来种种质疑的映衬下,成了仅为元朝末年所独有的四川记忆。而这段以"忠义"为核心的杜甫世系的诞生,就在元廷将杜甫与历代忠臣等视、赠以"文贞"谥号之后的短短几年间。也正是在这股绵延的文化风气里,杜甫这位只是短暂寓居于此过客,真正成了成都名副其实、声名在册的"乡贤"。

综上所述,虽然杜甫的四川生涯并不长久,但伴随着其诗文的流播、居所的修缮以及祠祀的盛行,这位曾经的流寓诗人逐渐与四川建立起了稳定的文化联系。因此到了元代,无论是也速答儿择地兴学,还是推举乡贤,在这个以"兴蜀"为旨归的文化事件中,均有杜甫存在的理据。而另一方面,通过也速答儿对杜甫的推举与利用,杜甫进一步成了四川本土文化符号的代表。这在接续此前已有

---

① (清)王士祯:《带经堂诗话》卷15,人民文学出版社1998年版,第384—385页。

文化基础的同时，也孕育出了新的面向：短短数年之后，伴随着至正初年《（成都）氏族谱》的刊行乃至《成都志》的纂成，在对杜甫世系的强行建构中，这位唐代的诗人在其身后数百年，颇为意外但又似在情理之中地被"制造"成为四川当地的乡贤。

## 小结　地以人名

在政治环境以外，"地域"不失为观察元代追谥杜甫的又一视角。持续近半个世纪的蒙、宋战争，给四川地区带来了毁灭性的打击，曾经极度辉煌灿烂的蜀文化，此时业已"废轶殆尽"。曾经的四川精英被迫流徙，却又始终对故乡保持关注，"兴蜀"也就因而成为这一群体的普遍思潮。正是在这样的情况之下，家族伴随蒙古入主中原而定居四川、并生长于此的也速答儿，在本土精英流失的情况之下，自觉开展了请谥、建学等诸多"兴蜀"实践，从而成为此一时期事实上的四川文化精英。总而言之，"流寓蜀士"和"新进移民"作为元代兴蜀的两股力量，相互认同、又彼此支持，共同形塑了元代四川地区的文化样态。

从这两个群体各自提出的"兴蜀"方案中，我们可以看到在不同路径之下的共同旨归——推动蜀文化"上达天听"，从而将当时"阻于一隅"的四川再次纳入中央朝廷的视野之内，并试图去在"家国天下"的层面重估四川的文化价值。其中流寓蜀士依靠的是"诗、史上送"，即推动四川的文学与历史进入朝廷的视野，乃至成为元代国家意识形态中的组成部分；而也速答儿这位新进移民展现的则是在"乡以国显"的旨归之下、立足四川本土的文化实践，这也是我们理解请谥、兴学等整个文化事件的又一背景。因此，元廷接受也速答儿的提请，为杜甫赐谥、为草堂等书院赐额，意味着四川的文化动向能够引起朝廷的关注，乃至认可与标举。在这个过程中，元代"阻于一隅"的四川也因而进入"中央"的视野。

也正是在这个过程里，我们也应该看到，"兴蜀"固然是一种文化选择，但也要依赖于主导人的经济实力、政治地位。单纯的文化热忱并不足以推动这个内容庞杂的文化事件。学校的建立、图籍的购买及运输、学田房舍的购置主要来自也速答儿的"私财"，而书院获赐额、杜甫得赐谥、"地方"得到"中央"的关注，更远非普通汉族文士一己之力可以促成。也速答儿的文化身份之所以能够确立，正是依赖于他的族群及政治身份。在这一点上他并非个例，元代中期以来，在四川本土"故宋衣冠之家"大量流徙之际，新移民中逐渐形成了一股以蒙古、色目等非汉族群体为主体的兴蜀力量。他们以"乡人"自期，又通过自己的"兴蜀"实践而被真正的蜀人所接纳，最终从原本的"次文明族群"，成为元代四川事实上的文化精英。在元代社会特有的政治秩序和文化背景之下，在以儒学为代表的汉文化的发展过程中，还是要借助非汉族士人群体的影响力。是这批元代政治地位与经济实力的实际拥有者，使得"兴蜀"真正具备了从一种思潮转变为现实实践的可能。

最后，杜甫能够在这个以"兴蜀"为旨归的事件中出现、并成为其中重要的文化符号，与杜诗中的"兴学"之倡，以及杜甫本人身后与四川日渐紧密的文化关联直接相关。而另一方面，也速答儿将杜甫作为四川的代表人物为其请谥、兴学，在继承已有文化基础的同时，也孕育了新的传统——短短数年之后，伴随着至正初年《(成都)氏族谱》的刊行乃至《成都志》的纂成，杜甫首次、也是唯一一次被表述为南宋华阳"忠义杜"一族的先祖。在这个或许失真却又被时人顺利接纳的建构中，这位唐代的诗人终于被正式固定在了成都乡贤谱系之列。

# 第四章

# 诗可以群：杜甫得谥与元代士林风貌

在探讨了"谥杜"背后的政治意涵与地域文化之后，本章试图将目光回归这一事件内部，来探讨其与元代士林整体风貌之间的联系。萧启庆的"多族士人圈"理论认为，元代中期以来，一个蒙古、色目士人群体业已形成，乃至成为蒙古、色目族群中一个值得关注的阶层。各族间共同的士人群体意识已经超过种族藩篱，具有正统儒学教育与士大夫文化的修养，并接受儒家基本理念与道德准则的规范。① 以这次"谥杜"的参与者为例，请谥人也速答儿来自蒙古族群，而谥号择定过程中有大量汉族文臣的参与，追谥完成之后的舆论鼓吹者则是虞集等一批汉族文士。他们均在文化上认同儒家学说，又在同一事件中发挥着影响。而当我们特别对参与其中的汉族文士加以关注，就会发现，这些也速答儿的鼓吹者，更在元代士林中具有相当程度的代表性。

从年龄来看，他们大体可以分为两辈，刘岳申、虞集、张雨在前，贡师泰、李祁、李元珪在后，活动时间大体贯穿整个元代中后期。从籍贯来看，除李元珪生于河东、晚年长期滞留吴中之外，其

---

① 参见萧启庆《九州四海风雅同》，台北：联经出版事业公司2012年版，第5页。

余诸人均为元代族群划分中的"南人",即传统意义上的中国南方汉族士人。从士林影响力来看,虞集为元代汉族士人中首屈一指的馆阁名臣,贡师泰是元世祖以来南人于省台为官的第一人,他们分别被时人视作各自时代的"文宗";李祁以进士出身、授翰林应奉文字,是元代士林的科举偶像;刘岳申曾被荐为辽阳儒学副提举而未就,而后又任太和州判,并曾于江西主持地方乡试,是江西一带的知名学者;李元珪则是寓居吴中一带的普通文士,与当时活跃于顾瑛草堂雅集的江南士人交游颇广。从诸人的交游网络来看,虞集与贡师泰之父贡奎为同僚,贡师泰随父入京,就读于国子学,虞集对其十分赏识;受邀为也速答儿赋诗的张雨,与虞集为多年好友,频有诗文、书信往来;刘岳申亦曾致书虞集,请其顾念江西同乡之旧,提携入京的门生;刘岳申与李祁又有师生之谊,李祁南下赴任时,刘岳申曾为之作《送李一初江浙儒学提举序》,而后李祁亦应刘氏门人所请,为刘岳申文集《申斋集》作序;贡师泰与李祁虽未见诗文往来,但二人均与色目士人余阙为毕生挚友。这些汉族文士是也速答儿其人其事的热情记录者,也是这位蒙古大监本人唯一可征的交游圈。他们的诗文虽然并非作于一时、一地,但各人之间却存在着一些特定的交集,其生平经历在整个元代士林具有相当程度的代表性。因而,我们对这批文士在本次事件中的参与情况的讨论,势必要站在"群体"而非"个体"的视角。

基于这一立场,本章将以"谥杜"的基本流程为线索,力图从整体架构上呈现出元代士人在请谥、议谥、定谥等环节中的参与情况,深入探查士人群体在"谥杜"中发挥的影响;此外,在这一过程中,通过考察这批汉族文士之间的紧密互动、彼此配合,来观察其背后的文学好尚、思想宗奉、政治心态与群体诉求等诸多因素,是如何或隐或显地在围绕杜甫的请谥与追谥中发生影响,并尝试由此勾连出一幅元代后期的士林图景。最后回到杜甫身上,来补充说明这位被元廷推举的唐代诗人,是如何从生平际遇到文学表达,在各个层面与这批元代士人产生了强烈的情感共鸣。

## 第一节　蒙古士人请谥对象的选择与
　　　　元代诗坛宗尚

也速答儿的"请谥"之举，固然代表着这位蒙古士人对于儒家典章制度的接受与认同，但另一方面，他将杜甫作为请谥对象的选择同样值得关注：对于也速答儿这样的蒙古士人来说，唐代诗人杜甫及其作品，是如何作为习熟的"文学知识"而最终进入其原本的文化背景之内？

为杜甫请谥的也速答儿，属于元代多族群士人圈中的一员。对于这一群体来说，除了一致认同的儒家价值观外，他们的日常文化互动同样是以汉族文化为基础。正如萧启庆先生所言，"元代蒙古、色目士人唯有参加汉族士人之文化活动，始能与汉族文士的主流融为一体"[①]。而关于多族群士人文化互动的表现形式，萧启庆将之概括为唱酬、雅集、书画品题、书籍编刊与序跋题赠等五种。其中，建立在诗文基础上的"唱酬"，是多族群士人文化生活中较为核心的部分。

本书中的也速答儿，尽管目前并无任何诗文作品传世，但他活跃于元代后期，正好是多族群士人圈壮大发展阶段，也是蒙古、色目士人汉学修养不断深化的阶段。他本人作为具有一定品级的文官，与当时广泛存在于元廷内部的汉族文臣也必然存在过诸多交集。加之其人其事曾获得一批汉族文士赋诗相赠，其中更有虞集、贡师泰、李祁这样极具士林声望的人物，因此，将也速答儿视作受汉族文化浸润较深的蒙古士人，当不为无据。对于这样一位与汉族文士来往颇密、身处于汉族文化传统中的蒙古士人，汉族文学尤其是其中的诗学，很可能是其日常文化生活特别是与汉族文士文学互动的主要

---

[①] 萧启庆：《九州四海风雅同》，台北：联经出版事业公司2012年版，第187页。

话题。因此，其时的诗坛样貌与文学典范，也就决定了也速答儿相关文学记忆的来源。

由此而观，在有元一代的诗坛中，唐诗作为一种主流的诗学典范得以确立。无论是文士的诗歌创作、诗法理论，还是诸如杨士弘《唐音》这样的唐诗选本、辛文房《唐才子传》这样的唐代诗人专史的出现，都可以视作贯穿整个元代诗坛的"宗唐"之风的具体表现。这股"宗唐"的风气随着延祐、天历年间"治世"的出现而达到极盛。《元诗选》的编纂者、清代学者顾嗣立曾做过如下总结：

> 元承宋、金之季，西北倡自元遗山，而郝陵川、刘静修之徒继之，至中统、至元而大盛；然粗豪之习，时所不免。东南倡自赵松雪，而袁清容、邓善之、贡云林辈从而和之。时际承平，尽洗宋金余习，而诗学为之一变。延祐、天历间，风气日开，赫然鸣其治平者，有虞、杨、范、揭，一以唐为宗而趋于雅，推一代之极盛，时又称虞、揭、马、宋。继而起者，世惟称陈、李、二张。而新喻傅汝砺、宛陵贡泰甫、庐陵张光弼，皆其流派也。[1]

由此可知，在延祐、天历年间，经由"元诗四大家"虞集、杨载、范梈、揭傒斯的倡导，这股"一以唐为宗而趋于雅"的风气达到极盛，并对此后的元代诗坛产生了深远的影响。

这股宗唐的文学风气，是也速答儿这样的非汉族士人步入元代文坛的最直观印象，也同样给他们的文学好尚打下了深刻的烙印。至正二十六年（1366）[2]，戴良在为色目士人丁鹤年的诗集撰写的序言中，回顾了元代非汉族士人的诗歌渊源：

---

[1] （清）顾嗣立：《寒厅诗话》，载《清诗话》，上海古籍出版社1978年版，第83—84页。
[2] 戴良《鹤年先生诗集序》原题为"至正甲午"，然至正并无"甲午"之年。陈垣《元西域人华化考》卷4考证当作"丙午"，即至正二十六年。

昔者成周之兴肇自西北，而西北之诗见之于《国风》者，仅自《豳》《秦》、而止。《豳》《秦》之外，王化之所不及，民俗之所不通，固不得系之列国，以与《邶》《鄘》《曹》《桧》等矣。我元受命，亦由西北而兴。而西北诸国，如克烈、乃蛮、也里可温、回回、西蕃、天竺之属，往往率先臣顺，奉职称藩。其沐浴休光，沾被宠泽，与京国内臣无少异。积之既久，文轨日同，而子若孙，遂皆舍弓马而事诗书。至其以诗名世，则马公伯庸、萨公天锡、余公廷心其人也。论者谓，马公之诗似商隐，萨公之诗似长吉，而余公之诗则与阴铿、何逊齐驱而并驾。此三公者，皆居西北之远国，其去豳、秦，盖不知几万里。而其为诗，乃有中国古作者之遗风，以足以见我朝王化之大行，民俗至丕变，虽成周之盛莫及也。①

这段文字也成了历来人们论及元代色目士人文学样貌时常用的材料。从中可知，马祖常（伯庸）、萨都剌（天锡）、余阙（廷心）作为时人眼中色目士人的代表，作诗时分别效法李商隐、李贺与阴铿、何逊。其中李贺与李商隐自是唐人无疑，阴铿、何逊虽然生活在南朝梁、陈时期，但就其诗歌而言，已初开唐人风格，而他们更是唐代最著名的诗人——李白与杜甫的师法对象。② 元代诗坛宗唐倾向在非汉族诗人身上的影响，由此可见一斑。

在这股普遍存在的宗唐气氛之下，具体诗学典范的确立就显得尤为重要。关于这个问题，当然不会有统一的答案，但杜甫在其中的地位显然无法忽视。如位列元代"儒林四杰"的柳贯，在《跋唐李德裕手题王维辋川图》开篇即言：

---

① （元）戴良：《鹤年吟稿序》，载戴良《戴良集》，李军、施贤明校点，吉林文史出版社2009年版，第238页；丁鹤年集前所录戴良之序，文字与本篇略有出入，见戴良《戴良集》，李军、施贤明校点，吉林文史出版社2009年版，第347页。

② 杜甫《与李十二白同寻范十隐居》谓"李侯耽佳句，往往似阴铿"；此外，杜甫亦在《解闷》诗中称自己"颇学阴何苦用心"。

第四章　诗可以群：杜甫得谥与元代士林风貌　　131

唐诗辞之盛，至杜子美兼合比兴，驰突骚雅，前无与让。①

更有甚者，元代文士对于杜诗的体悟与热爱，直至其生命中的最后一刻。如欧阳玄在《元故隐士更斋先生镏公墓碑铭有序》中有载：

（刘公）呼孙揆寅，语无他及，惟诵少陵"微尔人尽非"之句，脩然而逝。②

再如苏天爵《元故征士赠翰林学士谥文献杜公（瑛）行状》：

以至元十年九月十六日终于家，葬安阳县王裕村。将终，命诸子曰："我死，棺中第置杜甫诗集一编。"③

陈伯海将"宗唐得古"思潮下的元代诗坛分为"宗唐教化论""宗唐复古论""唐宋因革论""宗唐性灵派"四种流派。④ 其中值得注意的是，无论是从儒家政教出发强调"以诗观世"，还是从诗歌艺术精神出发推崇《诗经》"风雅"，抑或作为江西诗派的余续而折中唐宋，再或从性情出发倡导自抒胸臆，其中对杜甫的推崇都占据着极其重要的位置。换言之，在元人对唐诗的普遍宗奉中，杜甫是不同诗歌流派所共享的文学资源，"宗杜"可以被视为一种普遍的共识。

---

① （元）柳贯：《柳贯集》，魏崇武、钟彦飞点校，浙江古籍出版社 2014 年版，第 484 页。
② （元）欧阳玄：《欧阳玄集》，魏崇武、刘建立校点，吉林文史出版社 2009 年版，第 133 页。
③ （元）苏天爵：《滋溪文稿》卷 22，陈高华、孟繁清点校，中华书局 1997 年版，第 376 页。
④ 陈伯海：《唐诗学史稿》，河北人民出版社 2004 年版，第 330—331 页。

另一方面，诗人对于诗歌的追求绝非止于空泛而论，更要付诸创作实践。而作诗并不仅仅是汉族士人的专事。随着非汉族士人汉学造诣的不断深化，诗文创作同样是其与汉族士人交往过程中必备的文学修养。因此，对于整个元代士林来说，文学典范的推举就显得尤为重要。而典范选定之后又该如何有效地付诸实践，则更是他们需要共同面对的问题。在上述方面，杜诗众体兼备的"集大成"特点，则为他们的诗歌创作提供了具有操作性的学习途径。

早在元朝建立之前，元好问所撰之《杨府君墓碑铭并引》中就记载了杨氏家族庭训之中的学诗方法：

> 夐学古文，戒之曰："无独与同辈较优劣，能似古人，乃古文尔。吾虽不能，想理当然也。"有以白子西诗遗公者。公笑曰："吾欲吾儿读此耶？必欲学诗，不当从《毛诗》读耶？不然，亦需读杜工部诗耳！"①

而在此后元代士人具体的诗学实践中，"学杜"始终是最为行之有效的入门方法。对于影响蒙古大监也速答儿最深的文士交游圈——也即其文化事业的鼓吹者虞集、张雨、刘岳申、贡师泰、李祁等人而言，我们同样可以轻而易举地找到他们在诗歌创作中对杜甫的祖述，如元人姚绶在《句曲外史小传》中谓张雨"诗宗杜，惟肖古选，类大历间诸子"；刘岳申身居庐陵，很难不受江西诗派余韵的影响；李祁曾为刘岳申的门生，后又与李元珪同为元末顾瑛玉山雅集的座上客，而整个玉山雅集在文学方面同样弥漫着崇杜的风气。②

由此可见，这批可能对也速答儿发生过直接影响的汉族文士，

---

① 狄宝心校注：《元好问文编年校注》，中华书局2012年版，第368页。
② 顾瑛"玉山草堂"之名即源自杜诗"爱汝玉山草堂静"，雅集之上的分韵赋诗亦多取杜诗。

几乎全部都是杜甫的忠实祖述者——这实际上也正是在政治因素之外、也速答儿为杜甫请谥的文学史根源。而在这批汉族文士中,虞集与贡师泰被认为是各自时代的文坛领袖,因此,他们的诗学观念也就显得尤为重要。

首先来看虞集。明代胡应麟在《诗薮》中就称"元五言古,率祖唐人……虞文靖学杜,间及六朝"①。此外,虞集也有《杜工部五七言律诗》《赵虞选注杜律》等杜诗注本、选本留存。② 在传为虞集所做的《杜工部诗范德机批选序》中,虞集就强调了"学杜"对于当下作诗者的积极意义:

> 公(杜甫)之忠愤激切,爱君忧国之心,一系于诗。……学工部则无往而不在矣。③

既然杜甫已然是学诗者的不二典范,那么接下来需要面对的就是如何学杜的问题。也速答儿文化活动的另一位记录者、在元代后期文坛占有重要地位的贡师泰,就对此做出了说明。贡师泰幼承庭训,父亲贡奎亦是元代前期著名的诗文家,与虞集等人相善。离乡任职期间,贡奎曾写过一首诗给自己的父亲贡士濬,诗题为《岁晚写呈大人》:

> 逆风危舟驾一叶,青山纷纷飘白雪。怒鲸触泥飞鸟绝,正是江湖苦寒月。昨夜梦魂还到家,绕门杨柳苍烟遮。觉来欲归道路赊。封书寄远忆此时,故园花木迥春姿。堂前双亲袖梨栗,调笑吾儿读杜诗。④

---

① (明)胡应麟:《诗薮·外编》卷6,中华书局1958年版,第221页。
② 参见周采泉《杜集书录》,上海古籍出版社1986年版,第293—298页。
③ 参见罗鹭《虞集年谱》附录,凤凰出版社2010年版,第296—297页。
④ (元)贡奎:《岁晚写呈大人》,载《贡氏三家集》,吉林文史出版社2010年版,第55页。

贡奎在诗中表达了对家乡及双亲的思念。从尾联对家人生活情态细腻描摹中，亦可以看到"杜诗"作为家学之一种，在贡氏家族的传承。在诗坛宗唐之风最盛的延祐年间，贡奎入朝为官，贡师泰随行，随后经大臣推荐进入国子学，因此得以与先后担任学官的柳贯、虞集、揭傒斯、欧阳玄等前辈交往，并以诗文获得时名。至正年间，贡师泰两度担任学官，热衷文教事业，更因多次出任科举考官、举荐贤才而在士子中极具威望。

贡师泰曾作《陈君从诗集序》来阐发学杜的正确理路：

> 世之学诗者，必曰杜少陵，学诗而不学少陵，犹为方圆而不以规矩也。予独以为不然。少陵诗固高出一代，然学之者句求其似，字拟其工，其不类于习书之模仿、度曲之填腔者，几希！夫诗之原，创见于赓歌，删定于三百篇。汉、魏以来，虽有作者，不能去此而他求。今近舍汉、魏，远弃三百篇，惟杜之宗，是犹读经者，舍正文而事传注也。盖三百篇之作，有经有纬，秩然不紊。学诗者于此而有得焉，则汉、魏诸作，自可齐驱并驾，况少陵乎！此予之所以就存于中，而未敢以告人者也。[①]

这段文字意在拓宽学诗之取径，反对诗坛宗杜而不得法的风气。而细推之，贡师泰并非看低杜甫，而是不赞成的是"句求其似，字拟其工"的学杜方式，认为这样流于肤浅而未得"三百篇"之要旨。但另一方面，正是在以"三百篇"为"经"、以"杜诗"为"传注"的类比中，我们看到贡师泰依旧以杜诗作为阐发《诗经》大义的文学作品。

在《重刊石屏先生诗序》中，贡师泰将这一观点阐发得更为

---

① （元）贡师泰：《陈君从诗集序》，载《贡氏三家集》，吉林文史出版社 2010 年版，第 284 页。

明确：

> 诗不读三百篇，不足以言诗。然多杂出于里巷男女歌谣之辞，未必皆诗人作也。诗不尽作于诗人，而天下后世舍三百篇则无以为法者，宜必有其故哉。诗一降而为楚为汉，再降而为魏为晋，宋下至陈、隋，则气象萎薾，辞语靡丽，风雅之变，于是乎极矣。至唐杜子美，独能会众作，以继三百篇遗意，自是以来，作者不能过焉。宋三百年，以诗名家者，岂无其人，然果有能入少陵之室者乎？
>
> 当宋季世，有戴石屏先生者……其大要悉本于杜，而未尝有一辞蹈袭之。呜呼！此其所以为善学乎？①

至此，我们可以清楚看到贡师泰对杜诗的地位和价值，以及如何学杜方为"善学"的表述。稍晚的孔旸（1304—1382）在《午溪集序》中也就"如何学杜"的问题进行过探讨：

> 古今诗人莫盛于唐，唐之诗莫加于杜少陵。自少陵而后，学诗者有不以少陵为师，然能造其藩篱者盖鲜，况升堂入室乎？盖少陵号集大成，不惟其古、律诗皆备，而体制雄浑，穷妙极玄，实兼前人之所长。故其语有奇伟壮丽者，有冲淡萧散者，有高古者，有飘逸者。至论其入神处，则皆在于沉着痛快焉。学之者不辨其体制，而混然一概师之，譬之欲涉江河，罔知津渡之攸在，虽沿江河而步，彷徨竟日，终不得而济矣。……学诗者苟得少陵之一体而精焉，则可以言小成矣。②

---

① （元）贡师泰：《重刊石屏先生诗序》，载《贡氏三家集》，吉林文史出版社2010年版，第286页。
② （元）孔旸：《午溪集序》，《全元文》第52册，凤凰出版社2004年版，第58—59页。

如果说贡师泰所谓"大要悉本于杜,而未有一辞蹈袭之",以及孔旸所谓"辨其体制",尚属就大方向而言;那么元代丰富的诗法著作则大量以杜诗为例,为士人提供了细致入微的学诗指导。现存元代诗法著作的真伪问题历来颇有争议,或以为坊贾托名伪作。但正如陈伯海在《唐诗学史稿》中所言,虞、杨、范、揭作为元代最负盛名的诗人,均对诗法表现出了相当的兴趣,当时诗法之盛由此可见一斑。在现存元代诗法著作中,就有旧题杨载撰写的《杨仲弘注杜少陵诗法》《杜律心法》(或题吴成、邹遂、王恭撰),以及作者不详的《杜陵诗律五十一格》等;而传为范梈门人傅若金所述之《诗法正论》,在讨论作诗"起承转合之法"时,范梈每论及一处,必以杜诗为例;求学者亦以杜诗为样本而举一反三。①

在如此细致入微的诗法研习中,杜诗几乎成了元代士人学习汉诗写作的教科书。同样浸润于这股诗坛风气之下的蒙古、色目士人,也就理所当然地与汉族士人一道,成了杜甫的忠实祖述者。在戴良的《鹤年吟稿序》中,我们就可以看到身为色目士人的丁鹤年,是如何自觉继承了杜甫留下的文学遗产:

> 鹤年亦西北人……观其古体歌行诸作,要皆雄浑清丽可喜,而注意之深,用工之苦,尤在于七言律。但一篇之作,一语之出,皆足以寓夫忧国爱君之心,闵乱思治之意。读之使人感愤激烈,不知涕泗之横流也。盖其音节格调,绝类杜子美,而措辞命意,则又兼得我朝诸阁老之所长。故其入人之深,感人之妙,有非他诗人之所可及。②

除此之外,我们也能在元人的诗歌创作中,屡屡见到对杜诗的

---

① 参见张健编著《元代诗法校考》,北京大学出版社 2001 年版,第 242—256 页。
② (元)戴良:《鹤年吟稿序》,载《戴良集》,李军、施贤明校点,吉林文史出版社 2009 年版,第 238 页;丁鹤年集前所录戴良之序,文字与本篇略有出入,载《戴良集》,李军、施贤明校点,吉林文史出版社 2009 年版,第 347 页。

化用。譬如虞集在《述怀》诗中曾有"可怜蓬鬓已惊风，好在葵心犹向日"的剖白，《空山歌》中有"嗟予晚岁始能退，宁有文章惊海内"的自述，均是对杜诗"葵藿倾太阳，物性固莫夺""岂有文章惊海内"基础上的发挥。这一文学现象在非汉族士人中也并不罕见。如色目士人萨都剌"门前马嘶车辚辚"（《织女图》）、"辚辚车马去如箭"（《征妇怨》），即是对杜甫"车辚辚、马萧萧"（《兵车行》）的化用；色目士人迺贤"安得天河洗甲兵，坐令瀚海无尘烟"（《羽林行》）脱胎于杜诗"安得壮士挽天河，净洗甲兵长不用"（《洗兵马》）；如此种种，不一而足。

综上所述，作为请谥者的蒙古士人也速答儿，同时也是元代"多族士人圈"中的一员。这位蒙古大监，与"多族士人圈"中的每一位非汉族士人一样，与汉族士人保持着紧密的文化互动，而诗歌是其中最为重要的媒介。另一方面，在包括汉族与非汉族在内、整个元代士林的诗学宗尚中，杜甫则是至关重要的一环。他既是各族士人共享的文学典范，也为士人的诗学实践提供了可以效仿的途径，而后者对处于学诗阶段的非汉族士人而言尤其重要。也正因如此，这位唐代诗人才得以扎根在他们的文化背景之内，乃至最终成为非汉族士人所习熟的文化资源。总而言之，也速答儿选择为杜甫请谥背后，尚有元代诗坛宗唐、崇杜、学杜的文学史根源。

## 第二节　元廷文臣对于"文贞"谥号的拟定

前文从"谥杜"中的请谥环节出发，探讨了蒙古士人也速答儿将杜甫作为请谥对象背后、文学自身发挥的重要力量。而具体到"谥杜"的具体过程，"请谥"之后，是有司的"议谥"环节，需要就得谥人的追谥资格，以及谥号的具体用字进行讨论。这又为"谥杜"带来了新的问题：首先，得谥者通常需要具有一定的官品，或为孔子这样的先圣先贤，而杜甫并不属于此列，为何会在文臣群体的勘定之下被认为具有得谥的资格？其次，杜甫最终得谥"文贞"，这两个字代表着文臣群体对于杜甫怎样的理解？

首先来看元代的追谥流程。《元典章》卷 11《吏部卷之五·职制二·封赠》中的一段记载可以帮助我们对这一过程稍作了解：

> 流官父祖曾任三品以上者，许请谥。凡请谥者，许其家具本官平时德业、文学、勋劳、政绩，别无过恶，经由所载官司照勘体覆相同，保结，申吏部勘会明白，行移太常礼仪院验事迹定谥，议拟应得封赠呈省。①

由此可知，追谥作为一种代表官方意志的国家礼仪制度，在请谥人上呈请谥文牒之后，仍需"经由所载官司照勘体覆相同，保结，申吏部勘会明白"。审核的内容既包括事主生前的品级地位，也包括相应的事迹。从元代的规定来看，官阶在三品以上方得请谥，杜甫显然不属此列。

另一方面，尽管对于先圣前贤的封赠或可不依此例，但从元代实际封赠情况来看，杜甫仍然十分例外。根据《元史·顺帝本纪》，就在追谥杜甫的同年（1337）正月，元廷封晋郭璞为灵应侯；五月加封文始尹真人为无上太初博文文始真君，徐甲为垂玄感圣慈化应御真君，庚桑子洞灵感化超蹈混然真君，文子通玄光畅升元敏秀真君，列子冲虚至德遁世游乐真君、庄子南华至极雄文弘道真君；如果将目光拉长，更早时候受到封赠的往圣前贤还包括大德十一年（1307）加封孔子为"大成至圣文宣王"；仁宗延祐五年（1318）七月，"加封楚三闾大夫屈原为忠节清烈公"；泰定帝致和元年（1328）"改封唐柳州刺史柳宗元曰文惠昭灵公"，等等。从这份封赠名单可

---

① 陈高华等点校：《元典章》第 4 册，天津古籍出版社、中华书局 2011 年版，第 38 页。

以发现，首先，其中包含大量的方外人物，从中亦可说明元朝君主对于道释的兴趣要大于儒学，其中与"文士"最为贴近的大概是被钟嵘《诗品》誉为"始变永嘉平淡之体，故称中兴第一"的晋代郭璞，但是从他的封号"灵应侯"来看，元廷最为看重的仍然是其卜筮方术之能。其次，除杜甫之外的其他受封的文士，生前均已有一定品级。[①] 这在《元史》的表述中也可以看到，如《仁宗纪》称"加封楚三闾大夫屈原"，《泰定帝纪》称"改封唐柳州刺史柳宗元"，而《顺帝纪》却仅称"谥唐杜甫"。最后，以上诸人虽然同属封赠范畴，但其中只有杜甫属于"追谥"，其他人均为"追封"，这也是一个很大的区别。

由此可见，若仅就追谥制度本身而言，政治身份低微的诗人杜甫，并不具备获得赐谥的先天合法性。因此，在蒙元政权尤其是其中的文臣群体承认杜甫具备获谥资格的背后，应尚有杜甫地位得以提升的理据。

从元代士林的整体思想环境来看，这离不开理学思潮的影响。程朱理学，尤其是朱熹的思想学说，在有元一代被上升为士林之正统思想，而科举又是其合法地位得以制度化的不二法门。元皇庆二年（1313），中书省在对仁宗说明本朝恢复科举之主旨时，就已经明确了这样的导向。据《通制条格》卷五《学令·科举》：

> 学秀才的经学、词赋是两等，经学的是说修身、齐家、治国、平天下的勾当，词赋的是吟诗、课赋、作文字的勾当。自隋唐以来，取人专尚词赋，人都习学的浮华了。罢去词赋的言语，前贤也多曾说来。为这上头，翰林院、集贤院、礼部先拟德行明经为本，不用词赋来。俺如今将律赋省、题诗、小义等都不用，止存留诏诰章表，专立德行明经科。明经内四书五经以程氏、朱晦庵批注为主，是格物致知修己治人之学。这般取

---

① 孔子因身份特殊，不在此列。

人呵,国家后头得人才去也!"①

中书省的奏报旋即得到了元廷的采纳。其后拟定的考试程式,则更是其落到实处:

> 第一场明经经疑二问,《大学》、《论语》、《孟子》、《中庸》内出题,并用朱氏章句集注……《诗》以朱氏为主,《尚书》以蔡氏为主,《周易》以程氏、朱氏为主,已上三经,兼用古注疏。《春秋》许用三传及胡氏传,《礼记》用古注疏。②

在官方的倡导与规范之下,朱子学也就理所当然地被视作元代文士所必需的知识储备。就在对朱熹的普遍宗奉中,他的思想学说、道德评判乃至文学观念,无一例外地将会成为元代士林的主流价值取向。而朱熹对于杜甫其人早有定评,据其《王梅溪文集序》

> 于是又尝求之古人以验其说,则于汉得丞相诸葛忠武侯、于唐得工部杜先生、尚书颜文忠公、侍郎韩文公,于本朝得故参知政事范文正公,此五君子,其所遭不同,所立亦异,然求其心,则皆所谓光明正大、疏畅洞达,磊磊落落而不可揜者也。其见于功业文章,下至字画之微,该可以望之而得其为人。③

从中可见,在古今人物之中,朱熹仅仅标举诸葛亮、杜甫、颜真卿、韩愈与范仲淹五人,将他们视作光明正大的立身典范。至于他们的功业文章,乃至字画"末技",无一不可见其品性,是谓

---

① 方龄贵校注:《通制条格校注》,中华书局2001年版,第220页。
② 方龄贵校注:《通制条格校注》,中华书局2001年版,第220页。
③ (宋)朱熹:《晦庵先生朱文公集(一)》,刘永翔、朱幼文校点,载朱杰人、严佐之、刘永翔主编《朱子全书》第20册,上海古籍出版社、安徽教育出版社2010年版,第3641页。

"望之而得其为人"。而就在朱熹推崇的"五君子"中，除杜甫外的余下诸位皆为一时之重臣，杜甫以低微之官阶列于其间却又俯仰无愧。到了元代，随着朱子学说进入元代国家意识形态，朱熹此番对于杜甫的评定，使杜甫足以与历代重臣等视的政治地位真正获得了相应的合法性。这也正是杜甫能够作为元代追谥对象的理据。甚至我们还可以看到，在此"五君子"中，诸葛亮、颜真卿、韩愈、范仲淹四人分别被朱熹以谥号尊称为"诸葛忠武侯""颜文忠公""韩文公""范文正公"，只有当时身后并无追谥尊荣的杜甫被称为"杜先生"。政治地位能够比肩，却又在表述中无法享受同等的尊荣——如若自后视视角而观，朱熹这段评判也未尝没有为此后元代杜甫得谥埋下的伏笔。总而言之，杜甫在元代能够被廷臣视作可以追谥的对象，很可能是由于朱熹曾经的推崇。朱熹将杜甫视作古往今来道德最高之列，元代文臣也随之为杜甫选择了最上等的谥号"文贞"。

值得注意的是，与元廷对其他先贤的封赠情况不同，杜甫的"文贞"谥号可谓是"横空出世"。元代对其他儒家人物的封赠，包括得封"大成至圣文宣王"的孔子、得封为"忠节清烈公"的屈原、得封"文惠昭灵公"的柳宗元，以及得谥"文贞"的杜甫。其中除杜甫外，其他诸人均曾受到过前代王朝的封赠，因此他们在元代的封号实有一定的基础。身份最为特殊的孔子，自鲁哀公时期就有封赠，其中唐玄宗时封"文宣王"、宋真宗时封"至圣文宣王"，元代再加"大成至圣文宣王"；屈原在宋神宗时封"忠洁侯"、徽宗时封"清烈公"，元代在此基础上加封"忠节清烈公"；柳宗元在宋徽宗时封"文惠侯"、宋高宗时加封"文惠昭灵侯"，元代则是在不改封号的情况下进"侯"为"公"，加封为"文惠昭灵公"。正因如此，在元代以前从未有过身后封赠的杜甫，"文贞"这一谥号的出现及其含义，才更加值得我们关注。

通常来讲，谥号的用字需遵循一定的规范，即在谥法规定的用字及其释义范围内，结合逝者生前的品行来进行选择。对此直接做出解释的文本是"谥议文"，文中在悉述事主生平大要之后，多以

"谨按谥法"指出谥号用字的意义作结。然而由于文献的缺失，我们现在已然无从获取与"谥杜"相关的任何文本，只能依据其他得谥"文贞"的案例进行类比分析。

在元代以前，史上不乏身后赠谥"文贞"的人。唐代封演所撰的《封氏见闻记》卷四《定谥》中，就记在了当朝追谥"文贞"的情况：

> 太宗朝，郑公魏征，玄宗朝，梁公姚崇，燕公张说，广平公宋璟，邠公韦安石，皆谥为"文贞"二字，人臣美谥，无以加也。非德望尤重，不受此谥。有唐以来，五人同谥，亦无嫌也。①

从这段记载中，一方面可以看到，"文贞"作为无以复加的最高等级谥号，在择定的过程中必然慎之又慎；另一方面，封演也列举了有唐以来五位得谥"文贞"的重臣典范。其中在后世认可度最高、影响力最大的，恐怕要数唐太宗时期的名相魏征。后来的《新唐书》卷140《吕諲传》中记载了独孤及与严郢关于吕諲谥号的讨论，独孤及便援引了魏征得谥"文贞"的典故：

> 魏徵以王道佐时近"文"，爱君忘身近"贞"，二者并优，废一莫可，故曰文贞。②

到了元代，魏征仍然是当时士人阶层最为推崇的为臣表率，而与推崇魏征并行的，是将善于纳谏的唐太宗与敢于直谏的魏征作为"明君贤相"的理想模型，这也同样符合元代主流士人群体对于

---

① （唐）封寅：《封氏见闻记校注》，赵贞信校注，中华书局1958年版，第30页。
② （北宋）宋祁、欧阳修等：《新唐书》卷140《吕諲传》，中华书局2011年版，第4651页。

"君臣遇合"的期待。世祖时期，十六岁的不忽木"独书《贞观政要》数十事"进呈仅仅只是开端，到了仁宗时期，"通诸国字书"的色目儒臣察罕"尝译《贞观政要》以献，帝大悦，诏缮写遍赐左右"①。后来的元英宗同样显示出对唐太宗、魏征君臣的兴趣，曾询问右丞相拜住"今亦有儒唐魏征之敢谏者乎"，拜住以"有太宗纳谏之君，则有魏征敢谏之臣"作答。② 而就在元廷追谥杜甫为"文贞"的前几个月，顺帝嘉赏监察御史丑的、宋绍明等人的进谏之举，并在其辞让之时称"昔魏征进谏，唐太宗未尝不赏，汝其受之。"另一方面，在对魏征其人的全面肯定之下，元代对于其谥号"文贞"也完全接纳。元人王恽就作有《文贞公笏铭》，文中称"唐有天下垂三百年，于粲者贞观之治焉。其效盖仁义之一言"。泰定年间，在监察御史忽鲁大都与亚中大夫李义甫倡议之下，于传为魏征故里的四川保宁建立了"文贞书院"，纪念这位地方先贤。③

另外，元人得谥"文贞"的情况，也可以为我们理解杜甫之谥"文贞"提供参考。在《元史》列传中，明确记载身后谥"文贞"的人物有六位，依照原书记载次序，分别为色目重臣不忽木、蒙古名臣也先不花、色目士人马祖常、汉儒重臣刘秉忠、汉族儒臣王利用、汉族名儒同恕。此外仍有《元史》有传、但其"文贞"谥号阙载者，如曹伯启，《元史》本传未言其谥号，元人苏天爵为其撰有

---

① 《元史》卷137《察罕传》，中华书局1976年版，第3311页。关于察罕其人，另可参考杨志玖《元代回回史学家察罕》，《回族研究》1997年第2期。
② （元）黄溍：《中书右丞相赠孚道志仁清忠一德功臣、太师、开府仪同三司、上柱国、追封郓王谥文忠（拜住）神道碑》，载《黄溍全集》，天津古籍出版社2008年版，第642页。
③ 《大明一统志》："文贞书院，元建。以唐魏征生于此，因名。"《四川通志》卷79《学校志·书院》："文贞书院，在剑州武连县，元泰定帝迁治于梓潼。监察御史忽鲁大都与亚中大夫李义甫以魏征生此，因改旧学建书院"；道光《保宁府志》卷27《学校志》："文贞书院在剑州武连驿。元泰定年间迁县治于梓潼，监察御史忽鲁大都与亚中大夫李义甫以魏征生此，因改旧学建书院，今废。"载《中国地方志集成》第56册，上海书店1993年版，第175页。

《元故御史中丞曹文贞公祠堂碑铭有序》①，虞集亦为之文集作《曹文贞公汉泉漫稿序二首》②；又如刘赓，《元史》本传同样未言其身后得谥，柯劭忞在《新元史》卷185刘赓本传中将"谥文贞"一事补入。另有元代得谥"文贞"而《元史》未为之立传者，如儒臣高昉元史无传，苏天爵《滋溪文稿》卷11有《元故赠推诚效节秉义佐理功臣光禄大夫河南行省平章政事追封魏国公谥文贞高公神道碑铭并序》，文末载其"谥文贞"，并称之为"始终哀荣，可谓备矣"③，柯劭忞《新元史》卷201为其立传，并载"文贞"之谥。

以上元代被谥"文贞"的九人之中，包括元代各个时段的汉族与非汉族重臣。

他们的请谥状、谥议文均无留存，因此无从知晓"文""贞"究竟来自谥法中的哪一条解释。但从他们的生平行事中的共通之处来看，仍然可以捕捉到相同用字背后的缘由：

首先，上述九人虽然从属不同族群，但均对儒法十分推重，因此皆属"儒臣"的范畴。在非汉族诸臣中，也先不花则属蒙古怯烈氏，被世祖视作"吾旧臣子孙，端方明信，闲习典故"；不忽木是康里人，先后师从王恂、许衡，因而熟谙经史，与世祖至元十三年（1276）与同舍生坚童、太答、秃鲁等人上疏，要求遍立儒学、"化民成俗"。因此，《赠谥制》谓其"属熙朝更化之初，开明堂垂拱而治"，陈垣在《元西域人华化考》中更称其为"纯儒"；马祖常为雍古人，累官至礼部尚书，笃于儒学而又工于诗文，元文宗曾谓"中原硕儒唯祖常"；其他诸位汉族儒臣的崇儒之举，如刘赓"久典文翰，当时大制作多出其手"、同恕"家世业儒"，执教乡里、两主乡试；而其中尤其重要的是，不忽木、也先不花、刘秉忠等世祖朝重

---

① （元）苏天爵：《滋溪文稿》，陈高华、孟繁清点校，中华书局1997年版，第150—153页。

② 王颋点校：《虞集全集》，天津古籍出版社2007年版，第497页。

③ （元）苏天爵：《滋溪文稿》，陈高华、孟繁清点校，中华书局1997年版，第163—168页。

臣，除了自身服膺儒学之外，更是在切实推动了面向汉地的蒙元政权典章文化的全面确立。

其次，对于政权的忠诚这些臣子最重要的品质。以上九人皆非生活于易代之际，因而不存在出处问题上的选择，因此这里所谓的"忠"，更多体现在对于臣子本分的坚持上。从上述得谥"文贞"者的仕宦经历来看，几乎均有"上疏直谏"的一面。色目重臣不忽木除了上疏建言立学之外，更在十六岁时，逢元世祖欲观国子所书字，"独书《贞观政要》数十事以进，帝知其寓规谏意，嘉叹久之"，并在入仕之后屡有直谏，"事有不可行，公必侃侃正言，援引古今"；蒙古名臣也先不花早年被元世祖委以傅作燕王的重任，并嘱托燕王"每事问之"，此后亦曾急奏于上、仗义执言；色目名臣马祖常曾任监察御史，对于君王立身为政屡屡谏言；刘秉忠的功绩虽然主要集中于国家典章制度方面，但同样也曾在上疏中提醒为君者当亲贤远佞，《赠谥制》称其"适当三接之际，恳上万言之书"、"剀切数百奏，各中其理"；王利用在成宗时期任太子宾客，"首以切于时政者疏上十七事……帝及太子嘉纳之。皇后闻之，命录别本以进"；同恕功在兴学之外，亦曾"入见东宫，祠酒慰问。继而献书，历陈古谊，尽开悟涵养之道"；曹伯启为官时则奉行"主上聪明睿断，是不可以不诤"，于是"乃劾台臣缄默，使昭代有杀谏臣之名，帝为之悚听"。综上所述，无论是从元代最负盛名的"唐魏文贞"，还是当朝得谥"文贞"的臣子来看，其中大体皆为有功于国家文治，同时又具有忠于职事，尤其是敢于犯颜直谏的品质。

那么，元代谥号中的"文"与"贞"究竟通常指向怎样的含义呢？元代虽然并无专门的谥法著作传世，但从元人苏天爵编纂的《元文类》卷40至卷42所收录的《经世大典序录》中可知，这部文宗时期的官修政书《经世大典·臣事·礼典》中曾设有谥门。明代《永乐大典》卷13345至卷13366为"谥"字部，收录谥法三卷，历代帝、后、妃、公主、夫人、命妇、王、公、侯、伯、子、男、群臣谥十六卷，事韵二卷，共计二十二卷，其中"谥法一"的主要内容即来自《经世大典·礼典十·谥》,可惜流传不广。① 民国三年(1914),时任清史馆总纂官的柯绍忞综合前人相关研究成果,撰成《新元史》,其中设有"谥法",是目前保存最为完整的关于元代谥法的记载。据《新元史》卷89《谥法·臣谥》:

> 博闻多见曰文、敬直慈惠曰文、勤学好问曰文、修治班制曰文、与贤同升曰文。②

又:

> 大虑克就曰贞、直道不挠曰贞、清白守节曰贞、内外用情曰贞、不隐幽屏曰贞、图国荒死曰贞;名实不爽曰贞、事君无猜曰贞、固节干事曰贞。③

此外,元人文集中也有部分不见于《新元史·谥法》的用例,如柳贯《王晦谥文靖》言"谨按谥法:德美才秀曰文"、④《买住谥文简》载"谨按谥法:忠信接礼曰文"⑤,便可看作对"文"谥意义的增补。

综上所述,由于"谥议文""赐谥制"等直接文献的缺失,使

---

① 参见汪受宽《谥法研究》,上海古籍出版社1995年版,第252页。另见汪受宽《〈永乐大典〉"谥"字残卷的价值》,收入《历史文献研究(北京新九辑)》,北京师范大学出版社1998年版,第288—294页。汪受宽《谥法研究》一书附录部分有其从各种古籍钩稽出的《谥字集解》,其中包括对《永乐大典》的辑佚。

② 柯绍忞:《新元史》,载《元史二种》,上海古籍出版社、上海书店1989年版,第419页。

③ 柯绍忞:《新元史》,载《元史二种》,上海古籍出版社、上海书店1989年版,第419页。

④ (元)柳贯:《王晦谥文靖》,载《柳贯集》,浙江古籍出版社2014年版,第213页。

⑤ (元)柳贯:《买住谥文简》,载《柳贯集》,浙江古籍出版社2014年版,第219页。

得我们不能确知杜甫谥号中的"文"与"贞"究竟分别对应谥法中的哪一条解释。但是在对元代及前代得谥"文贞"之人的梳理中可以看到，这些先贤身上仍然存在某些共通之处：典文翰、行儒术，与"文"字谥的若干释义相合；忠于所事、刚正不阿，与"贞"谥的若干释义相符。而对于毕生"窃比稷契"为理想、却又在得之不易的仕途之中因房琯事直谏犯颜旋即被贬、终究"数尝寇乱，挺节无所污，为歌诗，伤时桡弱，情不忘君"的杜甫而言，其生平际遇在元代文臣看来，足以与"文贞"之谥相称。

最后想要说明的是，"追谥"固然是国家意志的体现，但谥号的拟定过程，则更多是士人阶层在发挥作用。特别是在君主汉文素养十分有限，同时也对儒家礼仪制度缺乏兴趣的元代，在为杜甫择定谥号的过程中，文臣群体实则掌握着相当大的话语权。《元史》卷84《选举制四》即载：

> 凡礼部集吏部、翰林国史院、集贤院、太常等官，议封赠谥号等第，制以封赠。①

在这些机构之中，又以上呈太常礼仪院最为普遍。据《元史》卷88《百官志四》：

> 太常礼仪院，秩正二品，掌大礼乐、祭享宗庙社稷、封赠谥号等事。②

因此，在大量与追谥相关的元代文献中，都可以看到"太常"的存在。譬如王磐在为已故的刘秉忠撰写的《故光禄大夫太保赠太傅仪同三司文贞刘公神道碑铭并序》中就称：

---

① 《元史》，中华书局1976年版，第2114页。
② 《元史》，中华书局1976年版，第2217页。

> 至元十一年,扈从至上都,居南屏之精舍。秋八月壬戌之夜,俨然端坐,无疾而薨,享年五十有九。……十二年春正月,诏赠太傅仪同三司,下太常议,谥曰文贞。①

除了太常礼仪院之外,元廷其他的文治机构,如礼部、翰林国史院等,也在追谥流程中有不同程度的参与。比如礼部,据《元史》卷85《百官志一》:

> 礼部……掌天下礼乐、祭祀、朝会、燕享、贡举之政令。凡仪制损益之文,符印简册之信,神人封谥之法,忠孝贞义之褒,送迎聘好之节,文学僧道之事,婚姻继续之辨,音艺膳供之物,悉以任之。②

再如翰林国史院,据袁桷《翰林承旨王公请谥事状》:

> 今群臣封谥,下太常,必由翰林议官品……窃惟圣朝褒录臣下,见于令典。谨摭其居官行事,请于太史,上于太常。③

而元代的太常礼仪院、礼部、翰林国史院等文治机构,正是汉族士人群体的集中之地。即便谥号最终的选定要通过皇帝的制文发布于世,但在实际操作中,元廷的文士群体实则对此掌握着相当大的话语权。因此,"谥号"在体现官方价值导向的同时,也在很大程度上代表了这批元廷内部的文臣,尤其是汉族文臣群体对于事主的观感。换言之,就杜甫得谥"文贞"而言,除了请谥人也速答儿之

---

① (元)刘秉忠撰:《藏春诗集》卷6"附录",《北京图书馆古籍珍本丛刊》,书目文献出版社1991年影印本,第91册,第231页。
② 《元史》,中华书局1976年版,第2136页。
③ (元)袁桷:《清容居士集》,王颋点校,浙江古籍出版社2015年版,第790—791页。

外，供职太常礼仪院、礼部、翰林国史院等机构的文臣群体，实则是元代围绕杜甫的请谥与追谥中的隐性存在的重要参与者。他们的杜甫记忆，直接推动了其"文贞"谥号的诞生。

总而言之，借由理学在元代士林的崇高地位，朱熹曾经的崇杜之举也就辗转成了杜甫地位提升的理据，乃至为后来的得谥埋下了伏笔。而在谥号的具体选择上，元廷文臣从杜甫"窃比稷契"的致君理想、为官之时直谏犯颜、寇乱之中大节不污等其与政权之间的交集着眼，并以历代得谥"文贞"的忠臣名相为参照系，最终为杜甫确定了"文贞"这一谥法之中最高等级的谥号。从整个杜甫得谥的过程中，我们既可以看到这位唐代诗人的身后遭遇与其时思想潮流的紧密联结，也应该看到供职于元廷的文臣群体，是如何借助自己有限的文化权力，将自己对于杜甫的推重通过"文贞"谥号的择定而表达出来。

## 第三节　诗人得谥与汉族文士的群体诉求

从也速答儿的"请谥"，到元廷文臣讨论之下、"文贞"谥号的择定，整个追谥的法定流程至此便告一段落。然而对于作为文化事件的"谥杜"而言，故事仍在继续。

如前所述，请谥人也速答儿与参与定谥的文臣群体均未就"谥杜"留下只言片语，我们今天能够知晓此事，实际上要有赖于另一批汉族文士的宣传。虽然目前并没有证据表明，他们曾经切实参与了请谥的推动以及定谥的讨论；但通过对"杜甫得谥"不遗余力的鼓吹，他们俨然成了元代谥杜一事最关键的舆论推动力量。这批身为旁观者的汉族文士为何仍然乐此不疲地成了"谥杜"乃至也速答儿其人的舆论鼓吹者？这种积极参与的态度，对于生活境遇往往不甚如意的元代文士阶层而言，存在怎样的现实意义？这些问题，直接关乎元代汉族文士群体的境遇与诉求,从中亦能勾勒出一幅元代士林的图景。

在中国传统社会,"儒"之于国家意识形态的重要程度,直接关系着文士的生存状况和社会地位。元代之前的传统汉族王朝,往往以"文、治结合"作为理想模型。在这种理想状态之下,儒学处于绝对的独尊地位,代表着国家意识形态;即便象征"治统"的王朝与政权在不断更替,儒学却始终作为政权合法性的来源而被长久尊奉;掌握着儒家话语权的汉族文士阶层,也因而被视作整个国家机器中不可或缺的基石。

然而在非汉族群统治之下的蒙元时代,情况却发生了根本性的改变。此一时期,国家内部的构成更为复杂,自其政权建立之初即有不同族群混杂、多种宗教并行,即便后来统治中心移至汉地,统治者意识到天下"不可以马上治",但很长一段时期内,元廷也并未对儒学显示出特别的兴趣,而只是统治策略上的倾斜。在"文"与"治"的断裂之下,儒学地位的失落,又使得汉族文士赖以维系的政治地位迅速消解,甚至几乎丧失了进入国家政权的正常渠道。这对于汉族文士阶层而言,是以往任何时候都不曾面对的困境。

这种社会环境的剧变反应在士林之中,催生了不同的人生选择。日本著名的汉学家吉川幸次郎先生即从部分士人与政治的隔绝状态出发,解释了此一时期"文人的产生"。[①] 这也几乎代表了当时乃至此后较长一段时间内,研究者对元代文学生态的普遍印象。而另一方面,我们也应该注意到,期间仍有相当一部分元代文士对入仕抱有期待,即便求仕屡遭失败,其进入政权的意愿并未彻底冷却。甚至可以说,越是在政治空间又极度压缩的情况之下,这批元代汉族文士对于改变现状的诉求就愈发强烈。他们希望重回仕途,但在以族群区分等级、多种意识形态并行的蒙元时代,无论是儒学自身的

---

① [日]吉川幸次郎:《宋元明诗概说》,李庆等译,中州古籍出版社1987年版,第215页。

合法性，抑或文士阶层的政治地位，都并非与生俱来。因此，他们又不得不努力接近权力阶层，努力引起握有实权的蒙古、色目上层的注意。

由此而观，我们也就能更容易地从元代士人阶层的诸多文化动向中找到理据。譬如，申万里在《元代江南儒士游京师考述》一文中就曾考察了元朝大量江南儒士北游京师的活动，指出这种现象反映了江南儒士在处境不利的情况下，对于改善生存状况、实现自身价值的努力，其中不乏鼓吹儒学、以文求官之人。① 与之类似的是黄二宁的《元代南人献赋本事考》。该文围绕"献赋"这一既能展示士人学识才华、更加表明其政治态度的行为，来考察有意仕进的元代南方汉族士人各自献赋之本事，还原了元代南方士人在科举不畅之时为争取政治地位而形成的积极干谒之风。② 而对于更上层的汉族文士，美国史学家蓝德彰（John Dexter Langlois）在《虞集和他的蒙古君主：作为辩护者的学者》一文中即以汉族文臣领袖虞集为中心，探讨了这批供职于奎章阁等元廷文治机构的汉族文士是如何通过各种儒学实践，竭力为这个蒙元王朝塑造其正统形象，并从中获得政治地位及心理满足。③ 得益于这些前辈学人的研究，我们可以更加全面地把握有元一代汉族文士群体的生存境遇与政治心态。

但另一方面，个体成员凭借一己之力受到统治阶层的关注，并不能从根本上改变整个群体的社会处境。对于整个文士群体来说，仍然需要权力阶层对于他们共同的"立身之本"加以重视，这主要就是儒学，以及一切具备阐发儒家价值观功用的文学表达。因此，

---

① 参见申万里《元代江南儒士游京师考述》，《史学月刊》2008年第10期；申万里《理想、尊严与生存挣扎：元代江南士人与社会综合研究》，中华书局2012年版。
② 黄二宁：《元代南人献赋本事考》，载王宁主编《民俗典籍文字研究》第14辑，商务印书馆2014年版，第79—94页。
③ 参见John Dexter Langlois, "Yü Chi and His Mongol Sovereign: The Scholar as Apologist", *Journal of Asian Studies*, Vol. XXXVIII, No. 1, November, 1978, pp. 99–116；另见［美］蓝德彰《虞集和他的蒙古君主：作为辩护者的学者》，沈卫荣译，载张志强主编《重新讲述蒙元史》，生活·读书·新知三联书店2016年版，第174—197页。

从根源上来看，重新在"文治结合"的诉求中阐发"文"之于政权本身的重要意义，也就成了元代文士阶层争取群体政治地位的唯一出路。需要说明的是，这里的"文"，除了指用以立国治下的儒家学说之外，也包括一切阐发儒家思想、抑或符合儒家价值导向从而具有政治功用的"文学"，而后者正是文士阶层最为熟习的话语资源。

"文、治结合"的诉求落实到"文学"领域，也就是要将"文学"的意义与"国家"相连。这实际上对二者均提出了要求：一方面，文学作品要善于表现国家气象。与描摹"一己之私"相比，这里需要的是具有社会功用的文学表达；另一方面，国家权力也要重视并支持"文学"——不是单纯鼓励诗文创作，而是要求权力阶层重视文学作品的政教意义及其背后的儒学价值观，进而扶持以"文学"为入仕门径的文士阶层，直至将其广泛纳入国家机器、使之得以用儒学重塑大元王朝的国家意识形态。

在这样的意识之下，元代文士阶层的诸多文学实践也就有了一以贯之的脉络。对于他们来说，这个时代带来的最直观感受，莫过于来自广大的疆域、迥异的风俗的冲击。将"文学"迅速调适到当下所需的功用，也就成了他们最初的应对方式。元初的郝经在《送汉上赵先生序》中就曾对被俘北上、心灰意冷的赵复讲述一己之学之于当下时代环境的意义：

> 先生尝蹈夫常矣，而未蹈夫变也；尝行夫一国矣，而未行乎天下也。天其或者欲由常以达变，由一国以达天下欤？昔之所睹者，江、汉、荆、衡而已。今也仰嵩高、瞻太华，涉大河之惊流，视中原之雄浸，太行、恒、碣，脊横天下。昔之所游者，荆、吴、闽、越而已。今也历汴、洛，睨关、陕，越晋、卫，观华夏之故墟，睹山川之形势，见唐虞三代建邦立极之制，齐鲁圣人礼仪之风，接恒、岱之旷直，激燕、赵之雄劲。昔之所学者，富一身而已。今也传正脉于异俗，衍正学于异域，指吾民心术之迁，开吾民耳目之弊，削芜漫，断邪枉，破昏塞，

俾《六经》之义、圣人之道焕如日星，沛如河、海，巍如泰、华，充溢旁魄，大放于北方。①

大元王朝的建立，使得此前儒士纸面上的"天下"想象，真正有了转化为实感经验的可能。这种"旷古未有"的广阔天地，在史学领域常常被汉族士人作为论述蒙元王朝"大一统"地位的重要依据；而落实到广义的"文学"层面，则是为之提供了更为广大的"正学"传播空间。这也是已经进入政权的郝经为整个文士阶层提供的立身之法。

此后元代社会逐渐趋于稳定，直至大德、延祐年间，出现了一段相对繁荣的时期。统治者虽间有开科举、用儒臣等崇文之举，但并未给汉族文士阶层的处境带来根本性的改变，无论是儒学还是文士，与政权之间仍然缺乏理想儒家社会模型中必要的联结。因此，"文"之于"治"的重要性，仍然是文士阶层竭力阐发的内容。与此同时，元代文坛也迎来了相对活跃的一段时间。以馆阁文臣虞集、杨载、范梈、揭傒斯为首的"元诗四大家"，成了当时文学观念风尚的引领者。在他们的大力倡导之下，我们可以看到这批"盛世"之下的元代汉族文士，是如何在自己固守的文学领域中，将其群体诉求付诸实践。

这首先体现在这批元代主流文士对于文学意义的理解上。他们积极继承了中唐以来"八音与政通，文章与时高下"的观念，强调文学与国家气运的关系，认为好的文学应与好的时代互相成就。譬如戴良在《皇元风雅序》中即言：

> 我朝舆地之广，旷古所未有。学士大夫乘其雄浑之气以为诗者，固未易一二数。……盖方是时，祖宗以深仁厚德，涵养天下，垂五六十年之久。而戴白之老、垂髫之童，相与欢呼鼓

---

① 《全元文》第4册，凤凰出版社2004年版，第177页。

舞于闾巷间，熙熙然有非汉、唐、宋之所可及。①

再如虞集《国朝风雅序》：

> 夫欲观于国家声文之盛，莫善于诗矣，类而求焉，是为得之。……我国家奄有万方，三光五岳之气全，淳古醇厚之风立。异人间出，文物粲然，虽古昔何以加焉？是以好事君子多所采拾于文章，以为一代之伟观者矣。②

由此可见，在对于"皇元盛世"的构建之中，汉族文士将"文学"推向了重要的位置，将之作为"我元"能够超越汉、唐、宋者三个大一统时代的理据。因此，"文学"也就绝非仅仅关乎"声色律动"，而更是作为了文士阶层在争取自身地位时，（唯一）可以把握与利用的话语资源。

在这样的意识之下，元代主流文坛不遗余力地强调"文学"与"国家"的联系，"鸣盛"也就因而被视作文学价值的体现。前引戴良《皇元风雅序》即称"故一时作者悉皆餐淳茹和，以鸣太平之盛治。"

其中，"鸣太平之盛"既是后辈对于前辈文士极高的赞颂，如陈基所作《程礼部集序》：

> 文岂易言也哉！国家混一百年，能言之士莫不各以其所长，驰骋上下，以鸣太平之盛。③

---

① （元）戴良：《戴良集》，李军、施贤明校点，吉林文史出版社 2009 年版，第 325 页。
② 王颋点校：《虞集全集》，天津古籍出版社 2007 年版，第 489 页。
③ （元）陈基：《陈基集》，邱居里、李黎校点，吉林文史出版社 2009 年版，第 199 页。

同时,"鸣盛"也是上层文士对于下层的期许,如苏天爵《书罗学升文稿后》:

> 是宜拔置馆阁,以养其才。惜乎沉沦州县而不克进也。然鹤鸣九皋,声闻于天。士之抱负足以鸣世,虽居遐远,未有不达于朝廷之听闻者也。学升当益养其和平,以鸣国家之盛。不亦可乎!①

而将"鸣盛"这一儒家价值导向嵌入诗学领域,就是提倡《诗经》的关注现实、有补政教的"风雅"传统。《诗大序》曰:

> 上以风化下,下以风刺上,主文而谲谏,言之者无罪,闻之者足以戒,故曰风。……是以一国之事,系一人之本,谓之风;言天下之事,形四方之风,谓之雅。雅者,正也,言王政之所由废兴也。②

概而言之,《诗经》对于现实的关注以及其中强烈的道德意识,也就是后世不断祖述的"风雅"精神。这也是文学之政治功用的体现。到了元代,政治空间的压缩并未阻断,甚至更加刺激了一批文士对于"风雅"传统的呼唤。需要特别强调的是,这种对于"文学"现实精神的重视,不仅仅停留在观念的层面,而是切切实实转化为了元代文士的文学实践——作为结果,我们可以看到诞生于元代中后期、数量可观的以"风雅"命名的诗歌总集的编纂,这在其他时代并不多见。现笔者谨将知见之著作及序跋,列于下表:

---

① (元)苏天爵:《书罗学升文稿后》卷30,载《滋溪文稿》,中华书局1997年版,第509页。
② (汉)毛亨传,(汉)郑玄笺,(唐)陆德明音笺,孔祥军点校:《毛诗传笺》,中华书局2018年版,第1页。

表 4-1　　　　　　　　元代题名"风雅"诗集

| 编纂者 | 诗集题名 | 成书年代 | 序跋（写作时间） |
| --- | --- | --- | --- |
| 高万里编 | 《朔南风雅》（已佚） | 1322 | 虞集《朔南风雅序》（1334） |
| 傅习采集、孙存吾编次 | 《元风雅》（《四部丛刊》本） | 1336 | 虞集《元风雅序》（1336） |
| 孙存吾辑 | 《皇元风雅后集》六卷（《四部丛刊》本） | 1336 | 谢升孙《元风雅序》 |
| 蒋易辑 | 《皇元风雅》（又名《国朝风雅》）（《续四库全书》本） | 1327—1337 | 蒋易《皇元风雅集引》（1337）、《题皇元风雅集后》；黄清老序（1338）虞集《国朝风雅序》（1339） |
| 赖良辑 | 《大雅集》（《四库全书》本） | 1332—1362 | 杨维桢《大雅集叙》（1361）；钱鼐《大雅集原序》（1362）；赖良自叙 |
| 刘履辑 | 《风雅翼》 | 1363 | 戴良《风雅翼序》 |
| 袁懋昭编 | 《风雅类编》 | 不详 | 欧阳玄《风雅类编序》 |
| 李持义辑 | 《古今风雅》 | 不详 | 梁寅《古今风雅序》 |
| 丁鹤年（色目人）辑 | 《皇元风雅》 | 不详 | 戴良《皇元风雅序》 |

通过对以上元代以"风雅"为名的诗集的了解，可以发现以下几点：

首先，这些编、集者的身份大体是下层文士。《朔南风雅》的编者高万里生平未详，从虞集的描述来看，应为一介布衣；《元风雅》的编者傅习为清江的普通文人；同时编纂《元风雅》及《后集》的庐陵文人孙存吾曾为儒学学正；编辑《皇元风雅》的建阳文人蒋易，早年从学于杜本，元末曾任建宁路总管幕僚；《大雅集》的编者赖良是来自天台普通文人；《风雅翼》的编者上虞文人刘履入明不仕，自号"草泽闲民"；袁懋昭生平未详；《古今风雅》的编者李持义早年攻儒通经，期望能得到重用，晚年隐于医，时称"杏隐先生"；《皇元风雅》的编者丁鹤年字行原，是元末著名的色目儒士，一生颠沛流离。以上诸人,除了丁鹤年颇有时名之外,其余皆为声名未著的汉族文士,其中很多人并非没有出仕愿望。然而,正是这批生活境况不甚顺遂的下层文士,却均热衷于采辑当朝诗歌、汇编成集,并纷纷请一时之名士为之作序。从他们的自序以及他人所作的序言中,我们可以看到这种行为并非只为托一己之不朽,而是希望人们可以借此了解元代广阔疆域之内不同的风土人情。换言之,他们正是在以一己之力,在儒家诗学观念的影响之下,试图通过"文学实践"来保存整个时代的样貌。

其次,是文集题名中"风雅"的含义,以及整部诗集编辑的目的与意义。这在各自的"序言"中即有说明。总体来看,这些以"风雅"为名的诗集,均承载了编纂者与阅览者对于文学"观风俗、考政治""有补于风雅"的要求。这从诸部诗集的序文中就可知晓,以下仅择取若干用以说明。

譬如欧阳玄在为袁懋昭所作之《风雅类编序》中即言:

> 风雅之道,先王治天下一要务也。"风"即"风以动之"之风,"雅"即"雅乌"之雅,以其声能动物也。本于邦国,播于乐府,荐于郊庙,以考风俗,以观世道,尚矣。……盖其志气之盛衰,意趣之高下,音节之淳漓,于风俗世道犹可考者,是以君子有取也。袁君懋昭作《风雅类编》,介予宗侄贞为之求序。见其凡例,强人意甚多。……他日书成,于风雅岂有小补哉!余尝典司太常,又尝出为观风使者,留意兹事而弗克遂。伟哉!袁君是编,其为我趣成之。①

梁寅为李持义所作的《古今风雅序》也称:

---

① (元)欧阳玄:《欧阳玄集》,魏崇武、刘建立校点,吉林文史出版社2009年版,第77—78页。

宋真西山集古之诗文，曰《文章正宗》。其于诗，必关风教然后取。……今观李隐君持义古今诗之选，亦曰"必关于风教"。呜呼！斯诚知诗之为教者也。①

再如虞集为傅习、孙存吾撰写的《元风雅序》：

诗之为教，存乎性情。苟无得于斯，则其道谓之几绝也。皇元近时，作者迭起，庶几风雅之遗，无愧骚选。然而朝廷之制作，或不尽传于民间；山林之高风，或不俯谐于流俗。以咏歌为乐者，固尝病其不备见也。清江傅说卿行四方，得时贤诗甚多，卷帙繁浩；庐陵孙存吾，略为诠次，凡数百篇；而求余为之题辞。余观其编，以静修先生刘梦吉为首，自我朝观之，若刘公之高识远志，人品英迈，卓然不可企及，冠冕斯文，固为得之。前后能赋之贤，未易枚举，偶有未及，非逸之也。②

另有谢升孙为孙存吾所作之《元风雅序》：

诗者，斯人性情之所发，自《击壤》来有是矣。然体制随世道升降，音节因风土变迁，以近代言，唐诗不与宋诗同，晚唐难与盛唐匹。我朝混一海宇，方科举未兴时，天下能言之士，一寄其情性于诗，虽曰家藏人诵，而未有能集中州四裔文人才子之句，汇为一编以传世行后者。庐陵孙存吾有意编类雕刻，以为一代成书，其志亦可尚已。③

又如蒋易自题之《皇元风雅集引》：

---

① 《全元文》第49册，凤凰出版社2004年版，第419—420页。
② 王颋点校：《虞集全集》，天津古籍出版社2007年版，第594页。
③ （元）孙存吾辑：《皇元风雅后集》6卷，《四部丛刊》本卷首。

易尝辑录当代之诗，见者往往传焉，盖亦疲矣，咸愿锓梓，与同志共之。因稍加诠次，择其温柔敦厚，雄深典丽，足以歌咏太平之盛。或意思闲适，辞旨冲澹，足以消融贪鄙之心，或风刺怨诽而不过于谲，或清新俊逸而不流于靡，可以兴、可以戒者，然后存之。盖一约之于义礼之中而不失性情之正，庶乎观风俗、考政治者有或取焉。①

以及戴良为丁鹤年撰写的《皇元风雅序》：

刘禹锡谓八音与政通、文章与时高下，岂不信然欤！顾其为言，或散见于诸集，或为世之徼名售利者所采择，传之于世往往获细而遗大，得此而失彼。学者于此所不能尽大观而无憾，此《皇元风雅》之书所为辑也。良尝受而伏读，有以见其取之博而择之精，于凡学士大夫之咏歌帝载，黼黻王度者，固已烜耀众目，如五纬之丽天；而隐人羁客，珠捐璧弃于当年者，亦皆兼收并蓄，如武库之无物不有。我朝为政为教之大凡，与夫流风遗俗之可概见者，庶展卷而尽得，其有关于世教，有功于新学，何其盛也！明往圣之心法，播昭代之治音，舍是书何以哉！②

从上述序文中，我们可以清晰地看到当时士林上下对于这些诗集的现实期待。在"观风俗、考政治、有补风雅"的要求之下，诗歌，乃至一切形式的文学作品，都被他们赋予了政治话语的意味。在此基础上，他们更以刘禹锡"文章与时高下"为理据，强调"文学"对于"国家"的成就，这样一来，"文学"也就从理论上成了

---

① （元）蒋易：《皇元风雅集引》，《皇元风雅》卷首，《续修四库全书》，上海古籍出版社 2002 年影印本，集部，总集类，第 1622 册，第 1 页。

② （元）戴良：《戴良集》，李军、施贤明校点，吉林文史出版社 2009 年版，第 325 页。

另外需要特别指出的是，当元代文士将"文、治结合"从观念层面落于文学实践时，这些题名"风雅"的诗集之中，又有相当一部分被冠以"皇元""国朝"之名，包括傅习、孙存吾《元风雅》、孙存吾《元风雅》续集、蒋易《皇元风雅》（又名《国朝风雅》）、丁鹤年《皇元风雅》等，均属此列。而文学上的"皇元风雅"，也就是政治上"皇元认同"。这些编、集者与作序者除丁鹤年外，均为汉族文士，在元代族群划分中属于最末等的"南人"；但也恰恰是这个群体之中，仍然存在着对蒙元政权的认同。他们不断强调"风雅"文学展现的是"我朝为政为教之大凡"，他们的编、集工作是"以为一代成书""播昭代之治音"——在这样的表述中，这些来自汉地的文学作品，就真正成了"国家话语"；而此种文学所崇尚的儒家价值观，也就理应被用于主导国家意识形态。

正因为"文学"与"国家"的紧密相连，作为文学创造者的汉族文士，也就理应被政权所关注。所以我们看到，这些生活境遇往往不甚如意的汉族文士，更将文学对于"我朝为政为教之大凡"的反映，细化到"使有位者得见人才之盛"上。前引虞集《元风雅序》谓广罗"前后能赋之贤"、谢升孙《元风雅序》称"集中州四裔文人才子之句""以为一代成书"，表达的都是这一层意思。而虞集在《朔南风雅序》将之表述得更为清晰：

> 夫文学之名之士达而在上者，门人子弟其传之，不患不远，而万里犹以名录其一二，抑将使远方之士，得以略见其绪余也乎？若夫山林之抱德怀艺，不得闻于当时者多矣，万里博求而备载者，固将使有位者，得见人才之盛，因观其所学而荐引之，有新进者，不出户庭而得交贤隽于方册之上。万里之用心厚矣，故为之书以为序。[①]

---

[①] 王颋点校：《虞集全集》，天津古籍出版社 2007 年版，第 582—583 页。

这段文字鲜明地揭示了元代文士从自身境遇出发，对于文学现实功用的理解与期待。在元代的现实环境之中，相当一部分"文学之士"虽然"抱德怀艺"，但也只能被迫远离朝堂。而诗文之上达，不失为解决这一困境的尝试，"将使在位者得见人才之盛"，便可予以引荐；新进之辈同样可以借此扬名，获得进入国家序列的机会。当这种期待由士林领袖虞集宣之于口时，便更能揭示文士群体面对自身困境时的普遍焦虑与政治心态。

总而言之，无论是文学观念中的"鸣盛"，还是文学实践中的"风雅"，我们都可以看到元代一批汉族文士在自身政治价值被迫遭到消解的困境之下，仍然坚持去修补、维系抑或重建"文"与"治"之间的联系。其中对于诗歌总集的编纂，即可视为他们探索的方案。而这里想要另外指出的是，从时间来看，上述文集的编纂与序言的写作，基本集中于元代中后期，其中傅习采集、孙存吾编次的《元风雅》（1336），孙存吾所辑《元风雅》后集（1336）、蒋易所辑《皇元风雅》（1337）、赖良所辑《大雅集》（1332—1362），均与也速答儿为杜甫请得赐谥的时间（1337）相去不远；由此可见，强调"文"对于"治"的重要意义，是从元初以来，直到"谥杜"发生前后元代士林普遍存在的文化动向。

然而遗憾的是，文士群体的这一诉求乃至为之付出的种种尝试，却罕有来自权力阶层的回应。因此，一旦来自统治阶层内部的崇文信号被释放出来，往往会得到汉族文士的敏锐捕捉与利用。[①] 蒙古大监也速答儿为杜甫请得赐谥的故事，正是在这样的背景下被这批汉族文士注目与书写。

---

① 除汉族文士之外，认同儒家文化的非汉族士人群体，同样十分强调元廷崇儒对于士人阶层的意义。如马祖常《送李公敏之官序》开篇即言："天子有意乎礼乐之事，则人人慕义向化矣。延祐初，诏举进士三百人，会试春官五十人，或朔方、于阗、大食、康居诸土之士，咸囊书橐笔，联裳诰庭，而待问于有司，于时可谓盛矣。"参见（元）马祖常撰，王媛注解《马祖常集》，吉林出版集团、吉林文史出版社2010年版，第199页。

杜甫获得政权追谥这一事件本身，无疑显示了权力阶层对于普通汉族文士的推举；而其中蒙古大监也速答儿的请谥举动，以及同一时期草堂书院的建立、提请及获得赐额，也正意味着元代统治族群内部对于儒学的认同与支持。因此，元代围绕杜甫的请谥与追谥，连同蒙古大监也速答儿主导的整个文化事件，在顺应了至正"更化"以来社会文化风气转向的同时，也成了汉族文士阶层表达群体诉求的契机：朝廷给予一位这位普通汉族文士身后最高的褒奖——追谥，元代汉族文士从中能够看到自身所处的整个阶层进入国家视域，进而形塑当朝国家意识形态的可能。因此，与后世诸多关于"元代文人与政治隔绝"的想象不同，正是这个现实境况或许并不如意的群体，成了元廷"谥杜"事件背后最为积极的舆论鼓吹力量。

于是我们看到，虞集、张雨、刘岳申、李祁、贡师泰、李元珪等一批汉族文士，他们身份不同、处境各异，甚至与也速答儿之间可能并无交集，但又众口一词地对元廷谥杜，以及蒙古大监也速答儿的崇文之举大加推赏。其中汉族文士群体中的领袖虞集，在自己对也速答儿以诗相送之外，更力邀友人张雨为之赋诗；前文所述、作为元代后期政治符号的范汇，利用自己在"后伯颜时期"的巨大声望，积极帮助也速答儿将其文化事业对外传播；贡师泰除了自己赋诗之外，更将杜甫得谥一节传于弟子，使其在行文中便自然采用"杜文贞"这一称呼；李祁在为草堂书院撰写铭文之后，更在其他地区留待刻石的文本中再次提到此一盛事：

> 夫以司户公（杜审言）之高才，下视一世，而其孙甫遂以忠愤激烈，发为文章，为百代宗，至国朝得封文贞，孰不知其当祀无疑也。[①]

---

[①] （元）李祁：《云阳李先生文集》卷6，《北京图书馆古籍珍本丛刊》，书目文献出版社1997年影印本，第96册，第235页。

从中我们可以看到，在李祁眼中，杜甫将心中的"忠愤激烈"以"发为文章"的形式显现出来，成了通过"文学"将自身与"国家"相连的典范。这正是基于这一点的追谥褒奖，使得当时的元代汉族文士群体看到了诉求达成的希望。

最后想要补充的是，除了为杜甫请得赐谥一节之外，蒙古大监也速答儿的整个"崇文"事业，都被当时的汉族文士视作了诉求表达的契机。他们毫不吝惜对大监其人的讴歌——自其立场而言，这已经不仅仅是个人的崇文之举，更是代表着蒙古这一统治族群，对于汉族文化尤其是儒家文化的推重。而在具体的表述中，这批记录者往往将之比作汉代的文翁。譬如刘岳申的《西蜀石室书院记》在讲述也速答儿（达可）建学立师的事迹之后，就总结道：

> 汉兴，至景帝之末，始有郡守好学通《春秋》者为之师帅，而后文学之士可比齐鲁，尚论文翁之功业，比蚕丛为再开辟，谁忍忘之？孰知汉后历三国、六朝、隋、唐、宋，至今又千有余年，而然后有石室书院哉？殆天运循环，地气推迁，有待其时。①

文中所谓汉景帝时期"郡守好学通《春秋》者"，也就是使蜀地"文学之士可比齐鲁"的文翁。在刘岳申的叙述中，我们可以看到，他直接将也速答儿（达可）建立石室书院之举，视作千余年后对汉代"文翁化蜀"的直接呼应，也即后文所谓之"天运循环，地气推迁，有待其时"。

如果说此处对"文翁化蜀"典故的运用尚可认为这是由于本书乃直接为"石室书院"所作之"书院记"，那么在接下来的几篇文献中，记录者这种将也速答儿比作文翁的意识就更加明显。

---

① （元）刘岳申：《申斋集》卷 6，清道光（1821—1850）岳雪楼抄本，上海图书馆藏，第 31 页 A—B。

譬如张雨《赠纽怜大监》的前四句：

论卷聚书三十万，锦江江上数连艘。
追还教授文翁学，重叹征求使者劳。①

该诗及跋是对也速答儿全部文化活动的总结，并非只针对文翁石室本身。从中我们依然可以看到，张雨将大监载书归蜀的行为，表述为"兴文翁之学"。

与此类似的，是李祁在《草堂书院藏书铭》中，文翁与也速答儿（达可）的对举：

在昔文翁，肇兹成功，建学立师，惠于蜀邦。
维兹达可，宜世作配，惠兹蜀邦，罔有内外。
嗟嗟士子，尚其勉旃，毋负于君，惟千万年。②

李祁的整篇记述均围绕也速答儿（达可）为草堂书院购置图籍展开，与文翁石室并无关涉。然而，当他讲述起也速答儿（达可）的功绩时，同样将之直接与汉代文翁建立起了联系，认为在"惠于蜀邦"这一方面，古往今来只有曾经的文翁与当下的达可能够并举、青史留名。另外，这篇题为"藏书铭"的文献，在当时应被贞于金石、矗立于成都当地的公共场域（应该就是杜甫草堂）供人观览。由此可见，在李祁撰文之时，也速答儿（达可）与文翁比肩的文化地位，已然是蜀地士民共同认可并欲将之代代相传的事实。

最能将这种意识明朗化的，是贡师泰《送内官弃职买书归蜀立三贤祠》一诗中的颈联：

---

① （元）张雨：《张雨集》，彭万隆点校，浙江古籍出版社2015年版，第225页。
② （元）李祁：《云阳李先生文集》卷10，《北京图书馆古籍珍本丛刊》，书目文献出版社1997年影印本，第96册，第283—284页。

客非杜甫依严日，人是文翁化蜀时。①

  这两句诗的意思是说，四川士人之于也速答儿，并非像杜甫依附严武一般落魄，也速答儿对于当地而言，恰如"文翁化蜀"一样的存在。通过上述诗歌用典，一方面让我们看到，一条在以也速答儿为代表的元代蜀地新移民与文翁这位四川历史上最重要的文化人物之间的联系被建立起来；另一方面也提醒我们去关注典故本身所包含的情感指向与价值判断。

  文翁是西汉庐江郡舒县（今安徽庐江西南）人，景帝末年为蜀郡守，因见蜀地僻陋有蛮夷风，于是大力推广儒学、教化一方，其设学宫的举措更是在武帝时推行至天下郡国。蜀人认为，原本文化荒蛮的巴蜀一带之所以好尚风雅，全赖文翁的教化之功。文翁最终在四川去世，蜀地吏民更立祠祀奉之以示怀念与感激。由此可见，在"文翁化蜀"的事件中，在"兴学"之外，更含有鲜明的"用夏变夷"意味。

  也速答儿"崇文兴蜀"的意义固然与"文翁化蜀"在很大程度上具有相似性，但后者所包含的"用夏变夷"意味，却与也速答儿事件中的族群秩序截然相反。作为记录者的汉族文士群体，在用"文翁化蜀"来指涉也速答儿之时，实则隐含了本次事件乃至此一时期"华""夷"秩序的相对松动，甚至是微妙的倒置。在贡师泰"人是文翁化蜀时"的比喻之下，原本被认为在文化方面落后的蒙古人也速答儿被这批汉族文士比作"文翁"，事件中被重建的对象——前代盛极一时的蜀文化——却置于被开化的位置。这种族群秩序的微妙倒置向我们表明，在当时这批汉族文士的观念之中，"华"与"夷"的身份与个人天然的族群属性可以并不一致，像也速答儿这样认同儒家价值观的蒙古人，也可以以"正统"身份美教化、移风俗。

---

  ① （元）贡奎、贡师泰、贡性之：《贡氏三家集》，吉林文史出版社2010年版，第245页。

尽管在蒙古入主中原，尤其是有意识地面向汉地调适统治策略之后，随着各族群之间"涵化"程度不断加深，曾经传统中原王朝最为重视的"夷夏"观念已然逐渐淡漠。① 但另一方面，"界限模糊"并不意味着就可以"秩序倒置"，后者在文化心态方面显然要更加复杂，几乎是在文化乃至政治层面的根本性让步：原本被汉族文士掌握的儒家话语权，被让渡给了文明程度更低的蒙古族群。

正如前文一直讨论的那样，这种"华""夷"倒置观念的产生，正是基于元代汉族文士生存困境之下的普遍心态。但这里想要进一步指出的是，对于元代汉族文士群体而言，"华夷"秩序不仅仅是观念上的"能够倒置"，更是现实境遇下的"必须倒置"。与"道统"足以规范"治统"的时代不同，在元代既定的族群等级秩序中，"儒学"本身不再具有话语权，其合法性要依靠政治权力来赋予。汉族士人群体"国家崇文""文治结合"诉求的达成，乃至以"儒"来重塑国家意识形态的最高理想，首先仍然要从进入政权开始；而进入蒙元政权，也就意味着接受自身儒学话语权的让渡。因此我们可以看到，元朝初立之时，汉族文士将蒙元表述为"夏"、将宋表述为"夷"的现象屡有发生。如世祖至元十一年（1274）的由汉族文臣撰写的伐宋檄文开篇即谓：

> 宅中图大，天开一统之期；自北而南，雷动六师之众。先谓吊民而伐罪，盖将用夏而变夷。②

其中"用夏而变夷"，正是指大元代宋之事。可以与之呼应的，是孟祺在蒙元平宋之时，进呈的《贺平宋表》：

---

① 关于金元两代中国社会"夷夏"意识淡漠的讨论，可参见张佳《新天下之化：明初礼俗改革研究》，复旦大学出版社2014年版，第54—64页。
② （元）陶宗仪：《南村辍耕录》，上海古籍出版社2012年版，第14页。

> 国家之业大一统，海岳必明主之归；帝王之兵出万全，蛮夷敢天威之抗。始干戈之爱及，迄文轨之会同。区宇一清，普天均庆。①

上述公文皆出自元代汉族文士之手，其中就已将"蒙元代宋"，比作"用夏变夷"，借此作为在新朝权力之下谋求立足之地、实现政治理想的投名状。沿着这一线索而下，才有了文士阶层对于元廷通过"追谥"手段来为汉族诗人赋予价值的竭力鼓吹，以及随之而来的、"文翁化蜀"譬喻的诞生。

总而言之，在汉族文士的政治空间遭到极度压缩的元代，该群体之中仍有相当一部分成员仍然怀有出仕的理想。他们通过对文学之政治传统的阐发，以及编纂诗集的文学实践，来竭力构建"文""治"结合的理想国家模型，从而寻求自身政治理想的实现。然而，"文""治"结合对国家与文士阶层双方均提出了要求："文学"要能够成就"国家"，"国家"也必须扶持"文学"。就在元代文士阶层不遗余力地阐释前者之合法性时，"国家"对于"文学"的兴趣却始终寥寥无几。因此，权力阶层关注并扶持"文学"，也就成了这一群体的普遍诉求。就在这样的背景之下，蒙元政权接受也速答儿的提请、通过"追谥"的形式，将身为普通汉族文士的杜甫标举出来。这对于汉族文士群体而言，既是莫大的鼓舞，更是其继续发声的契机。

## 第四节 杜甫与元代士林政治理想的投射

自上而下的追谥，标志着身为普通文士的杜甫乃至"文学"本

---

① （元）孟祺：《贺平宋表》，《元文类》卷16，商务印书馆1958年版，第202页。

身得到了权力阶层的重视。这正契合了元代汉族士人群体对于提升自身政治地位的诉求。因此，以虞集为代表的这批汉族文士毫不吝于表达对此一事件的欣喜心态，以至成为元代"谥杜"最为坚定的舆论力量。但另一方面，"文""治"结合的诉求固然使得他们对于"诗人得谥"这样一个权力阶层扶持"文学"的事件异常关注，但如果具体到追谥对象上：杜甫这位得到政权推重的文士，是如何能够引发元代文士的情感共鸣，从而使这一事件在当时被热切接纳，则是本章最后将要回答的问题。

这首先与杜甫的生平经历有关。与元代文士、特别是南方汉族文士相似，杜甫早年亦曾科举受挫，特别是天宝六载（747）李林甫主导的"野无遗贤"闹剧，让他被迫开始了十余年的"旅食京华"生涯。此时，仍然抱有政治热情的杜甫，只能继续通过干谒来寻求步入仕途，其中就包括"投诗"与"献赋"。其中，"投诗"的对象主要是当朝权贵，包括给汝阳王李琎的《赠特进汝阳王二十二韵》；给时任尚书省左丞韦济的《奉寄河南韦尹丈人》《赠韦左丞丈济》《奉赠韦左丞丈二十二韵》；给翰林学士张垍的《赠翰林张四学士垍》；给谏议大夫郑审的《敬赠郑谏议十韵》；给京兆尹鲜于仲通的《奉赠鲜于京兆二十韵》；给河西节度使、西平郡王哥舒翰的《投赠哥舒开府翰二十韵》；给武部尚书、同中书门下平章事韦见素的《上韦左相二十韵》，等等。然而这些"投诗"并没有给他带来仕进的机会，真正让他的客居生涯显露曙光的，还是向朝廷的"献赋"之举。天宝九载（750），杜甫进《雕赋》，结果并未得到回音；次年正月，唐玄宗举行祭祀太清宫、太庙和天地的典礼，杜甫借机进献《朝献太清宫赋》《朝享太庙赋》《有事于南郊赋》，也就是后世并称的"三大礼赋"。玄宗奇其才，命待制集贤院。而后尽管仍然不了了之，但因为玄宗的偶尔一瞥，"献赋"成为杜甫一生中最引以为傲的时刻，直至晚年仍在诗中写道："忆献三赋蓬莱宫，自怪一日声烜赫。集贤学士如堵墙，观我落笔中书堂。"

无论是早年的壮游，还是屡试不第，甚至遭遇奸相从中作梗，乃至旅食京师四处干谒,从杜甫的人生际遇中,元代文士很容易看到自己的影子。而"献赋"这个杜甫困顿一生中最大的闪光点,也给足以使得同样"献赋"之风弥漫的元代士林产生共鸣。因此,在元代文士的诗文中,我们常常能够看到对"杜甫献赋"这一典故的回响。如程端学《括苍尹仲明玉井樵唱序》中即言:

> 杜少陵献三赋,时正升平无事。……余老且拙,弗谐于时。君方北游,欲诣阙下。献子美三赋,岂终流落不偶者耶?①

除此之外,元诗之中杜甫献赋的典故更为多见,赠别是其频见的场合,从中可以看到这些元代文士高涨的入仕愿望。如前文已述、曾为李持义所辑《古今风雅》作序的梁寅,在《铃北和答袁子敬》一诗中就表达了对袁子敬未来仕途的祝愿:

> 夫子荆扬彦,龙门早欲攀。高名辉北斗,雄气并南山。
> 钟应天霜吼,舟因峡浪还。蓬莱献三赋,他日动天颜。②

此外,梁寅又作有《张元相学正归上饶赠别》,与前诗展现的是相同的情感基调:

> 倦客方歌归去来,君归先为酌离杯。
> 凤凰台下帆朝发,龙虎山前云莫回。
> 中岁一官淹泽国,明年三赋献蓬莱。
> 鸣珂定按夔龙步,已见文星近上台。③

---

① 《全元文》第 32 册,凤凰出版社 2004 年版,第 169—170 页。
② 《全元诗》,凤凰出版社 2004 年版,第 356—357 页。
③ 《全元诗》,凤凰出版社 2004 年版,第 325 页。

从梁寅的例子可以看到，元代这批推崇文学政治功用的文士的观念中"风雅"、杜甫与入仕理想的并举。然而正如献赋的杜甫终究仍是一生困顿，元代这批与杜甫一样具有政治热情的文士，在极度狭窄的入仕途径面前，也往往愿望落空。在这样的时候，杜甫献赋依然是他们用以自怜的话语资源。如任士林《书族祖拓斋先生白头吟卷后》：

少陵三赋明光宫，清吟往往嗟不逢。①

再如色目诗人萨都剌的《京城春暮》：

三月京城飞柳花，燕姬白马小红车。
旌旗日暖将军府，弦管春深宰相家。
小海银鱼吹白浪，层楼珠酒出红霞。
蹇驴破帽杜陵客，献赋归来日未斜。②

满怀政治热情并为之积极努力，然而最终还是难免理想落空，却又在一生的颠沛造次中始终不忘"致君尧舜"的理想，并将所遇种种见诸笔端，所谓"凡出处去就、动息劳佚、悲欢忧乐、忠愤感激、好贤恶恶，一见于诗，读之可以知其世"——这大概是杜甫这位唐代诗人留给后世的标准形象。而另一方面，用诗歌去建立起与家国的联系，则是杜诗为后世立下的最高典范，这也正是生平际遇的共鸣之外、元代文士群体与杜甫之间的文学联结。于是我们看到，在这批文人对"风雅"传统的推重中，杜诗始终被视作直接继承风雅传统的文学作品。

有元一代的重要文臣、生活在元世祖时代的程钜夫就是其中的代表。程钜夫本名文海，字夫，因避元武宗（海山）讳，改以字行。

---

① 《全元诗》，凤凰出版社2004年版，第169页。
② 《全元诗》，凤凰出版社2004年版，第190—191页。

程钜夫的祖辈与父辈都曾在宋朝为官。南宋恭宗德祐元年——元世祖至元十二年（1275），他的叔父在建昌（今福建）任上降元，程钜夫随之北上觐见世祖忽必烈，作为"质子"留在了大都。他很快就得到了元世祖的赏识，成了当时最为重要的儒臣高官，并在此后的仕宦生涯中尽心竭力地辅佐这个蒙元政权，不仅首请兴建国学，更奏请元廷启用南人，并亲下江南搜访贤能，最终带回赵孟頫、万一鄂等二十余位颇具时名之士，皆授以清要之职，从而打开了汉族士人的仕元之路。程钜夫本人特别强调文学之于国家的重要意义，且尤其重视杜甫在此一层面上的意义。世祖至元三十一年（1294），他在为礼部王寅夫诗集所做的序言中称：

> 诗所以观民风。凡五方、九州、十二野，如《禹贡》《职方》、司马迁《货殖》、班固《地理》之所载。其风不一也，而一见于诗。古者至是邦也，必观其诗。观其诗，则是邦之土物习俗可知矣。故曰"诗可以观"。……士大夫之诗，随欲不作，可乎哉？继风、骚而诗者，莫昌于子美。秦蜀纪行等篇，山川风景，一一如画，逮今犹可想见。他诗所咏，亦无非一时事物之实。谓之诗史，信然。后之才气笔力，可以追踪子美驰骋躪藉而不困惫，在宋为子瞻一人。……诗之可以观，未有过于二公者。……予方观风于闽。闽之土物习俗，惟惧夫知之有未悉。得寅夫诗，虽未适闽，亦可知其概也。喜而为之书。抑古者六诗九夏，函雅函颂。凡诗皆掌于礼官之属。民间诗无复可采也久矣。寅夫归，以其所自作藏诸礼官之府，他日陈而观之，其亦可以补闽风之缺。[1]

"诗可以观"语出《论语·阳货》，是孔子对于学诗之意义的阐

---

[1] （元）程钜夫：《程钜夫集》，张文澍校点，吉林文史出版社2009年版，第155页。

发，而后便成了儒家关于诗歌功能的理解。"观"是指"观风俗之盛衰"，朱熹称之为"考见得失"，即君王需要通过诗歌来了解国家的情况与政治得失。在程钜夫看来，"可以观"是诗歌最为重要的意义，礼官王寅夫的诗作之所以可贵，正是在于其可以在他日"补闽风之缺"，而就在这一点上，程钜夫明确强调，杜甫正是《诗经》以来，"士大夫之诗"的最高典范，身处元廷的汉族文士亦当以此自任，自觉地将"文学"作为大元"王政"的基石。

作为当时文臣高官的代表，程钜夫从未停止过对于大元的效忠。在他的引领之下，这批选择仕元的汉族文士均在文辞之中表现了对于新朝的讴歌，汉族士人大规模仕元的路径也正是由此开启。如果说此一时期仕元的汉族文士在心态上尚存有"故宋"与"我元"之间的碰撞，随着他们对于大元文治的参与和推动，全面反映大元盛世的雅正文学的时代很快便到来了。

在此后一段"治世"之中，继承"风雅"传统的政治性功用依然是主流文坛对于诗歌的最高要求，这在具体表述上被称为"鸣盛"，前文对此已有所说明。而在这股对"鸣盛"文学的追慕中，杜甫被近乎推举为了唯一的典范，如色目士人萨都剌在《次韵虞伯生学士巴蜀代祀》诗中就言"扬我大邦文物盛，题诗须近草堂西"。而将这种观念阐发得最为明确，同时也足以在当时产生最深远影响的，就是元代公认的文坛领袖虞集。

虞集曾为元人吴志淳编纂的杜甫诗集作序。吴志淳，字主一，工古隶，诗宗唐人，先后将《河岳英灵集》《中兴间气集》刊刻出版，而又专取杜诗刊刻，试图"别诸体以具其法"。虞集为之作《新刊杜工部诗类序》时称：

  三百篇而下，为荀卿之赋、屈子之骚为特起焉。汉初，作者以楚辞为宗，而越长越犹颂之遗制也。五言昉见于十九首，不知何人所作，得风人之情性焉。三曹杰出，宾从交和。六朝能赋之士，虽所趣不同，而体制音节大概因之。其转相仿袭，此所以见讥于杜子美也。①

序文秉承虞集一贯的诗学观念，即将《诗经》的诗法之源、雅正之旨视为诗歌的最高理想。虞集认为，自"三百篇"以降，到"古诗十九首"的时代，"风人之性情"被传承下来。而六朝时期虽然也承袭了这一脉，但由于"转相仿袭"而受到了杜甫的批评。接下来，虞集彰显了杜甫在诗歌史上的地位：

> 子美特起，遂为诗家之宗，旷达之高，感慨之极，性情之至，志节之大，当时诸人盖莫之备焉。或得其体以自名，而不足据会通之要者矣。至于淫泆绮靡，鄙促猥琐，君子所不为者，子美盖无有也。后之君子知宗之者，亦多有之，统宗会元，则亦莫有乎耳。②

在虞集看来，杜诗"旷达""感慨""性情""志节"兼备，这在唐代诗坛是绝无仅有的。而至于有违《诗经》"雅正"一脉的内容更无法在杜诗中找到。杜甫之后，诗坛虽然推其为"诗家之宗"而竞相祖述，却无人能够在各个方面均对杜甫有所继承。接下来，虞集在杜甫和《诗经》之间直接建立了联系：

> 世言子美多取于《文选》，而子美之志，乃欲自比稷、契。则唐尧之世，所与共天位者，舜禹其人也。子孙之传，成汤文武周公其人也。所谓三百篇者，多稷、契遗志之存，子美其有考于斯乎？③

---

① （元）虞集：《新刊杜工部诗类序》，载王颋点校《虞集全集》，天津古籍出版社2007年版，第488页。

② （元）虞集：《新刊杜工部诗类序》，载王颋点校《虞集全集》，天津古籍出版社2007年版，第488页。

③ （元）虞集：《新刊杜工部诗类序》，载王颋点校《虞集全集》，天津古籍出版社2007年版，第488页。

由此可见，在标举"雅正"的虞集看来，杜诗直接接续《诗经》的传统，因而具备诗学的最高理想，也因此能够并且应当成为诗人推崇的对象。

在另一篇传为虞集所作的《杜工部诗范德机批选序》中，也有类似的表述：

> 公（杜甫）之忠愤激切，爱若忧国之心，一系于诗。故尝因是为之说曰：三百篇，经也。杜诗，史也。诗史之名，指事实耳，不与经对言也。然风雅绝响之后，唯杜公得之，则史而能经也。学工部则无往而不在矣。①

事实上，将杜诗作为"雅正"的代表直追《诗经》是元稹《墓系铭》以来诗坛一种普遍的看法，但虞集在元代的地位和影响力无疑使得这种评价更加深入人心。到了元朝后期，将杜甫作为以文学关照政治之典范的态度，被越来越多的汉族文士主动继承下来。顺帝至正四年（1344），苏天爵作《书吴子高诗稿后》，论及吴子高的诗学渊源时就说：

> 吴子高屏居鄂渚，萧然一贫，妻子食或不充，日维哦诗为乐，未尝一事干人，人爱重之。夫江湖之上，士多挟诡谲以事请谒，而子高制行清慎若此，其果异于人乎！……夫诗莫盛于唐，莫逾于杜甫氏，其序事核实，风论深远，后世号称诗史。《传》曰："诗可以观"，岂空言云乎哉？子高之诗，盖有所本矣。②

根据苏天爵文中的记述，吴子高曾为奎章僚属。由此可见，以

---

① 参见罗鹭《虞集年谱》附录，载王颋点校《虞集年谱》，凤凰出版社2010年版，第296—297页。

② （元）苏天爵：《滋溪文稿》，陈高华、孟繁清点校，中华书局1997年版，第495页。

杜甫为榜样、注重发扬杜诗中的"风雅"精神，几乎是当时供职元廷的汉族文士群体之共识。也正是在这样的文学观念中，杜甫才凭借其文学中的政治表现，成了元代主流文士群体不断祖述的对象。

随着元朝文士阶层参与政权的热情持续高涨，主流诗坛对于诗歌"有补政教"的功用也就愈发重视。戴良在为张思廉的《玉笥集》撰写的序言中，几近将这种诗学观念阐发到了极致：

> 古者学成而用，故其为志，在乎行事而已。然方未用时，有其志而无其行事，则以其性情之发，寓诸吟咏之间焉。及其既用也，而前日之吟咏，乃皆今日行事之所资，则所以发诸性情以明吾志之有在者，夫岂见之空言而已哉？……此登高赋诗，所以观士大夫之能否者，其所以由来远矣。后世学不师古，而诗之与事判为二途。于是处逸乐者，则流连光景，以自放于花竹之间而不知返。不幸而有饥寒之迫，摈斥摧挫，流离穷厄之至，则嗟穷道屈，感愤呼号，莫有纪极于其中。然于时政无所系，于治道无所补，则徒见诸空言而已耳。是故有见于此而思务去之者，岂不谓之有志之士乎？然余求之于时而未之见也焉。①

作为"于时政有所系，于治道有所补"的"有志之士"，张思廉的诗作得到了戴良由衷的赞赏：

> 及来吴中张君思廉出其所为诗一编以示。观其咏史之作，上下千百年间，理乱之故，得失之由，皆粲然可见。而陈义之大，论事之远，抑扬开阖，反复顿挫，无非为名教计。至于乐府歌行等篇，则又逸于思而豪于才者。及观其他作，往往不异

---

① （元）戴良：《戴良集》，李军、施贤明校点，吉林文史出版社 2009 年版，第 137 页。

于此。而此数体者，尤足以肆其驰骋云耳。①

"无非为名教计"作为戴良眼中张思廉诗作的最高品格，自然有其所本。在对其文学史根源的回溯中，长久以来被认为"直追风雅"的杜甫也就理所当然地进入了人们的视野：

> 呜呼！若思廉者，盖庶几古诗人作者之能事也哉？余尝以此求诸昔人之作，自三百篇而下，则杜子美其人也。子美之诗，或谓之诗史者，盖其可以观时政而论治道也。今思廉之诗，语其音节步骤，固以兼取二李诸人之所长，而不尽出子美。若夫时政之有系，治道之有补，则其得子美者深矣。②

"序言"最后，戴良在透过自己学诗的过程，让我们看到"观时政、论治道"是如何从杜甫个人的诗歌风格，逐渐成了遗留给后世普遍的文学遗产：

> 思廉之齿少于余，而余学诗乃在其后。当其始学时，尝闻故老曰："诗之道，行事其根也，政治其干也，学其培也。"余以是求之二十年，而未得其要归。及观思廉之作，然后悟向者之所闻为足取，而思廉之惠我也。③

正是基于元代文士从生平际遇到诗学观念对杜甫全面的服膺，杜诗也就足以作为他们自身的代言。这体现在文学创作中，就是

---

① （元）戴良：《戴良集》，李军、施贤明校点，吉林文史出版社2009年版，第137—138页。
② （元）戴良：《戴良集》，李军、施贤明校点，吉林文史出版社2009年版，第138页。
③ （元）戴良：《戴良集》，李军、施贤明校点，吉林文史出版社2009年版，第138页。

"集杜"的出现。从胡行简所作的《黄则行集杜诗句序》中,我们可以看到,杜诗是如何彻彻底底地融入了元代文士的情感表达之中:

> 清江之东里黄氏,世以科第显,赵宋时名荐书者七人,登科者三人。有元至正丙申,郡上贤能书于行相国,黄氏之彦曰则行,复以《春秋》举进士,缙绅大夫咸曰黄氏代不乏贤矣。为之文若诗,以彰其美。分阃定侯,树高门于其里,表曰"擢英",其荣耀可谓至矣。而则行慊然不自足也,闭门却扫,利达不入于心。辟一室,以书史自娱,壶觞俎豆列置左右,酒酣激烈,则取杜少陵诗长哦高咏,慷慨怀古,人莫测也。或问之,则曰:"吾所欲言者,少陵先言之矣。"因摘其诗中语,集而成诗,凡若干首,不异其自赋也,远近多传诵之。……予谓少陵所遇之时,即则行所遇之时也。则行之学之志,盖希乎少陵也。少陵志不获展,感时抚事,形诸歌诗,以舒其忠愤之气,盖有不得已耳。则行借少陵之语以发起性情,其志亦犹是也。[①]

最后想要补充说明的是,无论是对杜甫人生经历的同情,还是对杜诗"风雅"精神和"致君"理想的共鸣,乃至借"集杜"的形式抒发心中之块垒,并将之作为师法的最高典范,这些均非元代方才出现的文化现象,而是各有更加深远的脉络与传统。但相似的历史循环背后,不同的是元代汉族文士的人生境遇与现实诉求。他们所面临的、前代未曾经历的生存困境,使得他们的情感更加深邃地投射在了对于杜甫的观看与理解中。

综上所述,杜甫早年积极求仕,此后虽然不为政权所重、一生困顿流离,但却又从未放松过对"致君尧舜"的热忱,在诗歌中表现出了强烈的现实关怀,从而被视作与"国家"联系最为紧密是诗人。因此,从生平际遇到文学作品,这批在元代抱有"致君"理想、

---

[①] 《全元文》第56册,凤凰出版社2004年版,第5页。

渴望借由重新勘定文学之意义、进而提升自身地位的汉族文士，在唐代诗人杜甫与他们自身之间建立起了稳定的，甚至唯一的联结。也正是杜甫——而非古往今来的任何其他诗人文士——能够作为元代汉族士人自身政治理想的投射，从而使他们对于"追谥"这个元廷推重汉族文士的举动更加怀有认同。

## 小结　文学的权力

从蒙古大监也速答儿为杜甫提出请谥，到元廷文臣对"文贞"谥号的择定，再到后来虞集等一批汉族文士的鼓吹舆论，元代各族文士对于"谥杜"有着广泛的参与。在这个鲜活生动的事件里，我们可以清晰地看到这个"多族士人圈"产生的实际文化影响——通过以汉学为主的文化交流与互动，最终使一个新的联系在也速答儿这样的非汉族成员与杜甫这位汉族文化人物之间被建立起来。这意味着此一时期的族群"涵化"，已然重新形塑了非汉族士人群体的知识背景与文化记忆。

另一方面，从元代追谥杜甫的过程中，我们更可以看到，杜甫这个汉族文化人物之所以能够得到元廷的关注，与请谥人也速答儿的族群身份及其带来的政治地位直接相关。这实际上也是元代汉族文士政治际遇的缩影：蒙元政权并不依赖儒学来维持统治，这意味着此前长久以来"文""治"结合的理想国家模型被彻底倾覆，文士阶层的政治地位也就随着儒学地位的失落而迅速消解。在这种情况之下，其中仍然抱有入仕理想的成员，只能竭力争取统治阶层对于"文"的广泛支持。基于这样的现实，元廷对汉族诗人的追谥，才足以作为他们表达诉求的契机；而毕生困顿却又"窃比稷契"、渴望"致君尧舜"的杜甫在追谥事件的出现，无疑推动了二者的融合。

而"谥杜"之所以能够成功发生，背后是参与者之间的彼此配合。深受汉族文化浸润、认同儒家思想的蒙古大监也速答儿提出为杜甫请谥；而后元廷内部的文臣群体基于自身的思想及文化背景，将杜甫与历代重臣等视，进而通过掌握的文化权力，为其选择了最高等级的谥号"文贞"；追谥诏令公布以后，受到鼓舞的文士群体对此大加称颂，并协助请谥人将之积极扩散。

这里想要特别指出的是，"谥杜"事件中蒙古与汉族士人的密切配合，实则体现了蒙元时代政治权力与文化权力之间的互动与消长。作为事件开端的请谥、皇帝裁夺的定谥制度，表明元代蒙古族群对于政治权力的绝对掌握。汉族文士对元廷赐谥之举一致推崇、将主导人也速答儿的文化活动比喻成"夷""夏"倒置的"文翁化蜀"，证明了在元代既定的"文""治"格局之下，"文"必须让步于"治"。但另一方面，我们也应该看到，"谥杜"事件中，蒙古士人的首倡是基于汉族文化的长期浸润；此后谥号择定的过程中，汉族文臣仍然能最大限度地拓展其行使文化权力的空间；而事件中的杜甫，或者广义上的"文学"，更是族群文化差异的黏合剂以及蒙古与汉族士人能够彼此配合的思想与文化基础——这里显现的是"文学"独立于政治之外的强大力量。有元一代既定的族群及政治秩序，使得政治权力始终凌驾于文化权力之上，但如若跳出元代来看，唐代诗人杜甫能够在元代再次进入国家意识形态，乃至元祚终结之后、"文"与"治"的再度合作，都可以说明思想、文学或谓文化本身，实则比政治具有更加绵延的生命力与影响力。

# 第 五 章

# 由元入明：走向
# 失落的"谥杜"记忆

  正如虞集为也速答儿所作的诗中描述的那样，"子云白首归无日，独抱遗编隔五湖"，不迟于元顺帝至正八年（1348），也速答儿携万卷藏书离开成都，归隐至位于顺庆的果山。
  而此时的吴中一带，顾瑛主持的玉山雅集才刚刚拉开帷幕。在雅集之上，除了把酒言欢、吟风弄月，也有对于当朝时事的关心。[①]也速答儿其人其事几经辗转，也成了这场文人盛会上的谈资。多位"谥杜"的舆论鼓吹者，与顾瑛和他的雅集之间均有着千丝万缕的联系。虞集为顾瑛题写"玉山草堂"，并为其间景致题诗；李祁为顾瑛的《玉山名胜集》撰写序言，此外另有诗作收入集中；张雨的《赠纽怜大监》作为"谥杜"记忆的核心文本，被顾瑛收入集会产生的《草堂雅集》中；另一位常年滞留吴中、活跃于雅集之上的文人李元珪又作有《赠也速秘书载书归成都》；随后元明易代，"谥杜"记忆短暂地现于《元史》，而参与编修《元史》的王袆、陈基与张简，同样也曾作为顾瑛的友人而参与草堂雅集，而陈、张二人之所以被选入《元史》编修者之列，某种程度上也正是以雅集上的交游为契

---

  ① 刘迎胜在《玉山草堂与三位〈元史〉编修者》曾有对玉山草堂与大都、上都庙堂的讨论，载刘迎胜《蒙元史考论》，兰州大学出版社2014年版，第148—151页。

机。由此可见，由元入明，"谥杜"记忆仍然在异时、异地持续产生过影响。①

另一方面，在元明之际见诸文献的记载中，同样可以看到这段"谥杜"记忆的身影。至正十九年（1359）夏，曾经的"谥杜"鼓吹者贡师泰的《玩斋集》纂成，门人谢肃为之作序，文中两次提及杜甫时，均以"文贞公"相称：

> 盖自风雅以来，能集诗家之大成者，惟唐杜文贞公一人而已。继文贞而兴者，惟我朝雍虞公一人而已。试以《道园》所录，合先生是编而并观之，则未知其孰先孰后也。②

此时，谢肃已追随贡师泰六年有余，"先生（指贡师泰）起居食息之顷，肃未尝不在侍也。说经之暇，间授以作文赋诗之法"③。可以推想，谢肃之所以会称杜甫为"杜文贞"，应该就是直接受到贡师泰的影响。而这也是杜甫谥号最后一次出现在元代文献中。此后元明易代，杜甫的"文贞"谥号又在明初修纂的《元史》中偶有一瞥，而后被迅速地遗忘，直到两百余年后，方才以嘲讽乃至批判的态度被明人再度提起。

基于以上事实，我们必须对这段在元朝备受瞩目的"谥杜"往事再度追问：为何入明之后，原本活跃的"谥杜"记忆旋即归于沉寂？此后两百余年记忆空白形成的背后，又有怎样的时代因素？最终"谥杜"记忆被再度唤醒之后，又为何呈现出与前代截然相反的价值判断？这些问题的厘清，既关乎"谥杜"之始末，也包含着更

---

① 参见刘迎胜《玉山草堂与三位〈元史〉编修者》，载刘迎胜《蒙元史考论》，兰州大学出版社2014年版，第131—152页。
② （元）谢肃：《贡礼部玩斋文集序》，载贡奎、贡师泰《贡氏三家集》，吉林文史出版社2010年版，第169页。
③ （元）谢肃：《贡礼部玩斋文集序》，载贡奎、贡师泰《贡氏三家集》，吉林文史出版社2010年版，第169页。

大的文学史命题：在以统治族群变更为基本特征的元明时期，族群意识为代表的社会思潮，是如何潜移默化但又异常深刻地雕塑着其时文学记忆，最终形成了我们今天见到的文学史的基本面貌。而这也正是笔者在以下章节中，尝试去回应的问题。

## 第一节　遗忘与空白

洪武元年（1368）正月，朱元璋在金陵南郊祭告天地，即皇帝位，大明王朝由此开始。此时，距离蒙古大监也速答儿为杜甫请得赐谥不过三十一年，而距离杜甫"文贞"谥号最后见诸元代文献仅仅九年。

从如此迫近的时间点来看，"谥杜"之于明人，本应是个很强的记忆。然而我们看到的却是，除了洪武三年（1370）纂成的《元史·顺帝纪》对此记有简略的一笔外，元代围绕杜甫的请谥与追谥，在明代实则经历了一段相当长时间的空白。

事实上，从元人记述中的"请以蜀文翁之石室、扬雄之墨池、杜甫之草堂皆列学宫，又为甫得谥曰'文贞'。以私财作三书院，遍行东南，收书三十万卷，及铸礼器以归"，到明修《元史》中的"谥唐杜甫为文贞"，我们不难发现，当这段历史记忆进入胜国的帝王本纪时，就已经显现出了"遗忘"的端倪：对于一个原本相当完整的文化事件来说，在《元史·顺帝本纪》的记载中，却并非每一个环节都得到了相应的呈现：主导者也速答儿其人，他为杜甫请谥的过程，与请谥并行的文化事业，乃至整个事件在元代士林的轰动等重要的信息，都被一并略去不谈。这便意味着"谥杜"记忆在最初进入明代之时，就已然失去了原本丰富的层次和脉络。

而另一方面，即便是这《元史·顺帝本纪》中留存的寥寥数语，在此后两百余年的明人记忆中，依然迅速转入了沉寂。在这段时期内，无论是私修史书中的杜甫传记，还是社会刊行的杜甫诗集，抑或围绕杜甫草堂祀典产生的相关文本,当人们在这些与杜甫密切相关的场合去追述诗人生前身后的际遇时,都未有一言涉及他在元代获得的"文贞"谥号。对此我们不妨分别来看:

## 一 明代杜集序跋对杜甫生平的记述

杜集的编纂与刊行作为杜甫接受中的重要一环,在推动杜诗本身的流传以外,也承载着编刊者对于杜甫本人的理解与评价,这在其序跋之中体现得最为集中。周采泉在《杜集书录·内编》著录了十种明代杜甫全集注本,分别为单复所撰的《读杜诗愚得》、张潜所编的《杜少陵集》、邵宝集注的《刻杜少陵先生诗分类诗注》、李齐芳所辑的《杜工部分类诗十卷赋一卷》、刘世教所编的《杜工部诗分体全集》、傅振商所撰的《杜诗分类》、胡震亨所撰的《杜诗通》、许自昌校刻的《集千家注杜工部诗集》、杨德周所撰的《杜诗类注》、张文栋所编的《杜少陵诗》。其中,除许自昌刻于万历三十四年(1606)的《集千家注杜工部诗集》未见序跋、张文栋所编的《杜少陵诗》仅有清人王昶题跋外,其余八种皆有明人序跋,详见下表:

表5-1　　　　　　　明代杜甫全集所见明人序跋

| 杜集名称 | 编(撰)者 | 所用版本 | 明人序跋 |
| --- | --- | --- | --- |
| 《读杜诗愚得》十八卷重定杜子年谱诗史一卷 | 单复 | 《四库全书存目丛书》影印明天顺元年(1457)朱熊梅月庵刻、弘治十四年(1591)重修本 | 杨士奇《读杜愚得序》;单复《读杜诗愚得自叙》《读杜诗愚得凡例》《重定杜子年谱诗史目录叙》《杜子世系考》;黄淮《读杜诗愚得后序》 |
| 《杜少陵集》十卷 | 张潜编、宋灏校刻 | 正德七年(1512)刊本 | 王云凤《杜少陵集序》 |
| 《刻杜少陵先生诗分类集注》二十三卷 | 邵宝集注、过栋参笺、周子文校样 | 《杜诗丛刊》影印万历初刻本 | 王穉登《刻杜诗分类集注序》周子文《刻杜诗分类集注序》 |

续表

| 杜集名称 | 编（撰）者 | 所用版本 | 明人序跋 |
|---|---|---|---|
| 《杜工部分类诗十卷赋一卷》 | 李齐芳辑 | 万历二年（1574）刻本 | 李齐芳《杜工部分类诗序》；潘应诏序；舒度《刻杜诗后叙》；李茂年、李茂材二跋 |
| 《杜工部诗分体全集》六十六卷 | 刘世教编校 | 万历四十年（1612）合刻《李杜全集本》 | 刘世教《合刻分体李杜全集序》；李维桢《李杜分体全集序》 |
| 《杜诗分类》五卷 | 傅振商 | 《杜诗丛刊》影印清顺治八年（1651）杜澳重刻本 | 傅振商《杜诗分类叙》 |
| 《杜诗通》四十卷 | 胡震亨 | 顺治七年（1650）朱茂时刻《李杜诗通》本 | 朱大启、朱茂时跋、胡夏客识；胡震亨《杜甫年谱》并识 |
| 《杜诗类注》八卷（又名《杜诗水晶盐》） | 杨德周 | 明刻本 | 张拱几《杨次庄先生注杜水晶盐序》 |

此外，明代的杜律选本则更为多见。周采泉的《杜集书录》共著录 34 种，除去已佚的部分，笔者亲见者包括谢省的《杜诗长古注解》，张綖的《杜工部诗通》，杨慎批选的《杜诗选》，邵勋编、万虞恺汇刻的《唐李杜诗集·杜工部诗》，邵傅的《杜律集解》，汪瑗的《杜律五言补注》，颜廷榘的《杜律意笺》，王嗣奭的《杜臆》八种，另有是集未见而序跋另存者，不一而足，其中同样未见关于元代追谥杜甫的记录。

## 二 明代私修史书中的杜甫传记

在杜集序跋之外，明代嘉靖、万历年间，另有一批私人撰述的通史类著作曾为杜甫立传，其中包括邵经邦的《弘简录》、唐顺之的《史纂左编》、邓元锡的《函史》以及李贽的《藏书》等。其中的杜甫传记，同样是明代杜甫生平文献重要的组成部分。

1. 邵经邦《弘简录》卷52《杜甫传》

邵经邦（1491—1565），字仲德，正德十六年（1521）进士。嘉靖二十一年（1542），邵经邦开始着手通史的编纂，期间四易其稿，最终于嘉靖三十五年（1556）撰成《弘简录》二百五十四卷，嘉靖四十年（1561）刊行于世。《杜甫传》载于其书卷52。从内容上来看，这篇杜甫传记基本是将新、旧《唐书》中的《杜甫本传》依次铺列开来。其中比较特别的是，在新、旧《唐书》以及以往史书的惯例中，凡遇祖孙、父子合传，大多皆以晚辈附于前辈之后。然而，邵经邦这篇杜甫传记却首先介绍杜甫的生平，而后继之以"曾祖依艺巩县令，祖审言，字必简，与从祖易简俱登进士"[1]。这大概是出于撰述者对祖、孙二人文学地位的高下判断，但从体例上而言确有不合常理之处。因此，周采泉在《杜集书录》中亦下按语，称"邵氏此传，则以审言附于甫传，抑祖从孙，殊为不伦"[2]。

2. 唐顺之《史纂左编》卷129《杜甫传》

唐顺之（1507—1560），字应德，号荆川，人称"荆川先生"。嘉靖八年（1528）二甲一名进士，历任兵部主事、翰林院编修、太仆寺少卿等职，曾于嘉靖十九年（1540）被削籍，隐居阳羡山，直到嘉靖三十七年（1558）再起为北兵部职方员外郎，嘉靖三十八年（1559）卒于东南抗倭任上。唐顺之平生著述达数百卷之多，刊行于嘉靖四十年（1561）的《史纂左编》是其中篇幅最大、最有代表性的一种。[3]《杜甫传》见于该书卷129。这篇传记与书中其他人物传记相似，均是在此前史传的基础上重新加工而成。其中，作者在介绍杜甫时，主要依据的是新、旧《唐书》的《杜甫本传》剪裁而

---

[1] 参见《弘简录》卷52《杜甫传》，《续修四库全书》，上海古籍出版社1996年影印本，史部，第305册，第146—147页。

[2] 周采泉：《杜集书录》，上海古籍出版社1986年版，第837页。

[3] 参见钱茂伟《明代史学的历程》，社会科学文献出版社2003年版，第196页。

成，后附以元稹的《墓系铭》。就内容而言，并无新的增补。①

3. 邓元锡《函史》卷49《杜甫传》

邓元锡（1529—1593），字汝极，号潜谷，人称"潜谷先生"。少就读于凛山精舍、正宗书院，嘉靖三十四年（1555）中举后，归隐乡里，潜心著述，历三十载，著述颇丰，涉及理学、史学、文学多个领域。《杜甫传》载于其书卷47，周采泉的《杜集书录》对此未有著录。这篇杜甫传记与前述几种的显著不同在于，它并非源自对此前史料的直接剪裁，而是在叙述杜甫生平时，注重与杜诗的紧密结合，文辞流畅，颇见功力。②

4. 李贽《藏书》卷31《词学儒臣·杜甫》

李贽（1527—1602），初姓林，名载贽，后改姓李名贽，字宏甫，号卓吾，别号温陵居士、百泉居士等，福建泉州人。嘉靖三十一年举人。李贽为明代著名思想家、文学家，著有《藏书》《续藏书》《焚书》等作。《藏书》又名《李氏藏书》，首刊于，明万历二十七年（1592）六十八卷，八十九万余字，上起战国，下迄于元，是一部以人物为中心的纪传体著作，涉及八百余位重要历史人物。《藏书》之名，源自李贽认为它是"颠倒千万世之是非"之书，只能藏之后世。《杜甫传》载于是书卷31，行文以转引《新唐书·杜甫传》及元稹《墓系铭》为主，未见新意。③

总的来看，以上四篇杜甫传记，从内容上来看，基本上因袭的依旧是唐宋时期的杜甫记忆。换言之，在由史传构筑的明代杜甫生平文献中，同样没有对元代得谥一节的提及。

---

① 参见（明）唐顺之《历代史纂左编》卷129，《四库全书存目丛书》，齐鲁书社1996年影印本，史部，第137册，第137—383页。

② 参见（明）邓元锡《函史》卷47，《四库全书存目丛书》，齐鲁书社1996年影印本，史部，第26册，第345—347页。

③ 参见（明）李贽《藏书》卷31，《续修四库全书》，上海古籍出版社1996年影印本，史部，第302册，第362—364页。

## 三 明代地方崇杜祀典与杜甫身后之形塑

在"杜集""杜传"这些见诸纸面的文献之外,各地"杜祠"的修葺以及相应的文化活动,同样深刻地参与着杜甫身后形象的构建。与此同时,这类祀典实则也更加紧密地联系着元代围绕杜甫的请谥与追谥。

仅以最负盛名的成都杜甫草堂为例,有明一代,成都杜甫草堂(祠堂)先后经历了洪武二十六年(1393)、弘治十三年(1500)、嘉靖十六年(1537)、嘉靖二十二年(1543)、嘉靖二十五年(1546)、万历初年等六次规模较大的重修,事毕之后亦皆有时贤撰记。其中,除嘉靖十六年、嘉靖二十二年的两次重修主要针对祠堂内部的景致、相关文本亦未明显涉及诗人的身后外,其余四次都不同程度地体现着时人对于杜甫的再评价。以下即围绕这四次杜甫祠堂的重修及崇祀活动,对杜甫祀典产生的记录文本稍作梳理,以冀与前述"杜集""杜传"相对照,一并列入明代杜甫的生平资料来进行考察。

### 1. 洪武二十六年

洪武二十六年(1393)是明朝围绕成都杜甫祠堂(草堂)的首次重修与崇祀。主事者是朱元璋的第一十子朱椿。洪武十一年(1378),朱椿受封蜀王;洪武二十三年(1390)就藩成都。[①] 与当时其他藩王"备边练士卒"不同,朱椿到达成都之后"独以礼教守西陲",《明史》本传谓其"性孝友慈祥,博综典籍,容止都雅,帝尝呼为'蜀秀才'"。[②] 朱椿在位的四十三年间,一直多行善政,优遇贤良,时人皆谓"蜀献王好学礼士,于玉牒中最号贤王"。此时的杜甫草堂,距离也速答儿建学立祠五十余年,其间终未逃过"废于

---

① (明)王世贞:《蜀献王椿》,魏连科点校,载《弇山堂别集》卷32,中华书局1985年版,第570页。

② (清)张廷玉等:《明史》卷117,中华书局2015年版,第3579页。

兵"的命运。朱椿入蜀后，十分感念杜甫的人格魅力，于是洪武二十六年（1393）冬十二月，命臣工重修草堂，不逾月而成。竣工之时，朱椿亲作《祭杜子美文》，方孝孺作《成都杜先生草堂碑》，对杜甫忠君爱国大节特为推崇。

2. 弘治十三年

弘治十三年（1500），在四川巡抚都御史钟蕃首倡、巡按御史姚祥主持、郑弘的协助之下，成都杜甫草堂经历了再度重修。事毕，成都府同知吴廷举携书信与图志拜访杨廷和求取"草堂记"。杨廷和是四川新都人。成化十四年（1478）进士，而后入翰林，正德间累官太子太师、华盖殿大学士，并在李东阳致仕之后成为内阁首辅。在《重修杜工部草堂记》一文中，他首先介绍了重修之后的草堂及祠堂规制，而后围绕"杜甫何以祠于后世"的问题展开议论，同样指出杜甫之所以有别于众多诗人得以享受"古今通祀"，全在于其"大节具备"。

3. 嘉靖二十五年

嘉靖年间的杜甫草堂已年久失修。为此，张时彻以《启蜀王修杜工部草堂》奏请重修杜甫草堂。这一提请很快得到了答允，于是"辟廊庑、起甍栋、引流为池、易甓为石"，使得草堂的建筑规模倍于以往，也由此奠定了今天成都杜甫草堂的基本雏形。杜甫祠堂重修完成之后，张时彻又作《重修杜工部祠堂记》，表达了对于杜甫不遇于时的同情，以及对其崇高人格的称颂。

4. 万历初年

万历三年（1575），陈文烛以副使督四川学校，在表彰先贤、振起后进之余，又追寻名胜，访问往迹，题咏记述，足迹几乎遍布蜀中山川。在造访成都草堂时，他发现这里并无杜甫《茅屋为秋风所破歌》诗中的茅亭，于是便即地而建，题之曰"乾坤一草亭"，以呼应杜诗之典。在而后撰写的《建浣花草堂亭记》，陈文烛再次借"茅屋"之典，来彰显杜甫堪比稷契的政治情怀。

以上即为对洪武、弘治、嘉靖、万历四朝四川杜甫祠堂崇祀情况的简要回顾。从中可见，尽管祠祀紧密联系着诗人的"身后事"，但在这段跨度相当大的时期内，不同身份的主事者在持续将杜甫推举为道德典范的同时，却均未曾提及诗人曾在元代得谥这一重要事件。

总而言之，以上从明代的杜集序跋、诗人小传、祀典文本三个方面，梳理了明代新出现的一批杜甫生平文献。伴随着这些生平资料建立起来的，是明代有关杜甫其人的知识。但在通览这些文献之后，我们可以发现，尽管明人在不同的场合，一次次地梳理与杜甫相关的种种历史文化记忆，但也正是在这个过程中，关于蒙古大监也速答儿为杜甫请得赐谥乃至重修草堂、兴学立祠的记忆，乃至其所植根的蒙元时代，却几乎消失一空。而要直到两百余年后，才终于迎来了这段记忆空白被打破的时刻。

## 第二节　重拾及反转

在经历了入明之后两百余年后的沉寂之后，"谥杜"这段来自胜国的杜甫记忆，才终于再次得到了明代主流士人圈的注目。

率先打破记忆空白的，是此一时期的文坛盟主王世贞。王世贞（1526—1590），字元美，号凤洲，又号弇州山人，太仓（今属江苏）人。他是明代最重要的文学家，"与李攀龙狎主文盟。攀龙殁，独操柄二十年"[①]。王世贞的著述极为丰富，《四库全书总目提要》谓"考自古文集之富者，未有过世贞者"。

万历三年（1575），王世贞撰成《宛委余编》，内容涉及古代文化生活的各个方面，既包括诗文中名物的考释，也包括对史实的辨析，还记载了很多奇闻趣事。

---

① （清）张廷玉等：《明史》卷287，中华书局标点本1974年版，第7379页。

王世贞对于元代"谥杜"的评价,显然应结合其时的历史语境与他自身的文化背景来分析,这将在后文中详细讨论。此处想要指出的是,这段文字既是笔者目前所见范围内,"谥杜"事件自元代发生以来对请谥人身份最早的辨析,也是明人首次对此事表达自己的态度。借由王世贞的影响力,他评论又曾被后来的明人再度转引,如崇祯十四年(1641)周圣楷网罗楚地名人盛事,撰成地方专史《楚宝》,是书卷16《文苑》在为杜甫作传之时,就在最末全文抄录了这段来自王世贞的评论。[①]

然而遗憾的是,若仅就对于整个元代事件的考证来看,《宛委余编》并未有切实的推进。从文中可知,尽管王世贞曾尝试到《元史》中考索这位元代大监的身影,但由于未能全面厘清其人的生平与交游,甚至张雨原跋中的"以私财作三书院,遍行东南,收书三十万卷,及铸礼器以归",亦不知何故从这段转述中略去,使得这段杜甫记忆在此刻重拾之时,依旧没能呈现出最初的完整面貌。

但也正是从王世贞的《宛委余编》起,明代关于"谥杜"的记忆开始偶有复现。其中就包括何宇度撰写的《益部谈资》。何宇度其人史书无传,王世贞曾为其作《何仁仲诗序》,据此可知,他是德安(今湖北安陆)人,父亲何迁是嘉靖年间的知名儒士,而他本人则在万历中官任夔州通判。在四川任职期间,他曾多方采摭当地史实掌故、风物特产,遍访蜀中名胜古迹,编成《益部谈资》三卷,其中自然会提到成都浣花溪上的杜甫祠:

> 杜少陵,胜国时加谥文贞。祠在浣花溪上,云即草堂旧址,人多以草堂呼之。祠后堂匾,陈方伯鎏书,即"万里桥西一草堂"。栋宇尚未倾圮,盖监司郡邑常宴会处。予稍为之修葺,镌

---

[①] 参见(明)周圣楷编纂,(清)邓显鹤增辑《楚宝》卷16,岳麓书社2008年版,第407页。

公遗像及唐本传于石,榜署皆用公诗……不知堪博此公捧腹否?①

由此可知,在何宇度时代的四川,杜甫在"胜国加谥文贞"已经成为一段相当模糊的记忆;而在浣花溪旁的遗址上,更是丝毫找寻不回前朝曾经建学立祠的痕迹。至于当时的主事者也速答儿其人,则更是延续了明初以来的记载空白,从当地的文化记忆中彻底消失了。

与此同时,随着嘉靖、万历年间史学热潮的兴起,依托《元史·顺帝本纪》而留存的"谥杜"记载,又再度进入了明人的视野。首先是王圻(1530—1615)的《续文献通考》。王圻,字元翰,上海人,嘉靖四十四年(1565)进士,为官之余"以著书为事,年逾耄耋,犹篝灯帐中,丙夜不辍"。他生平著述极富,其中《续文献通考》254卷,堪称继元代马端临《文献通考》之后最重要的一部私人修撰的通史。

约于嘉靖末年,王圻开始搜罗文献、着手该书的编纂,历经近四十年,终于在万历三十一年(1603)左右付梓。但整部书完成的时间或许更早,其中的"谥法考"部分就曾在万历二十四年(1596)被从未定本《续文献通考》中单独抽出刊刻。② 在现今通行本《续文献通考》中,共有两处提及元代谥杜一事。其一见于是书卷110的"郊社考·杂祠":

至元三年……谥唐杜甫为文贞。③

---

① (明)何宇度:《益部谈资》卷中,载《丛书集成初编》本,中华书局1985年版,第16—17页。
② 前有赵怀可序,曰"元翰(王圻)于书无所不读,以台使历楚督学使。归田后,日杜门著述。辑有《续文献通考》,凡若干卷,就其中抽谥法一种另梓云"。由此可知,当王圻的《谥法考》刊刻之时,《续文献通考》业已成书。
③ (明)王圻:《续文献通考》,《续修四库全书》,上海古籍出版社2002年影印本,史部,第764册,第125页。

这条记载前后均为顺帝此一时期的追封、追谥情况，行文顺序及具体内容与《元史·顺帝本纪》几乎完全吻合，因此史源甚明。

此外，是书卷152的"谥法考·异代追谥"也将这段元代往事收入其中：

> 杜甫，字子美，襄阳人，官拾遗。元至元二年，追谥文贞。①

与"郊社考·杂祠"部分大体皆以《元史》原文为本不同，"谥法考"作为《续文献通考》在马端临《文献通考》原有门类基础上特别新增的六门之一，其中不乏王圻在剪裁前代文献基础上的重新表述，这里关于杜甫谥号的部分就是如此。两处记载中追谥时间的不同，究竟是由于刻工的粗心，还是王圻本人的疏忽，现已无法确知。仅就文本本身而言，《元史》以来将"请得赐谥"变为"追谥"的叙述惯性，在王圻笔下依然被清晰地继承了下来。②

《续文献通考》刊行十余年后，万历四十四年（1616），张丑（1577—1643）的《清河书画舫》成书。张丑原名张谦德，字叔益、青父，晚年号米庵，昆山（今属江苏）人。张丑生于艺术世家，屡试不第之后遂放弃仕途，布衣一生，成为明代著名的书画收藏家、鉴赏家。《清河书画舫》是张丑在书画领域的杰作，其中"清河"是张氏郡望，"书画舫"典出黄庭坚"米家书画舫"之句。书中在提及唐代书画家郑虔时称：

> 荥阳郑虔，开元、天宝间名士，杜文贞吟友也，其颠末详

---

① （明）王圻：《续文献通考》，《续修四库全书》，上海古籍出版社2002年影印本，史部，第765册，第83页。
② 《谥法考》中并非没有关于"请谥"的记述，但无论是在王圻对《元史·顺帝本纪》的转引（卷110），还是自己对于"谥杜"的回顾（卷152），均不提此一事件中尚有"请谥"一节。

《八哀诗》中。①

这是笔者目前所见，明人唯一一次主动选择以"杜文贞"来称呼杜甫。而到了明代末年，关于杜甫在元代获得的谥号，终于被正式宣告已经到了"无人知之"的地步。

茅元仪（1594—1640），字止生，号石民，浙江归安（今属浙江湖州）人。崇祯元年（1628）冬，茅元仪作《暇老斋杂记》凡三十二卷，据其书卷24：

> 朱考亭久赠徽国矣，元时改赠齐国，以大国易小国也。故元人文章中每称齐国，而今不称矣。杜子美曾于元时谥文贞，今亦无人知之也。岂非君天下而权不伸于后世耶？文天祥，元时曾赠官、谥忠烈，而神即不飨，乃改题其主。此固未尝受之，又不必言矣。

这段文字除了直言杜甫的"文贞"谥号此时已然不为人知之外，更明确将"谥杜"举措直接与元代政权相连，指出"谥杜"记忆的失落，恰可作为元代国祚覆亡的例证。把"追谥杜甫"视作有代表顺帝一朝文化风向的大事，是元代士人群体的普遍认识。生活在明代末年的茅元仪对"谥杜"的政治意味并无异议，事实上，正是基于承认"谥杜"是元代国家意识形态中的一部分，茅元仪才对这段往事显示出格外轻蔑的态度。

综上所述，与此前长时间的文献阙载不同，从王世贞的《宛委余编》起，明初以来的记忆空白终于被重新唤醒。此后直至明朝末年，这段原本并不久远的胜过往事，开始零散见于文人笔记、私修史书等各类文献中。

---

① （明）张丑撰：《清河书画舫》，徐德明校点，上海古籍出版社2011年版，第124页。

然而，当明人尝试渐渐拾起"杜文贞"这个诗人身后的特殊标记时，蒙古大监也速答儿为杜甫请谥这一环节，连同元代据此展开的兴学、立祠、收书等系列文化活动，却依然被排除在"谥杜"话题之外。譬如，王世贞的《宛委余编》对于杜甫得谥的议论，虽然建立在张雨《赠纽怜大监》的诗跋上，但却又在转引时遗漏了兴学、收书、备礼乐器等相关内容；何宇度的《益部谈资》虽然同时提及"追谥"和"立祠"，却并透露出二者在当时存在何种关联。因此，这段流入明代的前朝记忆，在经历洪武以来漫长的空白之后，即便后期又再度被主流士林拾起，呈现出的依然是相对破碎的面貌。

另一方面，与明初短暂的一瞥相似，尽管这段杜甫记忆在后来又被重新拾起，但与之相关的文献记述均非诗集、诗论等通常意义上的"文学"文本。甚至即便出现王世贞这样的文坛巨擘参与其中，但"谥杜"却依然没有出现在万历以来主流诗坛的话语场域中。

而特别值得注意的是，从王世贞到茅元仪，当明人再次直面元廷加诸在诗人杜甫身上的"文贞"谥号时，展现出了与事件发生时迥异的拒斥态度，从而与元代士人阶层的鼓吹舆论形成正反两极。事实上，杜甫得谥以及前前后后的文化事件本身并不复杂，若仅从其褒奖先贤、风示一方的社会意义来看，则更是无可指摘。那么，在这样的情况之下，明人直面"谥杜"时表现出的种种微词，与有明一代应对胜国文化遗产的复杂心态之间的深层关联，也就尤其值得进一步探究。

## 第三节　新问题的提出

在全面考察明代各类杜甫生平文献之后可以发现，"谥杜"这段元代以来相当重要的杜甫记忆，却在明初迅速转入沉寂，在经历了两百余年的"集体遗忘"之后方被再度拾起，并遭受着前代不曾有过的强烈质疑。

谥号作为诗人身后最为重要的文化标签，理应受到格外的重视，更何况杜甫得到的"文贞"谥号又是谥法中的上等美谥，历来多只授予国之重臣。然而事实却是，虽然时隔并不久远，但明人对杜甫得谥的背景或语焉不详、诸多避忌，或在直面之下加以嘲讽。而另一方面，明代又是对杜甫相当重视的时期，其中也包括对杜甫在诗歌艺术以外的人格价值的推重。也正因如此，在明代诗坛几乎从未间断的"崇杜"思潮之下，"谥杜"记忆的冷遇就显得更加不同寻常，仍然需要我们从"文学"之外去寻找答案。我们的新问题也由此而提出：明人对"谥杜"记忆的刻意遗忘乃至全盘否定，究竟是基于怎样的文化心态？

带着这样的问题，再度考查前述明代撰述的杜甫生平文献，我们可以发现，明人这种刻意遗忘的背后，并非全无线索可循。具体来看，明人围绕杜甫人格层面的种种讨论，直接接续的是宋代以前的价值判断，而对于距离其时更为切近的蒙元时代，则带有某种选择性的忽视乃至反拨。概而言之，"谥杜"记忆之所以在明代遭遇"集体遗忘"是宿命，很大程度上是缘于事件中鲜明的蒙元印记在明代"夷夏"思潮中的缺失。

譬如，在明代最早的杜集注本、成书于洪武十五年（1382）的《读杜愚得》中，载有后来官任内阁首府的黄淮所作的序言。文章在从"性情之正"的角度颂扬杜甫之后，就直接点出了这部杜集的编刊对其所处时代环境的呼应：

> 呜呼！诗关治道、协气运，洪惟我朝绍百王之大统，振万世之洪规，复古之机，正在今日。诗曰："伐柯伐柯，其则不远。"士君子操觚秉翰，以求风雅之音，必于是编始焉。①

---

① （明）单复：《读杜愚得序》，《读杜诗愚得》卷末，《四库全书存目丛书》，齐鲁书社 1997 年影印本，集部，第 4 册，第 341—342 页。

"复古"对于有明一代的诗坛来说绝不陌生，几乎也已成为某种共识性的存在。以往对于明代诗坛"复古"之风的讨论多集中在诗学内部。而从这段序言来看，"复古"显然并非仅仅意味着诗歌的艺术风格，而是直接联系着当下洪武政权"绍百王之大统，振万世之洪规"的合法性问题。从中可见，在明初异常鲜明的"夷夏"语境中，文学的动向无法脱离政治的动向而独立存在。当政治领域的复古直指"驱逐胡虏，恢复中华"，文学领域的复古自然也特有翻越蒙元时代而上的意图。杜甫凭借其独出古今的"性情之正"，自然也被赋予了这样的寄望，因而更加不宜带有胜国的文化印记。

由此而下，我们可以重新考察"杜甫非诗人"这一观念在明代杜集序跋中的频现。譬如，谢省在《杜诗长古批注序》中就特别强调：

> 予视杜子非诗人也……观子美诗之所发，无非忠君忧民之心，经邦靖难之计，识见通明，议论高远；褒善刺恶，得《春秋》之体，扶正黜邪，合风雅之则。……惜乎其才不试，卒困于羁旅，而以诗人见称，非子美不遇于唐，而唐不遇子美耳。①

再比如侯一麟为张綖《杜工部诗通》撰写的《杜诗通后小叙》：

> 且诸名家之诗虽工，则诗人而止尔。至杜子则非诗人也。……将以广忠孝之教，裨移风之治，固仁人君子之用心已，独诗也乎哉！②

强化杜甫在"诗人"以外的身份和价值，是以朱熹"五君子

---

① （明）谢省注：《杜诗长古注解》卷首，弘治五年（1492）王弼、程应韶刻本。
② （明）张綖：《杜工部诗通》16卷，载《杜诗丛刊》第二辑，台北：大通书局1974年影印本，第11页。

说"为代表的宋代主流态度。而元代围绕杜甫的请谥与追谥，无疑是这一脉络中的新高峰。也只有在明代"去蒙古化"的思想背景下，我们才能更加合理地解释，为何明人在继承"杜甫非诗人"表述的同时，又会无一例外地略去"谥杜"这一源于蒙元时代的重要理据。

相似的情况在前述明代杜甫传记中同样存在。这些"谥杜"记忆缺失的明代杜甫传记，各自的成书背景大多带有鲜明的正统意识。其中，邵经邦的《弘简录》为续郑樵《通志》之作，起唐、五代迄宋、辽、金，行文突出"大一统"王朝，以唐、宋为正统，五代、辽、金则为"载记"，十国、西夏、南诏为"附载"，是嘉靖时代以正统史观改编前史的产物；唐顺之的《史纂左编》的分类思想同样具有强烈的"夷夏"意识，譬如将此前历朝历代分别排入"君、篡、镇、夷"四门，夏商周、汉唐宋被归入"君"门以示正统，辽金元则被列入"夷"门，由此可见，这部时人眼中"最为经世之书"，同样受到了嘉靖年间炽烈的民族情绪的影响；邓元锡的《函史》成书于隆庆、万历间，上编起洪荒、迄元代，周、汉、蜀汉、唐、宋、明为正统，秦、魏、吴、两晋、南北朝、五代十国、元为闰统，从中亦可看到对郑樵《通志》的祖述。这些"夷夏意识"强烈的史书，显然难以复现"谥杜"这一蒙元文治的余绪。

因而，从本质上来说，明代的杜甫记忆正是建立在这样的遗忘与选择之上。明代"谥杜"记忆曲线的背后，实则反映的是明人应对蒙元文化遗产时的复杂心态。他们对这段胜过往事的回避乃至拒斥，也就成了明代杜甫记忆形成背后的某种"共同意识"。

更重要的是，明代族群意识形塑之下的杜甫记忆，在当时产生了深刻的回响。就受众而言，经过刊行的各类杜甫诗集，既可作为蒙学读本，也流传于士林内部，甚至还包括张瑱的《杜律训解》、颜廷榘的《杜律意笺》这样"进呈于上"的选本；就地域而言，明代对于杜甫的崇祀并非仅限于成都杜甫草堂，夔州的瀼西、东屯，梓州的牛头山，长安的杜陵韦曲，这些杜甫曾经的行径之所，均被明人即地立祠、崇祀不绝,随之而来的祀典文本亦大量涌现。从一般意义上说,如此广泛的流播理应使得杜甫的影响力持续扩大,然而,若从"遗忘"的角度来看,则无疑是在不断加剧"谥杜"故事的缺失,从而也就愈发无形而深刻地雕塑着明代杜甫记忆乃至明代文学史的面貌。

# 第 六 章

# 于凡名称不可不慎：洪武时期对元代"谥杜"记忆的清整

洪武元年（1368）正月，朱元璋在金陵南郊祭告天地，即皇帝位，大明王朝由此建立。在新朝重提"夷夏"、制造"胡元"的文化氛围中，"谥杜"作为一朝之大事被记入《元史·顺帝本纪》的同时，蒙古族主导者的族群属性与事件本身的治教色彩，一并被略去不谈。这些失落的部分，此后终明一世都未再见诸纸端。

而就在同一时期，与洪武政权对峙的北元政权迅速从杜甫的《北征》诗中择出"宣光"二字作为年号，试图借其中兴之意，来统合居留中原的故元臣民。"宣光"年号的出现，同时也意味着继此前的"谥杜"之后，蒙古统治阶层再次将"杜甫"纳入其国家意识形态中，这无疑给洪武政权带来了新的压力，从而进一步促使其加紧完成对以"谥杜"为代表的蒙元文化遗产的清整。

## 第一节 明修《元史》中"谥杜"治教背景的缺失

洪武元年（1368）正月，明朝建立。很快，新政权就开始了

《元史》的修纂，到了洪武三年（1370）秋七月，《顺帝本纪》最终纂成。元代蒙古大监也速答儿为杜甫请得赐谥并大兴治教一事，真正留在史书中的，也就只有其中不载请谥人、背景缺失的一笔：

（至元三年）夏四月……丁酉，谥唐杜甫为文贞。①

编纂者选择将"追谥杜甫"记入"顺帝纪"，说明在史官看来，这一事件足以代表元顺帝一朝政治风貌。而另一方面，从"请得赐谥"到"追谥"的叙述模式转变中，读者无法直观感受到"请谥—追谥"这一流程及其背后儒臣与朝廷的互动，更毋论蒙古大监也速答儿作为请谥人所发挥的力量。唐代史学家刘知几在《史通》中概括"本纪"的特点时谓"以编年为主，唯叙天子一人。有大事可书者，则见之于年月。其书事委曲，付之列传"。然而遗憾的是，即便是在之后的"列传"部分也并没有出现也速答儿的身影。这位备受元人推崇的蒙古大监，连同他的请谥、立学、建祠、购书籍及礼乐器等大兴治教的故事，竟在《元史》中消失殆尽。②

这显然并不是因为明代政权对治教缺乏关注。恰恰相反，朱元璋对于兴学的重视可谓由来已久。根据杨讷先生的研究，早在明朝建立之前，从龙凤五年（即元至正十九年，1359）起，朱元璋本人在其辖境内就掀起了一股开办学校的热潮；到了龙凤十一年（即元至正二十五年，1365）九月，随着朱元璋在应天改前集庆路学为国子监，这股兴学热潮遂达到了顶峰。③ 此一时期的兴学文献在《明

---

① 《元史》卷39，中华书局1976年版，第839页。

② 由于顺帝一朝史事多阙，朱元璋遂命人出京采史。宋濂在《吕氏采史目录序》谓"奏遣使十又一人，遍行天下，凡涉史事，悉上送官"，然而从实际来看，"采史"的主要地点是北京、山东，而与也速答儿密切相关的四川地区由于战事未平，并不在"遣使"的范围之内，这也在客观上对其人其事的流传带来了限制。关于上述《元史》的纂修情况，参见方龄贵《〈元史〉纂修杂考》，《社会科学战线》1992年第2期。

③ 杨讷：《龙凤年间的朱元璋》，载元史研究会编《元史论丛》第四辑，中华书局1992年版，第220—221页。

太祖实录》及宋濂等当时朱元璋追随者的文集中均有保存，文中大多笼统地将"废于兵"作为兴学的背景。

明朝开国之初，朱元璋旋即颁布两道兴学诏谕，由此可见，兴学对于洪武政权仍然是头等大事。但也正是在这两道诏谕中，我们发现，文中对于兴学背景的表述发生了明显的改变。据《明太祖实录》卷46"洪武二年（1369）冬十月"条：

> 辛巳，上谕中书省臣曰：学校之教，至元其弊极矣。使先王衣冠礼义之教，混为夷狄，上下之间，波颓风靡，故学校之设，名存实亡。况兵燹以来，人习于战斗，唯知干戈，莫识俎豆。朕恒谓治国之要，教化为先；教化之道，学校为本。今京师虽有太学，而天下学校为未兴，宜令郡县皆立学，礼延师儒，教授生徒，以讲论圣道，使人日渐月化，以复先王之旧，以革污染之习，此最急务，当速行之。①

又：

> 辛卯，命郡县立学校，诏曰：古昔帝王育人才、正风俗，莫先于学校。自胡元入主中国，夷狄腥膻，污染华夏，学校废弛，人纪荡然。加以兵乱以来，人习斗争，鲜知礼义。今朕一统天下，复我中国先王之治，宜大振华风，以兴治教。今虽内设国子监，恐不足以尽延天下知俊秀，其令天下郡县，并建学校，以作养士类。……②

在这两条诏谕中，朱元璋强调了"教化"对于治国的重要性。

---

① 《明太祖实录》卷46，台北"中央研究院"历史语言研究所校印本，第923—924页。
② 《明太祖实录》卷46，台北"中央研究院"历史语言研究所校印本，第924—925页。

"教化之道，学校为本"是长久以来人们对于学校社会功能的普遍认识。因此，立学校、延师儒、授生徒遂作为"行教化"的根本手段而被提上日程。这与传统儒家意识形态以及朱元璋早期的兴学思想完全一致。

而与此前的兴学文献明显不同的是，这两道诏谕明确将"胡元"作为了"兴学"最重要的背景。诏谕指出，自"胡元入主中国"之时起（而非元末战乱后），就污染了华夏原本的"先王衣冠礼义之教"，造成了"学校废弛，人纪荡然"的局面。因此，在"大振华风，以兴治教"的逻辑中，"兴学"就是"兴华风"，朱明王朝需要以此来革去"夷狄"的"污染之习"，重新建立一个与"胡元"对立的、风俗淳美的汉族社会。换言之，正是在"去蒙古化"立场的加持下，"兴治教"才得以成为洪武政权的"最急之务"。

这种改变，与明朝初年政权的正统危机直接相关。由于《春秋》以来中国传统"夷夏"观念在元代的淡漠，作为汉族政权的大明王朝，其合法性并非"与生俱来"。朱元璋所面临的认同困境，一方面来自当时人数众多的元遗民、逸民群体，他们在文字抑或行为中依然尊奉故元为正统；另一方面则在于其始终无法与"红巾军"的出身切割，而后者向来被士大夫群体以"妖寇""叛逆"视之。在这种历史语境之下，朱元璋不得不重新寻求有利的思想资源为自身的合法性进行辩护。于是，用儒家学说来重新规范礼俗、唤醒整个社会的"夷夏"意识，也就成了洪武一朝的基本策略。[①] 山鸣谷应，对胜国文治的全盘否定也就逐渐表现为明初社会的集体选择。

诚然，新政权的话语往往掷地有声却又不能尽信。其中的"胡元"形象，与其说是对于过往的"呈现"，毋宁说是面向当下的"制造"。与从前的汉族王朝相比，蒙元时代固然对儒学不够重视，

---

① 参见张佳《新天下之化：明初礼俗改革研究》，复旦大学出版社 2013 年版。书中对此已有相当充分的研究，本书对于该时段思想背景的把握与理解，亦多受惠于此。

元末因战乱导致的学校废弃也基本属实,但综合有元一代的情况来看,是否果真达到诏谕抨击的程度,实则尚有可以讨论的空间。至少在元人自己的记载中,就很容易找到截然相反的表述。

与诏谕中"学校之教,至元其弊极矣"的态度不同,元人反而认为自己所处的时代学校最盛,甚至超过通常认为最为"正统"的汉族王朝。这种信心在大量"书院记""庙学记"中均有体现。如许有壬在《缑山书院记》中即言:

> 我元戡定伊始,即崇文教,南北既一,黉舍遂遍区宇,渐濡百年,而书院之辟,视前代倍百矣。①

而在《庆州书院记》中,他更加明确了在兴学方面元代相对宋代的绝对优势:

> 我元统一海宇,学制尤备,郡若州邑,莫不有学,学莫不有官。……夫以增设之广,视宋有加。人才之出,宜亦倍宋。②

不仅仅是超越宋代。在色目士人余阙看来,元代学校之兴几可与三代比肩。据其《穰县学记》:

> 大元之兴,百有余年,列圣丕丞,日务兴学以为教,党庠塾序遍于中国,虽成周之盛,将不是过。③

---

① (元)许有壬:《至正集》卷43,载《北京图书馆古籍珍本丛刊》,书目文献出版社1998年影印本,第95册,第221页。从文中可知,撰记时间为"至正辛巳"后"又七年",即至正八年。
② (元)许有壬:《至正集》卷36,载《北京图书馆古籍珍本丛刊》,书目文献出版社1998年影印本,第95册,第188页。
③ (元)余阙:《青阳先生文集》卷3,载《四部丛刊续编》,上海书店1985年影印本,第72册,第2页a面。

类似的表述在元人文集中比比皆是，如苏天爵《梧溪书院记》谓"今国家承平既久，得泽涵濡，虽荒服亦皆有学"[①]、刘基《沙班子中兴义塾诗序》谓"方今天下郡县无不有学，名山古迹又有书院，咸设学官"[②]等，均与朱元璋的"兴学诏"大相径庭；即便具体到诏书中"唯知干戈，莫识俎豆"的指责，我们也可以轻而易举地从元人笔下找到直接的反击，如虞集就称"我国家郡县无小大皆得建学，尤以庙为重焉，是以有司修祀典勿敢阙"；甚至就在张雨为本文讨论的主人公所作的《赠纽怜大监》一诗中，也有非常明确的"石室谈经修俎豆"的记述。而这些兴学活动的主导者与记录者中，更包含着大量和也速答儿一样的非汉族士人。

这股由蒙古、色目士人主导的、元代中期以来日渐普遍的兴学之风，正是也速答儿文化活动的重要背景。从"兴治教"的层面来看，也速答儿的故事与明初文化政策并无抵牾，甚至显得更加积极与深入：他为杜甫请得元廷赐谥，是将杜甫所代表的儒家价值观积极纳入蒙元国家意识形态的过程；而从其随后围绕杜甫草堂等处展开的文教事业中，则更可以看到一个来自蒙古上层的士人是如何自觉地成了事实上的地方精英，并以这个新的身份去移风易俗、教化一方。

如此，我们便不难理解，在当时格外鲜明的"夷夏"色彩中，蒙古大监也速答儿的故事，确实遭遇着某种叙述困境：一位行事皆以"儒"为准的人物，却恰恰来自蒙古族群，那么这个与去蒙古化思潮相违背的"胡元故事"，究竟又该如何被对待和书写？换言之，当国家话语中的"胡元"确有"兴治教"之实，并曾经得到过汉族社会的广泛认同，人们又该如何解释而今"革污染之习"的"天命"？

---

[①] （元）苏天爵：《滋溪文稿》卷2，陈高华、孟繁清点校，中华书局1997年版，第21页。

[②] （明）刘基：《刘基集》，林家骊点校，浙江古籍出版社1999年版，第67页。

事实上,《元史》在蒙古族群"兴治教"失载方面,也速答儿并不是个例。仅就其中的"列传"而言,其中关于蒙古族群"兴治教"的事例并不多见。我国台湾学者萧启庆先生《元代蒙古人的汉学》一文曾指出,蒙古族群中亦出现了不少"蒙古人中儒者",并随后将生平可考的 60 位"蒙古儒者"依其表现分为"儒学研习""儒学倡导""儒治鼓吹""儒治实行"四类分述。① 其中后三类直接与"兴治教"相关。② 值得注意的是,在其考论的 23 位"儒学倡导者"中,仅有五人《元史》为之立传,并且其中不兰奚(Buralki)修复其家食邑所在地的庙学、拜住 [Baiju,一称拜住哥(Baijugha)] 修景贤书院大成殿这两件"兴治教"的记载恰恰均不载于《元史》列传,而是见于元人文集中;同样,在六位"儒治鼓吹者"中,相关事迹见于《元史》列传的只有泰不华(Tai Buqa)、朵尔直班(Dorjibal)两人。③ 还不仅仅是《元史》中的"列传",在而后的"儒学""良吏"中,同样少有蒙古族群的身影。邱树森曾批评"《元史》列传最大的毛病是蒙古色目人立传太少",④ 这里想要补充的是,其中不仅是体量上的少,更是鲜少将蒙古族群作为兴治教的主体而为之立传。

而即便是在《元史》有传的人物中,编纂者们似乎也在尽可能地抹去蒙古族群身上"亲儒"的一面。以萧氏所论"儒治实行者"之一安童为例,其本传见《元史》卷 126,史料来源主要是元明善

---

① 文中并分别作出界定:"第一类的蒙古儒者对儒学具有一定程度造诣。其人可能身居高位,亦可能一席青衿,载籍中却没有将学术用之于事功之记载。第二类儒者不仅研习儒学,而且有提倡庙学之事迹。第三、四类之儒者则以鼓吹或施行儒治见之于文献。"

② 本书所论之蒙古大监被归入第二类。

③ 五位"儒治实行者"的事迹虽在《元史》列传中皆有不同程度的涉猎,但正如萧氏所言,此五人"皆为主政中枢之蒙古重臣",其中三人皆为木华黎家族后裔,另有"更化"丞相脱脱,终究无法绕过。

④ 邱树森:《关于〈元史〉修撰的几个问题》,载《贺兰集》,江苏古籍出版社 1997 年版,第 200 页。

所撰的《丞相东平忠宪王碑》。对比二者行文，很容易就可以看到《元史》修纂者的"笔削之功"，譬如下面这段安童与忽必烈就任用汉臣而展开的对话：

表6-1　　　　《元史·安童传》对史源材料的调整举例

| 《丞相东平忠宪王碑》 | 《元史·安童传》 |
| --- | --- |
| 四年，（安童）奏曰："硕德如姚枢辈三二人，可议中书省事。"上曰："此辈固宜优礼。"① | 四年三月，安童奏："内外官需用老成人，宜令儒臣姚枢等入省议事。"帝曰："此辈虽闲，犹当优养，其令入省议事。"② |

由此可见，无论是从安童口中的"硕德"到"老成人""儒臣"，还是从忽必烈口中的"固宜优礼"到"闲当优养"，生平叙事尚且"笔削"如此，更遑论《丞相东平忠宪王碑》中对安童"远征近礼，广询博采。鸿儒献其所蕴，智士竭其所至，治化油然以隆，风俗淡焉以厚。至元之初，何减汉文之世"③的推崇，被完全排除在《元史》之外。

从前文对明初"夷夏"语境及《元史》行文的分析，回到也速答儿关涉的"谥杜"记忆的留存问题。伴随着新政权的建立，洪武一朝的官方话语在重拾儒家学说的同时，更据此规定了"胡"的面貌。时至今日，就也速答儿其人其事而言，我们已经无法从明初文献中看到时人是如何应对，或者是否曾试图去弥合过这种名实之间的张力，正如我们很难看到更多此一时期官方话语中关于蒙元时代儒学发展的正面回顾。但无论是整个洪武一朝始终紧绷的政治空气、

---

① （元）元明善撰：《丞相东平忠宪王碑》，（元）苏天爵辑：《国朝文类》卷24，《域外汉籍珍本文库》影印本，西南师范大学出版社、人民出版社2014年版，第四辑，第1册，第599页。

② 《元史》卷126，中华书局1976年版，第3081—3082页。

③ （元）元明善撰：《丞相东平忠宪王碑》，（元）苏天爵辑：《国朝文类》卷24，《域外汉籍珍本文库》影印本，西南师范大学出版社、人民出版社2014年版，第四辑，第1册，第597页。

高压的士人生态,还是此一时期空前繁复的礼俗改革,都在提醒人们,处于合法性建构过程中而尚未稳固的明初社会,胜国只能以"胡"的面貌存在。于是我们看到,在这个儒家理念高涨的时代,恰恰是这位凭借崇儒举措而曾被汉族精英接纳的也速答儿本人,连同他为杜甫请得赐谥以及与之并行的"立书院、建祠堂、购书籍礼器"等最具儒家色彩的文化举措,从明初文献中彻底消失了;只有作为结果的"谥唐杜甫为文贞"被单独定格在《元史·顺帝本纪》之中。

《元史》这部伴随新王朝而诞生的史书,是明代官方话语关于元朝"谥杜"记忆的起点,同样也是终点。此后有明一代,这些在"谥杜"记忆中早早失落的部分,始终没能在任何场合、以任何方式被人准确地拾起。

## 第二节　元廷北徙与蒙古政权对"杜甫"的再发现

尽管洪武政权诞生之初,就已着意在记忆中极力清除"谥杜"原有的治教色彩,但无论如何,元廷发出追谥行为的本身,就代表着蒙元时代的国家意识形态对唐代诗人杜甫的发现。然而,伴随北元时代的到来,杜甫又以"年号"的形式再次进入蒙古统治阶层的视野,这也成了朱明王朝不得不面对的、关涉杜甫的又一政治语境。

至正二十八年(1368)七月,徐达率军逼近通州,妥懽帖睦尔率部分朝臣携北奔上都(今正蓝旗境内),建立起一个与洪武政权并立的蒙古政权,史称"北元"。同年八月,随着大都失陷,尽管作为大一统政权的事实上已不复存在,但北迁元室并未放弃正统王朝的身份,不忘重返中原、恢复旧疆。这显然不能为自诩"奉天讨逆"、承元运而兴的朱元璋所容,因而明初国书中屡称北元为"残元""前元";作为回应,北元则同样视朱明为"朱寇"。此后一段时间内，朱明与北元两个并立的政权均处于异常激烈的正统争夺中。

伴随着战事上的互有胜负，这场"正统争夺战"初期并无绝对的优势方，高丽政权在"奉正朔"一事上不断在"洪武"与"宣光"之间摇摆便可为证。且北元一度甚至略占上风：除了有"传国玺"在手的加持之外，其在北奔后约二十年内，亦精心保持了元朝原有的政治制度，特别是其中涉及"汉法"的部分，这足以契合中原"故元"臣民心中的眷恋。譬如妥懽帖睦尔迁都开平、应昌，但仍沿用此前的"至正"年号。至正三十年（即洪武三年，1370），妥懽帖睦尔病逝，北元群臣上庙号"惠宗"。此后数十年间，北元一直以"大元"为国号，自称"大朝""上天眷命皇帝"；即位者皆有年号，去世后亦皆上庙号，以此宣示正统。作为回应，朱元璋则"以帝知顺天命，退避而去"，为懽帖睦尔加尊号为"顺帝"，并称随后即位的昭宗爱猷识理答腊为"大元幼主""元嗣君"。由此可见，以文字为载体的"名号"作为武器，是此一时期明、蒙交战的又一场域。

正是在这样的背景之下，元昭宗爱猷识理答腊即位后迅速从杜甫《北征诗》中择出"宣光"一词作为年号，定辛亥年（1371）为宣光元年，意在效仿周宣王、汉光武帝实现中兴，恢复大元在中原的统治。自汉武帝建元以来，年号成了帝王正统地位的象征，"定正朔"也被视作政权的头等大事。与传统汉族政权不同，蒙古诸汗原本仅以十二生肖纪年，并无年号，自忽必烈即位推行"汉法"以后，年号才成为有元一代之定制。而"宣光"实际上是北元政权的首个年号。昭宗之举无疑意在说明，即便一时被迫北徙，但其所代表的依然是足以笼罩"汉地"的正统政权；并且正如年号预示的那样，惠宗此前未能完成的"恢复大计"，也必然在这宣光一朝竭力实现。

然而由于明初《元史》修成之时，元昭宗尚未即位，"宣光"年号及北元史事遂未能收录。而《明史·鞑靼传》虽记顺帝以后事迹颇详，但对北元年号同样没有记载。因此很长一段时间内，"宣光"这一北元年号却并未为人熟知。关于此事最早的考证出现在清末。缪荃孙刊行于光绪年间《艺风堂文集》卷3有《元昭宗年号宣光考》一篇，内容精审，引证丰富，兹录其全文如下：

> 《明史·太祖纪》洪武三年庚戌，元帝殂于应昌，子爱猷识理腊达立，九年卒。案，乾隆三十六年，北方新屯土中掘得铜印，一为太尉之印，其字为蒙古篆，八叠文。首上有汉文一十七字，右署"太尉之印"，左署"宣光元年十一月日，中书礼部造。"考为顺帝子昭宗所铸。昭宗即爱猷识理腊达庙号，"宣光"即其年号。《元史》成于戊申，在顺帝未殂之前，故不及载。他书亦无所考。惟元色目人丁鹤年《自咏诗》云："独有遗民负悲愤，草间忍死待宣光。"又，元王逢《梧溪集》内《感秋诗》云："本是宣光中兴日，腐儒长夜泣遗编。"正与印合。此号盖取少陵《北征》诗"周汉获再兴，宣光果明哲"二语，亦不忘再兴之意。二诗非空言也。
> 
> 刘燕庭《海东金石存考》有《普济尊者浮屠碑》，李穑撰，韩修古书并篆额，宣光八年立。昭宗立于洪武三年庚戌，此碑立于宣光八年，即洪武十年丁巳也。其见于中国书者，旧《云南通志》寺观类，姚州兴宝寺，在州西十五里，元宣光年建。昭宗之立，梁王犹守云南，至洪武十五年，云南始平。西南徼外，使命潜通，故臣遗士，遥奉正朔，寺当建于是时。均可为宣光年号得一确证。王兰泉《萃编》乃谓元无此年号，其误显然，疏矣。至谓元宣光者，或是唐宣宗之讹，尤为武断。新《云南通志》删去此语，想承兰泉之误。蛛丝马迹，一线仅存，并此去之，以后更无从考核矣。①

由此可知，缪氏首先从乾隆年间出土的一枚"太尉之印"的凿款出发，指出其中的"宣光"即为北元昭宗爱猷识理答腊的年

---

① 《缪荃孙全集·诗文集》，凤凰出版社2014年版，第118—119页。

号。随后，文中继续指出"宣光"这一年号的出处为杜甫《北征》"周汉获再兴，宣光果明哲"，并引元人诗句作为补充，此后又举存世碑文予以佐证。缪文一出，相关史事轮廓已清，并逐渐被史家所注意。1920年，柯劭忞修成《新元史》，其书卷26《惠宗纪》将此补入。

此外，近年的考古发现、文物征集也给人们了解"宣光"这一年号提供了直接的便利。20 世纪 70 年代，罗福颐在北京故宫博物院整理藏品时，发现三方元代官印。其一为凿款作"宣光元年十一月日"的"太尉之印"，与缪文著录之印吻合；其二也是"太尉之印"，有"宣光五年十二月日"字样；其三为北元天元年间遗物；相关成果发表在 1979 年的《故宫博物院院刊》中。① 同年，方龄贵在读过此文之后，撰写《关于北元宣光年号的考证》一文，综合考察蒙汉史料中关于"宣光"年号使用时间的不同说法，指出元昭宗"宣光"年号建于洪武四年（1371），此后实行了八年。② 1981年，乔今同作《元代的铜印》，文中介绍了一方甘肃省文物工作者在 1967 年征集到的元代铜印，上有"中书右司都事务印""宣光二年五月日""中书礼部造"字样。③ 1982年，张中澍撰写《吉林近年发现的五颗元代的官印考释》，介绍了另一枚"宣光二年五月"的官印。④ 上述官印的存在，说明当时北元官制中仍有"大元"时期

---

① 参见罗福颐《北元官印考》，《故宫博物院院刊》1979 年第 1 期。1983 年，贾敬颜化名"伯颜"发表《宣光、天元年号》一文，在略述罗文撰写经过之后，另外补充了自己亲见的两件"宣光"文物的信息。参见伯颜《宣光、天元年号》，《社会科学辑刊》1983 年第 1 期。

② 方龄贵：《关于北元宣光年号的考证》，《故宫博物院馆刊》1979 年第 4 期。此外，高丽时期郑梦舟《圃隐集》（1439 年刊本）所附其旧谱，洪武十一年系事皆作宣光八年。本条材料承蒙张伯伟教授惠示，此处一并致谢。

③ 乔今同：《元代的铜印》，《文物》1981 年第 11 期。另外 1982 年，胡顺利作《关于〈元代的铜印〉一文补正》对此加以考证。参见胡顺利《关于〈元代的铜印〉一文补正》，《文物》1982 年第 2 期。

④ 张中澍：《吉林省近年发现的五颗元代的官印考释》，《东北考古与历史（丛刊）》第一辑，文物出版社 1982 年版，第 126—135 页。

的"中书礼部",此亦可作为北元初期视自身为"大元"余绪的佐证。

以上是对元昭宗"宣光"一朝相关文物及研究史的大致回顾,接下来则要回到年号本身。诸家皆以"宣光"典出杜甫《北征》诗;从现存文献情况来看,"宣""光"合称来指代周宣王、光武帝,在《北征》以前也的确找不到其他用例。《北征》全诗一百四十句,凡七百字,作为杜甫最重要的作品历来备受推崇,乃至被视为唐人五古压卷之作,以下不妨稍作解说:

唐玄宗天宝十四载(755)十一月,安禄山起兵范阳,次年六月,潼关失守,玄宗仓皇奔蜀,途经马嵬坡时迫于陈玄礼等诸将士之请,诛杀杨国忠父子及杨贵妃。同年七月,太子李亨即位灵武,改元至德,是为肃宗,遥尊玄宗为上皇。至德二年(757)四月,身陷贼中的杜甫从长安潜逃,到达肃宗朝廷所在地凤翔时已是破衣麻鞋。终于得见天子的杜甫,同样也见到了中兴的希望。五月,杜甫拜左拾遗,旋即以疏救房琯触怒肃宗,后因张镐出言相救得免大祸。八月即奉墨制放归鄜州,名为省家,实乃放逐。《北征》即作于归家之后。诗中叙述了杜甫从凤翔前往鄜州的所见所感,同时也表达了他的家国复兴的信念。诗曰:

> 忆昨狼狈初,事与古先别。
> 奸臣竟菹醢,同恶随荡析。
> 不闻夏殷衰,中自诛褒妲。
> 周汉获再兴,宣光果明哲。①

以上几句即为"宣光"的出处。这一小节的意思是说:回忆起皇帝仓皇出逃之时,行事就与古时之人不同。奸臣终被剁成肉酱,党羽亦被彻底清理。从未听说过夏、殷的亡国之君,自己去主动诛

---

① (唐)杜甫:《杜诗详注》,(清)仇兆鳌注,中华书局2007年版,第404页。

杀妲己、褒姒。周和汉之所以能够中兴，皆因宣王、光武深明事理。总而言之，杜甫这里是颂扬了玄宗诛灭杨氏兄妹的举动，并由此认为国家必能在这样的明君手下转衰为盛。

在初步疏通了诗义之后，接下来需要回答的问题是：为何这首诗会被北元君臣选中作为年号的来源？众所周知，年号作为政权的代言，有着"章述德美，昭著祥异，或弭灾厌胜，计功称伐"的政治功用。典出文人诗篇的年号极为罕见，至少笔者目前未见除北元"宣光"以外的例证。结合杜甫其人、《北征》的写作背景及表述方式来看，彼时尚未稳定的北元政权最终选择将诗中的"宣光"作为年号，显然是出于多重考量。

首先是"宣光"本身的含义，也即对周宣王、光武帝这两位中兴之君的代称。北元初期政局未稳，年号的选择，对内是要向北徙元廷的士人群体阐述自身之合法性，对外则更是要向"敌国"朱明政权以及曾经朝贡体系之下的附属国（如高丽）昭告己方的绝对正确。因此，自比宣、光，可以视作北元政权建立之初，与洪武政权争夺正统的重要策略。

同时，在"年号"的传播受众中，也包括那些对故国心怀眷恋的元遗民、逸民群体。《北征》诗中回顾了一个冒险潜逃、历尽万难最终北上投奔故主的文人故事，是杜甫"挺节无所污"的最佳注脚。与此同时，在投奔北方行在前后，杜甫始终对肃宗能够带领大唐实现"中兴"充满信心。不仅《北征》前半部分即言"君诚中兴主"，在此前《喜达行在三首·其三》中也称"今朝汉社稷，新数中兴年"。因此，对于希望统合"故元"臣民的北元朝廷来说，这首将个人经验与家国命运紧密结合的壮丽诗篇，同样也是不可多得的话语资源。

此外，在北元政权看来，杜甫《北征》诗创作的历史背景，与当下的政治环境也有相同之处。安史之乱爆发以后，唐肃宗以太子身份即位于北方行在，这与当时惠宗病逝、昭宗以太子身份即位于应昌相吻合。在"周汉获再兴，宣光果明哲"两句之前，《北征》

诗中还有"皇纲未宜绝"之句；而后安史之乱最终平息，唐王朝因此又得以延祚百余年。于前途尚未明朗之时的"皇纲"未绝，是北元政权亟须散播的声音。

北元君臣以《北征》作为年号的出典，也与杜甫在这几句中曲笔褒贬、为尊者讳的写作技巧直接相关。在《北征》中，让杜甫相信"周汉获再兴，宣光果明哲"的前提，是"事与古先别"，更具体来讲就是"不闻夏殷衰，中自诛褒妲"。换言之，杜甫在诗中将玄宗诛杨贵妃表述成主动为之，这样既凸显了玄宗果断锄奸，更讳饰了陈玄礼等将士于君臣之礼有失一节。对应到北元所处的情形来看，几乎全部来自朱明一方的叙述模式，均将"元主失德""集团内讧"以及随之而来的"替天讨逆"作为当下明、蒙关系现状的解释。借助杜甫"史笔"的回护，昭宗再次获得了"明哲"形象，从而也就获得了成为"中兴之主"的前提。

更重要的是，透过"宣光"年号及其背后的诗语譬喻，我们可以清楚地看到，北元政权对于其作为正统王朝继承人的立场从不怀疑。与后世想象中往往将"元"与"胡"相对等完全不同，北元君臣往往自比周、汉。杜甫《北征》言及眼下形势时谓"祸转亡胡岁，势成擒胡月。胡命其能久，皇纲未宜绝"；对于元廷而言，诗中的"胡"无疑就是洪武政权。与之相对，"皇纲"才是北元自身的指称，他们要光复的"大元"则恰如周、汉。

经过种种精心的考量，昭宗与廷臣最终选定以"宣光"为号。事实证明，北元政权的尝试得到了明确的回应。这个来自杜诗的年号，以及对杜甫生平际遇的共鸣，不断出现在"故元"臣民的咏叹中。缪氏文中即举两例，以下略作展开。

王逢（1319—1388），字原吉，号席帽山人，江阴人。王逢在青年时曾学诗于虞集的门人陈汉卿，颇有文名。至正二年（1342），随父侨居信州永丰，三年后送母回乡，此后即在家乡生活。至正十二年，江阴乱起，王逢离乡避乱，辗转多地。至正二十三年，王逢献《河清颂》于朝，前后虽有荐举，但均被其推辞。洪武十四年，朝廷

"征召甚迫",王逢以"怔淋挛跛"被迫前往,最终因他人在皇帝面前"叩头泣请"方得赦免。作为故元遗民的代表,"志在乎元"是其《梧溪集》的主要基调。王逢曾作《秋感》六首,有"心自隐忧身自逸,几时天马渡潆花"等句,表现了对北元重回中原的期待。在这组《秋感》诗的第一首中,王逢写道:

> 吴门叶落季鹰船,朔野霜横白雁天。
> 三楚楼台余梦泽,两京形势自甘泉。
> 采云帐幄冷风满,琼树花枝璧月圆。
> 本是宣光中兴日,腐儒长夜泣遗编。①

全诗情感一如既望,末句的"宣光中兴日"即指涉元昭宗即位改元之事,而"腐儒"之喻则为自比杜甫,应不必赘言。

与王逢一样,对故元心存期待的还有色目诗人丁鹤年(1335—1424)。丁鹤年,号友鹤山人。曾祖阿老丁、曾叔祖乌马尔是元初巨贾,曾赞助元世祖西征,后家族多人以功授官。其父职马禄丁曾官任武昌县达鲁花赤,卸任后举家留居,遂为武昌人。丁鹤年虽出身商贾,但兄弟皆业儒,在士人中颇具声名。至正十二年(1352),因红巾之乱,丁鹤年护侍嫡母出逃镇江。当时统辖浙东一代的方国珍深忌色目人,丁鹤年不得不匿于海岛。至正二十八年(1368),大都失陷,丁鹤年在定海边筑室定居,名其曰"海巢"。此后行迹多往返于杭州、武昌两地,间游长江一带。丁鹤年始终忠于元朝,在元室北徙之后曾作《自咏》组诗,频有"一望神州一搔首,天南天北若为情""纪岁自应书甲子,朝元谁共守庚申""洪运未移神器在,周宣汉武果何人"之叹。其五即明确表达了对昭宗宣光一朝的期许。诗曰:

---

① (元)王逢:《梧溪集》,李军点校,北京师范大学出版社2016年版,第193页。

> 金银宫阙五云卿，曾见群仙奏玉皇。
> 济济夔龙兴礼乐，桓桓方虎靖封疆。
> 自沦碣石沧溟底，谁索元珠赤水旁？
> 独有遗民负悲愤，草间忍死待宣光。①

这些忠于故元的中原士人，将遥远的唐代诗人植入眼下的现实世界。他们把对杜甫的理解、与杜诗的共鸣和自身的家国遭遇联系起来，进而又全部融入对于"宣光"这个来自杜诗的年号及其背后北元政权的认同与期待之中。②

最后想要指出的是，年号取自《北征》，除了与诗歌本身密切相关之外，更说明在北元朝臣看来，杜甫与政权之间业已存在联结的可能。对于北元来说，建元"宣光"是继赐谥"文贞"之后，唐代诗人杜甫及其代表的儒家价值观，再次进入蒙古族群的国家意识形态。

谥号也好、年号也罢，"杜甫"的连续出现表明，这些汉族政治文化中最精致的部分，同样也是蒙元政权擅长利用的话语资源和统治策略。而这样的外部环境，也必将对同处正统竞争中的洪武政权形成新的压力，从而在客观上加剧着"谥杜"记忆失去其在明代赖以存续的土壤。

## 小结　制造"胡元"与明初"谥杜"记忆的消解

元代围绕杜甫的请谥与追谥，经不同的人群代入新朝，却又在新的时代语境中迅速消散。作为结果，这段距离当时并不久远的胜

---

① （元）丁鹤年：《丁鹤年诗辑注》，丁生俊编注，天津古籍出版社1987年版，第259—260页。
② 不仅仅是遗民个体，入明之后云南梁王就遥奉"宣光"，不尊洪武正朔。

国故事，在被剥离掉原本的治教影响以后，就已然失去了原本丰富的层次和脉络。最终只剩下一个语焉不详的"文贞"谥号，遗落在《元史·顺帝本纪》中。

这种变化并非凭空而来，而是与明初的思想环境密切相关。洪武政权对内要逐步清理蒙元时代的文化遗产，对外要面临元廷北徙以来新一轮的政治及文化竞争。于是，从衣冠、称谓、礼俗，到文化风气所遍及的方方面面，我们几乎都可以看到一个被精心制造的、与华夏正统相对立的"胡元"。所以说，"谥杜"记忆从《元史》开始走向消解的背后，实则是明初社会在直面蒙元时代时，情感的迅速冷却、收缩乃至反拨。

如果将目光从《元史》中的"谥杜"记述向外稍作延伸，在这部史书的编纂者王袆身上，我们就能够觉察到这样的情感动向。

在至正十八年（1358）出仕朱元璋政权以前，王袆的大半生均在元朝度过。与元代许多汉族文士一样，他从未放弃过入世的理想，亦从未停止过对"大元气象"的歌颂。如其为前辈贡师泰所作的《宣城贡公文集序》开篇即言：

> 国朝一海宇，气运混合，鸿声硕儒，先后辈出，文章之作实有以昭一代之治化。盖自两汉以下，莫于斯为盛矣。①

再如为业师黄溍撰写的《祭黄侍讲先生文》中也讲道：

> 惟国家之兴隆，元气混合，三光五岳，结粹而凝辉，钟为人物，著于文章，律倡吕和，规重矩叠，莫盛与之夷然。②

这种情绪的极致，在他为擅长蒙古文字的鲍信卿撰写的传记中

---

① （元）《王袆集》，浙江古籍出版社2016年版，第183页。
② （元）《王袆集》，浙江古籍出版社2016年版，第682页。

可见一斑。在传记最后，他以"野史氏"的口吻评论道：

> 国家起朔漠，风气浑厚，虽言语可译而文字未通。世祖既统涵夏，于是巴思八帝师至自西土，始因其语言，用谐声之法，创造文字，以定一代之制作。……故能明乎母子相权之法，则知我元言语文字之传，百王不易矣，岂特为一代之制作而已乎。①

将人物文章与国家气运相连，是元代主流文人的普遍意识，因此，相似的表述在他们的往来赠序、酬唱中极为普遍。而从"文气相生"到对非汉族文字的全盘接纳，则更能反映出王祎对蒙元时代的高度认同。

可惜的是，王祎心中"百王不易""岂特为一代之制作"的蒙元文治，并没能如其所愿地存续太久。不足百年之后，"我元"就变成了"前元"。被新朝"提取"的王祎，在洪武初年"时京官每旦入朝，必与妻子诀，及暮无事，则相庆以为又活一日"②的高压氛围中随即迅速地调整自己的立场，开始转向对胜国的质疑与批判。比如，在为"死元者"刘耎孙撰写的传记最后，他便委婉地指出，前元死节者不多的原因是元朝本身"世道不古"：

> 呜呼！元之有国余百年，其德泽之入人亦深矣。乃其亡也，服节死义者，虽往往而有，然卒未尝多见焉。岂余之闻见不广欤？抑死者人之所甚爱，而又世道不古者，故其能以忠义自诩者或寡欤？③

---

① （元）《王祎集》，浙江古籍出版社2016年版，第631—633页。
② （清）赵翼：《廿二史札记》卷32，董文武译注，中华书局2008年版，第668页。
③ （元）《王祎集》，浙江古籍出版社2016年版，第628页。

而另一些时候，王祎对于胜国异俗的批判则显得十分尖锐，如《时斋先生俞公墓表》的开篇：

> 元既有江南，以豪侈粗戾，变礼文之俗，未数十年，薰渍狃狎，胥化成风，而宋之遗俗销灭尽矣。为士者辫发短衣，效其语言容饰，以自附于上，冀速获仕进，否则讪笑以为鄙怯，非确然自信者，鲜不为之变。①

这显然与他此前对"我元言语文字"的溢美大相径庭。我们并无意对王祎作任何指摘，毕竟在新的时代语境之下，他也没有更为安全的选择。这里试图强调的是，洪武初年的儒士们大多处于如履薄冰的状态中，其中对于以"笔削之功"见长的王祎而言，不仅无法自外于新朝"制造胡元"的风气，更要在文辞中抹去曾经对"胜国"的溢美，从而表现出对新朝的绝对忠诚。与此同时，"胡元"的脸谱化以及明太祖对修史工作的强势介入，又未尝不会影响到其对修史材料的取舍裁夺。倘若历史容许被假设，与元末玉山雅集密切相关的王祎，是否原本就曾对当时流传颇广的也速答儿故事有所耳闻？这段记忆的稀释与沉寂，有无他本人亲自参与的可能？更何况，以宣告元朝气运终结为目的的《元史》，虽然全书大体由宋濂、王祎总裁，但正如宋濂《纂修凡例》言"准《春秋》及钦奉圣旨事意"、《进〈元史〉表》谓"此皆天语之丁宁（叮咛），足见圣心之广大"。或也正是由于朱元璋在纂修过程至关重要的影响，这段代表胜国治教的杜甫记忆，才显得尤其不合时宜。②

最后想要补充说明的是，在明初政权对社会秩序的清整中，除

---

① （元）《王祎集》，浙江古籍出版社 2016 年版，第 723 页。
② 陈高华在《〈元史〉纂修考》中业已指出，"《元史》纂修的整个过程，从编纂人员的挑选，指导思想和编辑体例的确定，文字风格的要求，资料的利用，以至删改定稿，无不听命于朱元璋。因此，在一定意义上，可以说《元史》的真正总裁应该是朱元璋"。参见陈高华《〈元史〉纂修考》，《历史研究》1990 年第 4 期。

了对承认蒙古族群亦曾"行中国之道"一节颇多避忌之外,也包括更广泛意义上的儒学对于"国家祀典"的介入和重塑。这些举措虽然未必直接与"蒙元"相接,但依然能够借由对社会风向把控,将代表"圣意"的国家意志渗透到相关的领域。

就在《元史》最终成书前一个月的洪武三年(1370)六月,朱元璋颁布了一道关于革除前代政权所授封号的诏书。值得一提的是,这份诏书的作者就是王祎。据《明太祖实录》卷53"洪武三年六月癸亥条":

> 自有元失驭,群雄鼎沸,土宇分裂,声教不同。朕奋起布衣,以安民为念,训将练兵,平定华夷,大统以正。永惟为治之道,必本于礼。考诸祀典,如五岳、五镇、四海、四渎之封,起自唐世。崇名美号,历代有加。在朕思之,则有不然。……至如忠臣烈士,虽可加以封号,亦惟当时为宜。……历代忠臣烈士,亦依当时初封,以为实号,后世溢美之称,皆宜革去。……历代忠臣烈士,并依当时初封名爵称之。①

这份诏书旨在革除前代政权所封的岳镇海渎及各地城隍的封号,因此向来广为礼制研究及民间信仰研究所关注。② 但另一方面,文中也提到了关于"历代忠臣烈士"封号的问题。从广义上讲,元廷追谥杜甫即属此列。此处并无意在初衷上过分强调这份诏书与明初"谥杜"记忆沉寂之间的关联,但从内容上来看,这确也揭示了此一时期的明代社会的文化风向,即君上对所谓"后世溢美之称"的反

---

① 《明太祖实录》卷53,载黄彰健校勘、台北"中央研究院"历史语言研究所校印《明实录》,中华书局2016年版,第1033—1035页。又见《王祎集》,浙江古籍出版社2016年版,第345页。

② 参见胡凡《论儒教对明初宫廷祭祀礼节的影响》,《明史研究专刊》1990年第12期;朱溢《试析明初岳镇海渎封号的革除》,载余欣主编《存思集:中古中国共同研究班论文萃编》,上海古籍出版社2013年版,第403—419页。

感。伴随着诏书内容在境内的广布,洪武一朝高压的文化政策,以及由此引发的、时刻笼罩在士林上空的紧张空气,无疑能够使杜甫在元代曾获谥"文贞"一事,迅速抑或缓慢地失去其发生影响的土壤。

约与《元史》纂成同时,江西儒士刘崧在一封写给后学萧鹏举的书信末尾说道:

> 今朝廷更化,去华尚质,士风丕变,于凡名称尤不可不慎。①

"更化"是政治制度上的全盘调整,"华质"是与之相应的文化好恶,"士风"是政治文化风气下的集体选择。在这些因素的共同作用之下,对以"名称"为代表的文化遗产空前谨慎的态度,则更加长久地存续了下去。

总而言之,洪武初年,元代围绕杜甫的请谥与追谥迅速进入明人视野,而后又迅速消解,甚至消散。这其中既有来自确立政权合法性的"制造胡元"的政治企图,也有与北族政权争统之下新的压力与刺激,也有朱元璋对于名号风格的个人好恶,也有对胜国文治颇多忌讳史官,还有下章将集中探讨的,来自士人阶层的密切配合。自上述任何一种立场而观,蒙元时代的"谥杜"故事都显得相当的不合时宜。与其说这段记忆是直接被扼杀于某个具体因素,毋宁说它最终消散在了时代的默契中。

---

① (元)刘崧:《与萧鹏举》,载李修生主编《全元文》第57册,凤凰出版社1999年版,第334页。

# 第 七 章

## 遮蔽、沉默与批判：明代士人阶层对"谥杜"记忆的回应

倘若以后视视角去看待一段文化记忆走向失落的过程，我们往往会意识到，这种"失忆"局面的产生很可能是，或者必然是出于某种合力。"谥杜"记忆在明代的遭遇，除了政权自上而下的清整，也离不开士人阶层的主动介入与密切配合。

本章将尝试选取三个个案，来观察"非此即彼"的政治逻辑，是如何投射在明人对杜甫这位文学人物身后荣辱的总结中，从而自觉与有明一代的"去蒙古化"的国家话语相呼应。洪武二十六年（1393），蜀王朱椿重修成都杜甫草堂，并亲自主持草堂祀典，作《祭杜子美文》，更嘱托方孝孺为之撰记。方孝孺在行文中绕过前朝"谥杜"一节，刻意去讲述了一段蒙元缺席的杜甫接受史，成了与洪武政权默契配合、塑造整个时代风貌民间力量，也直接影响了此后明代杜甫祀典文本的书写。接下来，随着文坛的复苏，杜甫作为唐诗的典范被推举出来，而此时的文坛领袖李东阳，同样也是"谥杜"记忆的最直接受众，但他对此却始终保持沉默的态度，终至其失去了在明代中期流播的绝佳契机。此后直到万历初年，这段沉寂已久的"杜甫记忆"才在无意间吸引了王世贞的目光，而后更在他的嘲讽中，继续受到来自时人的否定乃至批判。

从方孝孺到李东阳、再到王世贞，他们生活的时段大体贯穿了有明一代，同时也是各自时代文化风气的引领者与实践者。三人对元廷"谥杜"的回应方式虽然不尽相同，但其中一以贯之的，是与元代文人的推崇相比愈发鲜明的反差。这种来自明代士人阶层的强烈意志，与其时族群意识的勃兴互为表里，直接形塑了"谥杜"在有明一代的记忆轨迹。

## 第一节　方孝孺《成都杜先生草堂碑》对杜甫得谥的遮蔽

与元遗民群体在"宣光"年号的感召之下、纷纷将自身代入杜甫而企盼"中兴"不同，对于其他明初士人而言，无论是在洪武政权"制造胡元"立场下也速答儿为杜甫请谥一事的消失，还是北元政权随即在年号中重拾杜甫这一话语资源，我们都很难看到他们对此的正面回应。

但另一方面，洪武一朝对于杜甫的追忆却并非空白。几乎就在北元改元"宣光"的同时，洪武三年（1370）三月十八日，朱元璋的第十一子朱椿出生。洪武十一年（1378），朱椿受封蜀王；洪武二十三年（1390）就藩成都。①与当时其他藩王"备边练士卒"不同，朱椿到达成都之后"独以礼教守西陲"，《明史》本传谓其"性孝友慈祥，博综典籍，容止都雅，帝尝呼为'蜀秀才'"。②朱椿在位的四十三年间，一直多行善政，优遇贤良，是以礼贤下士而闻名的贤王。

在蜀王朱椿礼遇的儒士名单中，方孝孺（1357—1402）无疑是

---

① （明）王世贞：《蜀献王椿》，魏连科点校，载《弇山堂别集》卷32，中华书局1985年版，第570页。

② （清）张廷玉等：《明史》卷117，中华书局2015年版，第3579页。

最引人注目的一位。方孝孺，字希直、希古，号逊志、侯城生、正学，浙江宁海人，明初重要的政治家、思想家。洪武二十五年（1392），方孝孺经举荐入朝，却未被朱元璋即刻启用，授汉中教授。蜀王朱椿久闻其名，遂将其延至府邸为世子师，这是方孝孺一生中十分珍视的遇合之谊。

四川成都杜甫草堂虽经也速答儿重修之后，元末终未逃过"废于兵"的命运。朱椿入蜀后，十分感念杜甫在诗歌技艺之外的人格魅力。方孝孺在后来的《成都杜先生草堂碑》中就曾提道：

> 成都浣花溪之上，故有草堂废于兵也盖久。大明御四海，贤王受封至蜀，以圣贤之学施宽厚之政，既推先王之心以惠斯民，贫无食者赐之以粥，陷于夷者赎之以布。岁活以万计，欢声达于遐迩。复谓先生为万世所慕者，固不专在乎诗，而成都之民思先生而不忘，亦不在乎草堂。然使士君子因观先生之居，而想先生之为心，咸有愿学之志，则草堂不可终废。①

于是洪武二十六年（1393）冬十二月，朱椿命臣工重修杜甫草堂，不逾月而成。竣工之时，朱椿亲作《祭杜子美文》：

> 先生距今之世数百余年，而成都草堂之名，至今日而犹传。予尝纵观乎万里桥之西，浣花溪之边。寻草堂之故址，黯衰草兮寒烟。是以不能无所感也。于是命工构堂，辟地一廛，扁旧名于其上，庶几过者仰慕乎先贤。然人之所传者，先生之遗编也。而予之所羡者，盖以先生一饭之顷，而忠君爱国之惓惓，虽其出巫峡，下湘川，固不恋恋于此，而先生之精神，犹水之在地，无所往而不在焉。爰矢词于翰墨，写予心之悁悁。临风

---

① （明）方孝孺：《方孝孺集》，徐光大点校，浙江古籍出版社2013年版，第813—814页。

洒洒，尚其来旆。①

朱椿在文中再次明确表示，自己对杜甫的尊崇举措并非着眼于其"文学"成就，而是在于其"忠君爱国之惓惓"。为了更全面地记述此次修缮草堂的经过，他又指定方孝孺撰文记其事，此即为前文所引、收录于《逊志斋集》卷22中的《成都杜先生草堂碑》。这篇碑文开篇即指出了"专事一艺者"与"大儒君子之寓于文者"的区别，从而奠定了下文评价杜甫的基调：

> 士之立言谓天下后世所慕者，恒以蓄济世之道，绝伦之才，困不获施，而于此焉寓之。故其气之所至，志之所发，浩乎可以充宇宙，卓乎可以质鬼神，非若专事一艺者之陋狭也。荀卿寓于著书，屈原寓于离骚，司马子长寓于史记，当其抑郁感慨，无以泄其中，各托言而寓焉。是以顿挫挥霍，沉醇宏伟。雷电不足喻其奇，风云不足喻其变，江海不足喻其深。卒之震耀千古，而师表无极。苟卑卑然竭所能以效一艺，虽至工巧，亦技术之雄而已耳，乌足与大儒君子之寓于文者并称哉？②

由此而下，方孝孺开始了对杜甫其人其作的追述，指出"少陵杜先生"因其经济之才不遇于时，故而将之写进诗篇，从而直追风雅。因杜诗继承了司马迁《史记》之叙事，屈原《离骚》之爱君，荀子《成相》之忧民悯世，故其时以古昔圣贤自况绝非狂言。认为杜诗继续《诗经》风雅传统的看法早有流传，但将杜甫直接视作"孔孟"余绪却并不常见。接下来，方孝孺便将杜甫与先圣相连：

---

① （明）朱椿（蜀献王）：《祭杜子美文》，（明）杨慎编，刘琳、王晓波点校《全蜀艺文志》卷50，线装书局2003年版，第1536页。

② （明）方孝孺：《方孝孺集》，徐光大点校，浙江古籍出版社2013年版，第813页。

## 第七章 遮蔽、沉默与批判：明代士人阶层对"谥杜"记忆的回应

> 自孔孟没，圣学不传，士之卑者多以私智小数为学，枉道以取富贵。视斯民之困穷，不少介于心，甚者或罔之以自利。圣贤仁义之道不绝如发，先生独有感于此，其心愿世之人咸得其所而已。……是心也，使幸而达诸天下，虽致治如唐虞之盛可也。彼浅于知德者，顾以大言为先生病。呜呼，先生庶乎人而能天者也！其寓于言，岂众人之所能识哉？①

上述对杜甫的评价，同样也可以视作为蜀王朱椿代言。在回顾了工事缘起以及竣工后的草堂规制后，方孝孺在文章末尾正式申明了此次重修的意义：

> 臣某为先生不遇圣哲之君为知己，汝阳、汉中二王虽与友善，而不能用其言。数百载之内在位而尊慕者，间有其人，然皆以诗人称先生，而未能察其所存。至于今王，稽古尚德，而后先生之道益光。则夫怀奇抱节之士，不有遇于时，必有合于后，而道之显晦莫不有命。观于此，亦可以知劝矣！②

这段全篇的总结性文字，同样也是本节讨论的关键。方孝孺将眼下重修草堂的缘由，归于"今王"对杜甫精神内核的深刻理解，因此，草堂的修成也顺理成章地被视作"怀奇抱节之士，不有遇于时，必有合于后"的例证。以"士不遇"的角度来追述杜甫之生平过往，当然有方孝孺自身生平际遇的投射。但问题远不止于此。

首先需要关注的是他对蜀王朱椿以前、尊崇杜甫的"在位者"的评价。作为"今王"的反面，以往所有的"在位者"均被方孝孺认定为"未能察其所存"；"未能察其所存"的表现则是"皆以诗人

---

① （明）方孝孺：《方孝孺集》，徐光大点校，浙江古籍出版社2013年版，第813页。
② （明）方孝孺：《方孝孺集》，徐光大点校，浙江古籍出版社2013年版，第814页。

称先生"。结合上下文语境来看,"以诗人称先生"即不能认识到朱椿、方孝孺所看重的杜甫身为"大儒君子"承继"圣学"的一面,而这恰恰与元廷追谥杜甫为"文贞"之实相抵牾。"追谥"作为一种公开语境之下的政治行为,本就并非仅当以"技术之雄"视之;"文贞"所代表的用文学表达忠爱情感之义,也正与此前朱椿及方孝孺反复宣扬的"知杜"途径相一致。

此外,在方孝孺对"今王"赞许中,"稽古尚德"是朱椿能使"先生(杜甫)之道益光"的前提——因为"稽古",从而意识到以往"在位者"的"不察"。在碑文后的铭文中,方孝孺继续描绘着这段没有"前朝"的杜甫接受史:

> 载求其实,济众忠君。为唐一经,上配典坟。
> 知言寥寥,贱德贵艺。摭其余膏,粱肉是弃。
> 惟王濬哲,道协圣神。搜罗千载,友古之人。
> ……
> 问谁匡辅,惟王之明。先生之志,王举以行。
> 由唐迄今,历史悠久。孰谓贱士,而能不朽。
> 嗟蜀多士,敬承王心,斯道在人,何古何今![①]

值得注意的是,方孝孺撰写此篇碑文的时间是洪武二十六年(1393),此时距离元代谥杜诏令下达之时不过五十六年;距离"谥杜"进入《元史·顺帝本纪》不过二十三年;更重要的是,其距离朱元璋"命礼部印《通鉴》《史记》《元史》以赐诸王"[②] 甚至不足两年。在如此迫近事实的时间节点,站在明初政治风气与草堂历史相交汇的坐标系中,志在"稽古"的蜀王朱椿是如何略过了这段仅仅半

---

[①] (明)方孝孺:《方孝孺集》,徐光大点校,浙江古籍出版社 2013 年版,第 814—815 页。

[②] 《明太祖实录》卷 209,载黄彰健校勘、台北"中央研究院"历史语言研究所校印《明实录》,中华书局 2016 年版,第 3122 页。

个世纪之前发生、并一直清晰延续到其出生之时的生动的杜甫记忆？方孝孺在这里并没有回答，只是将这些矛盾都留在了"数百载之内在位而尊慕者，间有其人，然皆以诗人称先生"的曲笔讳饰中。

方孝孺的这一表述，直接影响了此后明代杜甫草堂祀典文本的样貌。弘治年间，杨廷和在《重修杜工部草堂记》中讨论"杜甫何以祠于后世"的问题时，就直接继承了方孝孺《成都杜先生草堂碑》的判断，对元稹以来后世仅以"文先生"来指称杜甫的现象加以批评：

> 夫世称子美者，概以为诗人。愚尝不满于是……唐三百年间，文章之士毋虑数十百人，而祠于后者仅可指数。……而子美之草堂，夫人皆知之。是独以其诗而已哉？蜀自先秦以来，上下数千年间，古今通祀者才数人。……而子美徒以羁旅困穷之人，轩然与之并，是诚不独以其诗也。……志其墓者亦不过称之为"文先生"耳。呜呼，此何足以知子美哉！不知于当时，乃知于后世，一世之短，百世之长，子美之名若草堂，虽与天壤俱存可也。今日诸公之举，尊贤励俗，其于风教，岂小补之哉！[1]

此后的万历年间，陈文烛在重修杜甫草堂之后撰写的《建浣花草堂亭记》中，再次暗示唐代以来的杜甫认识并未超出过"诗人"的范畴：

> 方其茅屋为风所破，叹曰："安得大广厦？更被天下寒！"真壮士哉！可以许稷契矣。后世奈何以诗人之雄概子美哉？[2]

---

[1] （明）杨廷和：《重修杜工部草堂记》，（明）杨慎编：《全蜀艺文志》卷39上，刘琳、王晓波点校，线装书局2003年版，第1205—1206页。

[2] （明）杜应芳、胡承诏辑：《补续全蜀艺文志》卷27，《续修四库全书》，上海古籍出版社2002年影印本，集部，第1677册，第261页。

事实上，我们几乎再难找到比元廷追谥杜甫一事更完美的、能够证明方孝孺所谓"数百载之内在位而尊慕者察其所存"的典范。如若再联系两百余年以后的万历年间、元廷"谥杜"的记忆对于彼时成都杜甫草堂的修葺者而言并未完全消散这一点来看，从明代首次重修杜甫草堂之中方孝孺对于杜甫身后遭遇的追述，捕捉到其对元廷谥杜的有意遮蔽，应当不为无据。

此处仍需说明的是，对于方孝孺来说，遮蔽蒙元符号的行为并不只存在于文化记忆的层面。从更广泛的视野中来看，"蒙元"在其思想观念之中始终处于被剔除的状态。这在其《释统》上、中、下三篇以及《后正统论》一篇中体现得尤为明显。

经过了近百年的统治，蒙元政权之"正统性"在元代士人群体看来已逐渐不再构成问题，元明易代之际大量遗民群体的出现即可为证。然而在方孝孺的观念里，这显然不能被接受。受业师胡翰《正纪》中以"君臣、华夷、道德"为核心的"三纪"说的影响，方孝孺提出了自己的正统论理论。他反对朱熹所谓"周、秦、汉、晋、隋、唐，皆全有天下矣，固不得不与之以正统"的理论，认为"全有天下、号令行乎海内"并不能作为正统的标准，进而提出自己"天下有正统一，变统三"的理论。在此基础上，他对历朝历代进行了筛选：

> 三代正统也，如汉如唐如宋虽不敢几乎三代，然其主皆有恤民之心，则亦圣人之徒也。附之以正统，亦孔子与齐桓、仁管仲之意欤？奚谓变统？取之不以正，如晋、宋、齐、梁之君，使全有天下，亦不可以为正矣。守之不以仁义，戕虐乎生民，如秦与隋，使传数百年，亦不可谓正矣。夷狄而僭中国，女后而据天位，治如苻坚，才如武氏，亦不可继统矣。[①]

---

① （明）方孝孺：《释统上》，徐光大点校，载《方孝孺集》卷2，浙江古籍出版社2013年版，第67—68页。

第七章　遮蔽、沉默与批判：明代士人阶层对"谥杜"记忆的回应　229

又：

> 由周以来，秦、汉、晋、隋、宋皆尝一统天下，主中国而朝四夷矣，正统必归焉。……宋始太平兴国四年。……宋必至于祥兴二年而后天命绝。此百世不易之道，《春秋》之大法也。……①

无论是切断"有天下"与"得正统"之间的必然联系，还是直言"夷狄不可继统"，抑或重新界定宋代的起始之年，从中都可以看到，蒙元政权是如何作为立论的最直接对立面、作为"不在场"的"在场者"，被方孝孺清除出正统王朝的序列。

伴随着正统、变统的确立，方孝孺也对相应的书写方式进行了规范，其中包括正统要"凡其所为必书，所言必书，祀典必书，封拜必书"，而对于变统则"其所为非大故不书，常祀不书，或书志失礼"。换言之，在方孝孺的观念中，对于立身不正的蒙元政权来说，除非就其"失礼"之处加以指摘，否则蒙元祀典本就不应当出现在明人的历史书写中。

综上所述，方孝孺的《成都杜先生草堂碑》借由草堂祀典之兴废，讲述了一个"蒙元"缺席的明初杜甫接受史。从具体的"杜甫观"来看，这种遮蔽并非源于方孝孺及蜀王朱椿在围绕杜甫的人物定评方面与蒙元朝廷的抵牾（事实上二者几乎完全一致），而是深刻植根于明初社会强烈的"夷夏"之防，以及诞生在这种思潮之下的方孝孺本人的正统观念。这虽然不是对洪武政权"制造胡元""革除封号"，抑或北元政权"以杜诗定正朔"的直接回应，却又恰好与上述潮流殊途同归。

另外需要补充说明的是，方孝孺正统观念中的"夷夏"情绪甚

---

① （明）方孝孺：《后正统论》，徐光大点校，载《方孝孺集》卷2，浙江古籍出版社2013年版，第72页。

至远过于明太祖朱元璋，后者在与元遗民、逸民群体的妥协中尚且承认蒙元可为正统，方孝孺却在"变统"中都不愿提及这个令自己深恶痛绝的异民族政权，而是仅以"夷狄"称之。① 换言之，此一时期的方孝孺甚至走在了洪武政权的前列。由此可见，无论是讨论明初对元代杜甫得谥的层层遮蔽，乃至整个明初社会的政治空气与文化动向，均不应局限于"自上而下"的模式，而是将之视作空前强势的政治权力与儒家精英士大夫密切配合之下的产物。他们出于各自的立场与诉求共同雕塑出了一个必须区别于"胡元"的明初社会。②

## 第二节　李东阳的沉默与"谥杜"在成、弘诗坛的缺席

由元入明，"谥杜"记忆旋即遭遇清整。与此同时，明代文学也经历着一段短暂的萧条时光。到了明代中期，文坛全面复苏，期间尽管诗学论争此起彼伏，但杜甫作为诗学典范的地位始终不曾动摇。另外，如果仅从推举典雅诗风乃至宗唐、崇杜的诗歌风尚来看，明代中期的台阁文学以及随后的复古风潮，与元代主流诗坛的好尚并非全然相悖。而元代围绕杜甫的请谥与追谥，在明代中期的复古文学风潮中却并没有激起任何波澜，杜甫的"文贞"谥号也从未出现在此一时期的诗学著述中。

---

① 参见李焯然《太祖一朝官方史籍对蒙古元朝的立场》，载朱鸿林编《明太祖及其时代国际学术会议论文集》，香港中文大学历史系中国历史研究中心 2006 年版，第 291—314 页。

② 明史研究者已经提出相似的观点。张佳在对明初礼俗改革的研究中即指出，"某种意义上可以说，明初礼俗改革是儒家精英与政治权力相配合，对民间文化进行的儒家化改造""这两者密切配合，共同塑造出明代前期社会生活整饬、保守的基本形态，也创造了一个后代士人眼中礼制严谨、风俗淳厚的时代"。参见氏著《新天下之化：明初礼俗改革研究》，复旦大学出版社 2014 年版，第 212—213 页。

第七章　遮蔽、沉默与批判：明代士人阶层对"谥杜"记忆的回应　231

　　然而这段空白的产生，并不能简单解释为"谥杜"记忆在流播中的自然消散。尽管《元史》在明代社会的有限传播，从一定程度上限制了"谥杜"记述的流布，但某种文化记忆的流播，原本也不应当只有单一的途径。在《元史》之外，无论是相关元人文集的刊行，还是借由人群、特别是核心人物的扩散，原本都可以推动"谥杜"记忆在明代进一步发生影响。但有趣的是，尽管有人曾经相当切近地了解过这段胜国往事，但却又对此闭口不谈。于是，这段并不算遥远的杜甫记忆，在明代中期失去了近在咫尺的传播机会。

　　这个关键性的人物是李东阳。李东阳，字宾之，号西涯，弘治八年（1495）入内阁参与机务，正德七年（1512）致仕，期间主内阁十八年。巨大的政治声望同时也使他成了文坛的绝对领袖，一时学者翕然宗之。《明史》本传认为"自明兴以来，宰臣以文章领袖缙绅者，杨士奇后，东阳而已"①，《明史·文苑传》亦载"弘、正之间，李东阳出入宋元，溯流唐代，擅声馆阁"②，这些都反映了成化以来李东阳的文坛盟主地位。

　　而在"文宗"之外，李东阳的另一个特殊的身份，使得"谥杜"记忆之于他而言，更加不是一段事不关己的尘封往事。在前文提及的元代"谥杜"舆论鼓吹者中，有一位汉族文士李祁，曾在《草堂书院藏书铭》《吉安路诗人堂记》两篇文章中，分别歌颂了请谥人也速答儿（达可）的文化壮举，而他正是李东阳的族高祖，二人同属茶陵李氏。李东阳不仅自幼就对李祁十分倾慕，后来更在亲自为其重新编定文集，并于弘治初年付梓。因此，如果就推动"谥杜"记忆在明代中期的流播而言，兼具"文宗"与"裔孙"双重身份的李东阳，无疑是最合适的人选。在一切看似水到渠成的条件下，李东阳却对这段"谥杜"往事始终保持沉默。正因如此，厘清这种主动"遗忘"背后的文化心态，无疑也是理解明代中期"谥杜"记

---

① （清）张廷玉等：《明史》卷181，中华书局2015年版，第4824、4825页。
② （清）张廷玉等：《明史》卷285，中华书局2015年版，第7307页。

忆空白的重要关节。

李东阳的曾祖父原是李祁的族兄弟，而后以戎迁于京师，茶陵李氏始有留居京师的一脉，此后又历经三世，终到李东阳一辈。李东阳少年时代就对李祁的大名如雷贯耳。在他后来为其撰写的墓表中就曾言：

> 东阳少时则闻族高祖希蘧先生，盖吾李氏近自宋茶陵州同知庆远府君，至先生乃复显。先生之名，乡人不敢斥，称为状元，至于今虽旁邑犹然。东阳稍壮，乃克稽据家集，知为李齐榜进士第二人，而乡以高第故特称此，殆其俗然也。①

成化八年（1472），时年26岁，官任翰林编修的李东阳向朝廷告假，陪同父亲李淳回到祖籍湖南茶陵省墓。这让李东阳自己有了更近距离了解李祁的机会。在曾祖母的一段追忆中，李东阳直观地感受到了李祁带给整个家族的荣光：

> 吾舅（按：即戊七府君）为人，敦朴谨厚，德浮于言。其行吾则不能详，然人皆曰是长者也；其世吾不能详，然人皆曰是李状元之族也。②

李祁对于整个茶陵李氏的意义，由此可见一斑。故而李东阳在介绍自己的高祖时，亦不忘借李祁这位族高祖来抬高对方：

---

① （明）李东阳：《族高祖希蘧先生墓表》，《怀麓堂文稿》卷24，正德十一年熊桂刻本，收入《原国立北平图书馆甲库善本丛书》第714册，国家图书馆出版社2013年版，第499页。

② （明）李东阳：《高祖戊七府君墓表》，《南行稿》，正德十一年熊桂刻本，收入《原国立北平图书馆甲库善本丛书》第715册，国家图书馆出版社2013年版，第972页。该文另见《怀麓堂文稿》卷24，正德十一年熊桂刻本，收入《原国立北平图书馆甲库善本丛书》第714册，国家图书馆出版社2013年版，第493页。两篇文字略有不同。

第七章 遮蔽、沉默与批判：明代士人阶层对"谥杜"记忆的回应　233

茶陵之九世，为我曾祖考处士讳某，行戊七。时有讳祁、元元统中进士及第、乡人称为状元者，盖族兄弟也。①

出于对李祁的敬意，在与茶陵族人共叙天伦之余，李东阳又独自来到李祁的卒葬之地，位于江西永新的雷公峡。在这里，李东阳向李祁致祭，并为之作《雷公峡二十韵》。诗曰：

我家有遗谱，云自洮州发。茶陵世繁衍，树德为耕垡。有宋三百年，历元未衰歇。公生实天挺，少小负奇骨。策试登甲科，词林力不竭。……卓尔称巨儒，巍然耸高阀。秋风动雷峡，孤冢高峰兀。不才愧苗裔，今旦得参谒。仓皇问故地，散乱访遗碣。有笔惭幽光，兹言敢终讷。②

此外，李东阳又作《祭族高祖提举府君墓文》，文中用极大的篇幅，抒发了自己对于这位族祖的敬仰与怀念：

彼宏辞与丽藻兮，固余祖之所遗。盖尝静言以思之兮，又何啻乎今世之希。慨愚生之既晚兮，奄忽周乎四世。幸宗谱其犹未泯兮，惧芳风之莫嗣。承予告以展省兮，扫松楸于荷木之野。持一奠而酬兹兮，固余心之望者。念祖德之莫扬兮，在孙子为弗仁。彼金石之无文兮，愧汗下而沾襟。返故家庐以为家兮，不肖者之志也。骞淹留而无成兮，敬陈词以为戒也。意悒

---

① （明）李东阳：《高祖戊七府君墓表》，《南行稿》，正德十一年熊桂刻本，收入《原国立北平图书馆甲库善本丛书》第715册，国家图书馆出版社2013年版，第972页。该文另见《怀麓堂文稿》卷24，正德十一年熊桂刻本，收入《原国立北平图书馆甲库善本丛书》第714册，国家图书馆出版社2013年版，第493页。两篇文字略有不同。

② （明）李东阳：《雷公峡二十韵》，《南行稿》，正德十一年熊桂刻本，收入《原国立北平图书馆甲库善本丛书》第715册，国家图书馆出版社2013年版，第968页。

悒其莫宣兮，魂仿佛而上征。庶九泉之可通兮，托哀辞于楚声。①

面对眼前永新雷公峡这座金石不表、略显荒芜的族祖坟茔，作为"苗裔"的李东阳不能不感到愧疚。但更加重要的是，从中我们可以清晰地看到，李东阳避开了对李祁生平的回顾与评价，而是通过诸如"彼宏辞与丽藻兮，固余祖之所遗""幸宗谱其犹未泯兮，惧芳风之莫嗣"等表述，来反复确认自己与族高祖李祁之间的文化继承。

而将这种文化继承推向顶峰的，是李东阳对李祁文集的重新编定。在李东阳之前，李祁的诗文作品在洪武初年曾由他的儿子李位手录、永新俞茂刻印，而后长期为茶陵李氏家藏，外界罕有流传。或许对于"以戍籍居京师"的李东阳一脉来说，当他以文学博得时名以后，便从心态上迫切需要借助李祁这样的家族先辈，来完成对自身的文脉承继的构建。于是我们看到，省墓之后的近二十年里，李东阳特别留意搜访李祁散落之遗墨，凡有所得，必小心珍视、"不啻拱璧"，郑重作文记之，并请近时士大夫题识。比如，在其同僚、友人也是当时著名书法家吴宽的帮助之下，李东阳先后从括苍梁泽处求得李祁题画绝句两首，以及从昆山许翀处求得李祁题朱泽民山水图古诗真迹，其中前者更是可补家集之阙；再如，李东阳又从朱文征所藏之《清明上河图》上获睹李祁跋尾真迹，他如《庐陵王子让文集序》等遗墨，皆存而藏之，"以遗子孙""使来世益爱护，永不散失"。

直至弘治初年，李东阳将李祁文集重新编录完成，遂将刊刻一事托付给时任吉安太守的好友顾天锡：

---

① （明）李东阳：《祭族高祖提举府君墓文》，《南行稿》，正德十一年熊桂刻本，收入《原国立北平图书馆甲库善本丛书》第 715 册，国家图书馆出版社 2013 年版，第 973 页。

第七章 遮蔽、沉默与批判：明代士人阶层对"谥杜"记忆的回应 235

> 兹有先祖提举公文集一本，当以累执事。提举，元进士，入国朝，隐永新山中，因葬焉。其问学行操，视不肖奚啻百倍？吾兄盖略闻之矣。永新实贵郡地，丘墓之托所不能无，而遗集刻永新者已荡逸不可得。倘因而许之，则其为惠，亦倍百且不啻矣。急递中附此，乞一一亮察。①

在顾天锡的帮助下，经李东阳整理的李祁文集也最终付梓，题为《云阳李先生文集》。② 李东阳自作跋曰：

> 右我希蘧府君诗文集十卷，家有旧本，题云男位编集，即墓表所称自立者。字画瘦劲，有府君家法。盖其所手录而永新俞千户茂所刻也。东阳归省墓时，俞氏已绝，板刻无知者。比吾友顾君天锡知吉安，谓东阳曰："此吾郡流寓所当表见。"东阳乃取旧本，属广阳刘瀚、永加赵式分录之，国子祭酒方石谢先生为序，次以旧序若干篇，惟刘申孚序隶字多阙，无所从质。会礼部主事杨君谦来自苏，以录本见遗，因得补其残朵，并以近所得于栝仓梁泽、苏州许翀者凡古诗一、绝句二及近时士大

---

① （明）李东阳：《与顾天锡书》，《怀麓堂文稿》卷14，明正德十一年熊桂刻本，收入《原国立北平图书馆甲库善本丛书》第714册，国家图书馆出版社2013年版，第392页。

② 弘治以后，这部《云阳李先生文集》在明代未经重刻，因此，弘治刊本也就成了李祁文集在明代仅见的刊本。可惜弘治刊本传世较罕，国内仅见于《故宫天禄琳琅现存书目》著录，藏于台北故宫。此外，日本静嘉堂亦藏有《云阳李先生文集》（简称"静嘉堂本"），目录只具前六卷，正文卷1至卷6为弘治刊本，卷7至卷10及附录为配补抄本，此本为笔者亲见。清代康熙年间，释大汕重编《云阳李先生文集》为4卷，后付梓，不仅将原有篇目次序打乱，且内容颇多删削，故而不作为本书讨论的版本依据。相比刊本而言，《云阳李先生集》的抄本更为常见，较为通行的是《北京图书馆古籍珍本丛刊》（96）中著录为"据清抄本影印"的《云阳李先生文集》10卷附录1卷（以下简称"北图本"）；另外，复旦大学古籍部藏有一部《云阳李先生文集》（以下简称"复旦本"），著录为"清初抄本"，与"北图本"在卷数、篇目上相同，正文个别文字略有出入，亦为笔者亲见。本书所引李祁诗文若无特殊说明，均为"北图本"。

夫题识者皆附焉。①

无论是自幼就对族祖文集多番涉猎，还是而后多年搜访其诗文、最终手编付刻，总而言之，李东阳对李祁的诗文可谓了如指掌。我们常常可以从李东阳本人的诗文中看到李祁的影子。譬如其在《怀麓堂诗话》中即言：

族祖云阳先生以诗名。……《元诗体要》乃独取五言二绝，盖未见其全集也。②

《元诗体要》为明人宋绪所辑，由姚肇刻印于宣德八年

---

① 载（元）李祁：《云阳李先生集·附录》，《北京图书馆古籍珍本丛刊》，书目文献出版社1997年影印本，第96册，第298—299页。按：今见于北图本《云阳李先生集》附录中的序跋，与李东阳自跋中著录的内容有所出入。在笔者亲见的全部版本中，李东阳自跋中所谓的"国子祭酒方石谢先生为序"均未见收录，该序见谢铎《桃溪净稿》卷50。除了谢铎序之外，其他诸篇序、跋、题识等，均被合为附录一卷。以下以"北图本"为例，稍作说明：首为欧阳玄《送李一初应奉南归序》、刘楚（崧）《故李公提举哀辞》《讲师郎江西按察司刘知事景周寄挽诗》，以上三篇为原集所载，故附于前；以下为《书云阳李先生遗墨后》，依次是彭萃、陈音、邵珪对原栝仓梁泽所藏李祁绝句二首的题识，以及吴宽、陆简对原昆山许翀所藏李祁题朱泽民山水图遗墨的题识，也即前引李东阳跋文中所谓"并以近所得于栝仓梁泽、苏州许翀者凡古诗一、绝句二及近时士大夫题识者皆附焉"，其中彭萃题识作于成化甲辰（成化二十年，1484），陈音题识作于陈华乙巳（成化二十一年，1485）；以下为《书李先生文集后》，依次为倪岳、傅瀚、潘辰三篇题识，其中傅瀚题识作于"弘治壬子"（弘治五年，1492），其他两篇大约为同一时期所作，三人皆为李东阳在翰林院的同僚；以下为前引弘治四年（1491）李东阳撰《族高祖希蓬先生墓表》、前引弘治五年（1492）李东阳为此集所作之跋文；以下为洪武二十一年刘三吾《唐三学士卷题辞》及弘治六年（1493）李东阳读罢此文后的题识，盖因此卷原为李祁所题，且文中述李祁生平甚详，且与其平日所闻颇有异者，故附于文集后以备参考；最末为洪武四年（1370）郭永锡《书云阳李先生文集后》，从文中可知，郭永锡早年曾与李祁有师生之谊，是年途经永新，余茂出示其所刻李祁之《云阳集》，其时李祁已逝，因此郭氏此跋亦当为旧集所载。

② （明）李东阳：《怀麓堂诗话校释》，李庆立校释，人民文学出版社2009年版，第268页。

## 第七章 遮蔽、沉默与批判：明代士人阶层对"谥杜"记忆的回应 237

(1433)，其中选入李祁《白鹭》《画鹰》两首五绝。李东阳对该书选取李祁作品数量之少颇为不满，强调"族祖云阳先生以诗名"，更信手列出李祁诗作若干，兼有考证。

又如弘治年间，茶陵重修县学，落成之后请李东阳作《修复茶陵州学记》。李东阳在文末概述其地之文脉：

> 按：茶陵当胜国辞赋取士时，如陈志同之《天马》，及先提举之《黄河》，皆以赋擅场。其余取名第、称士林者踵相接。①

文中谓"先提举之《黄河》"，即指李祁所作之《黄河赋》，见于今十卷本《云阳李先生文集》卷1。类似的例子还有很多，如李东阳的《汪氏家乘序》，在述汪氏家世之后，文末亦以李祁《云阳李先生文集》卷4《汪氏族谱序》、卷7《汪氏永思堂记》为证：

> 予族高祖希蘧府君，尝同知婺源，为汪氏序、记各一，皆与家集所载，亦征之一事。故予因希颜请，附著于遗文之末，亦庶几所谓世讲者云。②

此外，李东阳又有《留耕轩记》，其中提到今收录于《云阳李先生文集》卷十的《题方寸地说》：

> 族祖云阳先生尝作《方寸地说》，予读而识之，兹于先生有感焉。③

---

① （明）李东阳：《怀麓堂文稿》卷13，明正德十一年熊桂刻本，收入《原国立北平图书馆甲库善本丛书》第714册，国家图书馆出版社2013年版，第385页。
② （明）李东阳：《怀麓堂文稿》卷7，明正德十一年熊桂刻本，收入《原国立北平图书馆甲库善本丛书》第714册，国家图书馆出版社2013年版，第331页。
③ （明）李东阳：《李东阳集·文后稿》卷6，周寅宾校点，岳麓书社2008年版，第1014页。

上述举例完全涵盖了现存李祁之诗、赋、序、记、说等各种文体，李东阳对族祖李祁文集之熟稔由此可见一斑。然而，正是在这样的情况之下，李祁文集中对于杜甫谥号及请谥人也速答儿（达可）的记载，却似乎并没有引起李东阳的关注。这绝非因为两人对杜甫重视之程度、认识之深浅有异——恰恰相反，从两人的文集中，我们甚至可以找到两人围绕同一杜甫话题、同一价值立场的文字。

李祁活跃在"崇杜"的元代诗坛，无论是在他少时从刘岳申（另一位"谥杜"记述者）所承之杜诗师训，还是后来多次出席在顾瑛主持之下频以杜诗分韵的草堂雅集酬唱，抑或晚年手书杜诗四绝馈赠为其提供庇护的江西余氏，杜甫其人其作始终是其熟习的话语资源。《云阳李先生文集》卷3有《茅屋秋风图序》一篇，在序图之余，亦阐明了其对杜甫的认识：

> 余观少陵以横鹜八极之才，振荡千古之气，间关险阻，忧苦百端，而反复流涕，未尝不念王室之靡宁，忧皇纲之未正，感生民之涂炭，哀世路之荆棘。此其忠诚恳恻，夫岂若是小丈夫然哉？茅屋秋风之歌，穷愁已极，而其志终在于大庇天下。①

可以作为对照的，是李东阳的同主题文章。据其《题赵子昂书茅屋秋风诗后》：

> 右杜子美《茅屋秋风诗》……读是诗者可以兴矣，书不足论也。唐室中兴，疮痍未复。子美以一布衣，衣不盖两肘，食不饱一腹，不愁朝夕冻饿死填沟壑，乃嘐嘐然开口长叹为天下

---

① （元）李祁：《茅屋秋风图序》，《云阳李先生文集》卷3，《北京图书馆古籍珍本丛刊》，书目文献出版社1997年影印本，第96册，第201页。

苍生计。其事若迂，其志亦可哀矣。①

由前引两篇文字来看，以杜诗为创作蓝本的书画作品，先后吸引了李祁、李东阳的目光，两人文中透露出的杜甫认识又几于吻合。更何况受到台阁诗风影响的李东阳，对于诗歌的政教之用原本就十分重视。他曾在《琼台吟稿序》中对杜诗评价道：

> 昔人谓必行万里道，读万卷书，乃能读杜诗。盖杜之为诗也，悉人情，该物理，以极乎政事风俗之大，无所不备，故能成一代之制作，以传后世。②

综上所述，李祁不止一次鼓吹推举的与杜甫直接相关的文化事件，在同样关注杜甫的李东阳这里，却遭遇着一以贯之的冷遇，显然就不仅仅是"杜甫"本身的问题了。那么，这段被李祁异常推重的"杜甫记忆"，究竟是如何让惯以述祖为美的李东阳产生了难以逾越的叙述困境？这恐怕依然要从"谥杜"身上的蒙元文化印记，与明代中期炽烈的族群意识之抵牾谈起。

此时的明代社会，自洪武以来，历经惠帝、成祖、仁宗、宣宗约七十年，社会秩序逐渐趋于稳定。尤其是永乐以后，仁宗、宣宗均采取息兵养民的宽松政策，社会经济得到进一步发展，渐有治平之象，史称"仁、宣之治"。宣德十年（1435）正月，宣宗病逝，太子朱祁镇即位，是为英宗，次年改元"正统"。此时的英宗虽然年仅九岁，但在英国公张辅，大学士杨士奇、杨荣、杨溥及礼部尚书胡濙等人的辅佐之下，正统初年确曾有过一段"海内富庶，朝野清

---

① （明）李东阳：《题赵子昂书茅屋秋风诗后》，《怀麓堂文稿》卷20，明正德十一年熊桂刻本，收入《原国立北平图书馆甲库善本丛书》第714册，国家图书馆出版社2013年版，第459页。

② （明）李东阳：《怀麓堂文稿》卷7，明正德十一年熊桂刻本，收入《原国立北平图书馆甲库善本丛书》第714册，国家图书馆出版社2013年版，第331页。

晏"的太平光景。然而，国君年幼，人心疑惧，根基未稳的正统一朝在升平之下依然潜藏着危机，其中尤以来自漠北蒙古的挑战影响最为深远。

元廷北奔之后，随着汗权式微，明代蒙古分为鞑靼、瓦剌、兀良哈三部，在与蒙古本部的长期混战中，瓦剌部势力不断增强。英宗正统三年（1438），脱欢兼并蒙古本部，实现了暂时且有限的统一。大约两年之后，脱欢去世，其子也先嗣立太师，给明廷带来了与日俱增的压力，终致"土木之变"的爆发。正统十四年（1449）七月十一日，太师也先与脱脱不花王、阿剌知院等蒙古诸部分头对明边发起进攻。据《英宗实录》"正统十四年秋七月己丑"条：

> 是日，虏寇分道，刻期入寇。也先寇大同，至猫儿庄。右参将吴浩迎战，败死。脱脱不花王寇辽东，阿剌知院寇宣府，围赤城。又别遣人寇甘州。诸守将凭城拒守。报至，遂议亲征。①

前线战况不利的消息传回明廷之后，尽管时任兵部尚书的邝埜和侍郎于谦"力言六师不宜轻出"、群臣"伏阙恳留"，但英宗始终不为所动，在宦官王振的怂恿之下，决意亲征。八月初一日，英宗一行抵达大同，也先欲诱明军深入，佯装撤退，王振以之为瓦剌畏战，不顾邝埜、王佐等人的劝阻，坚持进兵，而后见形势不妙，方下令班师；行经四十里后，又命"复而东折"，初十日过宣府，再与也先追兵交战；八月十三日，明军遣将抵御，战败；稍晚再次冒进，遭遇也先伏兵，伤亡更加惨重。八月十四日，英宗大军撤退至距离怀来仅二十余里的土木堡。在"众欲入保怀来"的情况之下，王振坚持原地驻扎，等候辎重车到来。而瓦剌骑兵先至，明军被困土木

---

① 《明英宗实录》卷180，载黄彰健校勘，台北"中央研究院"历史语言研究所校印《明实录》，中华书局2016年版，第3485、3486页。

第七章 遮蔽、沉默与批判：明代士人阶层对"谥杜"记忆的回应 241

堡，附近唯一的水源又早已被瓦剌抢占，人马终日饥渴。八月十五日，也先佯装求和，王振一方面遣使商谈，另一方面急令移营就水。瓦剌骑兵迅速围攻，"铁骑蹂阵而入，奋长刀以砍大军"，明军立时溃乱，"相蹈藉死，蔽野塞川"，阵亡数十万。张辅、邝埜、王佐等数百名随从大臣皆战死，王振亦死在乱中。英宗突围不成，遂下马盘膝而坐，被瓦剌俘获。这就是当时震惊朝野的"土木之变"。

"土木之变"给整个明代社会带来了史无前例的巨大冲击。时任翰林院侍讲的刘定之就曾上书称"自古以来夷狄之祸，未有甚于今日者也"①。九月初六日，朱祁钰即位，是为明代宗，年号景泰。景泰元年（1450）六月，也先遣使与明朝议和，八月十五日，景帝派侍读商辂率一轿二马将英宗迎回，禁锢于南宫。随着英宗还朝，"土木之变"虽然暂时告一段落，但此后无论是重拾"大元"名号的达延汗又频频与明廷争统，以致"迄成化末无宁岁"，还是弘治年间明朝在对蒙虏台岭之战中的惨败，来自蒙古的压力始终如阴影一般，长久笼罩在明代社会的上空。

和此一时期的历史语境相呼应的，是士人思想世界中华夷之辨与正统理论的持续高涨。成化十七年（1481），深受方孝孺影响的丘濬撰成《世史正纲》32卷，旨在举世运变迁中至关重要者，绳之以正统之义。其中"严华夷之分"成了是书三点"宏纲大旨"之一。其序曰：

> 愚所以作书之意，有在于是，非敢立异以犯不韪之罪也。然则其宏纲大旨果何在哉？曰在严华夷之分……夫华夷之分，其界限在疆域。华华夷夷，正也；华不华，夷不夷，则人类淆世，不可以不正也。……天，位乎上者也；地，位乎下者也。天地之所以生生者，物也。物之动者有三焉，人也、夷狄也、

---

① 《明英宗实录》卷184，载黄彰健校勘，台北"中央研究院"历史语言研究所校印《明实录》，中华书局2016年版，第3655页。

禽兽也。……彼其所以为生人害，而使之不得安者谁欤？夷狄也，禽兽也。为生人主，必攘夷狄，必驱猛兽，使吾一世之民，各遂其生而不罹其害焉。①

在"夷决不可干中国之统"的强硬态度中，元初郝经所谓"今日能用士而能行中国之道，则中国主也"的理论被彻底推翻。无独有偶，成化二十二年（1486），蒋谊《续宋论》刊刻，是书卷3有《正统论》一篇：

若夫元之灭夏、灭金、灭宋，巍然帝于中国。论其兵之壮也，过于强秦；论其地之广也，远于三代。奈何《春秋》尊中国而攘夷狄，本仲尼之深意，元乃夷狄尔，不足以接宋之正统也明矣。若接宋之统者，当以我太祖高皇帝，神功仁德，取天下于群雄之手，直接宋传。而以梁也、唐也、晋也、汉也、周也、元也，俱已变统书之，此万世不易之公论焉。故接三代之正统者，如汉、如唐、如宋、如我皇明，则如天之适子焉。庶不可以奸适，此古今之通义耳。若惟取其能混一，以为正统，则如子之不辨适庶，岂理也哉？②

文中更为直接地阐明了大明王朝的合法性来源在于接续宋统，从而彻底否定元人引以为傲的"混一"情结。这无疑是对洪武初年正统理论的呼应，因此恰恰可以说明此一时期所面临的、与当时相似的"华夷"语境。

而李东阳正是伴随着这股思潮成长起来的。成化二年（1466），李东阳授翰林编修，累迁侍讲学士，充东宫讲官，弘治二年（1489）

---

① （明）丘濬：《〈世史正纲〉序》，《世史正纲》卷首，《四库全书存目丛书》史部第6册，齐鲁书社1996年版，据明嘉靖四十二年孙应鳌刻本影印。

② （明）蒋谊：《续宋论》卷3，南京图书馆藏《艺海汇函》本。

第七章　遮蔽、沉默与批判：明代士人阶层对"谥杜"记忆的回应　　243

升左春坊左庶子，弘治八年（1495）入内阁参与机务，此后主阁十八年。可以说，李东阳生活的时代，正好与"土木之变"以来明代社会族群意识的勃兴相重叠。早在阁试中，他就曾上《西北备边事宜状》，专论"御虏之策"。其开篇即言：

> 逮至于元，遂僭一统，为天所厌，极盛而衰。自我太宗亲御六师，虏益北遁，逾时累月，振旅而还。迄今虏众离乱，交仇互噬，其数不满数万，不能当我一镇，自有匈奴以来，未有衰于今日者也。夫以全盛之力，驭极衰之虏，虽草薙禽狝，亦不为难。惟陛下本怀，以武功妨文德有所不暇，以中国困小夷有所不屑，以华民狗丑类有所不忍。而职兵事者乃或不加之意，使其窥觎纠结，为国大患，至于民罢兵弊而不解者，此臣所以夙夜而不能忘也。①

在政事之外，我们同样可以看到李东阳对此一时期族群思潮的积极回应。与史学理论相类似，族群意识的勃兴在文学世界同样激起了波澜。其中最为明显的，是文人群体在重新检讨历代文学升降脉络的过程中，对胜国之文的贬抑。身居台阁的李东阳，在对诗歌教化意义的重视之下，亦频频通过批判前元文运、儒治之衰，来指斥胜国世运之沉沦。据其《赤城诗集序》：

> 诗之为物也，大则关气韵，小则因土俗，而实本乎人心。

---

① （明）李东阳：《西北备边事宜状》，《怀麓堂文稿》卷19，明正德十一年熊桂刻本，收入《原国立北平图书馆甲库善本丛书》第714册，国家图书馆出版社2013年版，第442页。按：该文在明正德刻本中，与今校点本《李东阳集》中的文本差异极大。因涉及"御虏之策"，明刻本原文表述中族群意识极为强烈。清代对此十分敏感，故对原文进行大量删削，如原文中"逮至于元，遂僭一统"，在清刻本被改为"遂混一统"；原文此句之后的"为天所厌，极盛而衰"在清刻本中亦尽数删去。诸如此类，不一而足。今校点本《李东阳集》以清刻本为底本，因此从中无法得见原貌。本书关注的是李东阳及其时代的族群意识，因而相关讨论只有以明刻本为基础方能得以展开。

古者道同化洽，天下之为诗者无所与议。既其变也，世殊地异，而人不同。故曹、酆、郑、卫，各自为风。汉、唐与宋之作，代不相若，而亦自为盛衰。逮至于元，其变也愈极。而其间贤人义士，往往奋发振迅为感物言志之音者，盖随所得而成焉，然亦鲜矣。①

而另一方面，即便是对李祁的科举表现敬仰不已的李东阳，在面对茶陵李氏缺席的元代科举话题时，则毫不留情地予以批评。据其《书耿氏家藏公牍后》：

> 户帖称耿氏为儒籍，盖因元之旧而然。按：《元史·选举志》分天下为十等，儒居其九，君子于是知元祚之不长，夷夏倒置，自古所无之大变，不足深论。士当是时，非大家世族而能以儒为籍，不为他歧异术所汩，又幸而不罹于坑焚之厄，以待图籍之收，盖亦难矣。……然儒治道，至元未极晦，而在我朝为极昌，观于是不独见耿氏之兴也。②

从史学到文学、文化，在李东阳笔下，"儒治"始终联系着"国祚"，成了他批判元朝国运的立足点。也正因如此，他在面对李祁生平一以贯之的蒙元认同时，才屡屡陷入某种两难的叙述困境。李东阳的族高祖李祁，正是元朝儒治的受惠者，也不遗余力地为他心中的"皇元文治"极尽鼓吹。与其他元代文士一样，李祁积极地为"谥杜"制造舆论，甚至将请谥人也速答儿在四川的作育之功，与汉代的文翁相比肩。这固然与源于李祁自身的对杜甫的重视，更

---

① （明）李东阳：《怀麓堂文稿》卷4，明正德十一年熊桂刻本，收入《原国立北平图书馆甲库善本丛书》第714册，国家图书馆出版社2013年版，第304页。
② （明）李东阳：《明故赠光禄大夫柱国太子太保吏部尚书兼武英殿大学士焦公神道碑铭》，《怀麓堂文稿》卷21，明正德十一年熊桂刻本，收入《原国立北平图书馆甲库善本丛书》第714册，国家图书馆出版社2013年版，第469页。

## 第七章 遮蔽、沉默与批判：明代士人阶层对"谥杜"记忆的回应

是基于对蒙元文治的称颂。纵观李祁的生平，无论是未仕时对"振衣袂乎昆仑"的憧憬，还是登第后对"生乎文明之时"的自豪，抑或元亡后的遗民情结，其中一以贯之的是他对蒙元文治的高度认同。而在李祁对"皇元盛世"的构建中，诗发挥着重要的作用。其时有刘孟简兄弟，先后选取元人诗篇付刻，李祁为之作《元朝诗选序》，文中即言：

> 人人有诗，人人有见。见有高下，而诗随之。……吾党之士，适生乎文明之时，而与闻乎治平之声，文王清庙，洋溢盈耳，式和且平，以成我国家淳厐悠久之盛，不亦幸哉！①

由此可见，李祁对于诗歌的"鸣盛"功用始终怀有高度的自觉。同出茶陵的刘三吾言及李祁时亦称"评者谓有馆阁气象"。无论是对自我的期许，还是时人的普遍观感，李祁无疑是其时"皇元文治"的题中之义。也正是从这个意义上来说，元廷借由追谥杜甫而推举士人典范的举措，契合了他的深层诉求。

有趣的是，尽管李祁一生中并未曾擅声馆阁，但两百余年之后，他的裔孙的李东阳却果真官居宰辅、引领文坛。不同的是，李东阳的时代极力拒斥的，正是李祁终身眷眷的"蒙元文治"。特别是伴随着每一次明、蒙冲突的加剧，明代社会的族群意识都会被再度推向高潮，那些带有鲜明蒙元烙印的文化记忆，便也随即遭遇着新一轮的清整。如果说洪武年间"制造胡元"的文化风气，让"谥杜"记忆遭遇了入明以来的首次顿挫，那么到了李东阳的时代，明代社会愈加炽烈的"去蒙古化"思潮，无疑给这段胜国的杜甫记忆的流播带来了新的挑战。

而政治地位的高升又往往伴随着政治禁忌的扩大，李东阳的阁

---

① （元）李祁：《元朝诗选序》，《云阳李先生文集》卷3，《北京图书馆古籍珍本丛刊》，书目文献出版社1997年影印本，第96册，第199页。

臣身份，则要求他必须比其他普通士人更为立场鲜明，换言之，他并不能够仅仅作为这股"去蒙古化"思潮的波及者，而更必须成为这股思潮的倡导者与引领者。或也正因如此，李东阳在面对被李祁盛赞的"谥杜"往事时，最终选择了以沉默来应对。

而同一时期的另一个故事，则进一步透露出李东阳笔下"谥杜"记忆空白的背后的时代因素。如前所述，元代的蒙古大监也速答儿（达可）除了为杜甫请得赐谥外，在成都另有兴学、购书之举，李祁也因而在文中将之表述为可与汉代文翁相比肩的人物。有趣的是，就在李东阳完成李祁文集编纂的同一年，成都开始在御史钟蕃的主持之下重修府学。事成之后，李东阳因教授彭伟辈之请，作《重建成都府学记》。在按例记叙成都府学历史时，李东阳写道：

> 夫自汉文翁守成都，至国朝千余年，其故址为蜀王府，迁今学于西南一里许，又百有余年而复建焉。其间凡阅历若干代，造就若干人，虽道德勋业与时高下，而作育之效，切磋之益，皆不可诬。[1]

将当代成事者之功，与此地前贤相比附，从而构建出一条作兴脉络，是"府学记"这类文本最为常用的叙述模式。然而不同的是，从文中可知，李东阳对成都府学的历代主事者并非一概褒美。所谓"道德勋业与时高下"，似乎在隐晦地向人们表明，在他的评价标准里，成都府学此前所阅历的时代、造就的人物中，确有德业有亏的"可诬"之处，这种记述模式，实则与方孝孺以来草堂祀典文献对元廷"谥杜"的回避如出一辙。"谥杜"事件的重要内涵之一，就是蒙古大监也速答儿在成都杜甫草堂、文翁石室、扬雄墨池等处兴建学校，这也正是他被李祁等诸多元代文士极力称颂的地方。然而，

---

[1] （明）李东阳：《怀麓堂文后稿》卷5，明正德十一年熊桂刻本，收入《原国立北平图书馆甲库善本丛书》第715册，国家图书馆出版社2013年版，第620页。

身为裔孙的李东阳，不仅对李祁的蒙元认同视而不见，更对蒙元时代的文化功业含糊其辞，因而最终并未将其纳入对成都文脉的构建中。

由此而观，在李东阳熟读李祁的生平文字、但却转而选择忽视对其热情鼓吹的胜国杜甫记忆背后，实则是他对以"谥杜"为代表的蒙元时代文化遗产的警惕。特别是当察觉到自己引以为傲乃至赖以构建家族文脉的族高祖曾深度参与其中，这种警惕便也不得不转化为无尽的沉默。如果历史允许被假设，那么我们甚至可以设想，以李东阳在其时代掌控的政治及文化资源，乃至在士林、诗坛的巨大声望，倘使曾有一言以及之，明代中期的杜甫记忆很有可能会呈现出不一样的图景。

总而言之，与洪武时代相比，李东阳的时代，明代文学开始苏醒、发展乃至走向繁荣。诗人们不约而同地从唐代遗产中寻找创作典范，从而给杜甫的接受带来了新的契机与空间。然而，这个空间在存在之初，就附带了无形却又明确的边界。文学的创作主体是"人"，此一时期又特别表现为翰林出身的士人阶层。他们一方面深受儒家思想浸润，而这种思想在经历洪武时代的形塑之后，"夷夏"之防被更加凸显了出来；与此同时，他们的政治身份完全依附政权而存在，所以对社会风向的把握，尤其是意识形态领域的动向，比其他阶层更加敏感。因此，国家话语中的"去蒙古化"风向，也必然会成为他们个人言行的底色。

另一方面，国家话语与个人实践并非只表现为单向的影响。社会正是由一个个家族构成，当"去蒙古化"思潮在茶陵李氏为代表的各个家族内部被不断实践、进而成为一种自觉选择的时候，也就足以与自上而下的倡导密切配合，共同形塑国家话语的样貌。

一个社会普遍存在于文化层面的自发约束和自觉选择，其内涵几近于"风俗"。换言之，在"外侮"压力之下，士人阶层的蒙元"时忌"为当下的"时风"增添了新的内涵。政治事变、军事冲突往往只是瞬时的，但包含"时忌"在内的"时风"却可以一直延续，并为文学记忆规定了其时所能延展的范围和尺度。总而言之，在李东阳的时代，看似空白的"谥杜"话题背后，是一个在时风与时忌挤压之下，边界相当有限的文学空间。而"谥杜"这段带有"蒙元底色"的杜甫记忆，也正是在这种挤压之下，失去了传播与滋长的土壤，从而逐渐在明代中期诗坛整体的"杜甫记忆"中黯淡了下来。

## 第三节　王世贞及万历以降的"谥杜"批判

如果说李东阳以沉默来应对族高祖留下的"谥杜"记忆背后，尚有家族历史与时代风气之间的困境，那么，伴随嘉靖以降明、蒙军事冲突的进一步加剧，在明代社会族群意识的持续高涨中，新的"持文衡者"与胜国之间非但不再有任何情感牵绊，而且更有根深蒂固的敌意，"谥杜"记忆被再次唤醒的同时，便遭受着前所未有的批判。

打破"谥杜"记忆空白的是王世贞。作为此一时期的文坛盟主、同时也是入明以来首次公开谈论起"谥杜"话题的士人，王世贞自言，获知此事缘于偶阅元人张雨的《赠纽怜大监》诗跋，并直将这段胜国往事贬抑为"奇闻"：

> 偶阅张伯雨《赠纽怜大监》诗跋云，曾疏请以蜀文翁之石室、扬雄之墨池、杜甫之草堂皆列祀典，又为甫请得赐谥曰"文贞"。虞奎章集纪其事。按《元史》有《纽怜传》而不载此事。又杜甫之谥文贞，亦出奇闻。①

---

① （明）王世贞：《弇州山人四部稿》卷160，《原国立北平图书馆甲库善本丛书》，国家图书馆出版社2013年影印本，第787册，第2269页。

第七章 遮蔽、沉默与批判：明代士人阶层对"谥杜"记忆的回应　　249

然而有趣的是，当王世贞在《宛委余编》中复述这段诗跋时，却又在表述上与原文存在明显的差异。特别是当差异的产生完全来自王世贞本人的改动时，这种变化也就显得更加值得关注。① 我们不妨将其与原跋比照来看：

表7-1　　　　　　　　　　王世贞对张雨原跋的发挥

| 张雨《赠纽怜大监》跋 | 王世贞《宛委余编》卷5 |
| --- | --- |
| 请以蜀文翁之石室、扬雄之墨池、杜甫之草堂皆列学宫，又为甫得谥曰"文贞"。以私财作三书院，遍行东南，收书三十万卷，及铸礼器以归。虞奎章记其事，邀予赋诗如上。 | 偶阅张伯雨《赠纽怜大监》诗跋云，曾疏请以蜀文翁之石室、扬雄之墨池、杜甫之草堂皆列祀典，又为甫请得赐谥曰文贞。虞奎章集纪其事。按《元史》有《纽怜传》而不载此事。又，杜甫之谥文贞，亦出奇闻。|

将两段记载对读可知，王世贞在转引张雨《赠纽怜大监》诗跋时，有两处明显不同。一是将原文中的文翁石室、扬雄墨池、杜甫草堂"皆列学宫"记作了"皆列祀典"，并将此后"以私财作三书院，遍行东南，收书三十万卷，及铸礼器以归"一节删去，致使"兴学"从事件中整体消失。这与洪武年间"谥杜"记忆入明之初的遭遇完全一致。二是对"谥杜"记忆进行初步的考证之后，王世贞直接表明了自己的态度，认为元廷这一举措相当荒诞。

"谥杜"记忆在被明人重新拾起以后，却又旋即受到如此得轻视，这与嘉靖以来明代士林对蒙古敌视情绪的再度高涨密切相关。嘉靖八年（1529），蒙古在俺答的统率下，甚至到了"无岁不入寇，前后杀掠吏民剽人畜以亿万计"的地步。为了获得更多的经济利益，俺答不断提出"通贡"的要求。明廷对此则犹疑不决，除了此前业已形成的"戎心叵测"的成见，亦间有试图"横挑强胡"的自大情

---

① 张雨的《赠纽怜大监》诗跋在明代的流播途径包括张雨的书法作品《自书诗卷》、元代顾瑛编纂的文学总集《草堂雅集》以及张雨的别集。经文本校勘可知，相关文字在上述三种文本系统中未见异文。

结。明世宗最初的态度即属后者，于是朝野上行下效，竟至嘉靖二十一年（1542）拘杀蒙古前来求贡的信使，而后几年之间，俺答数十次的遣使求贡均遭到了明廷的拒绝。对于亟须通过贡市来缓解经济压力的蒙古一方而言，明廷的绝贡之举便成了更大规模军事冲突的导火索。

嘉靖二十九年（1550）六月，俺答率骑兵入侵大同，时任大同总兵张达、副总兵林椿中计战死。继任总兵仇鸾贿以重金，与俺答相约勿犯大同。同年八月十四日，俺答兵至古北口，"京兵大惊溃，争弃甲及马窜山谷林莽中。虏遂大杀掠怀柔、顺义吏士亡算"[1]，十七日，蒙骑抵达通知，二十日渡河直抵北京城下，"大掠村落居民，焚烧庐舍，火日夜不绝"，并再度要求通贡。虽然此时严嵩仍称"此抢食贼耳，不足患"，但在兵临城下的惊悚之中，世宗还是采纳了徐阶的主张，请俺答退出大边，另派使臣前往交涉（或谓明廷曾遣使与俺答密谈），二十三日俺答率众撤退，"时贼前后出剽男女裸畜金帛财物，捆载已乃徐徐从东行，循诸陵而北。诸道兵属大将军凡十余万骑，相视莫敢前发一矢，仅尾之出而已"[2]，直至二十八日全部出边。

俺答这次率领蒙古骑兵前后围困京畿八日之久，几令神京陵寝荡摇。由于事发时的嘉靖二十九年（1550）为庚戌之年，故史称"庚戌之变"。虽然本次并未造成如此前"土木之变"中皇帝被掳那样严重的后果，但蒙古骑兵直抵城下围困京师八日之久，亦足以使得明廷上下陷入巨大的恐慌，从而再度刺激了士林族群意识的爆发。

这种情绪的表现之一，就是史学领域宋元史改编的热潮。面对新一轮的族群危机，"夷、夏"理论再次被史家标举出来，成了他们重塑纲纪、宣示一统的思想武器。除了直接对当前局势发表评论之

---

[1] （明）王世贞：《庚戌始末志》，载薄音湖、王雄编辑、点校《明代蒙古汉籍史料汇编》第二辑，内蒙古大学出版社2000年版，第17页。

[2] （明）王世贞：《庚戌始末志》，载薄音湖、王雄编辑点校《明代蒙古汉籍史料汇编》第二辑，内蒙古大学出版社2000年版，第20页。

第七章　遮蔽、沉默与批判：明代士人阶层对"谥杜"记忆的回应　251

外，他们更将目光头像了明朝初年的《元史》修纂。明初修《元史》最重要的背景，是需要通过承认元统来树立自身的合法性地位。而在嘉靖以来明统已立、蒙古入侵的局面之下，社会思潮也就必然朝着全面否定元统的一面转向。而宋、元、明三朝相继，"元统"之存废，实则就是对宋、明两代关系的检讨。因此我们看到，在否定元统而以宋、明相继的主张之下，史家着手对宋、元史进行改编。而在《元史》改编方面，则以嘉靖三十五年（1556）周复俊《元史弼违》的刊刻最为典型。

有别于此前解缙的《元史正误》、朱右的《元史补遗》，及成祖永乐年间胡粹中的《元史续编》等以"订补舛漏"为目的，周复俊《元史弼违》所谓的"正误匡谬"，指的并不是去改正史事之误，这从书名中就可以窥得一二："弼违"典出《尚书·益稷》"予弼我违"，《传》曰"我违道，汝当以义辅正我"，由此可见，周复俊的本意是要通过这部元史改编著作，来匡正被"胡元"颠倒的声教纲纪。① 这种意识在其自序中表现得尤为鲜明。据《元史弼违自序》：

元之先愚不知其何也，夷不立文字，谱系莫纪。苟声教弗加，九译之所不及。虽有禽音鸟迹，弗达于中国也，中国之人弗辩也。故其系莫详焉，邈矣狄哉！……于代洗涤腥膻，皇祖诏修《元史》，而授儒臣毋虚美毋隐恶，而载笔缀言之彦，私填胸臆，公肆谩欺，天语弗崇，家风尽废。语云豺狼何亲，不然无乐乎？其侈言之也。愚蚤承先训，继志无闻，翱翔滇藩。休

---

① 关于其书具体行文特点，黄兆强指出："《元史弼违》按年叙事，始于宋宁宗开禧二年（1206），即铁木真建国称成吉思汗的一年，终于洪武三年庚戌（1370）。其中以祥兴二年（1279）帝昺赴海死为亡宋之年。宋亡前，以宋帝年号纪年，其下以小资附书元帝之年号；宋亡后，以干支纪年，其下小字附书元帝年号同前。周复俊扬宋抑元之意，至为明显。……此外，皆以'元主'称呼各朝元君，未尝一'帝'称之。又各帝之崩殂，皆称'殂'，不称'崩'；其中更以'死'字称世祖忽必烈及文宗图帖穆耳之逝世。"参见黄兆强《明人元史学探研》，《书目季刊》2002年第2期。

澣多暇，爱窥往史，愤腥秽之滔天，厄言之廷世，旁稽遐绍，叙次厘革，其美其刺，班班著之篇牍矣。嗟乎！千载是非之公，莫能终掩；诸臣记载之谬，奚何胜诛！惟中言弼违，式昭来叶云尔。①

由此可见，从军事竞争到学术思潮，此一时期明代士林的族群意识在不同领域彼此交织，形成了一张无声无形、却又无处不在的大网。而另一方面，就"谥杜"的批判者王世贞个人而言，他自身的文化背景，又恰与这股时代文化风气互为表里。嘉靖二十九年（1500）"庚戌之变"爆发，王世贞时年二十五岁。与"土木之变"爆发时尚处于孩提时期的李东阳不同，此番俺答来犯之时，王世贞业已入仕且活动于京师，亲身经历了当时朝野震恐的混乱景象。更重要的是，与李东阳族高祖的蒙元认同相反，王世贞的父亲王忬其时以御史巡按顺天，疾驰通州御敌。事件平息之后，王世贞撰《庚戌始末志》，文中在回顾前后经过之外，更着意强调其父王忬的功绩：

先是，家君以御史按顺天，得报虏攻古北口，度我兵弱，非能御者。夜草疏言虏剽悍若风雨，而古北口距京师仅七舍，漫衍无卫戍瞭望，神京陵寝万一荡摇，事系非小，请速集廷臣议战守策，早上之。而身出驻通州，曰："此城国家喉领也。"召吏民，给仗听约束，拘收漕艘泊西岸。甫毕，而夜半虏果至，营河东。家君复为疏请援兵，缒城使来，京师始震恐，集诸营兵。……贼逼通数日，前沮水，未能度。家君日夜乘城守，废寝食，连告急。中议乃遣都御史王某以三千骑兵往通，而咸宁侯鸾以大同二万三千骑至。上内视稍强，各赐书褒，予金帛，

---

① （明）周复俊：《元史弼违》卷首，《宋辽金元正史订补文献汇编》第 3 册，北京图书馆出版社 2004 年版，第 587 页。

令蹀贼。①

除此之外，此一时期的王世贞另有《书庚戌秋事》②《客谈庚戌事》③《乱后初入吴舍弟小酌》④《庚戌秋有约吴峻伯不就赋此》⑤等诗，均体现了这一军事冲突之于其内心的震动与影响。而促使王世贞的族群意识进一步放大的，是其父王忬后来的遭遇。王忬因"庚戌之变"中的御房之功被擢升为右佥都御史，此后又以兵部左侍郎兼右都御史，总督蓟辽。然而，他在此后却似乎并没有再次显现出自己的军事才能，嘉靖三十五年（1556）、三十六年（1557）俺答两度犯边，王忬因接连抵御不利遭到贬黜，后以"所部屡失事，则以为不足办寇"而逐渐失去世宗的信任。嘉靖三十八年（1559），把都儿、辛爱率众入侵潘家口，王忬再次误失军机，以致蒙古骑兵趁机渡过滦河、在关内驻扎五日并大肆劫掠，一时"京师大震"。在严嵩的构陷之下，世宗怒而将其斩首。至亲因"御房"之失遭难，无疑进一步加剧了他本人对于蒙古的憎恶。也正因如此，与明代社会普遍存在的"去蒙古化"思潮相比，王世贞个人对于蒙元政权的敌意无疑更加强烈。

在王世贞的著述中，很容易感受到这种鲜明的族群意识。除了与"庚戌之变"相关的《北房始末志》《北边始末志》《元主始末志》等文章，以及《备房》《抵房》二策之外，王世贞在直面蒙元

---

① 转录自薄音湖、王雄编辑点校《明代蒙古汉籍史料汇编·第二辑》，内蒙古大学出版社2000年版，第18页。

② （明）王世贞：《弇州山人四部稿》卷33，《原国立北平图书馆甲库善本丛书》，国家图书馆出版社2013年影印本，第785册，第871页。

③ （明）王世贞：《弇州山人四部稿》卷49，《原国立北平图书馆甲库善本丛书》，国家图书馆出版社2013年影印本，第785册，第1033页。

④ （明）王世贞：《弇州山人四部稿》卷24，《原国立北平图书馆甲库善本丛书》，国家图书馆出版社2013年影印本，第785册，第784页。

⑤ （明）王世贞：《弇州山人四部稿》卷24，《原国立北平图书馆甲库善本丛书》，国家图书馆出版社2013年影印本，第785册，第785页。

一朝的历史时，厌恶之感几乎溢出纸面。在他晚年极为得意的《弇州山人读书后》中，就有《读元史》两篇，从中可以看到他对蒙元文化的轻蔑态度。据其《弇州山人读书后》卷5《读元史一》：

> 余尝怪晋世匈奴、鲜卑、羯、氐、羌以至索头之虏，更迭而入为主，其割中国十之六七耳。然往往袭华号、变夷礼，多足称者。盖至孝文移其俗，彬如也。岂其先尝杂处中国有所觊慕于志邪？宋亡而薄，海内外鲜有不为元者。顾其君臣，日斳斳然思以其教而易中国之俗。省台院寺、诸路之长，非其人不用也。进御之文，非其书不览也。名号之锡，非其语不为美也。天子冬而大都，夏而上都，上都漠北也。其葬亦漠北，视中国之地若瓯脱焉，不得已而居之。于中国之民若赘疣焉，不得已而治之。又若六畜焉，食其肉而寝处其皮以供吾嗜而已。於乎！不亦天地之至变不幸者哉？然所谓匈奴、先被、羯、氐羌、索虏者，其人浸淫而忘其故矣。是以一易世而辄尽。元唯不忘其故，是以易世之后，仅能驱而置之大漠之外，若飞鸟之就林而巨鳞之还壑也。元所以迄今不绝哉！金之又完颜雍也，犹之乎汉文、景也。尝怒太子尽用华服，曰易世其哀矣。是元之策也。①

由此可见，在对非汉族群体统治中国的普遍反感中，王世贞又特别指出了蒙元时代与此前的不同之处：此前入主中国的非汉族统治者，大体向慕华风，"往往袭华号、变夷礼""盖至孝文移其俗"，也即在掌握政治权力的同时，承认自身在文明程度上逊于汉地。王世贞对此完全持赞许态度，认为其"有足称""彬如也"。而蒙元政权的统治策略在他看来则正好相反，是在"斳斳然思以其教而易中国之俗"。除了在人才选拔方面重用蒙古族群之人外，在文化活动及

---

① （明）王世贞：《弇州山人读书后》，《明别集丛刊·第三辑》第39册，第569页。

社会礼俗方面，同样固守其本族名号、言语、文字、衣冠外，更将之置于汉族文明之上，所谓"名号之锡，非其语不为美也"。而在王世贞的观察中，这种蒙元统治者对汉族文明的隔膜，又恰能体现在元廷"谥杜"中。经历了"安史之乱"的杜甫，在对北方胡人深恶痛绝的同时，更始终怀抱"胡命其能久，皇纲未宜绝"的信念。王世贞敏感地捕捉到这一点，在其《艺苑卮言》卷 4 中评论道：

> 灵武回天，功推李、郭；椒香犯跸，祸始田、崔，是则然矣。不知僖、昭困蜀、凤时，温、李、许、郑辈，得少陵、太白一语否？有治世音，有乱世音，有亡国者，故曰：声音之道，与政通也。大力者为之，故足挽回颓运；沉几者知之，亦堪高蹈远引。①

廖可斌的《明代文学复古运动研究》，在讨论王世贞文学观中的社会功用时，亦曾对此有过一段精当的分析："他（按：王世贞）甚至认为，唐朝的安史之乱能够平息，首先固然是郭子仪、李光弼等人的功劳。但杜甫、李白等人的诗歌创作，也起了一定的作用；唐王朝最后不免覆灭，主要是因为宦官专权、藩镇叛乱等，但当僖宗、昭宗困于蜀中、凤翔时，温庭筠、李商隐、许浑、郑谷辈未有如'少陵、太白一语'，亦应负一份责任。"②

杜诗强烈的"夷夏"情绪，在相似的族群思潮中，足以激起明人的极度共鸣。然而，在这样的情况下，王世贞却猛然发现，蒙元统治者竟会选择杜甫来进行追谥，这对他来说，显然是不可理喻的。因此，这种以"名号"为代表的，在礼俗层面对蒙元时代的固有偏见，使得向来认为"元无文"的王世贞，在面对"谥杜"这段蒙古

---

① （明）王世贞著，陆洁栋，周明初批注：《艺苑卮言》，凤凰出版社 2009 年版，第 65 页。

② 廖可斌：《明代文学复古运动研究》，商务印书馆 2008 年版，第 264 页。

族群行儒治的记忆时，难免顿生违和之感，从而直以"奇闻"斥之。

而《读元史二》则在回溯元朝末年的社会图景时，进一步抹去了蒙元政权曾经（即便只是形式上的）向"儒"倾斜、以图致治的努力：

> 王子曰："余读元季丧乱事，盖窃窥之焉。天之启明深也。"或曰："元事可得闻欤？"曰："天之厌之，其大几也。主骄而靡，臣以谄济贪，其大纲也。……志在囿中国而刍牧之。以省台院之长、郡路之帅，则靡不灭肉酪、侏离左衽者焉。"①

从中可知，王世贞在读罢《元史》之后，对元朝末年的印象仅仅停留在"丧乱"之上，他将元廷"志在囿中国而刍牧之"视作其招致灭亡的重要原因，并将这种乱象归结为"天之启明"的表现。而事实上，"谥杜"正是发生于元末所谓"盗贼四起"之时，其与而后一脉相承的至正"更化"，距离元朝灭亡不过二十余年——只是这些同样发生于元季的社会动向，恰恰是王世贞在其读后札记中被刻意忽视的。

而另一方面，这种对蒙元时代的憎恶并非止于泛泛，而是能够延伸到具体的话题，其中就包括儒家礼法制度的推行。比如，诞生于嘉靖年间的王洙的《宋史质》，在此前丘濬《世史正纲》以华夷、君臣、父子为世道之大要而力求"正纲"的基础上，进一步要求"正纪"。据《宋史质·天王正纪》：

> 正纪者何也？曰宇宙之统三：曰人统，曰天统，曰地统。人统者，礼乐衣冠是也。天统者，正朔称号是也。地统者，封疆土宇是也。有人统而后可以正天统，有天统而后可以言地统，

---

① （明）王世贞：《弇州山人读书后》，《明别集丛刊·第三辑》第 39 册，第 570—571 页。

人统所在，天统归之。若地统之大小偏全，非所较也。①

由此可见，在王洙的观念中，"人统"是以"礼乐衣冠"为代表的儒家文明，"天统"是以"正朔"为代表的政权之合法性，"地统"则是国土疆域。在这三者之中，"人统"代表的儒家文明是根本。建立在此一基础上的政权才可被奉为正统，而疆域之大小则是可以不予计较的问题。联系王洙这部《宋史质》的写作意图，我们很容易体察到与上述"三纪"针锋相对、背道而驰的，正是明人眼中儒道沦丧而徒有疆域的蒙元时代。换言之，就王洙的理论而观，非文明的蒙古族群，天然就不具备"行治道"的资质。

同样的观念也体现在周复俊的《元史弼违》中。其书卷下"癸丑（按：即皇庆二年）"条在记录"建崇文阁，以许衡从祀孔子庙"后自注曰：

> 建崇文阁于国子监，而以宋儒周敦颐、程颐、张载、邵雍、司马光、朱熹、张栻、吕祖谦从祀孔子不书，而书许衡，何？九贤者，心皆得乎圣人之道，言不诡于圣人之经，四方宗之，百世仰之，初不以元之祀否为轩轾也。故不书者，若曰：不必书也。衡何人？斯乃于诸贤并进而列于夫子之宫墙哉？《春秋》之法，内夏外夷，齐桓公攘夷尊周，一匡天下，尤羞称于仲尼之门。衡生于华而仕夷，固以悖《春秋》之法，而获罪于圣人大矣。居然引之俎豆之列！如衡有知，将神爽飞越，不待麾之而走且僵矣。岂能一朝居耶？是知从祀之举，不足以为衡荣，只足以为其累耳。②

---

① （明）王洙：《宋史质》，台北：大化书局1977年版，第27页。
② （明）周复俊：《元史弼违》卷下，载《宋辽金元正史订补文献汇编》，北京图书馆出版社2004年影印本，第3册，第618页。

许衡（1209—1281），字仲平，世称鲁斋先生，元代重要的理学家，应忽必烈之召仕元，推动了世祖一朝"汉法"的施行，去世后得谥"文正"，后于皇庆二年（1313）与宋儒周敦颐、程颢、程颐、张载、邵雍、司马光、朱熹、张栻、吕祖谦九位宋儒一同从祀孔庙。而周复俊在《元史弼违》中刻意在此条之下仅载"以许衡从祀"而不提其他九位宋儒，意在凸显元廷将"大节有亏"之人列入国家祀典的荒唐举措。这除了是针对许衡个人出处问题的指摘之外，更是对整个元廷祀典失序的嘲讽——对于其他九位宋儒，文中就强调"不书"是因真正的圣贤不必依靠元代祀典来抬高身价，蒙元政权的推举只能"为其累"。

由此可见，在族群意识的影响之下，明人不仅激烈批判着蒙元时代不谙儒家文明，更将儒士被蒙元朝廷推举，视作其身后的耻辱。而这两方面，无疑均与此一时期王世贞对于"谥杜"的批判彼此呼应。

事实上，"谥法"作为儒家礼法中的一环，原本就是王世贞文化背景中的重要组成部分。王世贞曾有与谥法相关的著作两种，其中《古今谥法通纪》今仅在《弇州山人四部稿》中存有序文，《谥法考》则见于《弇山堂别集》卷70至卷75中；此外，在其《皇明盛事述》《皇明异典述》《皇明奇事述》中，也存有一定数量的追谥典故，以上三书并收入《弇山堂别集》。在对王世贞谥法著述的考察中，我们同样可以看到他以元代"谥杜"为"奇闻"，自有其脉络与理据。

首先，在《古今谥法通纪序》中，王世贞针对自有谥法以来的历代追谥典故加以评说，其中就表达了对于元代谥法的整体看法：

> 王世贞曰：余奚忍言哉！余奚忍言哉！谥至元而滥极矣。是谓以虏鞑饬汉藻，且其人也，冠履之不恤，而焉用文为？所尊何名？迹何行哉？明兴，始稍稍为画一之制。[1]

---

[1] （明）王世贞：《弇州山人四部稿》卷71，《原国立北平图书馆甲库善本丛书》，国家图书馆出版社2013年影印本，第785册，第1278页。

由此可见，在王世贞看来，历朝历代之中，唯有元代的谥法制度最不堪一提。这不仅体现在谥法冒滥上，更是基于文明程度的判断："虏鞯"之粗俗，配不上"汉藻"之华美。换言之，在他眼中，蒙古文明未化之俗，并不具备"文饰"的可能。这实际上已经从根本观念上否定了元代"谥杜"之成立的合法性。

其次，再来看王世贞的《谥法考》。作为现存王世贞唯一一部谥法专著，《谥法考》记载了明代的谥法制度。其序言称：

> 余尝有《谥法通纪》三十卷，列其凡二序之，所似标先王制谥之本旨，与历代沿革轻重之变略备矣。至明，亦有纪而未甚详，于是遍考金匮国史之藏、秘阁之籍，参以家乘，而后靡不备，凡有释义者，皆阁籍也。……夫谥者，人主之春秋也。尊则称天以命之，不尊则与天下共鸷之，而奈何为大臣修怨贾利地也？然则如之何？其必略采唐、宋故事，遇大臣以谥请，有俞旨，则翰林之司篆者为议而定二谥焉，以授礼科，科详之，复议而上之；阁臣复衷而取上裁。①

由此可见，《谥法考》虽然立足于明代，未直接就元代谥法发表评论，但在王世贞对当朝追谥制度的概括中，先总论"谥者，人主之春秋"，也就是说谥法代表着君主的对于朝臣的评判，是所谓国家意识形态的体现；而后再称明代谥法"比略采唐、宋故事"。在其随后概述的追谥流程中，实际上与元代并无本质不同。因此，当王世贞将谥法直接与政权相连并以唐、宋为法时，就已经显示出了对于元朝的不满与轻蔑。

而一旦言及当朝谥法，王世贞的态度就变得截然不同了。《皇明盛事述》《皇明异典述》《皇明奇事述》均为王世贞讨论本朝谥法所

---

① （明）王世贞：《弇山堂别集》卷70，吕浩校点、郑利华审订，中华书局1985年版，第1648页。

撰，书名所谓的"盛世""异典""奇事"亦均带有褒扬之意，旨在为大明王朝述功立德，彰显有明一代文治之盛。孙卫国在《王世贞史学研究》中亦曾指出："'三述'从形式上言，只是一条条的史料，似乎无甚关联，其实每一卷都有一个明确的中心，围绕一个共同的主题……《皇明异典述》亦秉承同样的原则，以彰显明朝之卓异事，以彰显明朝之功德。……王世贞将这特别名之为'异典'、'盛事'、'奇事'，正当有称颂当朝之意，这是王世贞所用的春秋笔法。"① 而此处想要说明的是，这种为"我朝"述德的意识，在王世贞的表述中又往往从与"前朝"的对比中展开。这在"三述"的序言中即有所体现。如《皇明盛事述叙》就称：

> 不佞生晚，当累洽之季，而又家世从缨绂后，窃有志慕说把公卿将相之盛。……至于元，而真王、彻侯、三事省之长，非铁木之懿亲，则亦怯薛之华胄。阀阅朱紫，虽若蝉绵，而氎毳膻腥，亡足称述。我明之世，文武判隔，浊泾清渭。……以高帝之物德超驾养、舜，文皇之疆宇远逾汉、唐。皇仁既宏，圣寿复高，维城裸将，绳绳振振。其为盛事，岂前代可拟。故略叙一二，冠之篇首，庶使谈者知所本云。②

再如《皇明异典述序》：

> 夫国之有典也，则号令庆罚皆在焉。其曰典者何？志常也。曰异典者何？志非常也。诸创国者，皆不为常者也。其业可大而法可久，习之则为常，是故曰典也。……明兴，高帝取天下于腥秽之虏，势不得不有所更革，天造草昧，事取意裁，及未

---

① 孙卫国：《王世贞史学研究》，人民文学出版社 2006 年版，第 178—179 页。
② （明）王世贞：《弇山堂别集》卷 1，吕浩校点、郑利华审订，中华书局 1985 年版，第 1—2 页。

讨论，至末年而始截如矣，其始不能无异也。虽然，异而非异也，易世而后，或革或因，乘时变通，加以润色，固无论已。①

又如《皇明奇事述叙》：

余既有《异典》《盛事》二述者，异典者，遴之自人主者也；盛事者，遴之自天者也。……或人与事之巧相符者，或绝相悖者，为其稍奇而不忍遗之，别录成卷，以备虞初、春明之一采，故不敢称稗史也。②

由此可见，王世贞的"三述"在其看来非区区考证之"稗史"，而是带有"扶翊纲常，警世励俗"的政治意图，孙卫国也因而将其视为"祖述了纪传体'纪'的用意"。从这个意义上讲，在王世贞眼中，从属于蒙元谥法的"谥杜"一无可取，也就不足为奇了。

综上所述，在嘉靖以来的明代社会反蒙情绪日益高涨的背景之下，对于"庚戌之变"亲历者、父亲由因"御虏"不利而被明正典刑的王世贞而言，蒙古作为国仇家恨的矛头所向，憎恶之意远比常人更加强烈；与此同时，王世贞对"谥法"一直有所关注而在他关于谥法的讨论中，或直斥元朝之弊，或以将元朝作为"他者"来衬托明朝之盛，凡其所列举的正面谥典，皆旨在为"皇明文治"作注。贬损"胜国"与鼓吹"我朝"两种意识各自并行又相互补充，共同构筑了王世贞的文化背景。在此之下，我们也的确很难再找到其对蒙元"谥杜"正面评价的空间。

在王世贞之后，再次对"谥杜"记忆加以拒斥的是茅元仪。茅

---

① （明）王世贞：《弇山堂别集》卷6，吕浩校点、郑利华审订，中华书局1985年版，第127页。

② （明）王世贞：《弇山堂别集》卷16，吕浩校点、郑利华审订，中华书局1985年版，第363页

元仪，字止生，号石民，归安（今浙江吴兴）人，明代文学家茅坤之孙。万历二十二年（1594），茅元仪出生，此时距离王世贞谢世仅仅四年；崇祯十二年（1640），茅元仪在对国事的忧虑中纵酒而亡①，此时距离之后的清军入关亦仅有四年。从茅元仪的生活时间来看，虽然相关文献的数量比较有限，但对于元代"谥杜"的微词乃至拒斥，确为明代中后期士林之中持续存在的一种意识。

崇祯元年（1628），此前仕途屡遭坎坷的茅元仪，在袁崇焕的举荐之下恢复副总兵之职，衔赞画军务，并命其将所著之《武备志》上呈，而后得到皇帝的赞许。无奈命运在此又与他开了个玩笑，本以为能够借此得到政权重视的茅元仪因遭权臣嫉恨而再度被贬，待罪兴县江村"缄口思过"。有感于岁月空逝，他将书斋命名为"暇老斋"，并作《暇老斋杂记》32卷，其中卷24写道：

> 朱考亭久赠徽国矣，元时改赠齐国，以大国易小国也。故元人文章中每称齐国，而今不称矣。杜子美曾于元时谥文贞，今亦无人知之也。岂非君天下而权不伸于后世耶？文天祥元时曾赠官，谥忠烈而神即不飨，乃改题其主。此固未尝受之，又不必言矣。②

这段评论列举了朱熹、杜甫与文天祥三人在元代获得的封赠，入明之后不被接纳的事实。在茅元仪看来，明人的拒斥主要立足于两个方面：

一是对于元朝文明程度的轻视。这明确体现在其对元代改封朱熹的观感中。元代至正二十二年（1362），元廷改封朱熹为"齐国

---

① 关于茅元仪的生平与著述，可以参考任道斌《茅元仪生平、著述初探》，载中国社会科学院历史研究所明史研究所编《明史研究论丛》第3辑，江苏古籍出版社1985年版，第239—264页。

② （明）茅元仪：《暇老斋杂记》卷24，载《续修四库全书》，上海古籍出版社2002年影印本，子部，第1133册，第713页。

公"，《道命录》卷 10 有《晦庵先生改封齐国公制词》。而明代对这一称呼则视若无睹：代宗景泰七年（1456），钦降建安致祭朱子，祝文即称"某年月日，曾孙翰林院五经博士某，祗奉朝命，昭告于先祖太师徽国文公"；弘治十五年（1502），钦降婺源致祭朱子祠，祝文："某年月日，直隶徽州府婺源县知县某，钦奉朝命，致祭于宋赠太师徽国文公朱先生。"在茅元仪看来，"齐国"要小于"徽国"，但元廷却要用更小的封号改赠朱熹以示优崇，这完全暴露了蒙元时代统治阶层的无知，因而明人对此不予承认，仍对朱熹沿用宋代所赠的"徽国公"旧称。

二是与元朝政治权力的对抗。这在其对杜甫得谥的评论中尤为明显。所谓"君天下而权不伸于后世"，也就是将"谥杜"视作蒙元政治权力在文化领域的延伸，并且进一步指出，"谥杜"记忆的失落，恰可作为元代国祚覆亡的例证。把"追谥杜甫"视作有元一代之"大政"，是元代士人群体的普遍认识。生活在明代末年的茅元仪对"谥杜"的政治意涵并无异议，事实上，正是基于承认"谥杜"是元代国家意识形态中的一部分，茅元仪才对这段往事显示出格外敌对的态度。因此，在"今亦无人知之也，岂非君天下而权不伸于后世耶"逻辑中，对杜甫谥号的拒斥，也就代表着与蒙元"君权"的割裂。

茅元仪这一比前人情绪更加激烈、指向也更为明确的"谥杜"批判，自然离不开当时整体的社会氛围。他成长的年代，距离嘉靖二十九年（1550）的"庚戌之变"已经过去了超过半个世纪，然而蒙古给明朝西北边疆带来的压力并未缩减。加之万历末年以来，明朝东北边境、东南沿海战事不断，这些被明人一概视为"夷虏"的非汉族群体，进一步加剧了当时明代社会族群意识的高涨。在空前的外部压力与焦虑之下，这在士人思想动向上的表现之一，就是对边事的普遍关注。赵园在题为《谈兵——关于明清之际一种文化现象的分析》的上、下两篇文章①，以及后来发表的《文人与兵事——以明清之际为例》② 中，就曾揭示了晚明士人的"谈兵"习尚。这股从明代中期起就逐渐生发的思潮，在王朝末年的局势刺激之下变得愈加炽烈，茅元仪及其家族更是其中的代表。茅元仪的祖父茅坤除了颇具文名之外，更曾在嘉靖末年任广西兵备佥事并参与征剿当时西南地区的族群叛乱，此后即以军事才能扬名一时，先后受命参与西南"平蛮"、东南"抗倭"，被朝臣赞誉"战为兵雄"。茅元仪的从兄茅瑞征同样对兵事极为关注，留存下来的著作大多与明朝的军事及对外关系相关，其中就包括大量涉及明代蒙古的内容，如《万历三大征考》《皇明象胥考》等。

在这样的时代风气与家庭氛围之下，茅元仪自幼便喜读兵法，"好谈兵"是他留给人们很深刻的印象。钱谦益在《列朝诗集小传·茅待诏元仪》称："止生好谭兵，通知古今用兵方略，及九边阨塞要害，口陈手画，历历如指掌。"③ 与此前士林对于"博学"的追求不同，体现在此一时期的"谈兵"并非出自炫学之习，而是直接反映出了内外交困的局势给整个社会带来的前所未有的压力与焦虑。在这样的背景之下，茅元仪撰成了他最负盛名的军事著作《武备志》，其中就涉及了相当一部分对于蒙古的观察，譬如该书卷204《镇戍》开篇即言：

> 茅子曰：天下之大患在于西北，故皇祖有训：胡戎与西北边境互相密迩，累世战争，必选将练兵，时谨备之。大哉王言，凡主中华者不可忘也。④

---

① 赵园：《谈兵——关于明清之际一种文化现象的分析》上、下，《黄河科技大学学报》2002 年第 4 卷第 1 期、第 2 期。

② 赵园：《文人与兵事——以明清之际为例》，载陆挺、徐宏主编《人文通识演讲录·历史卷》，文化艺术出版社 2007 年版。

③ （清）钱谦益：《列朝诗集小传》下册，中华书局 1959 年版，第 591 页。

④ （明）茅元仪：《武备志》卷 204，明天启刻本；另参见薄音湖、王雄编辑主编《明代蒙古汉籍史料汇编》（第二辑），内蒙古大学出版社 2004 年版，第 528 页。

由此可见，直至明朝末年四境皆受外敌侵扰之时，西北始终是明人无法忽视的"天下之大患"。此外，在其《石民四十集》卷46中另有《北虏考》一篇，回顾了明朝立国以来与蒙古的数次交锋：

> 茅子曰：夫极盛者必极衰，天道然也。虏之据中夏自五胡始也，至蒙古而包容八极，主莅中州，治统之一变也，故莫弱于明。高皇义麾所指，沙漠远遁；成祖六驾亲驱，万里绝迹；正统之际，天子以游晏之余失身虏庭，奉而归之，惟恐其后；嘉靖庚戌，薄京城而不敢妄冀非常；至于今无单于之争立，而叩关致贡稽颡称臣者，四帝五十年。虽其间不无侵寇，而志在掳掠，一悍盗耳。天不生英雄于其中，虽控弦数十万，如无人焉。胡运之衰，天实为之。①

这段对于明、蒙关系的描述之中仍有诸多可发之覆。如果说其中对于明太祖、成祖时期北征的描述尚大体属实，那么之后的正统"土木之变"及嘉靖"庚戌之变"，则是彻彻底底的"为尊者讳"。而相比之下，"庚戌之变"的教训则更加迫近，蒙古骑兵围困京城之时，烧杀劫掠、火光冲天，亲历者王世贞称其时"京兵大惊溃，争弃甲及马窜山谷林莽中"、"虏遂大杀掠怀柔、顺义吏士亡算。俄而犯京师，游骑掠通州、三河。上大惊，大司马丁束手无策，唯杜门守而已"，绝非茅元仪所谓的蒙古铁骑"薄京城而不敢妄冀非常"。至于茅元仪所谓"四帝五十年间"，蒙古"叩关致贡"或尚属实，但"稽颡称臣"则毫无根据——从明代蒙古前期"大元"国号频现，到中间对明朝以"南朝"视之，再到通书之时"言语不逊"，与茅元仪的表述不啻天壤。

总而言之，仅仅通过这段文字，我们只能看到一个充满"天威"

---

① （明）茅元仪：《石民四十集》卷46，载《续修四库全书》编纂委员会编《续修四库全书》第1386册，上海古籍出版社2002年版，第446—447页。

的大明王朝。终明一世的外患压力、几次岌岌可危的境地，乃至当下依然存在的倾覆之危，全部在茅元仪以"胡运之衰"的曲解中讳饰殆尽。而事实上，茅元仪并非坐井观天、盲目自大之人。他在青年时代就曾离乡赴杭求学，而后又游学北京国子监、迁居南京、周游吴越，与汤显祖、徐光启，董其昌、钟惺等一批知名文士均有所交游，甚至对初入明代社会的"西学"亦有所涉猎。因此，上述明显失实的表述不应单纯理解为作者出于媚上的自吹自擂，而是应该认识到在这样的文字背后，是明朝晚期异常严峻的蒙古威胁之下、士人阶层无法消解的巨大焦虑。他们只能通过夸张甚至扭曲的方式为明朝述功，来从记忆乃至观念之中，为已然难解的当下局势寻求心理建设与思想基础。

也正是因为远比王世贞时代更加巨大的社会危机，所以我们看到，元代"封赠"这一看似无碍的身后妆点，是如何刺痛了茅元仪最敏感的神经，使他敏锐捕捉到了这一文化动向背后、政治权力的渗透。在其"今亦无人知之也，岂非君天下而权不伸于后世耶"的论断中，与其说"文贞"是代表诗人杜甫的文化符号，毋宁说是蒙元政权遗留的标签——而在巨大的蒙古焦虑之下，这显然是必须要予以清除的印记。

如上所述，明末社会"去蒙古化"思潮之下对蒙元符号的警惕与清整，无疑杜甫得谥在茅元仪的时代"今亦无人知之"的重要背景。但另一方面，这种族群意识是如何从对蒙古政治权力的普遍拒斥，聚焦到杜甫这位诗人的"身后事"上，仍然可以在他的文学观念中找到线索。

通过对茅元仪文集的考察可以发现，"诗与治通"是他特别强调的一个方面。如其在《傅远度诗选序》中所言：

> 天之将兴斯文也，实启之，其不能无敌也。如一治一乱，生民以来未之易也。其不能不岐裂喙争也。如分霸闰统，自周汉唐宋之季莫能已也。诗不能无盛衰，古也，故孔子于商而止

存其颂；诗不能无岐裂啄争，今也，故周以前世未有旁统偏霸，而三百篇以来诗始道杂而多端。诗与治通，非天孰启之？①

在此之下，对于"治"的内涵，茅元仪也给出了自己的定义：

夫诗与治通，治者，政事功业也。汉之元、成，单于归命；隋之大业，突厥来朝，岂其功业、政事胜于文、武、开皇哉？盖酿于先者征于后，犹之蕚矣，或方艳而即凋，或能舒而久烨，故各盛于一代之中，先后所以异也。知此而始可与言今日之诗。②

由此可见，在对汉、隋两朝"单于归命""突厥来朝"的类比中，茅元仪巧妙地将"治"的内涵，限定在了中央王朝与周边非汉族政权的关系中，而非泛泛的人世升平。更进一步讲，此处所举的汉、隋之胜皆发端在前而功成在后，这实际上与明代的对蒙关系大体上恰好相反。茅元仪所处的时代，是内忧外患空前严峻的明朝末世，因此，在其对当朝"武功"失真的夸耀之下，实则是面对时局的巨大焦虑。而这又正可以与上文引述的《北虏考》中对明、蒙局势的主观扭曲相对应。

在将"治"的内涵阐释为军事上对周边族群的胜利之后，大明王朝之所以越过以往、直追三代的原因，也就不言自明了。据茅元仪《与邓远游侍御书》：

我高皇扫清胡膻，重开六气，功追三代，则文化亦当协于商周。……我高皇之功不下唐虞，征诛以来，周逊其烈，八百

---

① （明）茅元仪：《傅远度诗集序》，《石民四十集》卷15，载《续修四库全书》，上海古籍出版社2002年影印本，第1386册，第210—211页。
② （明）茅元仪：《石民四十集》卷15，载《续修四库全书》，上海古籍出版社2002年影印本，第1386册，第210—211页。

之运，自当过之。①

总而言之，正因为在茅元仪这样的明人眼中，当朝最大的功业就是"扫清胡膻"。"诗"，以及广义的"文学"作为与"治"相通的载体，或谓"治"的另一面向，也应当被赋予革除"元弊"的使命。我们可以从茅元仪《暇老斋杂记》中的另一条议论中来反观这种认识：

> 元末翰林修史，有司曰："丰养方为之，否则敛手而坐。"危素谓同类曰："禄已厚矣，奚俟养钱而后为耶？"元固夷矣，仕元之儒，不又甚于夷乎？②

可以想见，杜甫作为历来公认的"诗中之儒"，则更加不能沾染丝毫的"胡元"印记。最后要说明的是，在茅元仪对"诗与治通"的阐发中，另一条重要的线索是反驳"代以世降"的观念，强调"诗各盛衰于其代之中，非合数代而为盛衰也"，从而为作为"后出之世"的明代构建出其得以超过以往任何时代的理据：

> 其合数代之中，而唐逾六季、明逾宋元者，犹汉治胜于秦，唐治胜于隋，未可以世降也。知此者可与言诗之代矣。③

又如：

> 夫诗之有古今也，犹夫有宗支也。三百篇，祖也；汉魏，

---

① （明）茅元仪：《与邓远游侍御书一（癸丑）》，《石民四十集》卷76，载《续修四库全书》，上海古籍出版社2002年影印本，第1386册，第676—678页。
② （明）茅元仪：《暇老斋杂记》卷14，载《续修四库全书》，上海古籍出版社2002年影印本，第1133册，第661页。
③ （明）茅元仪：《傅远度诗集序》，《石民四十集》卷15，载《续修四库全书》，上海古籍出版社2002年影印本，第1386册，第210—211页。

宗也；皆百世而不迁。六季，庶长子也；有唐，嫡次也；宋与元，其支子也；明，其嫡而贤者也。夫祖宗之懿德，当毕世以规摹。若诸兄者，弟之所可先也，奈何斤斤效则乎？①

随着茅元仪阐释中"时序"与"合法性"之间联系的切断，曾经"代以世降"的框架被彻底打破，明诗从理论上已经足以高过此前任何一个王朝。这便意味着在其文学观念之中，除了作为"夷狄"而轻视的蒙元时代之外，那些曾经被认为的文学之盛世，同样无法与"皇明"相比肩。这直接针对的，实则是明代诗学中的宗唐潮流。在这段论述之后，茅元仪即将这一认识阐发得更加明确：

而我明今日犹在开元、天宝之间，使于今日洗曩者之宿习，开后人之宗派，语必本于性情，篇必合于体格，取风人之遗旨，拾汉魏之风调，拓材六季，得伯子之豪华，借旨唐人，效贤兄之丰采，自创一代之音，可为百世之法。使有唐君子避锋让锐，则后之作者必以何、李为虞、魏，王、李为卢、骆，而今之艺苑，皆开元、天宝之人。历数千古之诗，必先明而后唐，抑彼而扬此，猗与盛哉！②

因此，在茅元仪对元代"谥杜"的否定中，除了对蒙元文明固有之轻视之外，或许也与其文学观念中对明朝的极度信心相关：在"先明而后唐"的文学秩序里，即便是由政权追谥的形式来以推举一个文学典范，恐怕也必然要从"当世君子"中拣选——而这显然不是作为胜国的蒙元时代力所能及的了。

---

① （明）茅元仪：《与邓远游侍御书一（癸丑）》，《石民四十集》卷76，载《续修四库全书》，上海古籍出版社2002年影印本，第1386册，第676—678页。
② （明）茅元仪：《与邓远游侍御书一（癸丑）》，《石民四十集》卷76，载《续修四库全书》，上海古籍出版社2002年影印本，第1386册，第676—678页。

## 小结　走向割裂的"谥杜"记忆

谥号作为杜甫身后最重要的文化标签，本应受到格外的重视，更何况"文贞"又是谥法中的上等美谥。因此，在明代诗坛从未间断的崇杜思潮之下，"谥杜"记忆的冷遇就显得更加不同寻常。而就在上文对明代"谥杜"记述的梳理中，我们已然可以察觉到，有明一代士林对于"谥杜"记忆的遮蔽、沉默与批判，恰好与蒙古的交锋波动相若。无论是洪武年间"去蒙古化"思潮的开启，还是"土木之变""庚戌之变"以来族群危机的加深，这些明、蒙之间持续不断的军事、政治及文化竞争，不断刺激着明代社会最敏感的"夷夏"神经。于是，从明初的方孝孺，到明代中期的李东阳，再到明代后期的王世贞，他们作为各自时代的士林俊杰，从始至终并未显露出丝毫对于"谥杜"的好感。

即便明代后期，这段失落已久的杜甫记忆被重新唤醒，但事件中的"请谥"环节，连同请谥人也速答儿主导的其他文化活动，却依然被排除在"谥杜"话题之外。其中较为典型的，是"收书"故事的彻底独立。

嘉靖十二年（1533）春，五十七岁的陆深升任江西右参政，同年著《豫章漫抄》，收入其《俨山外集》中。根据卷首《陆文裕公外集序》可知，书中的内容当来自其在江西任上所知的故事见闻，其中包括对于其时江西藏书之式微的感叹。作为对比，他回顾了元代至正初年一段盛大的收书故事。据《俨山外集》卷26《豫章漫抄》：

> 元至正初，史馆属官驰驿求书，异书颇出。时有蜀帅纽怜之孙，尽出其家资，遍游江南，四五年间，得书三十万卷。溯峡归蜀，可谓富矣。今江西在江南号称文献故邦，予来访之，藏书甚少，间有一二，往往新自北方载至，亦无甚奇书。而浙

中犹为彼善。若吾吴中，则有群袭，有精美者矣。①

文中的"元至正初""尽出家资""遍游江南""得书三十万卷""溯峡归蜀"均将这段记载明确指向了为杜甫请谥的"也速答儿"。也速答儿很可能在运书回蜀时曾途经江西因而与虞集相见，并以诗文相赠；同时，也速答儿的合作者范汇本就是庐陵人氏，当时又恰在江西儒学提举任上；《西蜀石室书院记》的作者刘岳申更是江西地区的知名儒士。因此，元代这一文化事件在江西一带确有能够流播实有其历史渊源。但另一方面，这个故事在明代的流传仍有明显区别于元代的地方。

首先，是主导者名字的缺失。元代诸篇文献中，虞集称其名"也速答儿"，李元珪称"也速"，李祁、刘岳申称字"达可"，张雨声称自己应虞集之邀赠诗，但不知何故将名字误记为"纽怜"。而陆深将收书的主人公记作"蜀帅纽怜之孙"，从表述上看这似乎与张雨《赠纽怜大监》一诗颇有渊源，却不知诗题中的"纽怜"之误，是如何在陆深笔下进一步发展成了"纽怜"的孙辈。

其次，是主导者的身份。在元代的记载中，对其皆以"秘书大监""大监""内官"等官职相称。而陆深的记载却称之为"蜀帅之孙"且并无官职。"纽怜之孙"的说法目前不知所本，若仅就《元史·纽怜传》来看，蜀帅纽怜并无名为"也速答儿"的孙辈；他虽有一子名"也速答儿"，而人物活动时间又与大监其人其事并不符合。在文献的层层湮没之下，这大概终究也只能是难以破解的谜团。

最重要的是，在元人的叙述中，"收书"故事通常与"建祠""兴学""请谥"至少之一并举，从未脱离整个文化事件而独立存在，这就为读者提供了不止一个追寻的线索。同时，"收书"这一举措本身，也并非元代记录者们称颂的焦点。相较而言，元人更为关注的是"收书"的最终目的，即书籍作为"书院"之基础而有补政

---

① （明）陆深：《俨山外集》40卷，（明）陆楫辑，明嘉靖二十四年（1545）刻本。

教的一面。譬如，贡师泰的《送内官弃职买书归蜀立三贤祠》虽然开篇言及"内官买书三十万，从此声名天下知"，但整首诗的重点仍然是"人是文翁化蜀时"，即强调这一举措使得也速答儿成了像汉代文翁那样教化一方的人物。同理，虞集的《送秘书也速答儿大监载书归成都》一诗虽以"连舸载书三十万，雪消春水上成都"为起点，但最终还要落实到"定有鸿儒堪设醴"上。李元珪的《赠也速秘书载书归文翁石室》则无论在诗题还是正文，都将"深藏石室里"作为"载书"之旨归。另如刘岳申《西蜀石室书院记》、李祁《草堂书院藏书铭》，则更加明确地以"书院"为主体加以记述。然而，在陆深的记述中，"收书"开始作为完全独立的事件出现。大量购买书籍的目的是什么？是出于个人收藏的兴趣，还是要作为地方文教事业的支撑？这些问题从始至终都没有得到回应。一言以蔽之，在陆深之后，这个"收书"故事虽然被层层转引，但却始终在一个封闭、固定的脉络中流传，不与文化事件中的其他要素发生任何关联，也就因而失去了其最重要的"兴治教"意义。

或许得益于明人对于藏书史的兴趣，陆深的记载很快就得到了人们的注意。他们在抄录这个"收书"故事的同时，均没有对故事的背景再做追寻。譬如胡应麟的《少室山房笔丛》卷1"经籍会通一"：

> 《豫章漫抄》云：元至正初，史馆遣属官驰驿求书，东南异书颇出。时有蜀帅纽邻之孙，尽出其家赀，遍游江南，四五年间，得书三十万卷。溯峡归蜀，可谓富矣。……按此及端临《通考序》，则元世亦尝屡有求书之诏。第一代典籍邈然无闻，何也？[1]

同卷稍后又载：

---

[1] （明）胡应麟：《少室山房笔丛》卷1，上海书店出版社2009年版，第13页。

元边帅子罄一家之产，骤得三十万卷，亦宇宙奇事。然但欲其多，而不计重复，则在今甚不难，顾正本不知几何耳。古今书籍，统计一朝公私之蓄，往往不能十万。所谓天之生财，止有此数也。况元时板本尚希，又非文明之世，纽氏子三十万卷，芟其重复政恐不能三万耳。①

由此可见，胡应麟在读过陆深的《豫章漫抄》之后，对"蜀帅纽怜之孙"（"边帅子"）姓甚名何不甚关心，而是更多地显示了对收书规模的怀疑。在第一条材料中，这段故事成了胡应麟开始相信"元世亦尝屡有求书之诏"的原因——换言之，在他此前的固有观念中，蒙元治下是不可能有如此"风雅"之举的。这种观念在其"元非文明之世"的不屑中显现得更为明显。正是基于在"文明"层面对元代的轻视，他甚至在证据未见充分的情况之下，直接将收书规模的"三十万"强行认作"不能三万"，其文化心态竟敏感至此。

到了崇祯元年（1628），茅元仪在《掌记》卷5中再次提到这段往事，虽然没有像胡应麟那样将"元非文明之世"宣之于口，但仍然用"今濡沐文治久矣"来暗示了前朝的纲纪废弛。但这也给他带来了新的困惑，为何这样风雅的事情，偏偏没有发生在当下的"文明之世"：

元蜀帅纽邻之孙，尽出其家赀，遍游江南，四五年间，得书三十万卷，溯峡归蜀。今濡沐文治久矣，却无此人，何矣？②

总而言之，我们在确定陆深笔下"蜀帅纽怜之孙"即为杜甫请

---

① （明）胡应麟：《少室山房笔丛》卷1，上海书店出版社2009年版，第14页。
② （明）茅元仪：《掌记》卷5，载《北京图书馆古籍珍本丛刊》，书目文献出版社1997年影印本，第66册，第892页。

谥的"也速答儿"后,对于这段文献的史源,仍然处于未知状态。但在明人对这段元人眼中之"盛事"的观感中,无一例外地显示出了轻视与怀疑,甚至还有建立在"元非文明之世"成见之上对事件内容的扭曲。

因此,这段流入明代的胜国记忆,经过洪武以来的清整、回避与层层消解,即便在王朝末年被主流士林再度拾起,但终明一世终究未曾以完整的面貌呈现出来,而是在相当有限的流播中,变得愈发破碎与割裂。而最能体现"谥杜"记忆之割裂的,是也速答儿其人其事在同一部文献,抑或同一著者笔下的分别出现。比如王圻在《续文献通考》中,就曾三次提到整个文化事件中的要素:

表7-2 《续文献通考》中的"谥杜"记忆

| | |
| --- | --- |
| 卷61"学校考·书院" | 果山书院,在顺庆府城北五里,蜀汉谯周建。后郡人边叔达以秘书监归隐于此,藏书万卷,今为南充县学 |
| 卷110"郊社考·杂祠" | 至元三年,谥唐杜甫为文贞 |
| 卷152"谥法考·异代追谥" | 杜甫,字子美,襄阳人,官拾遗。元至元二年,追谥文贞 |

从中可见,关于"携书归隐果山"的部分,王圻在延续景泰《寰宇通志》以来的"边速达"记述时,进一步将这个名字记作更加汉族化的"边叔达",从中再难分辨其人的族属和身份;而对"谥杜"本身的记载,王圻又不知何故给出了"至元二年"与"至元三年"两个时间点。尤其重要的是,在王圻为撰写《续文献通考》而对前代史料的网络搜集中,他从没有意识到上述三条记载实则存在共同的主人公。

或许更能说明这段前朝记忆之割裂的,是茅元仪分别在作于同一时期的两部著作中、对同一文化事件的不同要素所持的截然相反的态度:

第七章 遮蔽、沉默与批判：明代士人阶层对"谥杜"记忆的回应 275

表7–3　　　　　　　茅元仪笔下的"谥杜"记忆

| 《掌记》卷5 | 元蜀帅纽邻之孙，尽出其家赀，遍游江南，四五年间，得书三十万卷，遡峡归蜀。今濡沐文治久矣，却无此人，何矣？ |
|---|---|
| 《暇老斋杂记》卷24 | 朱考亭久赠徽国矣，元时改赠齐国，以大国易小国也。故元人文章中每称齐国，而今不称矣。杜子美曾于元时谥文贞，今亦无人知之也。岂非君天下而权不伸于后世耶？ |

前文已经指出，所谓"遍游江南，四五年间，得书三十万卷，遡峡归蜀"的"蜀帅纽邻之孙"，就是虞集等元人笔下"连舸载书三十万，雪消春水上成都"的秘书大监也速答儿。茅元仪在复述了这个陆深《豫章漫抄》中的收书故事后，不乏歆羡地感叹，眼下大明文治之世竟无如此之人；而在同一时期的另一部著作中，当茅元仪通过强调元代对朱熹、杜甫等人的追封并未得到后世的认可、来批判元廷不谙文治、国祚未久时，他显然不知道，当时为杜甫请得赐谥之人，正是他曾一度追慕过的风雅人物。从茅元仪对于相同人物及事件一褒一贬的态度中，我们可以看到，经过明初以来持续不断的清整，"谥杜"这段发生在蒙元时期的文化盛事，在明朝末年人们的记忆中已然彻底走向了割裂。

最后想要说明的是，我们今天能够读到的明人对于"谥杜"的讨论，几乎均非传统意义上的"文学"文本。即便其中包括李东阳、王世贞这样的文坛盟主，但"谥杜"依然没有出现在以"复古"为主流的杜集编刊与更加广泛的诗学批评中。"追谥"这段带有"蒙元底色"的杜甫记忆，伴随着明代不断涌动的"去蒙古化"思潮的，成了族群意识高涨之下、不合时宜的文化标签。当我们最终从文献深处剥离出方孝孺的回避、李东阳的沉默和王世贞及茅元仪的批判时，便足以引起我们去正视族群意识，抑或更大意义上的政治文化，之于其时文学面貌潜移默化却又异常深刻的形塑作用。

# 第 八 章

## 空白而非真空：明代方志对"谥杜"记忆的重构

从《元史·顺帝本纪》中"谥唐杜甫为文贞"的记忆起点，到万历初年王世贞在《宛委余编》以杜甫得谥文贞为"奇闻"，期间两百余年，"谥杜"记忆在整个明代社会一直处于空白的状态。

但"空白"并不意味着"真空"。在这段漫长的"谥杜"记忆空白之中，尚有相当的可发之覆。这段时期，在接连不断的军事交锋之外，蒙古统治者们更以"大元"后裔自诩，在政治文化领域与明廷多番竞争。于是，整个明代社会的"夷夏"意识再度高涨，逐步向洪武时代的"去蒙古化"思潮回归。在这样的背景下，元代围绕杜甫的请谥与追谥，也在新一轮的记忆重构中，以"改头换面"的方式，隐微地存在于以志书为代表的国家话语中。

## 第一节 必也正名：明蒙文化竞争与明廷的正统焦虑

自元顺帝妥懽帖睦尔北奔以来，明代蒙古的汉文国号、帝号、年号经历了一段由显到隐的过程。① 而就在"土木之变"爆发前后，蒙古瓦剌部的首领也先，再次明确流露出对"大元"之名的祖述。这一来自也先的挑战，无疑让此前军事冲突中屡屡处于劣势的明代政权，陷入了新的焦虑。于是，在几番激烈讨论中，明廷不得不谨慎地予以回应。整个过程，被保留在双方政权的数通公文中。从中可以看到，在军事竞争之外，以"名号"为场域的政治文化交锋，对明人的思想世界的持续冲击，以及明代社会随之而来的"正名"实践。也正是在这个过程中，蒙元时代的"谥杜"记忆遭遇了前所未有的"变形"。

这场后来旷日持久的"正名"之争，在"土木之变"爆发之前已然显露端倪。在也先的领导之下，瓦剌的势力逐日剧增，很快就波及女真地区，并以"大元"的名义对女真进行胁诱。明廷对此显然十分敏感，正统十三年（1448）春正月，谕令建州等七十五卫所都督同知李满住等及大小头目等，"敢有轻听所诱，私通夷虏，引寇为患，必调军马，剿杀不宥"②。而就在这年秋天，瓦剌再次遣使以成吉思汗（即元太祖铁木真）、薛禅可汗（即元世祖忽必烈）的名义，对女真进行胁诱。叶向高《四夷考》卷6《北虏考》中即言：

> 也先益纠结诸胡，使谋我。贻书兀良哈③，谓尔祖父官，皆

---

① 关于明代蒙古"大元"国号的显隐问题，蔡美彪先生在综合现存文献后认为，脱古思帖木儿的败亡即标志着元朝统治的最后覆灭。此后，大元国号即已废弃不用。汉族模式的建号体系，随之消失。蒙制体系仍然继续沿用。参见蔡美彪《明代蒙古与大元国号》，《南开学报》（哲学社会科学版）1992年第1期；薄音湖先生也指出，从也速迭儿及此后的恩克、额勒伯克、坤帖木儿到鬼力赤几代蒙古大汗，几乎均是阿里不哥甚至窝阔台的后代，属于蒙古贵族中拒斥汉法的一派，因此在位期间废弃汉文国号、帝号、年号的做法亦在情理之中。参见薄音湖《北元与明代蒙古》，《内蒙古大学学报》（社会科学版）1994年第1期。
② 《明英宗实录》卷162，台北"中央研究院"历史语言研究所校印本，第3149页。
③ 此处"兀良哈"应为女真野人之误，参见［日］和田清《兀良哈三卫之研究（下）》，潘世宪译，载《明代蒙古史论集》，商务印书馆1984年版，第247页。

元成吉思汗、薛禅可汗所授，尔慎勿忘。且责令供顿过军。①

瓦剌在致女真的文书提及"元成吉思汗、薛禅可汗"，意在将自身表述为"大元"的继承人，从而占据正统地位。朝鲜《李朝实录》中亦有此一时期也先部下令高丽及女真人效法蒙古衣冠的记载。这对于深受"夷夏"观念浸润的儒家社会来说，无疑是巨大的刺激。女真诸部接受文书后，将此事上报明廷，明廷随即赐敕安抚。这份敕文被保留在《明英宗实录》"正统十三年十一月"条中：

> 敕谕兀者等卫都督等官刺塔、别理格等曰：近尔等进瓦剌与尔等文书，朕览之，皆甘言诱语，且自古国家兴废皆出天命。今虏乃以元成吉思汗、薛禅可汗事诱尔，且元亡已有百余年，当其亡时，子孙奔窜草野，皆为人所害。今其称为首领者，亦不过冒其名以胁诸部耳。其属人尚且不信服，况欲欺远方之别类乎！我祖宗受天命统御万方，尔女直（真）野人皆自开国之初设卫授官，颁给印信，管治人民。尔等世受国恩，听朝廷节制，兹乃受虏文书，于理甚不当。况尔居东陲，虏居北地，相去甚远。虏以文书遗尔，事必有因。论情固当究问，但念尔素多忠谨，自以文书缴进，不隐其情，悉置不问。自今尔等宜严禁部属，毋与虏往来。或虏侵犯而境，尔等备御不及，驰报辽东总兵等官，为尔量度应援，务使尔等不致失所。尔等其敬慎之。②

明廷的回应主要从以下四个层面展开：首先，强调"自古国家兴废皆出天命"，元朝灭亡已经百余年，"天命"早已不再；其次，

---

① （明）叶向高：《四夷考》卷6（丛书集成初编），中华书局1991年版，第63页。
② 《明英宗实录》卷172，台北"中央研究院"历史语言研究所校印本，第3306、3307页。

指出瓦剌今以"元裔"自称不过是冒名,因为元朝灭亡之时便后继无人,也先尚不能在蒙古内部取信于人,奉劝女真诸部更不要轻信;再次,针对瓦剌称女真诸部职事皆源于"前元"所授一节,强调女真在明代开国之初便被纳入国家体制之内,进而批评其在"世受国恩"之下,本不应私受瓦剌之文书,但念及其主动"缴进",仍以"忠谨"安抚;最后,命令女真始终对瓦剌保持警惕,并严禁部属,断绝与瓦剌的一切私下往来。从中可以看到,明廷旨在从各个方面论证瓦剌的非正统性,其中又以驳斥其"元裔"身份最为突出。

而对于"自愿来贡"、不勉强招抚的"远夷"黑龙江各部,他们此一时期对也先诱胁的明确拒绝,则得到了明廷的格外称许。据《明英宗实录》"正统十三年十二月乙丑"条:

> 尔等不听也先怵诱,愿出力报效,足见忠顺朝廷之意,朕甚嘉之。……盖瓦剌本北虏散部之人,妄称元后,伪立名号,尔等切勿招引,自取祸患。共钦朕命,无忽。①

在对瓦剌"正统性"的消解这一点上,这封敕文可谓对前引同年十一月敕令的补充。其中尤其重要的是强调瓦剌原本是"蒙古散部",并非继承前元余绪的"蒙古本部",其自称"元裔"、伪立名号,在蒙古一方尚不能得到承认,更毋论明廷统治之下的地区了。

或许在明廷看来,正统十三年(1448)秋瓦剌致书诱胁女真一事实在过于重大,翌年春天,明英宗正式致书蒙古可汗脱欢不花,表达己方的不满。从中亦能清楚看到,明、蒙双方对于"正名"的强烈诉求。这份文书被完整保留在《明英宗实录》"正统十四年春正月己酉"条中:

---

① 《明英宗实录》卷172,载黄彰健校勘、台北"中央研究院"历史语言研究所校印《明实录》,中华书局2016年版,第3329页。

> 朕惟天地运至诚之德,故能生成乎万物;帝王存至诚之心,故能抚育乎万民,天理人心一诚无间。朕即位以来,祗体天地之德,推至诚以御华夷,可汗深体朕心,竭至诚以通和好,是以家国乐清宁之福,人民享太平之治,皆一诚相与之明验也。①

在书信开篇,明英宗就以当前"华夷"秩序缔结者的身份,将自己明确表述为唯一能够"御华夷"的正统帝王,而蒙古可汗则是竭力与中原王朝"通好"的外族首领。而后,英宗就从正统帝王的立场出发,对明、蒙交聘中蒙古一方的"恭顺"之举进行嘉许:

> 去年冬使回,备称可汗敬礼朝使,亲领人马,护送而还。知顺天循理之义。复遣正副使太尉完者帖木儿等奉书,并致良马,尤见恭顺朝廷之心。载览来书,首举尧舜贤明帝王为言,又云说过的言语,要坚固谨守,中间或有小人,奸诈非言,不可听信。所行的事务要诚实,和好的道理不可怠慢。益知可汗明达古今,灼见顺逆,用图和好久远之意,朕甚嘉之。②

由此可见,对于作为外族首领的蒙古可汗,明英宗一方面通过着力强调其"顺天循理""恭顺朝廷""灼见顺逆"来证明二者地位的不对等;另一方面则以蒙古一方来书中"首举尧舜贤明帝王为言"这一点,将"尧舜—大明"这一正统脉络表述为明、蒙双方之共识。接下来,英宗则进一步将明、蒙的地位分别表述为"中国之君"与"远夷之臣":

> 然朕恭膺天命,统御万方。体尧舜之大德为心,法祖宗之

---

① 《明英宗实录》卷174,载黄彰健校勘,台北"中央研究院"历史语言研究所校印《明实录》,中华书局2016年版,第3354页。
② 《明英宗实录》卷174,载黄彰健校勘,台北"中央研究院"历史语言研究所校印《明实录》,中华书局2016年版,第3354—3355页。

仁政为治。安养中国，怀柔远夷，诚欲使远迩大小臣民之众，皆安分循礼，共享福泽于无穷。况可汗自遣使通好，诚敬无怠。朕岂肯不以诚意相待于永久乎？可汗至今所说之言谨于行事，坚守和好之道，屏绝奸诈之言，不惟全至诚之德，成贤明之誉，盖以获为善之报，延身家部属之福矣。①

在明蒙双方共同承认，特别是蒙古一方率先提出的"尧舜"框架在之下，明英宗再次强调自己是"恭膺天命"以"安养中国"的圣君，所奉行的则是"怀柔远夷"之政。而瓦剌作为"大小臣民之众"，安分守礼、遣使通好之举，足以得到中原之君的赞许。以下话锋一转，开始回应与明、蒙双方在称谓方面的分歧。

> 又书曰：所喻和好之情已具正书，载览来书有云："去岁书内写我作达达可汗，缘故不知何如？"可汗自我先朝通好朝廷，其所称名号，亦自有定体，自朕即位重念可汗和好至诚，以其管治迤北人民，特以"达达可汗"称之，亦尔俗至美之号，且朕与可汗和好在有诚意，不必论此虚文也。②

从引文中可知，蒙古可汗脱脱不花曾致书明廷，对英宗称其为"达达可汗"这一带有蔑视意味的称谓表示不满。可以作为对照的，是朝鲜史料《李朝实录》中关于脱脱不花自称"我蒙古皇帝"的记载。③ 英宗则从两方面进行回应：首先指出这一称谓来自"先朝定体"，现今因蒙古一方怀有通好之意，故拾此旧称，从而再次申明明

---

① 《明英宗实录》卷174，载黄彰健校勘，台北"中央研究院"历史语言研究所校印《明实录》，中华书局2016年版，第3355页。
② 《明英宗实录》卷174，载黄彰健校勘，台北"中央研究院"历史语言研究所校印《明实录》，中华书局2016年版，第3355、3356页。
③ 参见吴晗辑《朝鲜李朝实录中的中国史料》第二册（1439—1506）上编卷6，中华书局1980年版，第426页。

廷作为中原王朝不容置疑的文化正统地位；其次则将带有轻蔑意味的"达达"视作蒙古风俗的表征，更以"尔俗至美之号"加以嘲讽，奉劝蒙古可汗对此不必在意，从而再次明确在表述中赋予了蒙古一方次一等级的政治及文化地位。

接下来，话题再次回到了此前瓦剌以"元裔"自许致书诱胁女真诸部一事：

> 前岁因迤北差人到兀者等卫，跟寻仇人，已致书可汗并谕太师也先各安礼分。去岁秋，女直（真）野人卫分都指挥等官来奏：尔瓦剌遣头目把秃不花等，同兀良哈达子，赍文书到各卫。……彼各头目将尔瓦剌文书来奏，朕览其词，皆诱胁之意，非正大之言。未知果系可汗之意否？且自古国家兴衰，皆出天命，非人力之所能为。……今元运久已去，天命在我大明，则凡普天率土大小臣民，皆我大明主之，况彼女直（真）野人地方。附近辽东境，皆我祖宗开国之初，设立卫分，给印绶官，管治人民。今可汗欲诱其往来交通可乎？且尔处亦有部属人民，朕遣人招之而来，可汗之心安乎？①

英宗明确表示，瓦剌以"元裔"身份诱胁女真，实"非正大之言"。而后，英宗重申"国家兴衰，皆出天命"，强调"今元运已去，天命在我大明"，即大明王朝的正统地位乃是承天赋予，是包括明代蒙古在内的一切"普天率土大小臣民"共同的君主。而后则是恩威并施，一方面告诫蒙古可汗要"保和好于长久"，另一方面则提及对蒙古可汗及使臣的种种赏赐，兹不赘述。

综上所述，在这封正统十四年（1449）正月的国书中，可以看到此一时期明、蒙双方在军事冲突之外，其他交往活动中普遍存在

---

① 《明英宗实录》卷174，载黄彰健校勘，台北"中央研究院"历史语言研究所校印《明实录》，中华书局2016年版，第3356、3357页。

第八章　空白而非真空：明代方志对"谥杜"记忆的重构　　283

的"正名"意识。就明廷一方而言，将自己视作唯一具有合法性的正统政权是朱元璋以来最基本的政治姿态；对于也先及脱脱不花领导之下的瓦剌部而言，尽管或已经逐渐淡去了北元初期"恢复中原"的强烈诉求，但他们同样对于称谓、名号等文化表征有所坚持。

然而这番围绕"正名"的辩论显然并没有得到令双方均满意的共识。大约七个月之后，"土木之变"爆发。英宗被俘三日之后，孙太后诏命郕王朱祁钰监国；九月初六日即皇帝位，次年改元"景泰"。几乎与代宗即位同步的是，蒙古一方明确地表达了"大元一统天下"的政治愿望，尤其是随着也先称汗、重拾"大元"国号及汉法年号，且宣称有传国玺加持，明廷继洪武初年受到北元压力以来，再次陷入了正统性危机。诚如蔡美彪先生所言，这或许只是也先谋夺蒙古汗位的策略、而非真有灭明兴蒙、恢复中原之想，① 但对于明廷来说，"大元"国号一旦重现，就依然是此一时期的景泰政权不得不去紧张应对的焦点。

就在正统十四年（1449）英宗被掳之时，"大元"这一国号就已然从也先口中道出：

> 当时，也先聚众大小头目说道："我每问天上，求讨大元皇帝一统天下来，今得了大明皇帝到我每手里，你每头目怎么计较？"数中又一达子名唤乃公言说："大明皇帝是我每大元皇帝仇人，今上天可怜见那颜上，恩赐与了到手里。"②

而作为国号的"大元"，从被也先欣喜之下宣之于口，到正式落于纸面，尤其是政权公文之中，则要在四年之后其彻底肃清蒙古内部、正式称汗之后。景泰四年（1453）十月，也先篡位称汗，自称

---

① 参见蔡美彪《明代蒙古与大元国号》，《南开学报》（哲学社会科学版）1992年第1期。
② （明）杨铭：《正统临戎录》，载薄音湖、王雄编辑点校《明代蒙古汉籍史料汇编（第一辑）》，内蒙古大学出版社2006年版，第95页。

"大元田盛（天圣）可汗"，定年号"添元"①，并遣使携书入明。据《英宗实录》卷二三四"景泰四年十月戊戌"条：

> 瓦剌也先遣使臣哈只等赍书来朝，贡马及貂皮、银鼠皮。其书首称大元田盛大可汗。田盛犹言天圣也。末称添元元年，中略言：往者元受天命，今已得其位，尽有其国土人民、传国玉宝。宜顺天道，遣使和好，庶两家共享太平。且致殷勤于太上皇上。②

即便只是出于在蒙古内部树立威望的目的，此时身处蒙古汗位的也先，在国书中正式提出"大元"国号，强调尽有蒙古国土、人民特别是"传国玉宝"的自己，是"大元"天命所归的继承者。而书信最后对曾被己方俘获的明英宗致意，则显然是通过重提"土木之变"的往事，来对明廷再度施压乃至羞辱。

这封国书在明朝引起了巨大反响。这一年的十二月，围绕在回赠敕书中对也先称谓的问题，明廷内部展开了一系列讨论。群臣各抒己见，然而始终未能达成共识，代宗不得不前后两次诏令再议。这场廷议的情形被细致地保留在了《明英宗实录》（景泰附）卷236"景泰四年十二月"条中。为了更加清楚地呈现出明廷内部的各种方案、缘由及其背后的焦虑与纠结，拟将所涉内容分段抄录如下：

> 吏科都给事中林聪言：也先不敢辄称可汗，而遣使于我者，睹中国能议其罪否耳。今若称为"可汗"，则长逆贼之志；若称其故号为"太师"，恐激犬羊之怒，贻患边境。莫若敕其来使，令归语也先以华夏夷狄之分，顺逆吉凶之道，庶几不失国体

---

① 《朝鲜李朝端宗实录》将也先的年号记作"天成"。
② 《明英宗实录》卷234，载黄彰健校勘，台北"中央研究院"历史语言研究所校印《明实录》，中华书局2016年版，第5110页。

第八章　空白而非真空：明代方志对"谥杜"记忆的重构　285

之尊。

刑科给事中徐正言：当赐也先敕书，晓以天命祸福之由，示以奸邪成败之理。如其幡然改悔，复称旧职，斯固为美；如怙恶不悛，我则执言讨罪，战必胜，攻必取矣。

又太子太傅安远侯柳溥言：也先弑主自立，所谓乱臣贼子人人得而诛者，堂堂天朝岂不能正其罪，第以其夷狄置之不较。若从其伪称，是与其弑主也。臣以为回书宜仍称"瓦剌太师"，否则阻其往来，不与回书。彼敢犯边，则兴师讨之。庶得中国之体。

诏多官并议三人所言孰可为从。①

这是本轮廷议的第一回合。面对自称"大元田盛大可汗"的也先，林聪认为若按其意称"可汗"，则长逆贼之志；若按旧号称"太师"，则会激怒也先，酿成边患，因此主张向蒙古训导"华夏夷狄之分，顺逆吉凶之道"，从而维持明廷的国体尊严。徐正的看法大体相同，也主张在回信中申明道义，寄希望于也先自己改回"太师"旧称。从二人的进言来看，均未对当下对于也先的称呼做出任何直接回应，徐正更是自欺欺人地认为，即便因为称号问题再次交战，明军必然会获得胜利。柳溥则在此不承认也先"大元田盛大可汗"的前提下，提出称"瓦剌太师"，这也是第一轮廷议中唯一的建设性意见。代宗对此仍显犹疑，于是命众臣当场再议，于是便有了第二轮讨论：

五府、六部、翰林院、都察院、大理寺言：自古王者不治夷狄。今也先所称"大元田盛大"等号，固不可依。至若可汗，乃隋唐以来北狄酋长之常称，非中国所禁。朝廷回赐敕书宜称

---

① 《明英宗实录》卷236，载黄彰健校勘，台北"中央研究院"历史语言研究所校印《明实录》，中华书局2016年版，第5143、5144页。

为"瓦剌可汗",以羁縻之。

诏礼部仍会各官着古准今,求至当归一之论,可以行之久而无弊者以闻。①

与此前相同的是,众臣坚持绝不依从也先的"大元田盛大"等号,但又从隋唐旧典中指出,"可汗"是"北狄常号",在中国之传统中亦可以找到先例。因此建议将"可汗"予以保留,去"大元"云云,直称"瓦剌可汗",以呼应自何休《春秋公羊传解诂》以来"王者不治夷狄……来者勿拒,去者勿追"的思想主张。代宗对此的态度依然模棱两可,命礼部召集众臣寻求合乎古今法度、有利无弊永久可行的称谓。礼部大臣章纶由是进言:

礼部仪制司郎中章纶言:"可汗"二字在中国固为戎狄酋长之称,在戎狄则比为皇帝之号。观其称唐太宗为"天可汗"、元世祖为"成吉思可汗"可见矣。向者脱脱不花为可汗,乃其世传所称,名犹为近正。也先弑主自称可汗,名实不正。今若因而称之,彼以为中国天子亦称我为"可汗",以夸示其群酋。群酋畏服,无复携二,则必有窥视中原之志,日后之祸未可测度。且在我中国以为苟安,而将士之心必怠。异日对敌,谁肯当先?此固不可也。若仍称为"太师",彼必曰"我数遣使朝贡而朝廷仍轻我",必将犯我边鄙。生民为之荼毒,此亦不可也。以臣愚见,莫若赐敕封为"敬顺王"或称为"瓦剌王",因而赐与金帛,庶几得用权合经之宜。诏以其奏付多官并议之。②

第三轮讨论主要围绕章纶的进言,他指出,尽管"可汗"是中

---

① 《明英宗实录》卷236,载黄彰健校勘,台北"中央研究院"历史语言研究所校印《明实录》,中华书局2016年版,第5144、5155页。

② 《明英宗实录》卷236,载黄彰健校勘,台北"中央研究院"历史语言研究所校印《明实录》,中华书局2016年版,第5145页。

国对"戎狄"的常称,但对于"戎狄"来说,"可汗"即是"皇帝",而也先弑主自立,明廷复以"可汗"呼之,则更助长其逆志,"土木之变"因而卷土重来亦未可知。但若以旧称"太师"呼之恐或激怒也先,那么同样会导致上述结果。因此,章纶建议明廷敕封也先为"敬顺王"或"瓦剌王"。这显然与最初林聪、徐正等人建议赐敕宣导华夷之义一样荒谬,均是明廷一厢情愿式的想象。代宗则依然举棋不定,命有司围绕这一奏议继续讨论。数日之后,这场空前规模的廷议终于迎来了定论:

> 五府、六部、六科、十三道等官奏:比臣等议称也先为瓦剌可汗。诏旨令再议。令给事中卢详、李钧、路壁等执言,欲但仍旧称为太师。伏乞圣裁。帝曰:也先虽桀骜,亦能敬顺朝廷。宜如所议,称为瓦剌可汗。①

最终,几乎所有廷臣达成了共识,建议仍然沿袭旧称,呼也先为"太师",并请代宗裁夺。代宗终于表达了自己的想法,称也先能够敬顺朝廷,这也就等于驳回了敕封其为"敬顺王"的提议;并忽视此次群臣"仍称太师"的讨论结果,宣布依照此前的提议,称为"瓦剌可汗"。

这场旷日持久的正统争夺对于明蒙任何一方而言,都没有达到"名实既正"的期待。次年二月,明廷正式回信,信中采用的称谓正是经过此前廷议而得出的"瓦剌可汗"。据《明英宗实录景泰附》"景泰五年二月癸未":

> 命瓦剌也先使臣哈只等赍书赐也先曰:书与瓦剌可汗。自尔祖父以来,世世克修职贡,尊事朝廷。今可汗居尔国位,又

---

① 《明英宗实录》卷236,载黄彰健校勘,台北"中央研究院"历史语言研究所校印《明实录》,中华书局2016年版,第5149页。

能体前人诚敬之心，遣使朝贡。朕于四方万国来朝，虽皆有所嘉赉，而与可汗独厚者，盖以可汗尤能敬顺天道而保和好于久远也。……所言太上皇帝是朕之至亲，岂分彼此？可汗勿以小人妄言有所听信，即为贤达。①

书信中一如既往地强调蒙古"尊事朝廷"之心，对于也先曾经提到英宗一节同样予以回应。整场廷议就这样如闹剧般落下了帷幕。虽然结果不免有些令人失笑，但在明廷上下在"太师""可汗""大元田盛大可汗"乃至"敬顺王"这种一厢情愿式的封号之间的斟酌犹豫中，我们能够清楚地感到此一时期明、蒙之间的"名实不正"，带给明廷的空前压力。

此后蒙古依然持续在边境增兵、向明朝施加压力，西北不断有警报传至京师。正在新一轮军事冲突蓄势待发的时候，蒙古内部爆发内讧，也先被自己的部下哈喇派人擒杀。这虽然使当时箭在弦上的明、蒙战事稍有缓和，但随着新的领导者的出现，相似的名号之争在三十余年后继续上演。

大约在明宪宗成化十六年（1480）前后，出身蒙古黄金家族、忽必烈的裔孙巴图蒙克继承了蒙古汗位，号"达延汗"。② 弘治元年（1488），巴图蒙克致书明廷，再称"大元大可汗"。据《明孝宗实录》"弘治元年五月乙酉"条：

先是，北虏小王子（按：巴图蒙克）率部落潜往大同，近边营，亘三十余里，势将入寇。至是，奉番书求贡，书辞悖慢。自称"大元大可汗"，且期六月十五日赍圣旨来。守臣以闻。下兵部复奏，谓："北虏虽有入贡之意，然亦敌国自居，欲与敕

---

① 《明英宗实录》卷238，载黄彰健校勘，台北"中央研究院"历史语言研究所校印《明实录》，中华书局2016年版，第5177—5178页。

② 参见薄音湖《达延汗生卒即位年考》，《中央民族大学学报》（哲学社会科学版）1982年第4期。

书，称呼之间似难言，一言之间彼之臣否、顺逆遂见，不可不虑，请集廷臣议。"①

明廷因巴图蒙克"大元大可汗"这一称号不知所措、不得不举行廷议小心应对，这几乎与景泰年间也先自称"大元田盛大可汗"所带来的骚动如出一辙，只是或许正因已有前例，所以此次明廷的慌乱程度较前者略轻。太师英国公张懋等会奏：

> 夷狄者声教所不加，其僭称名号自是故态，于中国无预。其辞虽若骄倨，然自古御戎来则不拒。②

稍晚时候的弘治九年（1496）李东阳的门生、时任兵部主事的何孟春在《上大司马相公书》中，同样提到了蒙古在名号等外交礼仪方面对明廷的挑衅：

> 比闻北虏有书要三千人入贡。入贡之名可嘉，而所以求贡之词甚逆。……称书而不表，与我抗也；称我以南朝，是将北等我也。③

直至嘉靖二十五年（1546），明宣大总督翁万达在《北虏求贡疏》中，仍然对这段往事记忆犹新：

> 至于弘治年间，迤北小王子（按：巴图蒙克）节投番书求

---

① 《明孝宗实录》卷14，载黄彰健校勘，台北"中央研究院"历史语言研究所校印《明实录》，中华书局2016年版，第349页。
② 《明英宗实录》卷14，载黄彰健校勘，台北"中央研究院"历史语言研究所校印《明实录》，中华书局2016年版，第349页。
③ （明）何孟春：《上大司马相公书》，载（明）陈子龙等编《明经世文编》卷126，中华书局1962年影印本，第1204页。

贡，考其来文，犹踵残元旧号及平章、知院官衔，意义可解，言语足凭。缘彼时小王子威力犹能钤诸宗人，号令尚能行之部落，事有归一，他无掣肘故耳。①

需要说明的是，对于巴图蒙克之汗号"达延"以及弘治年间蒙古国书中所称的"大元"是否即是"大元朝"之"大元"，学界仍有争论。一种看法认为，作为"汗号"的"达延"，在蒙语中是"全体"之意，"达延汗"即"全蒙古的汗"，并非与此前作为国号的"大元"同义；《明实录》中称巴图蒙克"奉番书求贡，书辞悖慢。自称大元大可汗"，由"番书"一词可知，原书当以蒙古文书写，经通事译后，再由大同守臣报闻。因此，所谓"大元大可汗"之称，可能是明朝通事在原有"大元"概念的基础上，加之对元朝复辟心存戒备之下的误译。②当然，也有学者指出，从史事上看，作为忽必烈裔孙的巴图蒙克统一蒙古，并使大蒙古国得到了重兴，他想起祖先的"大元"国号并将之加之于己，也十分合乎情理。③厘清上述含义无疑十分重要，但另一方面，本书意在讨论明廷对于蒙古一方称号的紧张与应对，因此即便巴图蒙克之"大元大可汗"源自通事误译，但这种讹误的产生及而后明廷对这一讯息迅速接受并商讨对策乃至多年之后的几度回响，却又恰恰可以说明，"大元"给明代社会带来的根深蒂固的焦虑。

总而言之，国号、年号以及"平章、知院官衔"所代表的政治制度，是王朝正统地位的象征，也是蒙古前后不同时期的领导者不约而同采取的政治策略。此一时期的明廷虽已大减成祖时代征服四

---

① （明）翁万达：《北虏求贡疏》，载（明）陈子龙等编《明经世文编》卷224，中华书局1962年影印本，第2350页。

② 参见蔡美彪《明代蒙古与大元国号》，《南开学报》（哲学社会科学版）1992年第1期。

③ 参见薄音湖《北元与明代蒙古》，《内蒙古大学学报》（社会科学版）1994年第1期。

海的信心,转而寻求与蒙古"保和好于久远""成两家太平",但依然要在"夷狄"语境下努力维持"中国之体"应有的尊严。

至此,明、蒙之间的"正名"之争还远没有结束,而且更从"国号"拓展到了更加广泛的思想文化领域。正德十一年(1516),达延汗去世,其孙俺答的势力逐渐崛起,终成蒙古一方的统帅,明代社会的反蒙思潮又再次高涨了起来。

最能体现此一时期明代社会对蒙古敌视情绪的,当属嘉靖二十四年(1546)起,历代帝王庙罢祀元世祖之事。洪武初年,朱元璋立帝王庙以明历代统绪,元世祖忽必烈的入祀与《元史》的修纂一样,皆是出于洪武政权强调自身合法性的需要。此后历经两百余年,明廷的正统性已经不再构成问题,而始终存在的蒙古政权、特别是"土木之变"以来日益加剧的明、蒙冲突,却又不断刺激着时人敏感的"夷夏"神经。于是嘉靖十年(1531)九月,翰林院修撰姚涞首次奏请黜元世祖。据《明世宗实录》卷130"嘉靖十年九月":

> 翰林院修撰姚涞请黜元世祖,以正祀典。疏下礼部覆议,以为胡元受命九世,世祖最贤,其一代之治有足称者。所谓夷狄而进于中国则中国之,亦《春秋》与言之法。且自古帝王常优崇胜国以昭忠厚,太祖神谋睿断,必有见于此,载在祀典,百余年于兹矣。宜遵旧制,庙祀如故。上从部议。①

由此可知,姚涞指出元世祖受祀于祀典不合。但礼部会议之后,认为这是太祖一朝的定制,符合自古帝王"优崇胜国"的传统,因此不宜更改。然而这样的认识最终仍然敌不过士林高涨的民族情绪。嘉靖二十四年(1545),礼科右给事中陈棐再次疏请罢祀元世祖,这次的建议得到了明廷的接受。据《明世宗实录》卷296:

---

① 《明世宗实录》卷130,载黄彰健校勘,台北"中央研究院"历史语言研究所校印《明实录》,中华书局2016年版,第3084—3085页。

礼科右给事中陈棐言："元世祖以夷乱华，不宜庙祀。"下礼部集廷臣议，如棐奏。上曰："元本胡夷，又甚于五季者。帝王庙并墓祭俱黜罢。"棐复言："帝王庙已撤胡元之祀，而庙在两京者亦宜撤去之。又请改两京庙祀碑文并毁销元君臣神主。"下礼部议覆，俱报可。①

陈棐前后两道请罢祀元世祖及磨毁庙祀碑文、元君臣神主的奏疏，另见于其文集中，其言辞之激烈、对"胡君之鬼"愤恨之深，令人瞠目，② 从中亦可窥见此一时期明代社会的仇蒙风气。后来的沈德符在《万历野获编》卷1《帝王配享》即言："太祖仿古祀，历代帝王俱以功臣配……至世宗并元君臣俱去之，时恨虏寇入犯，用汉武诅匈奴故事也。"③ 从此终明一世，元世祖始终被排除在历代帝王庙祭礼之外。

几乎与罢祀元世祖同一时期，王洙撰成《宋史质》，书中摒弃元朝，以明承宋统，并以太祖朱元璋的祖先虚接年月称闰纪。据《宋史质·天王闰纪》：

按《通鉴》及《续目》，俱以宋元并称，祖宗之号谥，视历代帝王无异。今《史质》削去大之号，而已闰纪名。去世祖皇帝等谥，而直书忽必烈等名。芟除其至元、大德等元，而以一年、二年纪事。何哉？所以辨人类而明天道也。……自此义一明，然后无王猾夏之罪始正，中国之势始尊，外夷之防始严，

---

① 《明世宗实录》卷296，载黄彰健校勘，台北"中央研究院"历史语言研究所校印《明实录》，中华书局2016年版，第5652页。

② 陈棐前后二疏分别见于《陈文冈先生文集》（明万历九年陈心文刻本）卷11、卷12，是集收入《四库全书存目丛书》集部第103册，第682、686—688页。有关此事的研究可参见赵克生《明朝嘉靖时期国家祭礼改制》，社会科学文献出版社2006年版，第138—141页。

③ （明）沈德符：《万历野获编》，杨万里校点，上海古籍出版社2012年版，第2页。

人类禽兽之辨始定。①

总而言之，在"外侮"的压力之下，"正名"成了明人区分"人伦"与"禽兽"的根本。而这种文化层面的竞争，实则也是与军事行动相比，明廷更为擅长的政治策略。也正因如此，我们可以看到，有明一代的正统书写，与蒙古文化符号的两不相容。"谥杜"也正是在这个过程中，迅速失去了原有的蒙元文化印记，乃至在新的话语场中，被赋予了新的面貌。

## 第二节　景泰《寰宇通志》对也速答儿的汉族化改写

"土木之变"爆发之后，朝野大震。为了稳定人心，郕王朱祁钰即位，是为明代宗，年号"景泰"，遥尊英宗为太上皇。景泰元年（1450）六月，也先遣使与明朝议和，八月十五日，景帝派侍读商辂率一轿二马将英宗迎回，禁锢于南宫，"土木之变"暂时告一段落。

然而，对于景泰一朝而言，政权的合法性问题始终亟待解决。一方面，随着战事暂平、英宗还朝，明廷的帝位问题便凸显了出来。而更重要的是，如前所述，此一时期的蒙古又适逢也先称汗，特别是景泰四年、五年（1453、1454）间明、蒙双方围绕"大元"国号、年号及典章制度的争锋，使得明廷更加需要宣示国家之"一统"，从而对内消解英宗还朝后的帝位压力，对外彻底表明"故元"之覆亡。

在这样的背景之下，修纂一部全国性的志书被提上了日程。于是，就在明廷与蒙古也先的正名之争日益焦灼时，景泰五年（1454）七月，代宗诏命纂修天下地理志，"礼部奏遣进士王重等二十九员，

---

① （明）王洙：《宋史质》卷13，台北：大化书局1977年版，第85页。

分行各布政司并南北直隶府州县，采录事迹"①。此次修志的总裁是陈循、高谷、王文、萧镃、商辂五人，另有纂修四十二人，均为其时明廷重要的儒臣。如果说此前明廷对蒙公文中所谓的"恭膺天命，统御万方"只是言语层面的夸耀，那么景泰年间"一统志"的修纂，则是将这种"天下一统"的理念与尊严落实到了纸面上。

修志之所以意义重大，与当时"志""史"同源的观念有关。在现存各类方志序、跋、凡例中，我们可以看到大量类似的表述，如石禄（正德）《大名府志后序》即称：

> 夫志，史属也。故陈寿作三国史而以"志"名之。盖国史固一代之志，而郡邑之志，则一方之史也。国史公是非于万世，而郡邑之志，实与之相表里焉。其所载虽有广狭，而关系之重，宁有殊耶？②

正因志书具有和史书一样重大的意义，所以其时为志书作序者不乏国手大家。如弘治六年（1493），李东阳就受托为《许州志》作序：

> 天下之政实不在文，顾亦有赖文以传者。大则史，小则志，兼行而互证，政治之因革损益，恒必须之。……昔人谓作志必具之长志，志，史类也。……国家有一统志，则为天下作者，其法尚简。使天下之为志者皆举而献诸朝，其不足为国志之羽翼哉？③

---

① 《明英宗实录》卷243，载黄彰健校勘，台北"中央研究院"历史语言研究所校印《明实录》，中华书局2016年版，第5285页。
② （明）石禄：《大名郡志后序》，（明）石禄修，唐锦纂：《（正德）大名府志》，《天一阁藏明代方志选刊》，上海古籍书店1981年影印本，第3册，第2页a、b面。
③ （明）李东阳：《许州志序》卷首，（明）张良知重修：《（嘉靖）许州志》，《天一阁藏明代方志选刊》，上海古籍书店1981年影印本，第47册，第6页a、b面，第9页b面，第10页a面。

在"国史"与"国志"、"地方史"与"地方志"的对应之下，志书也有了远超过一般地理著作的教化意义，被认为是与治体、风化乃至王政直接相，比如康海在《朝邑县志序》中即言：

> 夫志者，记也。记其风土文献之事与官乎是郡邑者，可以备极其改革，省见其疾苦，景行其己行，察识其政治。使天下为士大夫者，读之可以兴；为郡邑者，读之足以劝而已，然非以夸灵胜之迹，而崇奖饰之细也。①

地方志尚且如此，全国性总志重要意义就更无须多言。在这样的认识之下，明代自开国之初就开始了纂修一统志的工作。洪武三年（1370），朱元璋即命儒臣"编类天下州郡县地理形势降附始末"，也就是后来的《大明志书》。这是有明一代首部全国性总志，惜原书已佚，不得其详。明成祖永乐十六年（1418），诏修《天下郡县志书》，"遣使编采天下郡邑图籍，特命儒臣大加修纂，必欲成书，贻谋子孙，以嘉惠天下后世"，可惜事未竟而逝。接续此次事业的，正是代宗的此番修志。

景泰七年（1456）五月书成，代宗赐名《寰宇通志》，并御制序文，其略曰：

> 《禹贡》不可尚矣！《周礼·职方氏》亦成周之致治之书。至于后世纪胜之类尤多，然皆迷于偏方，成于一手，非详于古则略于今，非失于简便则伤于浩繁，不足以副"可坐而得"之意。肆朕皇曾祖考太宗文皇帝，尝思广如神之智，贻谋子孙以及天下后世，遣使分行四方，旁求故实之凡有关于舆者，来录

---

① （明）康海：《朝邑县志序》，（明）王道修，韩邦靖纂：《（正德）朝邑县志》，《中国地方志集成·陕西府县志辑》，凤凰出版社2007年影印本，第21册，第1页a、b面，第2页a面。

以进，付诸编辑。事方伊始，而龙驭上宾，因循至今，而先志未毕，则所以成夫继述之美者，朕焉得而缓乎？……为卷凡百一十有九，名曰《寰宇通志》。藏之秘府，而颁行于天下，盖不独以广朕一己之知，而使偏方下邑、荒服远夷素无闻见之人，咸得悉睹而遍知焉。则知之尽，仁之至，庶几乎无间于远迩先后矣。①

从这段御制序文中可见，景帝在这部总志之中寄予了"成周致治"的厚望，这也符合"一统志"的政治功用。另一方面，序文中明确将自己表述为成祖遗志的实现者，这固然是指朱棣修志未竟之事，但在景泰年间漠北蒙古政权的压力之下，显然也带有以其"征虏"之功自比的意味。

《寰宇通志》的"成都"部分并没有关于请谥人也速答儿这一名字的记载，书中在述及文翁石室、扬雄墨池、杜甫草堂三地时，同样也没有提到也速答儿（达可）于此兴修之事，这与前章所论明代中期"谥杜"记忆的空白相一致。但另一方面，也是在这部《寰宇通志》"顺庆府·书院"条目之下，一个"全新"的故事却引起了我们的注意。这个"新故事"的主人公名叫"边速达"。据是书卷64：

> 果山书院。在南充县北五里，魏谯周建。后郡人边速达以秘书太监致仕，归隐于此，藏书万卷。久废。②

从中可知，曾经有一个叫作"边速达"的顺庆人（"郡人"），以秘书太监的身份致仕，归隐在果山书院中，并藏有万卷书籍。可

---

① （明）朱祁钰：《御制寰宇通志序》，（明）陈循等撰：《寰宇通志》卷首，朝华出版社2020年版，第5—11页。

② （明）陈循等撰：《寰宇通志》，朝华出版社2020年版（影印本），第371页。

惜的是，这座书院在修志之时废弃已久。这是目前所见、流传于此后明代方志文献中的"边速达故事"最早的源头。

然而有趣的是，在对"谥杜"事件已有充分了解之后，我们很容易找到元代文献中的请谥人"也速答儿"，与这位明代志书中的"边速达"的相通之处：其一，从籍贯来看，元代顺庆府隶属于四川行省，即今天的四川南充。《寰宇通志》"顺庆府"以下称其为"郡人边速达"，这与元人记载"也速答儿"的"生长蜀中"正相吻合；其二，从身份来看，《寰宇通志》称"边速达以秘书大监致仕"，这与元代相关文献中对也速答儿"累官至大监""告老还乡"的记述完全一致；其三，从生平行实来看，《寰宇通志》中言"边速达"致仕归隐且藏书万卷，而元人笔下"也速答儿"的致仕、还乡、购书三十万卷，此外元代虞集诗末二句谓"子云白首归无日，独抱遗编隔五湖"，也恰可作为对《寰宇通志》"边速达"故事的概括。

综上所述，"也速答儿"与"边速达"除了读音相近之外，尚有"秘书大监""致仕""归隐""生长蜀中""购书"等多个互相重叠的线索。综合来看，尽管《寰宇通志》在记载"郡人边速达"时并未说明其所处的朝代，但我们基本可以断定，此处的"边速达"正是本书讨论的元代蒙古大监"也速答儿"。

那么，一个元代蒙古族的人名，为何会在明代的《寰宇通志》中发生改变？从"也"到"边"固然可能是字形之讹（据《宋元以来俗字谱》，"邊"在宋元时可作"边"；"边"字又或误认为"也"），但就从"也速答儿"到"边速达"的汉族化表征来看，恐怕仍与"土木之变"的刺激之下、明代社会再次高涨的"用夏变夷"思潮有关。

蒙、汉之间的姓名改易在元代就十分普遍，只是当时主要表现为元代汉人或图出仕或从流俗而采用蒙古名字，这已经是广为学界关注的问题。① 即便是被视作汉族文化代表的孔子后裔，在元代也曾名为"塔识不花"，任蒙古字学教授。② 随着朱元璋起兵讨元，族群问题被赋予了塑造正统的意义。于是在吴元年（元至正二十七年，1367）的《北伐檄文》中，对这种现象就有"忘中国祖宗之姓，反就胡虏禽兽之名以为美称"的批判。但正如研究者观察到的那样，这个原本意在清整"汉名胡化"的文化政策，却同时引发了蒙古、色目姓氏汉化的高潮。③ 正是从明初开始，非汉族群体开始了针对姓氏的整体改革，其中既有作为朝廷恩典的大规模赐姓，④ 也有定居内地的蒙古、色目平民家族的自行改姓，以致"久之相忘相化，而亦不易以别识之也"⑤。

因此，蒙古人名的汉族化趋势背后，是自明初严峻的族群危机之下、明廷"用夏变夷"的文化政策导向。到了明朝中期正统年间，明、蒙冲突不断加剧，直到"土木之变"爆发，在"夷狄之祸未有如今日者"的警惕中，明廷内外再次出现了追念太祖时代的族群思潮，从而使社会风气以自觉或不自觉的形式，再次向洪武初年回归。这体现在文化层面，是此一时期明代社会遍及各种层面的"去蒙古化"的自觉实践。从"也速答儿"到"边速达"的变化，即从属于这一潮流。

而另一方面，《寰宇通志》中关于"边速达"记述虽然只有寥

---

① 参见那木吉拉《元代汉人蒙古姓名考》，《中央民族学院学报》1992 年第 2 期；李治安《元代汉人受蒙古文化影响考述》，《历史研究》2009 年第 1 期。

② 事见《元提举孔天铎墓志》，（明）姬自修纂《（万历）沙河县志》卷 8，《日本藏中国罕见地方志丛刊续编》第 1 册，北京图书馆出版社 2003 年版，第 177 页；另参见张佳《别华夷与正名分：明初的日常杂礼规范》，《复旦学报》（社会科学版）2012 年第 3 期。

③ 参见张佳《别华夷与正名分：明初的日常杂礼规范》，《复旦学报》（社会科学版）2012 年第 3 期。

④ 参见张鸿翔《明外族赐姓考》，《辅仁学志》1932 年第 2 期。

⑤ 参见匡裕彻、任崇岳《河南省蒙古族来源试探》，《中国少数民族》1986 年第 8 期。

寥数语，但若作为"也速答儿"的别传来看待，尤其是与元人的记载对读，便仍有可以深入讨论之处。二者虽然可以视作关于同一人物的记载，但元代的"也速答儿"与明代的"边速达"之间，仿佛有一条不可逾越的界限，使双方在各自的脉络中流传、对峙，从而衍生出一种奇异的文本张力：

首先，是故事内涵的差异。元人笔下的"也速答儿"，曾兴建书院、购书籍、铸礼乐器，并为杜甫请得赐谥，最终以归隐江湖、不知去向而告一段落；明人笔下的"边速达"故事甫一开场，即从"边速达"携书归隐果山书院开始，言其修书楼、藏书万卷，无一语涉及其他文化动向。

其次，故事发生地的分野。元人笔下"也速答儿"的一切活动全部围绕成都展开；但明人笔下的"边速达"的一切活动则全部围绕顺庆展开，无一语提及他与顺庆以外的四川其他地区的关联。

更为重要的，是人物朝代、族属的区隔。元代文献明确记载"也速答儿"为蒙古人，并有多篇时人赠答诗文，可大体判断其所处之岁月；而明代方志中的"边速达"只是被笼统地记为"郡人"，从中既无法确知其蒙古族群的身份，也无从知晓其所属的朝代。于是我们看到，这个"全新"的故事在后来的明代方志世界中反复出现，逐渐自成脉络，这无异于进一步加剧了"谥杜"记忆的割裂。

在"边速达"故事稳定流传于明代志书世界的同时，约于万历十四年（1586），王圻着手撰写《续文献通考》，后于万历三十一年（1603）刊刻，其书卷61《学校考·书院》"果山书院"条目下完全沿用"一统志"及嘉靖以来《四川总志》的记载，只是将"边速达"记作了更加汉族化的名字"边叔达"：

果山书院，在顺庆府城北五里，蜀汉谯周建。后郡人边叔达以秘书监归隐于此，藏书万卷，今为南充县学。①

而与前述几种文献稍有不同的，是明代曹学佺的记载。曹学佺（1575—1646），字能始，号石仓，侯官（今福建福州）人，万历二十三年（1595）进士。万历三十六年（1608），曹学佺升任四川右参政，次年（1609）三月到达成都，此后在蜀中四年，为官之余抄阅大量书籍，对四川旧事广泛涉猎，撰成《蜀中广记》。其中关于四川名胜的记载，又以《蜀中名胜记》之名单独刊刻流传。他在《蜀中名胜记》中提到了顺庆的果山，并援引方志材料，讲述了果山书院的历史：

> 西北有果山。……《志》云：果山书院，在城北五里，蜀谯周建。后郡人边速达以秘书监致仕，归隐于此。藏书四千二百七十一册。碑刻为至正八年。②

这段文字自"《志》云"以下至"归隐于此"，与前述诸多志书均有所体现。然而不同的是，前述诸志中的"藏书万卷"，曹学佺将之具体记作"四千二百七十一册"，并又补充说明仍有一方元代至正八年（1348）的碑刻。对于这些信息的来源，我们今天已经不能确切知晓，也没有任何文献可与之互证。但从现存史料来看，将"也速答儿"记作"边速达"并不符合元人的书写惯例。换言之，如果一方"至正八年"的碑刻中提及大监姓名，最大的可能也应是写作原本的"也速答儿"。而曹学佺对此只是含混带过，依然沿袭了明代志书中的"边速达"之名。也正是这方至正八年的碑刻，使得"也速答儿"与"边速达"这两个故事之间的对峙局面更加明显：元人笔下"也速答儿"其人其事大体发生在（后）至元年间到至正初

---

① （明）王圻纂辑：《续文献通考》卷61，现代出版社1986年影印本，第922页。
② （明）曹学佺：《蜀中名胜记》，刘知渐点校，重庆出版社1984年版，第398页。

年，事件的重要记录者之一虞集在至正八年（1348）已然谢世；而与此同时，"至正八年"又是明人笔下"边速达"的故事唯一可征的时间线索。甚至可以说，"也速答儿"故事的落幕，正是"边速达"故事的开始。

总而言之，在与蒙古政权的文化竞争中，元代为杜甫请谥的"也速答儿"，被明人改写为"边速达"，后又演变为更加汉族化的"边叔达"。"也速答儿"与"边速达"，在共享着"以秘书大监致仕归隐"这一信息的同时，却又在各自的故事中前后相继、泾渭分明、互不干涉，形成了奇妙的文本对峙。

最后想要说明的是，我们对于"也速答儿"与"边速达"之间关联的建立，很大程度要基于先前对"也速答儿"其人其事的熟知。然而对于明人来说，在经历洪武年间朝野上下对"谥杜"记忆的清整之后，此一时期的明代社会对这段元代往事的记忆已经相当淡漠，也因而再难以从这些破碎的信息中还原出完整的记忆拼图。于是，依托明代方志流传的"边速达"，在被记录者更名改姓之后，逐渐成了一段与"也速答儿"剥离、不涉及朝代政权与族群秩序的新记忆，其与"杜甫"的关系，就这样被彻底切断了。

## 第三节　万历四十七年《四川总志》对也速答儿故事的进一步删削

《寰宇通志》纂成之后，代宗欲使其颁行于天下。景泰八年正月，在印装已备的情况之下，"夺门之变"发生，英宗复辟，改元"天顺"。为了不使代宗有修志之美誉，朝廷下令禁止《寰宇通志》颁行，旋即毁板，这部志书因而在后世颇为罕见。天顺二年（1458），英宗敕谕阁臣李贤、彭时等人，谓"景泰间虽已成书，而简繁失宜，去取未当，今命卿等折中群书，务臻精要，继承文祖之初志，用昭我朝一统之盛，以幸天下，以传后世，其尽心毋忽"①。终于天顺五年（1461）成书，英宗亲自作序，赐名《大明一统志》。

"简繁失宜，去取未当"显然为英宗消解代宗善政之借口，两部总志的修纂间隔甚短，内容又未见大改，这在历朝历代的修志历史上都绝无仅有。《大明一统志》书成，即颁行天下。此后终明之世并未重修，加之景泰《寰宇通志》毁板，因此这部《大明一统志》遂成了有明一代唯一正是颁行的全国性总志。

与此前《寰宇通志》的相关记述一致，《大明一统志》中关于也速答儿（达可）其人其事的记载依然是空白，而"边速达"的故事同样出现在了"顺庆府·书院"条中。据其书卷68《顺庆府·书院》：

> 果山书院，在府城北五里，蜀汉谯周建。后郡人边速达以秘书太监致仕，归隐于此，藏书万卷，今为南充县学。②

从内容来看，这条记载明显是从《寰宇通志》而来，区别一是将谯周从属的政权由"魏"改回"蜀汉"；二是未提"久废"一节，而谓当时仍以"果山书院"为"南充县学"。

除了全国性的"一统志"之外，明朝四川仍有省志的修纂，其中最早的是正德十二年（1517）时任四川清军御史熊相纂修的《四川志》。根据是书卷首所载、正德十三年（1518）四川巡按御史卢雍撰写的序言，称"遂旧有《华阳国志》、《成都古今集记》等书，岁月寝久，湮而无闻，靡所披究，是川中图志诚为阙典。正德丁丑，同官瑞阳熊君尚弼，以清戎命与雍同事此方。君按治暇，阅旧志，病其记注多遗舛，乃更为裁定"。由此可知，（正德）《四川志》是在熊相参考四川旧志的基础上修纂而成，但对于"旧志"的具体范

---

① 《明英宗实录》卷294，载黄彰健校勘，台北"中央研究院"历史语言研究所校印《明实录》，中华书局2016年版，第6281页。

② （明）李贤等：《大明一统志》卷68，三秦出版社1990年影印本，第1066页。

围,则无从知晓。是书关于也速答儿(达可)之记载依然从阙,"顺庆府"相关条目中亦同样出现了"边速达"的身影。据(正德)《四川志》卷15《顺庆府·学校》:

> 果山书院,在北五里。晋谯周建。边秘书归隐于此,建书楼,储书万卷,兵燹散亡。历代即此为学,遗址尚存。①

这段记载与《寰宇通志》《大明一统志》在"谯周"所丛书的政权的记录上各自不同,又将前两部全国总志中的"边速达以秘书太监致仕"简化为"边秘书",并言其在归隐之外更曾"建书楼"。除此之外,未见新的增补。

二十五年之后。在时任四川巡抚的刘大谟对正德旧志不甚满意。在他的主持之下,王元正、周复俊、崔廷槐等人参与了重修工作,嘉靖二十年(1541)书成,是谓(嘉靖)《四川总志》,书中保留了"边速达"的故事。据其书卷7《顺庆府·学校》"果山书院":

> 果山书院,治北五里,谯周建。郡人边速达以秘书监归此,重修,储书万卷,兵燹散亡。历代即此为学,遗址尚存。②

相比(正德)《四川志》而言,这段记载在表述上与此前的景泰《寰宇通志》、天顺《大明一统志》更加贴近,如称"郡人边速达以秘书监致仕"而非概称其为"边秘书"。

此后的万历九年(1581),在虞怀忠、郭棐等人的主持下,《四川总志》再度重修,"边速达"的故事也在书中延续了下来。据其书卷10《顺庆府·宫室》"果山书馆"条:

---

① (明)熊相纂:正德《四川志》15卷,正德刻嘉庆增补本,载马继刚主编《四川大学图书馆馆藏珍稀四川地方志丛刊续编》,四川大学出版社2015年版。
② (明)刘大谟、杨慎等纂修:《(嘉靖)四川总志》卷7,载《北京图书馆古籍珍本丛刊》,书目文献出版社1997年影印本,第42册,第140页。

> 果山书馆，府治北五里，谯周建。郡人边速达以秘书监归此，重修，储书万卷，兵燹散亡。历代即此为学，遗址尚存。①

从文本表述来看，其中未言正德旧志"边秘书"及"建书楼"云云，似从嘉靖旧志而来。

转折出现在大约四十年后。万历四十七年（1619），时任四川巡按御史的吴之皥与督学副使杜应芳，在增补艺文、人物、科甲、经略等初衷下，对《四川总志》再度重修。然而，正是在这部《四川总志》中，此前一直稳定流传于方志世界中的"边速达"故事却彻底消失了。

如前所述，《寰宇通志》以来的明代方志文献，在"顺庆府"条目之下，均将蒙古人名"也速答儿"改写作汉族化的"边速达"，同时隐去人物生活的时代，仅称历代即此为南充县学。但是在万历四十七年的《四川总志》中，我们看到的是，这个原本已经语焉不详的故事，又遭到了进一步的删削。

据是书卷10《顺庆府·书院》：

> 果山书馆，蓬州治南，嘉陵江右。宋刺史王旦建，成化中知州毕宗贤重修。②

又据同卷《顺庆府·学校》：

> 南充县学，治西北津渡，万历三十五年知县吴亮嗣重修。③

---

① （明）虞怀忠、郭棐等纂修：《（万历）四川总志》卷10，载《四库全书存目丛书》，齐鲁书社1996年版，卷1至卷4配抄本、卷5以下影印北京图书馆藏明万历刻本，史部，第199册，第398页。
② （明）吴之皥、杜应芳纂修：《（万历）四川总志》二十七卷，载《原国立北平图书馆甲库善本丛书》，国家图书出版社2013年影印本，第356册，第296页。
③ （明）吴之皥、杜应芳纂修：《（万历）四川总志》二十七卷，载《原国立北平图书馆甲库善本丛书》，国家图书出版社2013年影印本，第356册，第296页。

第八章 空白而非真空：明代方志对"谥杜"记忆的重构 305

从中可见，无论是"果山书院（馆）"还是"南充县学"，万历四十七年（1619）纂成的《四川总志》与前述诸志的记载均大相径庭。二者相照之下，蒙元时代也速答儿的归隐之地，留给后世的只剩下一段宋、明相承的历史记忆。

而故事到此还远没有结束。这部万历四十七年（1619）的《四川总志·郡县志·祠庙》对于"杜甫祠"的记载，同样引起了我们的注意：

> 杜甫祠。浣花溪上。宋吕大防建。祠后堂匾布政陈鎏书"万里桥西一草堂"字。楚人何宇度为之修葺，镌公遗像及唐本传于石。榜署皆用公诗而曬括之曰："背郭堂成、锦里溪山千古在；缘江路熟、青郊竹树四时新。"又曰："万丈光芒、信有文章惊海内；千年艳慕、犹劳车马驻江干。"①

这段文字源自何宇度的《益部谈资》，如果我们将之与原文进行对读，就能很容易地发觉《四川总志》修纂者的笔削之功。据《益部谈资》卷中：

> 杜少陵，胜国时加谥文贞。祠在浣花溪上，云即草堂旧址，人多以草堂呼之。祠后堂匾，陈方伯鎏书，即"万里桥西一草堂"。栋宇尚未倾圮，盖监司郡邑常宴会处。予稍为之修葺，镌公遗像及唐本传于石，榜署皆用公诗，而曬括之曰："背郭堂成、锦里溪山千古在；缘江路熟、青郊竹树四时新。"又，"万丈光芒、信有文章惊海内；千年艳慕、犹劳车马驻江干"。又，"万里桥西、草堂佳句如新，宛见卜居之兴；百花潭上、水槛沧

---

① （明）吴之皞、杜应芳纂修：《（万历）四川总志》二十七卷，载《原国立北平图书馆甲库善本丛书》，国家图书馆出版社2013年影印本，第356册，第119页。

波依旧，长留怀古之思"。不知堪博此公捧腹否？①

将以上两段文字对比，即可看到文本上明显的承袭关系。甚至是《益部谈资》原文中榜署联句这样的细节，几乎全部被《四川总志》抄录了下来，而恰恰何宇度原文开篇就提及的"胜国加谥文贞"及"建祠"一节遭到了删削，并且用"宋吕大防建"予以替代——这显然不是出于志书"删繁就简"的修纂需要。作为最直接的结果，《四川总志》在直面"谥杜"记忆之下，却又刻意呈现出了一段宋、明相承而唯独蒙元缺席的杜祠历史。此后直到明亡乃至清初的四五十年间，四川省志无复再修。作为结果，元代为杜甫请谥的也速答儿，此前在明代方志世界仅有的"郡人""边速达""致仕归隐""秘书""藏书"等线索，终于被彻底排除在明代志书的记述之外。

## 小结　族群意识对"谥杜"记忆的改塑

明代中期以来，族群危机之下对蒙古文化符号的全面警惕，虽然可以视作向洪武时代的回归，但表现在"谥杜"记忆的流动上，二者又有所差别。如果说洪武年间《元史》从"请得赐谥"到"追谥"的叙述模式的变化，体现的是对"谥杜"记忆的清整，那么《寰宇通志》以来从"也速答儿"到"边速达""边叔达"的变形，则无疑是干预程度更深的对文化记忆的改塑。

修志固然是对政权意志的贯彻，但值得注意的是，这些志书的修纂者，对于其所处的时代也必然会有自己的观感。譬如《寰宇通志》的总裁陈循，也曾亲历"土木之变"，并曾在朝臣以"验之天

---

① （明）何宇度：《益部谈资》卷中，《丛书集成初编》本，中华书局1985年版，第16—17页。

象，稽之历数，天命已去"为由建议政权南迁的廷议中，与胡濙、于谦等共同为反对迁都发声；随后的景泰七年（1456），他又主导了明廷为抗元名臣文天祥赐谥"忠烈"。而参与修纂嘉靖《四川总志》的周复俊，正是前述《元史弼违》的作者，匡正被"胡元"颠倒的声教纲纪是他平生一以贯之的思想主张。因此，最终志书所呈现的内容背后，往往同时叠加了其时一朝政治风气与修志者个人的文化背景。

最后想要说明的是，从明、蒙国书中直接交锋的国号、庙号、谥号，到在方志世界为"谥杜"重新选择的人名、族属和时代，此一时期，明、蒙双方激烈的政治文化竞争，几乎波及衣冠、发饰等各类文化表征所关涉的场域。譬如"土木之变"前夜，明代士人要求改塑文天祥官服的事件：

> 正统十三年，顺天府尹王贤奏称：宋丞相文天祥，故元特塑以儒士像。今宜考究宋时丞相官服改塑。①

又如明朝末年，姚士粦亲见的一幅经赵氏后人"改饰"过的赵孟頫画像：

> 余尝从德清茅山赵氏见文敏公及管夫人像，笔意甚古，面庞多用钩法。文敏冠长翅幞头，夫人握发作髻，贯以长玉凤簪，盖国初临元人手也。近见文敏自写镜容，头戴笠帽，项下垂缨，身着半臂，此是元人装束。则幞头者，子孙改饰之耳。②

由此可见，明代方志记述中从"也速答儿"到"边速达"的变

---

① 《明英宗实录》卷173，载黄彰健校勘，台北"中央研究院"历史语言研究所校印《明实录》，中华书局2016年版，第3328页。
② （明）姚士麟：《只见编》卷上，载樊维城汇编《盐邑志林》卷53，明天启刊本，第30页A。

化，实则与有明一代应对北族文化遗产时的焦虑心态互为表里。从这个意义上来看，《寰宇通志》以来的明代志书，将"也速答儿"改写为更加汉族化的"边速达"乃至"边叔达"的过程，同样也体现着明代知识阶层对其时国家话语的呼应。

# 结　　论

　　经过对现存元人文集、史书、方志等文献的初步考察之后可知，元廷追谥杜甫为"文贞"，是缘于一位名叫也速答儿的蒙古秘书大监的提请。为杜甫请谥的也速答儿，字达可，蒙古人，在四川出生长大。他曾在京为官三朝，致仕前为正四品文官；约于顺帝朝（后）至元年间致仕，被升授为秘书大监，因此时人多以"秘书"或"大监"来称呼他。致仕之际，他捐献私人财产，在四川建立了石室、墨池、草堂三座书院，用私财为书院增加了学田和房舍，并请旨将这三座书院并列入地方官学，其中墨池、草堂两座书院明确得到了朝廷的赐额；此外，他还向朝廷为杜甫请谥；元廷接受了这一提请，并于顺帝（后）至元三年（1337）追谥杜甫为"文贞"。约于至正初年，书院建成，也速答儿遍行东南几省，为书院采购近三十万卷书籍，铸造礼器，最后用船运回四川。在这个过程中，他曾与虞集、贡师泰、黄镇成等人相遇，诸人分别有诗相赠。经过他的这些举措，书院的教学、祭祀活动得以正常展开，他本人也与汉代文翁比肩，成了蜀地士民家喻户晓、有功于四川的人物。

　　不迟于至正八年（1348），整个文化活动基本完成，也速答儿归隐四川果山，而此时的吴中一带，由顾瑛主持的玉山雅集刚刚拉开帷幕。也速答儿其人其事几经辗转，成了这个文人盛会上的谈资。稍后的至正十九年（1359）夏，曾经的"谥杜"鼓吹者贡师泰《玩斋集》纂成，门人谢肃为之作序，文中两次提及杜甫，也均以"文贞公"相称。由此可见，直至元朝末年，"谥杜"记忆依然在持续产生着影响。

而后元明易代，洪武元年（1368）正月，朱元璋在金陵南郊祭告天地，即皇帝位，大明王朝由此开始，此时距离元廷追谥杜甫的发生不过31年；距离"文贞"谥号的最后出现仅仅9年。从如此迫近的时间点来看，"谥杜"对于明人来说，原本仍然应该是一个很强的文学记忆，事实上，洪武三年（1370）最终纂成的《元史·顺帝本纪》中，就有"谥唐杜甫为文贞"的记载。但在此之后，这段记忆却在流传中遭遇持续的顿挫与消解，直到两百余年之后的万历年间，才被再度唤醒，并且甫一见诸纸端，就遭受到强烈的嘲讽与批判。

总体来看，"谥杜"记忆在明代的流播中，始终存在一显一隐两条线索。其中的"明线"包括《元史·顺帝本纪》（1370）、王世贞《宛委余编》（1575）、何宇度《益部谈资》（1602）、王圻《续文献通考》（1603）与茅元仪《暇老斋杂记》（1628）。这些文献均记载了"谥杜甫为文贞"，但关于追谥的本末及历史背景又皆语焉不详，且对于此事的评价大多都以讽刺、拒斥为主。而"隐线"的情况则相对复杂。在《元史》之后、王世贞《宛委余编》以前这段长达两百余年的时间内，杜甫的谥号从来未曾真正出现，但与"谥杜"相关的诸多枝蔓，却又在"改头换面"之后，如草蛇灰线一般隐藏在这段记忆空白之下。其中既包括对请谥人姓名的汉族化改写，也包括对其所处朝代、族属、身份的回避，另有"谥杜"各个环节之间的割裂。

值得注意的是，对于上述一显一隐的两条线索的理解，实则早已远远超出了"杜甫"自身所处的文学脉络。"谥杜"记忆在明代的顿挫背后，始终与有明一代持续高涨的"去蒙古化"思潮息息相关。在厘清元代追谥杜甫本末的基础上，通过对这一记忆在元、明两代之升降起伏的观察可见，"族群"依然是所有问题的交汇点：

在事件发生的元代，围绕杜甫的请谥与追谥，关涉着蒙元王朝内部，汉族与非汉族之间的观看、理解与互动；而对于其后将"驱除胡虏"作为立国宣言的明朝而言，在与漠北蒙古政权旷日持久的军事、政治、文化竞争中，明人对蒙元时代的文化遗产也进行着持续的清整。这种士林高涨的族群意识，不仅直接影响了"谥杜"记忆在明代的流播轨迹，也参与雕塑着有明一代的文学史面貌。而随着对文献的继续爬梳，我们又可以发现，杜甫在元代获得的谥号在经历了入明以来的顿挫之后，到了清代再度被视作"尊崇优异之典"而受到朝野上下的热捧。其中既包括《杜文贞公集》《杜文贞公传》的出现，更有臣下主事、乾隆赐匾并数次亲至的"杜文贞公祠"，其间毫不讳言杜甫"文贞"之号是"稽元代之旧典"，从中亦可管窥不同统治族群之下的元、明、清三代之间文化风气的变化与认同。

综上所述，本书最后拟将从贯穿其中的"族群"问题着眼，就其中之大要略作总结。

## 一 请谥、追谥杜甫与蒙元时代族群文化概貌

在"谥杜"这样一个发生少数民族执掌政权的蒙元时代、又由汉族与非汉族共同参与的文化事件中，从其酝酿、发生再到广为流布、成为话题，均与元代社会的族群面貌相伴而生。因此，由"族群"脉络出发，这一事件的诸多关节也就更加明晰了。

首先，自元廷追谥杜甫的举措来看，自元世祖忽必烈起，作为身兼蒙古大汗与中原帝王双重身份的元朝君主，为了维持政治稳定，都必须同时将蒙古与汉地纳入考虑范围，既要秉持"蒙古至上主义"这一统治准则，又要在策略上向数目庞大的汉族文士以及被这一群体奉为正统的儒家学说倾斜。在长期的精心调和之下，尽管终元一代"汉法"与"蒙古法"斗争不断，但统治者大体能够维持基本的政治平衡。然而，自顺帝至元元年（1335）伯颜"独秉国钧"起，其所推行的极端族群政策在元代朝野上下、特别是士人阶层中造成

的动荡，打破了忽必烈以来，蒙元政权在族群差别既定的情况之下、精心维系的政治格局的相对平衡，从而引发了朝野内外的混乱失序，几近招致元廷的统治危机。而这种极端反儒、反汉的统治政策既是"谥杜"前夜的社会氛围，也是酝酿"谥杜"生发的土壤。

在这样的背景之下，蒙古士人也速答儿为杜甫请谥，而后，以这一来自蒙古族群的儒学实践为契机，来自不同阵营的、伯颜及其族群政策的反对者之间，达成了基本的文化共识，遂有了（后）至元三年（1337）朝廷接受也速答儿提请，而对杜甫的追谥。对于元廷而言，围绕杜甫的请谥与追谥，是其带有修正伯颜极端族群政策而向汉文化倾斜的象征性举措。这最初固然只是统治策略上的平衡，但以此为契机，元廷再次使政治格局回到平衡状态，也推动了此后不久的伯颜被黜与新政权统治策略向"儒"的回归。从中亦可见到，与政治争衡的瞬时性相比，思想浸润显现出的更加稳定、持久的力量。

其中尤其值得关注的是，元代中后期以来"多族士人圈"逐渐形成，使蒙古族群与汉族士人得以形成一致的文化认同。这也就意味着，肇自世祖时代的"汉法"与"蒙古法"之争，此时并不全然以"族群"作为唯一的界分标准。鼓吹儒治的群体中，也有非汉族士人的身影，为杜甫请谥的也速答儿就是其中的一员。他在元廷极力"排儒"之际选择公开为杜甫请谥。这一推举汉族文士、认同儒家礼法的实践无疑向我们表明，在元代统治族群内部，仍然存在与"蒙古至上主义"相反的声音。而这种声音，虽然在当时未能真正撼动元廷的根基，却为日后大一统时代的民族融合提供了思想、文化基础。

其次，就围绕杜甫的请谥与追谥的整个过程来看，其中离不开包括汉族与非汉族群体在内的元代多族群士人的深度参与。元廷对于杜甫的追谥，肇自蒙古大监也速答儿的提请，这无疑是蒙古族群尊尚儒家礼仪制度的表现；此后在谥号择定的过程中，尽管在制度上应"圣意独断"，但元廷内部的文臣群体仍然能最大限度地去行使其手中的文化权力,最终承认杜甫具备获得赐谥的身份,并为其选择最高等级的谥号"文贞"。除此之外,各族士人的互相影响与彼此配合也体现在请谥发生之前与追谥完成之后:"谥杜"事件虽然是由蒙古士人也速答儿首倡,但对于请谥对象的选择,很大程度上正是源于其与汉族士人在研习诗文、往来酬唱等多族群士人圈内部的文化互动中,所习得的文学观念与知识背景。而在追谥流程完成以后,"谥杜"真正成为一时之热议,同样要有赖也速答儿本人与虞集、范汇等一批汉族文士的合力扩散。总而言之,无论是一首一尾,抑或整个过程,"谥杜"事件本身体现的正是多族群士人圈在形成之后的文化实践。

再次,正如前文所言,"谥杜"完成之后,元代文士群体的舆论鼓吹是其持续发生影响的关键。他们不仅赞颂元廷尊崇汉族诗人杜甫的举措,更对也速答儿整个文化事业反应热烈,因而成了也速答儿其人其事最重要的舆论推动力量。这群本是"旁观者"的积极介入,正是元代社会汉族士人生存状态的缩影。与从前的汉族王朝不同,蒙元政权自建立之初,就并不依赖儒学来维持统治,文士阶层的政治地位也就随着儒学地位的失落而迅速消解。在这种情况之下,其中仍然抱有入仕理想的成员,只能竭力争取权力阶层对于"文"的广泛支持。基于这样的现实,元廷对汉族诗人的追谥,以及来自统治族群内部的蒙古大监也速答儿的崇文之举,才足以作为他们表达诉求的契机,因此促使他们去为之竭力鼓吹。而另一方面,蒙元时代奉行族群差异的统治原则,规定了蒙古、色目、汉人、南人这一几乎无法撼动的族群等级,时人的政治权利与社会地位皆一系于此。在政治空间遭到极度压缩之下,汉族文士对于影响、介入乃至形塑统治族群的思想观念的努力,也必须要依靠非汉族群体的支持才得以实现。由此而观,我们可以发现,无论是"谥杜"这类寻求朝廷对于汉族文士的表彰,抑或崇文教、行儒治乃至作为"谥杜"背景的"兴蜀",在元代既定的族群秩序之下,也必须依靠非汉族群体的力量才能得以实现。

此外，在"谥杜"事件呈现出的元代族群社会图景中，"文化认同"是各族群之间能够实现交流与互动的基础，而"文学"则为族群文化差异的弥合提供了可能。蒙古大监也速答儿将杜甫作为请谥对象，但实则植根于元代多族士人圈内部诗学宗唐、崇杜潮流的长期浸润：元代士林在研习诗文、往来酬唱之中，逐渐形成的当时崇唐、尊杜的文学宗尚，又必然会回流到每一个个体身上，从而尤其深刻地形塑着其中非汉族成员的知识背景与文学观念。此后的追谥过程中，杜甫始终处于不同脉络的交汇点上：他既是"追谥"举措背后元廷内部各方争衡的契机，也是舆论形成过程中元代文士阶层诉求表达的载体，又是"兴蜀"实践里被四川当地各族士人共同塑造的"乡贤"。从中可以看到，在这个以族际互动为特征的文化事件里，杜甫乃至广义的"文学"本身，在一定程度上弥合了不同族群之间的差异，使他们存在达成共识的可能。而另一方面，这位生前声名未著的唐代诗人，在其身后数百年间持续发生着影响，并最终在元代以"追谥"的形式被推举出来，这其中展现出的是文学独立于政治之外的强大力量。

最后需要说明的是，选择杜甫作为请谥对象给予谥号是根植于元代"宗唐"的潮流，而选择"文贞"作为谥号本身则更多体现的是宋人评价的延续。在学界特别强调唐、宋两代文学及思想分歧的背景下，恰好是在元代追谥杜甫事件里，这两条线索交错相通、并行不悖。从中我们可以也看到文学史在不断变化的同时所保有的稳定性和包容性。

## 二 明代"去蒙古化"的族群意识对"谥杜"记忆的形塑

族群文化认同除了广泛存在于元朝内部之外，同样体现在由元入明乃至此后的终明一世的反蒙思潮中。本书关于元代"谥杜"记忆入明之后的讨论，即建立在明朝对蒙古族群的态度之上。对于尊奉儒学为国家意识形态的汉族本位王朝而言，原本不应存在所谓的族群认同问题，但明代的特殊性在于当其建立之初，对前朝统治族群的态度实则与政权之合法性问题交织并行，无法剥离：元末"夷夏"意识淡漠、"忠君"思潮强势，因此朱元璋在立国之初即通过刻意强化"胡元"这一他者形象来强调自身之正统，以应对自身的合法性危机；而另一方面，随着明朝建立，虽然作为"大一统政权"的元朝事实上已不复存在，但与明代并存的漠北蒙古政权，在此后三百余年间，持续与明廷在军事、政治与文化等诸多领域不断交锋。因此，无论是作为"胜国"之统治族群，还是作为当朝实实在在的外部压力，总之终明一代，"蒙古"始终"在场"。

由此引发的，是整个明代社会自始至终保持着对一切蒙古符号的焦虑与警惕，且又随着每一次明、蒙冲突的加剧而更趋白热化。因此，汉族本位的大明王朝所面临的族群文化认同，实际上是如何对前朝统治族群遗留的文化影响进行全面的清整、从而塑造或维系新朝之正统，其根源仍然在蒙元时代。而这正是我们讨论"谥杜"记忆在明代遭受冷遇的思想背景。

通过考察明代"谥杜"记述背后的历史环境可以发现，这一前朝文化记忆每一次或明或暗出现的同时，均伴随着明代社会对于蒙古政权新的焦虑。其中既包括洪武初年，与明廷并立的北元政权选择以杜诗来定正朔、统合汉地；也包括此后"土木之变""庚戌之变"等一系列给明代社会带来心理巨创的军事惨败，以及在明蒙双方的政治、文化多重竞争之下、明人对于其时社会残存的一切蒙元文化印记的警惕与清整；万历末年以降，新的边患持续出现，前所未有的外部压力，再度将明代社会的族群意识推向顶峰。在这样的情况之下，"谥杜"这段带有蒙元底色的文化记忆，也就理所当然地失去了正面存在的土壤。

以时间线索为纵坐标，同时沿着每一次明、蒙交锋横向延展，明代的"谥杜"记述几乎可以完美地嵌入在以"去蒙古化"思潮为核心的网络中。而另一方面，这种社会普遍存在的族群意识是能够介入文学面貌的形塑，实则离不开文人阶层的参与。这里尤其想要强调的是李东阳与王世贞。他们分别作为明朝中期、后期两代诗坛宗主，又均曾对元代"谥杜"记忆有过切近的观看，然而，这两位持文衡者却并没有利用自身的话语权来为杜甫的这一谥号发声，恰恰相反，他们或出于朝廷的禁忌对杜甫得谥多加回避，或出于敌对情绪对此直面讥讽，这种消极的态度借由他们的声望被不断放大，很大程度上甚至足以加速明代诗坛某种默契的形成。譬如万历以后，王世贞的追随者之一胡应麟就曾言：

  拾遗素称诗圣，又称集大成，又自称杜陵。曷若夺此称还吾子美，不尤称情耶？①

  这段关涉杜甫的评论短短数言，却一连使用了"拾遗""诗圣""集大成""杜陵""子美"五个杜甫的称呼。在读诗人称谓如此齐备的列举中，"文贞"这个本应是杜甫身后最重要的标签，却被摒弃在诗人的诸多名号之外。

  事实上，正如谥号理应作为诗人身上的诸多标签之一，本书反复强调的"谥杜记忆"，从来就不应该单独存在于"杜甫记忆"之外。然而现实的情况却是：当明人对于杜甫的讨论与研习达到前所未有的高度之时，在他们为杜甫叙述的生平行实之中，已经预先基于族群立场、完成了对于元代追谥的清整。而在后世普遍并不关注蒙元文明的情况之下，将"谥杜记忆"排除在外的"明代杜甫记忆"依然看似"完满"。与此同时，明代围绕"杜诗学"的讨论，往往也在与宋代的对话中展开，而就在其时对于"前朝"的继承中，蒙元时代依然缺席。而这个先天有缺的"明代杜甫记忆"的影响力

---

① （明）胡应麟：《少室山房笔丛》卷18，《史书占毕六》，上海书店出版社2001年版，第179页。

极其深远,甚至很大程度上奠定了今天人们对于杜甫的认知。因此,在我们承认杜甫这位唐代诗人再度被立为典范,并在明代诗坛大放异彩的同时,也必须认识到,这个从彼时一直延续至今的杜甫记忆其实并不完整,并且其中的缺失正是明人亲自塑造的结果。

最后值得思考的是,如果跳出杜甫记忆的限制,去重新考量整个明代文学,那么如今看似清晰习熟的明代文学样貌,是否在我们未及察觉之时,已然受到过其时普遍存在的族群意识的形塑?陈垣在《元西域人华化考》中论及元代儒学与文学时曾言:"故儒学、文学,均盛极一时。而论世者轻之,则以元享国不及百年,明人蔽于战胜余威,辄视如无物,加以种族之见,横亘胸中,有时杂以嘲戏。"① 这段剖析意在讨论元代文学在明代,特别是明朝初年的评价问题,其中由"种族之见"来探查明人态度的视角固然十分深刻;但如果将目光拓展到有明一代,特别是"土木之变"以来,由蒙古引发的挫败、压力与焦虑,实则远过于陈垣所谓的"战胜余威"。对于在军事竞争中并无优势的明廷而言,谥号、年号、国号这些汉族政治文化中最精致的部分,乃至话语权从未旁落的文学领域,是远比军事更容易掌控的竞争场。因此我们有理由相信,随着研究视角的拓展及文献的挖掘,明代族群意识对于文学样貌的形塑,不应仅仅局限在本文所论之杜甫记忆中,而是足以波及更加广阔的范围。

## 三 "谥杜"评价之升降与元、明、清三朝文化风气之变迁

"谥杜"在经历了元代文士群体的热烈追捧以及入明之后的顿挫与消散以后,到了清代,又重新以"尊崇优异之典"被朝野上下发

---

① 陈垣:《元西域人华化考》卷8,上海古籍出版社2000年版,第118页。

扬光大。康熙年间刻印两部重要的杜诗注本——顾宸的《辟疆园杜诗注解》和仇兆鳌的《杜诗详注》均记载了元代对杜甫的追谥。

首先来看顾宸的《辟疆园杜诗注解》。顾宸（1607—1674），字修远，无锡（今江苏无锡）人。其居所名为辟疆园，故人称"顾辟疆"。顺治十八年（1661）完成《辟疆园杜诗注解》，其中收五律十二卷，六百二十七首；七律五卷，一百五十一首。"其体例是：每首诗后有题解，时地可考者皆一一注明，然后解释名物、词语、典故，再签释诗意。"① 书成之后，时任两淮盐政的李赞元为其刻印了《七律注解》，康熙癸卯（1662），济宁人李壮为其刻印了《五律注解》。

据李壮《辟疆园杜诗注解序》：

> 两宋以来，以诗名世者不下千家，何不闻疏于朝廷，俾得有尊崇优异之典。至纽怜太监，始请以杜甫之草堂崇祀，又得追谥文贞，载《虞奎章集》，可信。然《元史》有《纽怜传》而不载此事，则子美生前怀抱之郁结，没后遭逢之偃蹇，可胜道哉！②

从中可见，尽管引文自"至纽怜太监"到"《元史》有《纽怜传》而不载此事"一节几乎完全脱胎于王世贞《宛委余编》中的相关内容，但与王世贞将之视为"奇闻"相比，李壮在序言中将杜甫得谥"文贞"视作"尊崇优异之典"而加以推重。

与此一"谥杜"观感类似的，是仇兆鳌的《杜诗详注》仇兆鳌（1638—1717），字沧柱，号知几子，浙江鄞县（今宁波鄞州区）人。康熙三十二年（1693）编成《杜诗详注》，康熙四十二年（1704）刻印。《杜诗详注》为杜诗注本中的集大成者，前有卷首、

---

① 参见孙微《顾宸及其〈辟疆园杜诗注解〉》，《杜甫研究学刊》2002年第1期。
② （清）李壮：《辟疆园杜诗注解序》，（清）顾宸注，载《辟疆园杜诗注解》十七卷附年谱一卷，清康熙二年（1663）吴门书林刻本，第6页B—第7页B。

表、序、本传、世系、年谱、凡例、目录,二十五卷,卷下分目。在其卷首"杜诗凡例"中,有"少陵谥法"一条,提到了元代的追谥:

> 考元顺帝至正二年,尝追谥文贞,此实褒贤盛事,增韵文坛。公所谓"千秋万岁名,寂寞身后事"者,其亦差不寂寞矣。①

由此可见,从"尊崇优异之典",到"褒贤盛事,增韵文坛",清代初年的这两大杜诗注本显示出了与明代截然相反的观感,也随即奠定了此后整个清代对于杜甫得谥的基本态度。

值得注意的是,杜甫得谥一事,在此一时期亦辗转传到了日本。津阪孝绰(1757—1825),号东阳,日本伊势(今日本山重县)人,所著《杜诗详解》,收杜诗三卷,皆为七律。该书由日本津藩有造馆刻成于日本天保六年(即清道光十五年,1835)之后,1974年台湾大通书局据朝鲜整理字本影印《杜诗丛刊》本。在这部由日本汉学家编纂的杜集卷首,就有津阪孝绰撰写的《诗圣杜文贞公传》。其与明代诸篇杜甫传记最大的区别,在于行文之中并非单纯罗列史料,而是在精心剪裁之后、再根据可征文献对杜甫生平进行补充。② 在这篇杜甫传记开篇便称"文贞公杜甫,字子美,其先襄阳人",此后在悉述诗人生平行实之后,开始介绍其身后的遭遇:

> 年五十有九,旅殡岳阳《唐书》及《年谱》并云卒于耒阳,

---

① (唐)杜甫:《杜诗详注》,(清)仇兆鳌注,中华书局1979年版,第26页。
② 《诗圣杜文贞公传》篇末即称:"孟子曰:诵其诗,读其书,不知其人,可乎?不详公身世遭遇之概,不知其抚时感事之旨,负良工苦心多矣。故为参考墓志、年谱、新、旧《唐史》,旁遍采诸书所录文献足征者,谨修公传,便于读公诗者云。"参见[日]津阪孝绰《杜诗详解》卷上,东阳天保六年刊本,载《杜诗丛刊》第四辑,台北:大通书局1974年版,第19—20页。

非，子宗文早卒，次子宗武漂寓江陵而终。元和中，宗武子嗣业奉父遗命迁柩归葬于偃师首阳山。元稹志其墓，深致景仰之意文见本集。元至元二年追谥曰文贞公，以浣花草堂崇祀。……嗟乎！此其所以圣于诗，为万世宗师也。①

此处特意将"谥杜"至于杜甫生平叙述之中，足以说明在津阪孝绰看来，杜甫在元代获得的追谥，的确是与诗人不可切割的部分。在这篇杜甫传记正文完成之后，津阪孝绰又将各类与杜甫生平相关的文献考证附于其下，其中再次提到了明代关于杜甫得谥的接受：

公谥号事尝阅《续文献通考》，曰"元至元二年，追谥文贞"，但未审出处。后览王弇州《宛委余编》曰："偶阅张伯雨《赠纽怜大监诗跋》云，曾疏请以浣花草堂列祀典，又请得赐谥曰文贞。虞奎章集纪其事。阅《元史》有《纽怜传》而不载此事。公之谥文贞，后世罕知也。"《通考》盖取诸此，或别有据，见俟博古者考之。②

关于"谥杜"的考辨在同一篇传记中两次出现，一方面足以说明津阪孝绰对于这一事件的关注，此外也可以看到，他在与王世贞同样将"追谥"与"崇祀"视作一体的情况之下，却与王世贞呈现出了完全不同的态度：他不仅完全接纳了这个谥号，并将之视作杜甫"所以圣于诗，为万世宗师"的内涵，更在转述明代王世贞《宛委余编》时，自觉将"杜甫之谥文贞，亦出奇闻"改写成了"公之谥文贞，后世罕知也"，从而消解了原文的嘲讽意味。而这种正面的肯定，实则是以上三部清代杜集对于元代"谥杜"一致的态度。

---

① ［日］津阪孝绰：《杜诗详解》，《杜诗丛刊》本，台北：大通书局1974年版，第13—14页。
② ［日］津阪孝绰：《杜诗详解》，《杜诗丛刊》本，台北：大通书局1974年版，第19—20页。

除了将"谥杜"记忆纳入杜集编纂以外,清代乾隆年间,山东济宁南池还修建了一座"杜文贞公祠"。南池曾是杜甫青年时代与任城许主簿的同游之处,并作有《与任城许主簿游南池》诗。

乾隆九年(1744),沈廷芳(1702—1772)承旨视漕山东,在稽考元代"谥杜"旧典之后,将所建之杜祠命名为"杜文贞公祠",并奏请乾隆帝为之赐额,乾隆赐"荩臣诗史",并数次亲临游览。今于沈廷芳《隐拙斋集》中检得《济宁南池杜文贞公祠碑》①《杜文贞公祠歌三首(并序)》②《请赐杜甫祠额札子》③《谢赐杜甫祠额札子》④四篇,述建祠赐额始末甚详。如《济宁南池杜文贞公祠碑》即言:

> 惟济宁州为古任国州,城南有南池,唐杜文贞公与许主簿游处。……乾隆九年,廷芳承旨视漕山东,弭节池上,践公遗躅,益慕其为人,顾游观盛美而祠祀阙如。乃与知州王君尔鉴葺城隅旧宇,肖像其中,配以主簿,作神弦歌祠公。遂稽元代谥典,颜曰杜文贞公祠。十二年冬,重来视漕,载瞻祠庙,渐就颓圮。乃别营基址,鸠工庀材,成堂庑,饰丹雘,移置公像,更绘儒服小像,笠子麻鞋,栞石陷左壁,诹吉揭虔,肃展牲醴,公之神灵庶几其妥。⑤

由此可见,尽管元代"谥杜"记忆在明代遭受了诸多冷遇,但

---

① (清)沈廷芳撰:《隐拙斋集》卷45,《清代诗文集汇编》第298册,上海古籍出版社2010年版,第565—566页。
② (清)沈廷芳撰:《隐拙斋集》卷13,《清代诗文集汇编》第298册,上海古籍出版社2010年版,第309页。
③ (清)沈廷芳撰:《隐拙斋集》卷34,《清代诗文集汇编》第298册,上海古籍出版社2010年版,第490页。
④ (清)沈廷芳撰:《隐拙斋集》卷34,《清代诗文集汇编》第298册,上海古籍出版社2010年版,第490页。
⑤ (清)沈廷芳撰:《隐拙斋集》卷45,《清代诗文集汇编》第298册,上海古籍出版社2010年版,第565—566页。

清代修建杜甫祠堂时，依然"稽元代谥典，颜曰杜文贞公祠"；至于"更绘儒服小像，笠子麻鞋，栞石陷左壁"，则很有可能是以元代赵孟𫖯所作之"杜子美戴笠图"为蓝本。① 这篇碑文之后另有完颜伟的跋文，其中在回顾建祠始末之时，对于杜甫亦言必称"文贞"。此外，沈廷芳在《杜文贞公祠歌序》中亦表明此次建祠是"考元时追谥之典，颜其楣曰：杜文贞公祠，以崇尊事前贤之义"②。

至于《请赐杜甫祠额札子》《谢赐杜甫祠额札子》二文，则旨在宣示对于乾隆帝的效忠，因此字句间格外推赏杜甫之忠爱大节，并称乾隆为"杜文贞公祠"赐御额、御碑之后，可使民众"于万斯年永沐文明之化。"此后乾隆三十年（1765）、三十六年（1771）、四十一年（1776）、四十五年（1780）、四十九年（1784），乾隆帝五次亲至，有御制南池诗、南池少陵祠组诗，俱载于乾隆五十年（1785）《济宁直隶州志》卷首。圣驾经此以后，旋即掀起了游览题咏的热潮，钱大昕、厉鹗、钱载等一时之名士均有诗留存，兹不赘述。直到清朝末年，"杜文贞"始终是为人熟知并在祀典中习用的杜甫称号。

以上大体回顾了清代对于杜甫"文贞"谥号的接受情况。其对于杜甫的推举，固然与乾隆帝本人的文学好尚以及其对于臣节的重视密切相关。但从中也可以看到，在"谥杜"的评价方面，清代朝野上下与明代截然相反，而是与更早的蒙元时代贴合的价值取向。

---

① 赵孟𫖯所绘之"杜子美戴笠图"现藏于北京故宫博物院，另收于《故宫博物院藏品大系·绘画编》第六册，紫禁城出版社2010年版，第222—223页。图像特征与沈廷芳所谓"儒服小像，笠子麻鞋"相符。另外，阿英曾撰有《杜甫画像题记》，文中称"戴笠全身像，罕见而可称者，有乾隆丙寅（1746）沈廷芳摹、董邦达题《唐杜文贞公小像》，竹叶线描，奏刀细刻，甚精，然不易翻制图版"。由此看来，阿英似曾亲见沈廷芳摹刻之杜甫小像，但笔者并未查到这幅图像目前的流传情况，因而不得亲见。阿英此文原刊于1962年4月17日《光明日报》，后收入《阿英全集》第八卷，安徽教育出版社2003年版，第692—694页。

② （清）沈廷芳撰：《隐拙斋集》卷13，《清代诗文集汇编》第298册，上海古籍出版社2010年版，第309页。

清人不仅不将元代杜甫得谥视作"奇闻"加以拒斥，反而刻意跨过有明一代，在"稽元代之旧典"中将这段"谥杜"往事挖掘出来、并发扬光大。与此同时，在济宁对杜甫的崇祀中，主持者除了以元代的"文贞"谥号颜其祠额，更以元人绘制的杜甫画像刻石左壁，其中无不显示了相比明代而言、与蒙元时代更加紧密的文化联系。而乾隆帝的亲自参与，在提升这一杜甫祀典的政治意义与影响力的同时，更被汉臣赋予了使臣民"于万斯年永沐文明之化"的教化意义。这实际上也与元代汉族文士群体承认蒙古族群的教化地位相一致。

综上所述，在本书的最后，笔者尝试指出的是，对于以统治族群变更为基本特征的元、明、清三朝而言，族群认同问题必然与三个王朝相始终。从政权本身而言，任何一个王朝均以自己为独尊，因此或许并不存在清廷对于元廷的追慕；但从统治族群的文化心态来看，同为非纯汉族统治群体的蒙元与清代，实则仍有一定程度的向心与联结。因此，当我们将"谥杜"评价之升降从"元明时段"再次拓展到元、明、清三朝，可以发现，这一流动的文学记忆恰可作为管窥三朝文化风气变化的窗口。

# 参考文献

## 一 基本文献

### （一）诗文集

#### 1. 别集

（宋）陆游：《陆游全集校注》，钱仲联、马亚中主编，浙江古籍出版社2016年版。

（元）陈基：《陈基集》，邱居里、李黎校点，吉林文史出版社2009年版。

（元）程钜夫：《程钜夫集》，张文澍校点，吉林文史出版社2009年版。

（元）戴良：《戴良集》，李军、施贤明校点，吉林文史出版社2009年版。

（元）丁鹤年：《丁鹤年诗辑注》，丁生俊辑注，天津古籍出版社1987年版。

（元）傅若金：《傅若金集》，史杰鹏、赵彧校点，吉林文史出版社2010年版。

（元）贡奎、贡师泰、贡性之：《贡氏三家集》，邱居里、赵文友、校点，吉林文史出版社2010年版。

（元）黄溍：《黄溍集》，王颋校注，浙江古籍出版社2013年版。

（元）黄镇成：《秋声集》，续修四库全书，上海古籍出版社2002年版，影印明刻本。

（元）揭傒斯：《揭傒斯全集》，李梦生点校，上海古籍出版社2012

年版。

（元）李祁：《云阳李先生文集》，《北京图书馆古籍珍本丛刊》第96册，书目文献出版社1997年版。

（元）李祁：《云阳李先生文集（十卷附录一卷）》，日本静嘉堂文库藏明弘治（1488—1505）刊本。

（元）刘诜：《桂隐先生集》，元人文集珍本丛刊，台北：新文丰出版公司1985年版，影印明抄本。

（元）刘岳申：《申斋集》，清道光岳雪楼抄本。

（元）柳贯：《柳贯集》，魏崇武、钟彦飞校点，浙江古籍出版社2014年版。

（元）马祖常：《马祖常集》，王媛校点，吉林文史出版社2010年版。

（元）欧阳玄：《欧阳玄集》，魏崇武、刘建立校点，吉林文史出版社2009年版。

（元）苏天爵：《滋溪文稿》，陈高华、孟繁清点校，中华书局1997年版。

（元）王逢：《梧溪集》，李军点校，北京师范大学出版社2016年版。

（元）许有壬：《至正集》，北京图书馆古籍珍本丛刊本，北京图书馆出版社2000年版。

（元）姚燧：《姚燧集》，查洪德编校，人民文学出版社2011年版。

（元）余阙：《青阳先生文集》，四部丛刊续编本，商务印书馆，民国版。

（元）虞集：《虞集全集》，王颋点校，天津古籍出版社2007年版。

（元）袁桷：《清容居士集》，王颋点校，浙江古籍出版社2015年版。

（元）张养浩：《张养浩集》，李鸣、马振奎点校，吉林文史出版社2008年版。

（元）张雨：《张雨集》，彭万隆点校，浙江古籍出版社2015年版。

（明）单复：《读杜诗愚得》，四库全书存目丛书本，齐鲁书社1997年版。

（明）方孝孺：《方孝孺集》，徐光大点校，浙江古籍出版社2013年版。

（明）傅振商：《杜诗分类》，《杜诗丛刊》杜澳修补重刻本，影印清顺治八年（1651）。

（明）李东阳：《李东阳续集》，钱振民点校，岳麓书社1997年版。

（明）李东阳：怀麓堂诗稿二十卷，文稿三十卷，文后稿三十卷，诗后稿十卷，南行稿一卷，北上录一卷，讲读录一卷，东祀录三卷，集句录一卷，集句后录一卷，哭子录一卷，求退录三卷，存九十五卷，明正德十一年熊桂刻本，载《原国立北平图书馆甲库善本丛书》，国家图书馆出版社2013年版。

（明）李齐芳辑：《杜工部分类诗十卷赋一卷》，万历二年（1574）刻本。

（明）刘基：《刘基集》，林家骊点校，浙江古籍出版社1999年版。

（明）刘三吾：《坦斋刘先生文集》，四库存目丛书本，齐鲁书社1997年版。

（明）刘世教：《杜工部诗分体全集》，《李杜全集》，万历四十年（1612）刘氏合刻本。

（明）刘崧：《槎翁文集》，四库全书存目丛书本，齐鲁书社1997年版。

（明）邵宝集注：《刻杜少陵先生诗分类集注》，过栋参笺、周子文校梓，《杜诗丛刊》影印万历二十年（1592）周子文刻本。

（明）邵傅集：《杜律集解》，陈学乐校，《杜诗丛刊》影印日本元禄九年（1696）刻本。

（明）邵勋编：《唐李杜诗集·杜工部诗》，万虞恺汇刻，《杜诗丛刊》影印明嘉靖二十一年（1542）无锡知县万氏刊"唐李杜诗集"本。

（明）宋濂：《潜溪先生集》，黄溥辑，中华书局2017年版。

（明）汪瑷：《杜律五言补注》，《杜诗丛刊》影印万历四十二年（1614）刊本。

（明）王祎：《王祎集》，颜庆馀点校，浙江古籍出版社2016年版。

（明）王世贞：《弇州山人四部稿》卷160，明万历五年王氏世经堂刻本，载《原国立北平图书馆甲库善本丛书》，国家图书馆出版社

2013年版。

（明）王嗣奭：《杜臆》，上海古籍出版社1983年版。

（明）谢铎：《谢铎集》，林家骊点校，浙江古籍出版社2012年版。

（明）许自昌：《集千家注杜工部诗集》，李杜全集本，明万历三十四年（1606）许自昌刻本。

（明）颜廷榘：《杜律意笺》，四库全书存目丛书本，齐鲁书社1997年版。

（明）杨慎批选：《杜诗选》，《杜诗丛刊》影印天启（1605—1627）乌程闵氏刊本。

（明）张潛：《杜少陵集十卷》，宋灏校刻，明正德七年（1512）。

（明）张綖：《杜工部诗通》，《杜诗丛刊》影印隆庆六年（1572）本。

（清）仇兆鳌注：《杜诗详注》，中华书局1979年版。

（清）顾宸注：《辟疆园杜诗注解》，清康熙二年（1663）吴门书林刻本。

陈文和主编：《嘉定钱大昕全集》，江苏古籍出版社1997年版。

李谊：《韦庄集校注》，四川社会科学出版社1986年版。

缪荃孙：《缪荃孙全集：诗文》，凤凰出版社2014年版。

萧涤非主编：《杜甫全集校注》，张忠纲终审统稿，廖仲安等副主编，人民文学出版社2014年版。

谢思炜：《杜甫集校注》，上海古籍出版社2015年版。

  2. 总集

（宋）袁说友等编：《成都文类》，赵晓兰等整理，中华书局2011年版。

（元）顾瑛辑：《草堂雅集》，杨镰、祁学明、张颐青整理，中华书局2008年版。

（元）苏天爵编：《元文类》，商务印书馆1958年版。

（明）程敏政辑：《皇明文衡》，四部丛刊本，商务印书馆1936年版。

（明）王嗣奭：《杜臆》，上海古籍出版社1983年版。

（清）顾嗣立编：《元诗选》，中华书局1987年版。

（清）钱熙载编：《元诗选补遗》，中华书局2002年版。

李修生主编：《全元文》，凤凰出版社2005年版。

杨镰主编：《全元诗》，中华书局2013年版。

### （二）史籍政书类

（元）权衡：《庚申外史笺注》，任崇岳笺注，中州古籍出版社1991年版。

（元）王士点、商企翁编次：《秘书监志》，高荣盛点校，浙江古籍出版社1992年版。

（明）邓元锡：《函史》，四库全书存目丛书本，齐鲁书社1996年版。

（明）焦竑：《国朝献征录》，明代传记丛刊本，台北：明文书局1991年版。

（明）雷礼：《国朝列卿记》，明代传记丛刊本，台北：明文书局1991年版。

（明）李贽：《藏书》，续修四库全书本，上海古籍出版社1996年版。

（明）丘濬：《世史正纲》，四库全书存目丛书本，齐鲁书社1996年版，据明嘉靖四十二年孙应鳌刻本影印。

（明）邵经邦：《弘简录》，续修四库全书本，上海古籍出版社1996年版。

（明）宋濂等：《元史》，中华书局1976年版。

（明）谈迁：《国榷》，中华书局1958年版。

（明）王圻：《续文献通考》，续修四库全书本，上海古籍出版社2002年版，影印明万历三十年松江府刻本。

（明）王世贞：《弇山堂别集》，魏连科点校，中华书局1985年版。

（明）王洙：《宋史质》，台北：大化书局1977年版。

（明）周复俊：《元史弼违》，徐蜀编《宋辽金元正史订补文献汇编》本，北京图书馆出版社2004年版。

（清）谷应泰：《明史纪事本末》，中华书局1977年版。

（清）张廷玉等：《明史》，中华书局2015年版。

（宋）宋祁、欧阳修等：《新唐书》，中华书局1975年版。

薄音湖、王雄编辑、点校：《明代蒙古汉籍史料汇编》，内蒙古大学出版社 2006 年版。

陈高华等点校：《元典章》，天津古籍出版社、中华书局 2011 年版。

方龄贵校注：《通制条格校注》，中华书局 2001 年版。

黄彰健等校勘：《明实录》，台北"中央研究院"历史语言研究所校印本，上海书店 1982 年版。

柯绍忞：《新元史》，元史二种本，上海古籍出版社、上海书店 1989 年版。

吴晗辑：《朝鲜李朝实录中的中国史料》，中华书局 1980 年版。

（三）方志类

（元）孛兰肹：《元一统志》，赵万里校辑，中华书局 1966 年版。

（明）陈循等撰：《寰宇通志》，朝华出版社 2020 年影印本。

（明）杜应芳、胡承诏辑：《补续全蜀艺文志》，续修四库全书本，上海古籍出版社 2002 年版，影印明万历刻本。

（明）姬自修纂：《（万历）沙河县志》，日本藏中国罕见地方志丛刊续编本，北京图书馆出版社 2003 年版。

（明）李贤等：《大明一统志》，三秦出版社 1990 年版，影印明天顺五年司礼监原刻本。

（明）刘大谟、杨慎等纂修：（嘉靖）《四川总志》，北京图书馆古籍珍本丛刊本，书目文献出版社 1997 年版，据明嘉靖刻本影印。

（明）吴之皞、杜应芳纂修：《（万历）四川总志》二十七卷，载《原国立北平图书馆甲库善本丛书》，国家图书馆出版社 2013 年版。

（明）熊相纂：《四川志》，马继刚主编，四川大学图书馆馆藏珍稀四川地方志丛刊续编本，正德十三年（1518）刻、嘉庆增补本，四川大学出版社 2015 年版。

（明）杨慎编：《全蜀艺文志》，刘琳、王晓波点校，线装书局 2003 年版。

（明）虞怀忠、郭棐等纂修：（万历）《四川总志》，四库全书存目丛书本，齐鲁书社 1996 年版，影印明万历刻本。

## （四）笔记类

（宋）黄彻：《䂬溪诗话》，人民文学出版社1986年版。

（元）陶宗仪：《南村辍耕录》，上海古籍出版社2012年版。

（元）杨瑀：《山居新语》，余大均点校，中华书局2006年版。

（明）曹学佺：《蜀中名胜记》，刘知渐点校，重庆出版社1984年版。

（明）何宇度：《益部谈资》，丛书集成初编本，中华书局1985年版。

（明）胡应麟：《少室山房笔丛》，上海书店出版社2009年版。

（明）胡应麟：《诗薮》，中华书局1958年版。

（明）李东阳：《怀麓堂诗话校释》，李庆立校释，人民文学出版社2009年版。

（明）陆深：《豫章漫抄摘录》，丛书集成初编本，中华书局1991年版。

（明）茅元仪：《暇老斋杂记》，续修四库全书本，上海古籍出版社2002年版。

（明）茅元仪：《掌记》，北京图书馆古籍珍本丛刊本，书目文献出版社1997年版。

（明）沈德符：《万历野获编》，中华书局1959年版。

（明）王世贞：《读书后》，明别集丛刊本，黄山书社2016年版，影印本。

（明）王世贞：《艺苑卮言》，陆洁栋、周明初批注，凤凰出版社2009年版。

（明）姚士麟：《只见编》，明天启（1621—1627）刊本。

（明）叶子奇：《草木子》，中华书局1959年版。

（清）顾嗣立：《寒厅诗话》，清诗话本，上海古籍出版社1978年版。

（清）俞樾：《茶香室丛抄》，贞凡、顾馨、徐敏霞点校，中华书局1995年版。

（清）赵翼：《陔余丛考》，中华书局1963年版。

赵贞信校注：《封氏见闻记校注》，中华书局1958年版。

## 二 研究论著

### （一）专著

#### 1. 中文

查洪德：《元代诗学通论》，北京大学出版社 2014 年版。

陈伯海：《唐诗学史稿》，河北人民出版社 2004 年版。

陈伯海：《唐诗学引论》，东方出版中心 2007 年版。

陈高华、张帆、刘晓：《元代文化史》，广东教育出版社 2009 年版。

陈国球：《明代复古派唐诗学研究》，北京大学出版社 2007 年版。

陈垣：《元西域人华化考》，上海古籍出版社 2005 年版。

陈智超：《陈垣往来书信集》，上海古籍出版社 1990 年版。

戴燕：《文学史的权力》，北京大学出版社 2002 年版。

葛兆光：《中国思想史》，复旦大学出版社 2013 年版。

韩儒林主编：《元朝史》，人民出版社 2008 年版。

华文轩编：《古典文学研究资料汇编：杜甫卷》，中华书局 1982 年版。

冀勤：《金元明人论杜甫》，商务印书馆 2014 年版。

贾敬颜：《民族历史文化萃要》，吉林教育出版社 1990 年版。

简锦松：《明代文学批评研究》，台北：学生书局 1989 年版。

姜一涵：《元代奎章阁及奎章人物》，台北：联经出版事业公司 1981 年版。

金开诚、葛兆光：《古诗文要籍叙录》，中华书局 2012 年版。

李治安：《元代行省制度》，中华书局 2011 年版。

廖可斌：《明代文学复古运动研究》，商务印书馆 2008 年版。

罗鹭：《虞集年谱》，凤凰出版社 2010 年版。

罗宗强：《明代文学思想史》，中华书局 2013 年版。

莫砺锋：《杜甫评传》，南京大学出版社 2011 年版。

钱茂伟：《明代史学编年考》，中国文联出版社 2000 年版。

钱茂伟：《明代史学的历程》，社会科学文献出版社 2003 年版。

邱江宁：《奎章阁文人群体与元代中期文学研究》，人民出版社 2013 年版。

申万里：《理想、尊严与生存挣扎：元代江南士人与社会综合研究》，中华书局 2012 年版。

孙春青：《明代唐诗学》，上海古籍出版社 2006 年版。

孙楷第：《元曲家考略》，上海古籍出版社 1981 年版。

孙学堂：《明代诗学与唐诗》，齐鲁书社 2012 年版。

万曼：《唐集叙录》，河南大学出版社 2008 年版。

汪受宽：《谥法研究》，上海古籍出版社 1995 年版。

王德毅等：《元人传记资料索引》，中华书局 1987 年版。

萧启庆：《九州四海风雅同》，台北：联经出版事业公司 2012 年版。

萧启庆：《内北国而外中国：蒙元史研究》，中华书局 2007 年版。

谢元鲁：《成都氏族谱校释》，巴蜀丛书本，巴蜀书社 1988 年版。

杨志玖：《元史三论》，人民出版社 1985 年版。

张国刚、余新忠主编：《海外中国社会史论文选译》，天津古籍出版社 2010 年版。

张红：《元代唐诗学研究》，岳麓书社 2006 年版。

张佳：《新天下之化：明初礼俗改革研究》，复旦大学出版社 2014 年版。

张健：《元代诗法校考》，北京大学出版社 2001 年版。

张志强主编：《重新讲述蒙元史》，生活·读书·新知三联书店 2016 年版。

张忠纲：《杜集叙录》，齐鲁书社 2008 年版。

郑利华：《前后七子研究》，上海古籍出版社 2015 年版。

郑庆笃、焦裕银、张忠纲、冯建国：《杜集书目提要》，齐鲁书社 1986 年版。

周采泉：《杜集书录》，上海古籍出版社 1986 年版。

［德］傅海波、［英］崔瑞德编：《剑桥中国辽西夏金元史》，史卫民等译，中国社会科学出版社 1998 年版。

［美］洪业：《杜甫：中国最伟大的诗人》，曾祥波译，上海古籍出

版社 2014 年版。

［日］吉川幸次郎：《宋元明诗概说》，李庆等译，中州古籍出版社 1987 年版。

  2. 外文

［日］夫馬進主编：《中國東アジア外交交流史の研究》，京都大学学术出版会 2007 年版。

［日］吉川幸次郎：《杜甫诗注》，兴膳宏编，东京：岩波书店 2012—2017 年版。

［日］吉川幸次郎：《杜甫私记》（决定版），《吉川幸次郎全集》，东京：筑摩书房 1985 年版。

［日］铃木虎雄、黑川洋一译注：《杜诗》，东京：岩波书店 1963 年版。

［日］森田宪司：《成都氏族谱小考》，《东洋史研究》1977 年第 36（3）期。

［日］下定雅弘、松原朗主编：《杜甫全诗译注》，东京：讲谈社 2016 年版。

［美］John W. Dardess, *Conquerors and Confucians: Aspects of Political Change in Late Yuan China*, Columbia University Press, 1973.

［美］Owen, Stephen, *The Poetry of Du Fu*, Berlin: De Gruyter, 2015.

  （二）论文

  1. 中文

伯颜：《宣光、天元年号》，《社会科学辑刊》1983 年第 1 期。

伯颜：《元蒙古两曲家》，《社会科学辑刊》1983 年第 6 期。

薄音湖：《北元与明代蒙古》，《内蒙古大学学报》1994 年第 1 期。

薄音湖：《达延汗生卒即位年考》，《中央民族大学学报》1982 年第 4 期。

薄音湖：《关于北元世系》，《内蒙古大学学报》1987 年第 3 期。

蔡美彪：《明代蒙古与大元国号》，《南开学报》1992 年第 1 期。

陈高华：《〈元史〉纂修考》，《历史研究》1990 年第 4 期。

陈高华：《论元代的称谓习俗》，《浙江学刊》2000年第5期。

陈世松：《宋元战争与四川文化的变迁》，《元史论丛》，江西教育出版社1999年版。

陈雯怡：《元代书院与士人文化》，《中国史新论：生活与文化分册》，台北：联经出版公司2013年版。

戴燕：《文学·文学史·中国文学史——试述本世纪初中国文学史的发轫》，《文学遗产》1996年第6期。

方龄贵：《〈元史〉纂修杂考》，《社会科学战线》1992年第2期。

方龄贵：《关于北元宣光年号的考证》，《故宫博物院馆刊》1979年第4期。

方龄贵：《元述律杰事迹辑考》，《元史丛考》，民族出版社2004年版。

葛兆光：《唐宋抑或宋明——文化史和思想史研究视域变化的意义》，《历史研究》2004年第1期。

胡凡：《论儒教对明初宫廷祭祀礼节的影响》，《明史研究专刊》1990年第12期。

胡顺利：《关于〈元代的铜印〉一文补正》，《文物》1982年第2期。

黄二宁：《元代南人献赋本事考》，王宁主编：《民俗典籍文字研究》第14辑，商务印书馆2014年版。

黄兆强：《明人元史学探研》，《书目季刊》2002年第2期。

李焯然：《太祖一朝官方史籍对蒙古元朝的立场》，《明太祖及其时代国际学术会议论文集》，香港中文大学2006年版。

李治安：《元代汉人受蒙古文化影响考述》，《历史研究》2009年第1期。

李治安：《元代及明前期社会变动初探》，《史学集刊》2006年第1期。

罗福颐：《北元官印考》，《故宫博物院院刊》1979年第1期。

那木吉拉：《元代汉人蒙古姓名考》，《中央民族学院学报》1992年第2期。

钱茂伟：《明代浙西史学述略》，《浙江学刊》1993年第5期。

乔今同:《元代的铜印》,《文物》1981年第11期。

邱树森:《关于〈元史〉修撰的几个问题》,《贺兰集》,江苏古籍出版社1997年版。

申万里:《元代江南儒士游京师考述》,《史学月刊》2008年第10期。

万曼:《杜集叙录》,《杜甫研究论文集:第三辑》,中华书局1963年版。

汪受宽:《〈永乐大典〉"谥"字残卷的价值》,《历史文献研究:北京新九辑》,北京师范大学出版社1998年版。

汪受宽:《巩昌汪氏族属及其与徽州汪氏的通谱》,《民族研究》2006年第3期。

王利器:《记杜甫有后于江津》,《草堂》1981年第2期。

杨讷:《龙凤年间的朱元璋》,元史研究会编:《元史论丛:第四辑》,中华书局1992年版。

杨志玖:《元代回回史学家察罕》,《回族研究》1997年第2期。

姚大力:《元朝科举制度的行废及其社会背景》,《蒙元制度与政治文化》,北京大学出版社2011年版。

翟墨:《蒙元时代的杜甫记忆——以至元三年追谥杜甫为中心》,《中华文史论丛》2017年第2期。

张伯伟:《典范之形成:东亚文学中的杜诗》,《中国社会科学》2012年第9期。

张伯伟:《元代诗学伪书考》,《文学遗产》1997年第3期。

张帆:《元代翰林国史院与汉族儒士》,《北京大学学报》(哲学社会科学版)1988年第5期。

张帆:《元代经筵述论》,蔡美彪主编:《元史论丛:第五辑》,中华书局1993年版。

张鸿翔:《明外族赐姓考》,《辅仁学志》1932年第3期。

张佳:《别华夷与正名分:明初的日常杂礼规范》,《复旦学报》(社会科学版)2012年第3期。

张中澍:《吉林省近年发现的五颗元代的官印考释》,《东北考古与历史》（丛刊）第一辑，文物出版社 1982 年版。

赵园：《谈兵——关于明清之际一种文化现象的分析》，《黄河科技大学学报》2002 年第 1、2 期。

赵园：《文人与兵事——以明清之际为例》，陆挺、徐宏主编：《人文通识演讲录：历史卷》，文化艺术出版社 2007 年版。

郑克晟：《元末的江南士人与社会》，《东南文化》1990 年第 4 期。

周语、宫谷恒墨：《〈杜甫私记·自序〉商榷》，李寅生译，《杜甫研究学刊》2014 年第 3 期。

周子云：《杜甫在四川的后裔》，《南充师院学报》（哲学社会科学版）1982 年第 1 期。

  2. 外文

［日］和田清：《明代蒙古史论集》，商务印书馆 1984 年版。

John Dexter Langlois, "Yü Chi and His Mongol Sovereign: The Scholar as Apologist", *Journal of Asian Studies*, Vol. XXXVIII, No. 1, November, 1978.

# 索　引

## B

北元　　199,207—215,222,229,276,283,290,315

边速达　　5,13,14,82,274,296—304,306—308

伯颜　　17—37,39—46,50,51,77,80,81,100,101,162,210,311,312

## D

达可　　7—10,12,15,97,103—105,163,164,231,238,246,271,281,296,302,303,309

多族士人圈　　16,17,24,25,126,137,178,312,314

## F

方孝孺　　188,221—230,241,246,270,275

复古　　43,80,110,131,195,196,230,255,275

## G

庚戌之变　　250,252,253,261,263,265,270,315

贡师泰　　4,12—15,43,44,82,118,126—128,132—136,162,164,165,181,216,272,309

果山　　13—15,82,180,274,296,299,300,302—305,309

## H

胡元　　199,201,202,204,215,216,218,220,222,229,230,245,251,268,291,292,307,315

寰宇通志　　13,14,82,274,293,295—298,301—304,306,308

皇元　　66,93,108,153,154,156,158—161,244,245

## J

记忆　　1,4,18,26,39,43,57,60,61,64,66—70,72,82,87,89,90,

93,94,111,113,114,123,129,149,178,180—182,186,189—191,193—195,197—199,206,207,215,216,218—222,227,228,230,231,239,245—249,256,261,263,266,269,270,274—277,289,296,299,301,305,306,309—311,314—317,321,323

## L

李东阳　188,221,222,230—239,242—248,252,270,275,289,294,316

李祁　3,4,7—10,38,81,103,104,126—128,132,162—164,180,231—239,244—247,271,272

刘岳申　10—12,14,15,39,43,75,80,82,97,104,105,108,126,127,132,162,163,238,271,272

## M

茅元仪　193,194,261—269,273—275,310

蒙元　1,14,16—18,22,24—26,30,37,46,50,52,53,76,86,139,145,150,151,153,160,166,167,171,178—181,189,195—197,199,202,204,206,207,215—217,219—221,228—230,239,244,245,247,248,252—258,261,263,266,269,273,275,277,293,305,306,310—313,315,316,322,323

秘书大监　6,10,13,15,75,76,271,275,297,301,309

明代蒙古　240,250,252,264,265,276,277,282,283,290

## Q

请谥　1,3—5,14—18,30,31,35,36,39,46,50—53,86,105,109,124—128,133,137,138,144,148,149,162,178,179,182,187,190,192,194,197,200,215,220,222,230,231,238,244,270,271,273,276,296,297,301,306,309—314

去蒙古化　197,202,204,221,245—247,253,266,270,275,276,298,310,314,315

## R

认同　11,17,25,30,35,57,61,65,67,75,77,78,81,83,85—87,105,124,126,128,160—162,165,178,202,204,215,217,244,245,247,252,311,312,314,315,323

融合　46,51,113,178,312

## S

谥杜　1,17,18,31,34—36,43,50,52,126,127,137,142,149,161,162,168,178—182,189—195,197—199,206,207,215,216,219—

索　引　339

222,226,228,230,231,238,239,
244—249,252,255,256,258,259,
261—263,269,270,274—277,293,
296,297,299,301,306,307,309—
318,320—323

书院　2,3,6—15,38,39,43—45,
52,53,62,75,78,80—86,95—108,
117,118,124,125,143,162—164,
182,186,190,203—205,207,231,
249,271,272,274,296,297,299,
300,302—305,309

四川总志　118,299,301,303—307

四川　5—10,12—15,38,39,45,
52—58,60—67,69—72,75—78,
80—95,97,100—105,108—116,
118—121,123—125,143,165,
188—191,200,223,244,297,299,
300,302—304,306,309,314

## T

土木之变　240,241,243,250,252,
265,270,277,283,284,287,291,
293,297,298,306,307,315,317

## W

王世贞　187,189,190,193,194,
221,222,248—250,252—256,
258—262,265,266,270,275,276,
310,316,318,320

文学史　133,137,176,182,198,
311,314

文贞　1—4,15,30,38,39,56,95,
123,137,138,141—145,147—149,
162,178,179,181—183,190—195,
200,207,215,216,220,226,230,
248,249,262,266,270,274—276,
305,306,309—311,313,314,316,
318—323

## X

兴蜀　15,53,75,81,83,86,87,94,
95,104—106,108,115,116,123—
125,165,313,314

兴学　12,38,43,45,80,83,84,95,
97,102,103,105—108,123—125,
145,165,189,194,200—204,246,
249,271

形塑　124,162,178,186,197,222,
247,275,313,314,316,317

宣光　199,208—215,222

## Y

也速答儿　5—8,10—12,14,15,
17,18,30,31,35—40,43—46,51—
53,75—86,94,95,97,100,102—
106,108,109,115,118,123—129,
132,133,137,148,149,161—165,
167,178—180,182,187,189,191,
194,200,204—207,218,222,223,
231,238,244,246,270—272,274,
275,296—309,312—314

夷夏　166,195—197,199,202,

204,206,229,244,247,255,270,276,278,291,315

遗忘　61,181,182,194,195,197,198,231

虞集　2—8,10,14,15,40—43,53—81,85—94,102,103,114,115,121,126—129,132—134,137,144,151,153,154,156,158,160—162,168,172—174,178,180,204,213,271,272,275,297,301,309,313

《元史》　1—3,6,10,14,15,19—22,25—29,31,33,34,36,37,43,95,96,98—101,139,143,144,147,148,180—182,190,192,199,200,205—209,216,218—220,226,231,248,249,251,256,291,306,310,318,320

元顺帝　15,18,41,68,93,180,200,276,319

## Z

张雨　2—5,7,8,14,39,79,94,95,103,118,126,127,132,162,164,180,190,194,204,248,249,271

正统　24,90,93,126,139,151,165,197,202,203,207,208,212,213,215,216,228—230,239—242,257,265,276—280,282,283,287,290,291,293,298,307,311,315

至正更化　35

追谥　1—4,14—18,26,30,31,35,36,39,46,50,51,53,68,105,109,124,126,127,137—139,141—143,147—149,162,163,167,168,178,179,182,184,187,192—194,197,200,207,215,219,220,226,228,230,245,255,258,259,263,269,274—276,306,309—314,316,318—320,322

宗唐　129—131,134,137,172,230,269,314

族群意识　182,197,222,239,243,245,248,250,252,253,258,263,266,275,306,311,314—317

# 后　　记

　　公元770年的冬天，杜甫的物理生命戛然而止。至于那些后来的事，无论冷清还是热闹，不过只是吃瓜群众的自说自话罢了，从道理上讲，和杜甫本人并没有什么关系。本书未能免俗，讨论的也是杜甫"后来的事"。

　　人一旦被后世争相评说，他的故事便自动成为"他们"的历史。倘若我们姑且相信，今天见诸纸面的历史叙述，只是一个个绵延而又不连续的瞬间，那么其中的缝隙，也就成了"遗忘"与"记忆"的角力场。遗忘与记忆，到底哪个更主动、哪个更被动？究竟是靠谁在塑造谁、由谁来定义谁？它们的存续与切换，又分别基于怎样的目的和诉求？这一连串的问题，如同从缝隙中透过点点光斑，把我逐渐引向了一个深邃而奇妙的世界，初极狭，才通人，直到看见远处杜甫、文学、文学史的另一种表情，方觉豁然开朗。

　　也正是因为山口仿佛若有光，那些攀缘的日子才格外可爱动人。复旦园里十年面壁，面得最多的，是导师戴燕教授办公室的壁。那个印象里永远堆叠着书籍资料和若干古怪毛绒玩具的工作间，见证了这本小书从无到有的过程。此刻的我，正坐在电脑前绞尽脑汁地致谢，但又好像无论说什么都显得有点矫情，陟彼景山，所幸山一直在那儿，一直亮堂堂。

　　日本京都大学附近也有一座山，在一年期的访学即将结束前，我与合作导师木津祐子教授相约徒步夜行，于晨光熹微时并肩站在山顶。看着阳光一寸寸漫过脚下的古城，回想和京大文学研究科诸位师友共同度过的京洛四季，那是这本小书写作过程中尤其明朗的时刻。

复旦大学文史研究院的张佳研究员，是这个题目于迷雾中推进时的灯塔。出于对修辞水平的虚荣，我十分努力地寻找他与山的联系，最终想到的只有他籍贯山东。山东出君子，张老师更是人如其文，霁月光风，低调、温厚而又充满力量，是我为学与为人都要师法的典范。

这本小书从无到有，还要感谢很多位师友的关怀。从本科时代起，复旦大学中文系的骆玉明教授、陈尚君教授、陈引驰教授、朱刚教授等诸位师长，都曾在课堂内外给予我许多启迪。上海社科院文学所的陈伯海教授、南京大学的张伯伟教授、华东师范大学中文系胡晓明教授，曾先后在论文评阅书中惠赐诸多恳切的建议。复旦大学历史系的顾云深教授、香港中文大学的严志雄教授、复旦大学日研中心的徐静波教授，百忙之中依然对我的研究及生活状态时时勉励。此外，书中对于元代"谥杜"的考定，此前曾单独发表在《中华文史论丛》上，期刊编辑部的胡文波老师不仅就论文细处多有指正，更对未来题目的进一步延展予以点拨。关于摘要及目录的英译，Davis Jordan 兄、苏辄予兄、燕阳兄曾给予诸多无私的帮助。至于其他各类是问题的问题以及不是问题的问题，则都有赖段志强老师、杨彦妮师姐、吴湛师姐、林振岳兄、孙梦依兄等良师挚友的义气呵护。而整本书能够顺利出版，背后是责编安芳老师的勤勉付出。

最后要感谢我的父母。十余年来，他们内心里对我的专业研究及生活日常始终十分费解，但又从不多加过问及干涉。这种美好的品质堪称父母界的表率楷模。家里的两只猫和一只狗，对作者本人保持情绪稳定也功劳颇著。说起来，最初我也很想如传闻中的后记惯例那样，借机好好追忆一番自己过往的苦难与辉煌。但仔细想来，终究没有相应的素材。或许是因为我的求学生涯过于顺遂和愉快，也或许是我在自娱自乐方面的天赋实在异于常人，其实回眸看看，再抬眼望望，自然处处都"别有人间行路难"，但既然前头仿佛若有光，就还是很值得，就依然要继续勇敢。

没准哪一天，那个一路欢天喜地追光的人，自己也能发光。

翟　墨

2021 年 7 月 29 日